HARTRITME

ANDER WERK VAN BART CHABOT

PROZA

Broodje gezond (1996)
Broodje halfom (2001)
Brood en spelen (2002)
Broodje springlevend (2003)
Elvistranen (2004)
FC Dood (2006)
Schiphol Blues (2009)
Scheveningse wolken (2009)
De Patatbalie (2010)
Diepere lagen (2011)
Zestig (2014)
Triggerhappy (2015)
Broodje totaal (2016)
Easy Street (2016)
mijn vaders hand (2020)
Brood (2021)

TONEEL

Chez Brood (2016)

POËZIE

Genadebrood (1993)
Judaskus (1997)
De kootjesblues (2000)
Zand erover (2003)
Knekeltaal (2004)
Greatest Hits – Volume 1 (2004)
Fort Knox (2005)
McPain: Cadillac Boogie, Anna's Hoeve, Dracula's ontbijt (2007)
Signore Coconut (2007)
De Bril van Chabot (bloemlezing door Martin Bril, 2008)
Orkaan Betty (2008)
Club Fandango (2008)
Satans Kreek (2009)
Captain Zeep (2009)
Space Cowboy (2009)
Barricade Area (2009)
Greatest Hits 1 (tweede, vermeerderde druk 2009)
Greatest Hits 2 (2009)
Bananenrepubliek (2016)
Hosanna dagen (2018)

Bart Chabot

HA RT R ITM E

ROMAN

2021
DE BEZIGE BIJ
AMSTERDAM

This book is a work of fiction. References to real people (living or dead), events, establishments, organizations, or locales are intended only to provoke a sense of authenticity and are used fictitiously. All other characters, and all incidents and dialogue, are drawn from the author's imagination and are not to be construed as real.

Omslagontwerp Anton Corbijn
Typografie DPS
Foto auteur Anton Corbijn
Vormgeving binnenwerk Aard Bakker
Druk- en bindwerk Wilco, Amersfoort
ISBN 978 94 031 2071 3
NUR 301

debezigebij.nl

Bart Chabot kan als spreker geboekt worden via Beespeakers.com, het sprekersbureau van De Bezige Bij.

MIX
Papier van verantwoorde herkomst
FSC® C004472
www.fsc.org

Bij de productie van dit boek is gebruikgemaakt van papier dat het keurmerk van de Forest Stewardship Council (FSC®) mag dragen.
Bij dit papier is het zeker dat de productie niet tot bosvernietiging heeft geleid.

Can't remember when I was born
And I forgot when I died

Bob Dylan – 'Rough and Rowdy Ways', 2020

I

'MENEER! U VERGEET UW HOND!'

Ik kan de waarschuwing moeilijk negeren en kijk om. Geen spoor van Bril.

'Meneer! Meneer!' roept een vrouw me vanuit de bosrand toe. 'U vergeet uw hond!!'

Bril en ik weten wel beter. Elke dag leggen we min of meer dezelfde route af. Ze loopt nooit weg, terwijl ze daar alle gelegenheid toe heeft. Bril weet waar ze me kan vinden, ook al sloft ze soms honderden meters achter me en ben ik geruime tijd uit zicht. We wandelen tot aan de voet van een duinheuvel: daarachter wacht de Waalsdorpervlakte met de schimmen van degenen die tijdens de oorlog op de Vlakte door de Duitsers werden gefusilleerd en er nu rondspoken. Je kunt ze een hand geven, desgewenst. Om Brils heup te ontzien ga ik zelden het zandpad naar de duintop op, maar neem het paadje dat naar de rugbyvelden voert en leun in afwachting van haar verschijnen over de rand van het hek. Na een poosje komt ze dan aangeslenterd, opgetogen het baasje weer te zien. Een tikkeltje opgelucht zelfs; alsof ze zich meer zorgen om mij maakte dan ik om haar en meende dat ze daar ook reden toe had.

'Meneer, er loopt hier een hond, helemaal alleen! Is die van u?'

Ik loop een eindje haar kant op.

'Horen jullie bij elkaar?' Ze staart me aan alsof ik een zonderling ben.

Dat doen we wis en waarachtig. Daar komt Bril al aan, op een drafje. Praat ik met een onbekende? Zo zijn we niet getrouwd.

'Wat een mooie grote hond.' Bril komt tussen ons in staan. 'Hoe heet ze eigenlijk?'

'Bril,' antwoord ik. 'Ze is vernoemd naar Martin Bril,' voeg ik eraan toe alsof dat op een ondoorgrondelijke manier iets duidelijk maakt.

Vergis ik me of trekt op begraafplaats Zorgvlied in Amsterdam, waar Martin te rusten ligt, een rilling door de aarde?

Op de terugweg begint Bril plotseling te grommen. Dat geeft te denken. Bril is niet snel van haar stuk te krijgen: als ze gromt of blaft is er iets loos, ook al onttrekt het zich aan mijn waarneming. Al valt er niets te zien, toch is er iets gaande. Bril heeft een neus voor zulk soort zaken en merkt onraad doorgaans eerder op dan ik. Ze maakt zich groot, haar haren gaan rechtovereind staan en ze weigert een poot te verzetten.

'Het is goed, Bril,' zeg ik. 'Rustig maar.'

Maar het is niet 'goed' en dat weet Bril beter dan ik. Ze trekt aan de riem die ik haar veiligheidshalve heb omgedaan en ik krijg haar met moeite mee. We moeten niet heel veel langer treuzelen; ik moet nog van alles doen voordat we morgen op vakantie kunnen. We lopen door het laatste stuk bos tegenover ons huis. Ik kan mijn straat horen.

Als we voor ons huis staan speur ik de stoep en de straat af voordat ik de voordeur stevig achter me dichttrek; alsof ik iets wat van buiten naar binnen wil te vlug af moet zijn.

In de keuken geeft Yolanda Bril te eten en te drinken.

'Hoe ging het lopen?' wil Yolanda weten.

'Ze was weer niet vooruit te branden,' zeg ik. 'Maar we zijn toch tot de rugbyvelden gekomen, zonder mankeren. We doen er alleen twee keer zo lang over, met dat gesjok. Dat wordt nog wat, als ze morgenochtend de auto in moet.'

—

Tegen halfnegen zet ik de laatste tassen in de auto en rijden we weg, uitgezwaaid door de vier jongens, die ons een dag later achterna zullen vliegen. De reis verloopt voorspoedig: er zijn geen noemenswaardige files onderweg, zelfs niet in de buurt van Hamburg. We overnachten in het Grenz Motel in Harrislee, onder de rook van Flensburg, enkele kilometers van de Duits-Deense grens.

Het motel bevindt zich op een uitgestrekt bedrijventerrein en heeft een caravan- en camperdealer als naaste buur. Het is druk, alle kamers zijn bezet, niet verwonderlijk in het hoogseizoen, maar de receptie is gesloten. Aan de voordeur van het ontvangstgebouw hangt een briefje met de mededeling dat de sleutel van onze kamer op het achterterrein in het slot steekt. We volgen het grindpad dat ter hoogte van de laatste rij motelkamers overgaat in gras.

'Vreemd,' zegt Yolanda. 'De receptie zou tot acht uur vanavond open zijn, was me verteld, en dan krijg je dit. Moet je zien, zomerdrukte, je kunt je auto bijna niet parkeren... Het is pas halfvier, dan zou je toch zeggen dat...'

Eenmaal in de motelkamer gaat Bril onder de tafel liggen en valt vrijwel ogenblikkelijk in slaap.

Yolanda zet haar tas op tafel en vist haar mobiel tevoorschijn. 'Nog iets van een van de kinderen gehoord?'

'Nee,' zeg ik. 'Jij?'

Ze legt haar jas over de rugleuning van een van de stoelen.

'Ik heb zin in je,' zegt ze.

'Dat is goed nieuws.'

Ze gaat niet zitten; ze blijft liever staan.

'De hele dag al,' zegt ze.

Ondanks ons vroege vertrek rijden we de volgende ochtend alsnog in file door Denemarken, waarbij we ruimschoots de gelegenheid krijgen het Deens landschap in ons op te nemen. Het is hoogseizoen, topdrukte, en dat zullen we weten ook. Maar naarmate we verder van Kopenhagen vandaan raken, wordt het steeds stiller op de weg; en op de fameuze Brug die Denemarken en Zweden verbindt rijdt niet één auto, behalve de onze; alsof de aarde wegens dreigend instortingsgevaar op het punt staat te vergaan maar wij van die ophanden zijnde gebeurtenis onkundig zijn gehouden.

Met de insecten is ook iets mis. Stopte je vroeger onderweg naar je vakantieadres bij een benzinestation om te tanken en de insecten van je voorruit te wassen, nu prijkt er geen geplette vlieg of mug op voorruit of grille en hoef ik geen lijkjes van de koplampen te krabben.

Ik krijg het gevoel dat we aan een lange reis zijn begonnen die niet alleen naar Zweden voert.

2

IN DE LOOP VAN DE MIDDAG KOMEN WE BIJ HET VAKANTIE-huis aan, waar de eigenaar ons opwacht.

'Well, you've been here before,' zegt Lisa, 'so there's no need to show you the house. But there are just a few things...'

Ze troont ons mee naar binnen en laat met gepaste trots de onlangs geïnstalleerde keuken zien.

'Where's your dog?' vraagt ze nadat we de nieuwe keuken voldoende hebben geprezen.

'She's still in the car, resting.'

'Oh, she's such a sweet dog, Bril, ain't she?'

'She sure is,' beaamt Yolanda. 'But she's old now, very old.'

Hoe lang gaan we hier nog mee door? had ik me van de week

hardop afgevraagd terwijl we de vakantiespullen klaarlegden. Zolang Bril plezier in het leven had hoefden we haar niet te laten inslapen. Maar had ze dat, plezier? Ze was slecht ter been en het kostte haar veel moeite om de auto in te komen. Was dat nog verantwoord, zelfs al vond ze het heerlijk in Zweden? Als het een lijdensweg voor haar werd, die hele reis op de achterbank, konden we haar dat beter besparen. Dan restte een bezoek aan de dierenarts, het-was-niet-anders. Al zouden we haar vreselijk missen.

'Bril wil maar één ding,' had Yolanda gezegd, 'en dat is bij ons zijn. Je weet hoe ze bij de voordeur gaat liggen zodra er een koffer in de gang opduikt. Desnoods klimt ze een truck-met-oplegger in, al kan ze niet klimmen. Als ze maar mee mag, dat is het enige wat telt. Ze hoeft alleen bij het motel de auto uit, en als we bij het vakantiehuis aankomen. Haar niet meenemen, dat zou pas een straf zijn. We kunnen haar twee pijnstillers geven, tramadol.'

Yolanda is arts en weet wat ze doet.

'I remember she was quite ill last year, wasn't she?' zegt Lisa terwijl we de tuin in lopen.

'That's why I hope we'll be able to take her with us when we go back to Holland. I hope she won't die here, you know.'

Yolanda speurt om zich heen, alsof ze een geschikte plek zoekt om Bril te begraven, mocht het onverhoopt toch zover komen.

'Well, I suppose you could bury her here,' zegt Lisa. 'In the woods.'

'I was wondering about that,' zegt Yolanda. 'Are you allowed to do so, in Sweden?'

'No, not really, but if you bury her there...' Lisa wijst naar een boom- en rotsformatie verderop, 'nobody would know. So why not?'

We lopen om het huis heen, omdat er hier en daar wat aan verspijkerd is waarvan Lisa ons op de hoogte wil brengen – aan één kant dreigde het huis te verzakken en is de bodem met stenen gestut – en passeren de afgezaagde boomstronk in het grasveld aan de achterkant van de vakantiewoning.

'See that tree trunk?' zegt Lisa. 'That's our pet cemetery. All our pets are buried here. Didn't I tell you? Two dogs, four cats and some rabbits and guinea pigs. Oh, and a little bird. So if Bril would die here, hopefully not, but just in case, then...'

Terwijl Lisa en Yolanda doorlopen blijf ik bij de kleine dierenbegraafplaats staan. Om de boomstronk heen is het gras wat hoger: daar kon de grasmaaier niet goed bij. Halverwege de stronk is het begin van een elfenbank te zien en pal ernaast groeien wat stakerige planten van een soort die ik niet kan thuisbrengen. Aan de voet steekt een stel paddenstoelen de kop op. Het is geen plek waar ik Bril graag zou begraven; maar Bril is een forse hond en in de rotsachtige bosgrond verderop een diepe kuil voor haar graven zie ik mezelf ook niet een-twee-drie doen.

Een van de rotsen, aan het begin van het pad dat naar het meer voert, lijkt iets te bewegen, hoe miniem ook.

'Bart, waar ben je?' roept Yolanda. 'Kom je? Lisa gaat vertrekken! En daarna kunnen we Bril uit de auto halen.'

Kort nadat we Lisa hebben uitgezwaaid stappen we in de auto. De jongens hebben gebeld. Ze zijn aangekomen op het station van Sösdala en wachten bij het benzinestation om door ons te worden opgehaald. Ze hebben er zin in, de jongens.

—

'Ga je mee, Bril?' zeg ik. Het loopt tegen zessen. 'Wandelen?'

Bril staart me aan alsof ik het niet tegen haar heb.

'Uit?'

Daar heeft ze overduidelijk geen zin in. Liever ligt ze languit op de tegelvloer en doet een apostelslaapje: voor haar is het ook vakantie. Ze heeft in toenemende mate last van haar heup. Opstaan kost haar grote moeite en lopen is verworden tot een veredeld sjokken. Gooi ik een stok of een tennisbal, tot voor kort Brils favoriete tijdverdrijf, dan laat ze de stok de stok.

'Ga je mee? Gisteren kwamen we aan en je hebt het meer nog niet eens gezien. En dat voor een waterhond.'

Ik kijk uit het raam van ons vakantiehuis. De zon heeft het moeilijk.

De jongens voetballen aan de voorkant van het huis, op het met kiezelsteentjes verharde gedeelte. Met Bril kom ik daar liever niet; vorig jaar haalde ze haar poten herhaaldelijk tot bloedens toe open aan het scherpe grind.

'Kom je, Bril? Uit.'

Bril weet dat ze eraan moet geloven, rekt zich uit en komt achter me aan gesloft. 'Het is nog steeds wennen,' zeg ik weleens gekscherend tegen mijn zoons, 'dat als ik "Bril!" roep er zowaar naar me geluisterd wordt.'

Bij de boomstronk gekomen loopt Bril er met een boog omheen. Toen we hier voor het eerst vakantie vierden, had Bril bij de stronk rondgesnuffeld, maar die plek daarna angstvallig vermeden. Nu pas begrijp ik waarom.

We komen bij het smalle, met houtsnippers bezaaide pad dat door het bos naar het meer voert, en naar de aanlegsteiger en de roeiboot die horen bij het vakantiehuis. Bril loopt vast het water in, tot halverwege haar poten, blijft dan staan en kijkt om. Waar blijf ik?

Ik volg Brils voorbeeld, doe een paar passen het water in, dat een stuk kouder aanvoelt dan ik hoopte, en blijf op mijn beurt staan.

Het begint te waaien. Niet hard, maar stevig genoeg om de boomtakken in beweging te zetten, en het water wordt onstuimig. Bril wil terug naar de oever; die vertrouwt het zaakje niet.

Ik kijk naar het Zweedse luchtruim. Met de wolken en de blauwe lucht is ook iets mis, al kan ik er niet de vinger op leggen wat er dan precies aan schort.

Daar blijft het niet bij; bij de plotseling opstekende wind, de krakende takken en de golven op het meer. In een mum van tijd sluit het water ons in. Ik wil me omdraaien om terug te lopen naar de aanlegsteiger, maar de bodem wijkt. Waar ik het aan verdiend heb weet ik niet, maar het meer eist me op. Bril heeft in de gaten dat er iets niet in de haak is en zwemt naar me toe – moet het baasje gered? – maar komt, met de beste bedoelingen, te dichtbij en raakt me een paar keer gemeen met haar nagels.

Ten slotte bereiken we de aanlegsteiger en het stukje strand ernaast.

Terwijl Bril zich uitschudt staar ik naar het meer; dat zich me zo-even nog wilde toe-eigenen. Alsof het water duidelijk wil maken wie er in deze omgeving aan de touwtjes trekt. Het meer; niet ik.

'Waar zát je? Waar zaten jullie?!' kan ik Yolanda al bezorgd horen zeggen omdat ik zonder iets te laten weten was weggegaan. 'Ik wilde jullie al gaan zoeken!'

Moe geworden gaat Bril liggen, evenals de wind. Ik kijk om, naar ons vakantiehuis, in de hoop een glimp van Yolanda of de jongens op te vangen.

Het huis loopt van me weg.

3

'LIEFJE,' ZEGT YOLANDA DE VOLGENDE OCHTEND, 'WIL JE DAT alsjeblieft nooit meer doen, ik maakte me zo'n zorgen.'

We zitten aan het ontbijt. De jongens hebben de zware houten eettafel van de veranda getild en op het gazon gezet. De parasols zijn uit het berghok gehaald. Storm kondigt aan dat hij straks gaat roeien.

'Wat moet ik nooit meer doen?'

'Ik heb liever niet dat je alleen gaat zwemmen in dat koude water. Moet je zien, je zit onder de schrammen.'

'Dat is van Brils nagels, toen ze me in het water te hulp schoot maar te dichtbij kwam.'

'Schat, voor hetzelfde geld loopt het verkeerd af. Laat ons op z'n minst weten wat je van plan bent, dan ga ik of een van de jongens met je mee. Dat zou mijn gemoedsrust aanzienlijk ten goede komen.'

'Ja pap,' zegt Sebastiaan, 'je hoeft het gevaar niet op te zoeken, hoor. Dat komt echt wel naar je toe.'

'Wat zijn de plannen voor vandaag?' zegt Yolanda als de jongens de tafel hebben afgeruimd. 'De boodschappen zijn gehaald, we hebben genoeg in huis... Ik stel voor om vandaag eens helemaal niets te doen. Zijn jullie het daarmee eens?'

Geen van de jongens steekt zijn vinger op, waarmee het voorstel is aangenomen.

De dag kruipt voorbij. Het valt nog niet mee, luieren. Eigenlijk ga ik het liefst weer aan het werk. Hoe pak je zoiets aan, genieten; hoe krijg je zoiets onder de knie? Werd het onderhand niet eens tijd dat ik me daarin bekwaamde?

Maar ik weet wel beter.

Vanaf een zekere hoogte kon je het beloofde land in de verte zien liggen, maar dat betekende nog niet dat je het ook binnenging.

'Bartje, weet jij waar de jongens zijn?' vraagt Yolanda. Het loopt tegen vijven, borreltijd.

'Die zijn hout halen, bij mijn weten,' zeg ik, 'in het bos, voor de barbecue straks.'

Ik heb het nog niet gezegd of drie van hen verschijnen aan de bosrand. Storm roeit ergens op het meer. Ze hebben de kruiwagen uit de berging gehaald. 'Anders blíjven we lopen, pap.'

'Is het niet vochtig, jongens, dat hout?'

'Het is juist kurkdroog. Dat brandt straks als een tierelier.'

'Mocht Bril overlijden,' zeg ik en wijs naar de kruiwagen, 'dan kunnen we haar daarin vervoeren, met haar negenenveertig kilootjes.'

'Je reinste brandstapel,' zegt Storm goedkeurend als hij naar het bij elkaar gesprokkelde hout kijkt. 'Daar kunnen we een flink vuurtje van stoken. Als we dat opfikken, kunnen ze de rooksignalen in de wijde omtrek opvangen. Het vreugdevuur.'

's Avonds leggen Sebastiaan en Splinter de eerste Zweedse worstjes op de barbecue – when in Sweden, do as the Swedes – en maakt Maurits een kingsize salade. Weliswaar heb ik mijn Haagse beslommeringen nog niet helemaal achter me gelaten, maar desondanks begint dit verdacht veel op vakantie te lijken. Lang duurt dat niet. Terwijl ik het onbekommerde vakantiegedrag van mijn gezin aanschouw, besef ik dat mijn ouders me zeer zelden meenamen; en als ze dat deden betrof het hooguit een meerdaagse trip. Ook die trips waren geen bijster groot succes. 'Je kinderen mee op vakantie,' placht mijn vader te zeggen, 'is geen vakantie.' Dat de jongens jaar in jaar uit met Yolanda en mij mee willen, betekent dat het debacle van de uitstapjes met mijn ouders toentertijd niet louter en alleen aan mij kan hebben gelegen.

De buitenhaard brandt. Af en toe gooien we een houtblok op het vuur en neemt een van de jongens de pook ter hand. Waarom kwam je in diepste wezen niet van je verleden af? Ik had mijn jeugd als een boek dichtgeslagen om het nooit meer op te slaan. Niettemin kon het verleden het boek eigenhandig opendoen om uit de bladzijden weg te lopen: flarden jeugd bleven opborrelen uit een gistende, giftige poel.

Het gesprek komt op Storms studie; en onverwachts word ik teruggekatapulteerd naar een ver verleden toen ik zelf een blauwe maandag student was.

'Hoe gaat het met je studie?' hoor ik mijn vader vragen. 'Daar zijn je moeder en ik heel benieuwd naar.'

We zaten aan tafel in Vancouver, waar hij consul was. Het was de laatste keer dat ik bij mijn ouders in Canada logeerde: mijn vader was overgeplaatst naar Pakistan. De eerste logeerpartijen in

Vancouver waren een bezoeking geweest; allicht dat het ditmaal voorspoediger zou uitpakken.

'Dat zou je aan mijn studie moeten vragen, pap.'

Mijn vader pakte mes en vork om de rollade die mijn moeder had bereid in plakken te snijden en te verdelen. Naast de juskom wachtten een schaal gekookte aardappelen en een vuurvaste schaal met rodekool. Al woonden ze drie jaar in Canada, toch aten we hetzelfde als vroeger in Den Haag.

'En je drankinname?'

'Daarover geen zorgen, pap. Die gaat met sprongen vooruit.'

'Daar was ik al bang voor.'

Ik tikte met mijn mes tegen de karaf wijn op tafel. 'Klinkende resultaten.'

'Jongens,' kwam mijn moeder tussenbeide, 'zullen we het gezellig houden?'

Tot mijn verbazing opperde mijn vader tijdens het dessert – de rollade en consorten hadden we zonder verdere schade achter de rug – om dat weekend naar Seattle te gaan. 'Het ligt zo'n drie uur rijden hiervandaan, een kippeneindje. Dan ben jij, voordat het er straks niet meer van komt, toch even in de Verenigde Staten geweest.'

Met de nodige vertraging – op het laatste moment moest mijn moeder opeens van alles en nog wat in de keuken en in de wasruimte doen dat geen uitstel kon velen – vertrokken we zaterdagochtend vroeg uit Vancouver. De autorit verliep voorspoedig: op de achterbank, die ik voor mij alleen had, dreigde het zowaar gezellig te worden. We schoten zo op dat we zelfs iets van de verloren gegane tijd inhaalden; tot we bij de Canadees-Amerikaanse grens kwamen. Mijn vader liet het raam van de Buick zakken en toonde zijn diplomatieke paspoort aan de grensbewaker.

'Een formaliteit,' had hij gezegd terwijl hij vaart minderde. 'Zodra die lui een diplomatiek paspoort zien, gaan de slagbomen omhoog en kunnen we door.'

De beambte nam zijn paspoort in ontvangst, vouwde het open, bladerde het door – ‘Hoogst ongebruikelijk, deze manier van doen,’ mompelde mijn vader tegen mijn moeder voorin –, bukte zich en keek speurend de cabine in, met speciale belangstelling voor mijn moeder en mij.

‘Jullie zeggen niks,’ gebood mijn vader. ‘Ik voer het woord.’

‘They travelling with you, sir?’

‘Yes, as a matter of fact they do.’

‘May I see their passports, please?’

De bewaker keek van de paspoorten naar ons, de mede-inzittenden. Waren wij degenen voor wie we ons uitgaven?

‘Move your car to the side, sir. Next to the office building.’

‘May I ask why?’ zei mijn vader zonder aanstalten te maken aan het verzoek te voldoen. Zijn ergernis, ten tijde van het vertrek vanochtend, was terug van weggeweest.

‘Just to make sure.’

‘I showed you a diplomatic passport,’ zei mijn vader.

‘Yes, sir. I’m aware.’

Het werd benauwend warm in de cabine en in navolging van mijn vader drukte ik mijn raam open.

‘A diplomatic passport,’ zei mijn vader, ‘enables me and my travelling companions…’

‘Just move your car, sir.’

‘This is a very unusual way to treat a diplomat.’

‘Don’t know about that, sir. I’m just tellin’ you to move your car out of the way.’

‘Listen, my diplomatic status… I’m a Consul of The Netherlands.’

‘Whatever, sir. The cars are piling up behind you. And that pile is getting bigger. So just move that car of yours.’

Mijn vader gaf gas, ‘Wel verdomme’, en parkeerde voor het kantoorgebouw van de US Customs en Border Patrol. Hij zette de

Buick niet half op de stoep, wat me gelet op zijn snel oplopende irritatie meeviel.

De grensbewaker kwam aangewandeld – de revolver die aan zijn riem hing, bungelde ritmisch met zijn stappen mee – en mijn vader wilde uitstappen.

'Gé, laat 'm toch,' zei mijn moeder. 'Kan jou het schelen. Laat die man gewoon zijn werk doen, dan zijn we er het vlugst vanaf. Wat een oord, dit.'

'Moet je goed luisteren, ik wens dit niet te accepteren. Dit is ongehoord, iemand met een diplomatieke status zo te behandelen. Wat verbeeldt-ie zich wel niet?!'

'Dat begrijp ik,' zei mijn moeder, 'maar daar denkt die bewaker anders over. Weet die man veel. Maak het nou niet nodeloos ingewikkeld en werk gewoon mee, des te vlotter mogen we doorrijden en zijn we hier weg.'

Het portier van de door hem zo geliefde Buick sloeg luider dicht dan ik van mijn vader gewend was.

'Kom, laten wij ook maar uitstappen,' zei mijn moeder, 'anders loopt het straks nog mis. Je kent je vader.'

We liepen naar de achterkant van de auto waar de grenswacht stond, die naar de kofferbak wees.

'Open up the trunk, sir.'

'Excuse me?' zei mijn vader stomverbaasd.

'Open up the trunk, sir.'

Het had er veel weg van dat het 'sir' zich met iets van tegenzin achter de zin liet plakken. Als mijn vader zo doorging dreigde het 'sir' straks af te haken en zich uit de voeten te maken.

'For what reason?' zei mijn vader. Hij wekte niet de indruk van plan te zijn de kofferbak open te doen.

Seattle leek zich in een diep stilzwijgen te hullen en lag opeens mijlen verder weg, op uren en uren rijden afstand. Zouden we de stad nog halen vandaag? Daar kreeg ik opeens een hard hoofd in.

'Open up the trunk.'

Er viel een korte stilte. Durfde mijn vader het aan om het verzoek naast zich neer te leggen?

'Or do you want me to open it for you?'

Er kwam geen 'sir' meer aan te pas; die fase hadden we achter de rug.

Met de grootst mogelijke tegenzin deed mijn vader de achterklep van de Buick open: er zat weinig anders op.

'Get that suitcase out and open it up.'

'But...'

'... and that one...' de grensbewaker wees naar een van mijn moeders vakantiekoffers '... that red one too.'

'Your behaviour,' protesteerde mijn vader, 'is well out of order and...'

'Never mind my behaviour, sir. Just do what I'm tellin' ya to do. Get those suitcases out of the trunk, lay them on the tarmac and open them up.'

'Now listen to me, "sir"...'

Mijn vader begon aan een lang betoog over de Conventie van Genève, uit 1864, waarbij de deelnemende landen waren overeengekomen om diplomaten zonder bagagecontrole elkaars grenzen te laten passeren. Mijn moeder bestudeerde haar nagels.

Vergiste hij zich niet in zijn woede, vroeg ik me af, en bedoelde hij de Conventie van Wenen? Dat kon best wezen, maar het leek me verstandig dit niet te berde te brengen: dan gaf ik hem een knietje en liep ik het risico het te moeten ontgelden. Daarbij, wat wist ik ervan? Niet genoeg om nu – op dit delicate moment, nu het erom spande – mijn stem te verheffen. Straks had ik het bij het verkeerde eind en hadden we het gelazer pas goed in de glazen.

Het was duidelijk dat de grensbewaker niet op de hoogte was

waartoe meer dan een eeuw geleden in een of andere hem onbekende Europese hoofdstad was besloten en dat die gemaakte afspraken hem ook geen zier interesseerden.

Mijn vader tilde de bedoelde koffers uit de achterbak – 'Zal ik je helpen, pap?' 'Doe me één lol en bemoei jíj je asjeblieft nergens mee, ja?' – en zette ze zelf, om eventuele krassen of beschadigingen te voorkomen, op hun zijkant op de grond.

De beambte monsterde de koffers en koos voor die van mijn moeder, de rode: die mocht mijn vader als eerste zelf voor hem openmaken, 'to make things easier'.

Het 'sir' was weg en bleef weg. Je moest de Border Patrol niet tegen je in het harnas jagen. Deed je dat toch, dan was het kwaad kersen eten met die jongens: ze hadden een reputatie hoog te houden.

De grenswacht rommelde door mijn moeders spullen – mijn moeder deed of ze niet bij ons hoorde en staarde in de richting van Seattle alsof ze die stad naar zich toe kon halen of zelfs al in een voorstad van Seattle verbleef –, koos voor haar toilettas, ritste deze open en ging zorgvuldig door de inhoud ervan. Een lipstick glipte uit zijn handen en viel op het asfalt. Mijn vader sprong zowat uit zijn vel. Dat hij kans zag in zijn vel te blijven, moest als een prestatie van formaat worden beoordeeld. Zoveel zelfbeheersing legde hij doorgaans niet aan de dag, al kon hij in geval van een conflict ook een Siberische koude uitstralen.

Na verloop van tijd kwam mijn koffer aan de beurt. Zag die de bui al hangen?

'That yours, sir?' vroeg de beambte me, terwijl hij de toilettas die hij uit mijn koffer viste omhoog hield.

Ik antwoordde bevestigend en vergat niet om er een 'sir' aan vast te kleven.

De grensbewaker draaide de schroefdop van de tandpastatube die ik uit Den Haag had meegenomen: Colgate, met 'de ring van zelfvertrouwen'.

Nu werd het mijn vader te gortig.

'Who's in charge here?' zei mijn vader op een toon die van elke vorm van diplomatie was gespeend.

'Me, "sir".'

'Who's your boss?' zei mijn vader bruusk. 'I want to talk to your boss.'

Dit ging niet zonder slag of stoot goed komen. En nergens een reddende engel te bekennen die troost of verlichting kon bieden, in de wijde omtrek niet.

Dat kon, zei de grensemployé terwijl hij een tissue op het asfalt uitvouwde en mijn tandpastatube erop uitkneep. Zijn 'boss' zetelde in de main building verderop. Hij liep wel even met mijn vader en mij mee naar het plaatselijke hoofdkantoor van de US Customs: stel je voor dat mijn vader zou verdwalen. Mijn moeder bleef bij de Buick en zou op de spullen letten. Twee andere grensbewakers liepen op de Buick toe om het werk van hun collega zonder nodeloze vertraging voort te zetten. Daarop liet mijn moeder de Buick de Buick en kwam ons achterna; in de hoop, vermoedde ik, door haar aanwezigheid mijn vader voor verdere misstappen te behoeden.

De Rocky Mountains, in de niet zo verre verte, kwamen niet van hun plek, zeker voor dit onnozele akkefietje niet. Ik kon het gebergte geen ongelijk geven.

Onze grenswacht, die Randall heette, te lezen op het naamplaatje op zijn uniformshirt, meldde onze komst bij zijn meerdere, degene die de grensovergang runde.

'Well, what's the problem, sir?' zei deze laatste, zonder uit zijn bureaustoel overeind te komen en zonder zich te introduceren. Die had er zin in, op deze inmiddels niet meer zo vroege, vroege zaterdagochtend.

Dat ging mijn vader hem eens eventjes haarfijn uitleggen en het duurde niet lang of de Geneefse Conventie kwam langszij.

Maar the-man-in-charge zat niet te wachten op een lesje in de fijnere kneepjes van de internationale diplomatie, verre van.

'Frankly, I don't give a shit about the "Conventions of Geneva", or whatever it is you're referring to. I'm trying to run a state border here and you are doing your utmost to ruin my day; and I don't like that at all. Not at all. It's quite simple, the way I see it. Let me spell it out for ya. Either you do as you've been told to do by officer Randall and you open those damned suitcases of yours, all of them, or else you turn your car and get the fuck out of here. Do I make myself clear? Yeah, you're sure you understand what I'm trying to tell ya? Again, frankly speaking, my patience is running out.'

Hij richtte zich tot mijn moeder. 'I'm sorry about all this, ma'am, and about the language.'

Mijn moeder knikte ten teken dat ze het begreep.

'But your husband seems intent in making things a little hard for us, and we've got a lot more to do than... So...'

Mijn vader wilde een tegenwerping maken, maar mijn moeder was hem voor.

'Gé, hou asjeblieft op,' zei ze. 'Zullen we het leuk houden, dit uitje? Het is zo al erg genoeg.'

De officer in charge pakte mijn paspoort van zijn bureau, bladerde erin tot hij de gewenste pagina had gevonden, monsterde me met een blik die niet zo heel veel goeds beloofde, en bladerde verder.

'Sonny, tell me, what's your date of birth?'

Ik lepelde de gewenste datum op, zoveel inspanning vergde dat niet.

'Place of birth?'

'The Hague, Holland, sir.'

'So you're from the Netherlands, right?'

'As right as it gets, sir.'

'And you're here... for any particular reason?'

'On vacation, sir. For three weeks. I flew over to visit my parents, who are currently living in Vancouver.'

'So you're not in search of a job, right?'

'Not at all. As a matter of fact I just left the Royal Air Force, sir.'

Het was een gok, dat 'just left', terwijl ik twee jaar geleden de Koninklijke Luchtmacht had verlaten, maar ik had mijn militaire paspoort thuis gelaten – dat had ik niet nodig en nam ik het toch mee dan liep ik onnodig het risico het kwijt te raken – en ik schatte in dat hij niet zover zou gaan om contact met Den Haag te zoeken teneinde mijn gegevens te verifiëren. Hij had meer te doen, zoals hij zelf te kennen had gegeven.

Niettemin keek hij me vanachter zijn stalen bureau strak aan. Deed ik een poging hem in de maling te nemen?

'Rank?'

'First Lieutenant, sir.'

Het eenzijdige 'sir' begon me een tikkeltje de keel uit te hangen, maar ik hield vol; we hadden nogal wat opgelopen averij te herstellen. Als mijn vader niet diplomatiek kon zijn, diende ik de honneurs waar te nemen.

'In the Air Force?'

Mijn geloofwaardigheid stond alsnog op het spel.

'To be honest with you, sir, I wasn't a jetfighter pilot.'

Hij glimlachte en de spanning in het vertrek leek iets te verminderen.

'Now tell me, why are you visiting the U S of A?'

'Just Seattle, sir. Not the U S of A. Just Seattle.'

'Seattle?'

Hij leek verbaasd dat iemand uitgerekend die stad wilde bezoeken. Kennelijk rommelde er iets in de ingewanden van Seattle dat geen bijster aangename geur verspreidde.

'We're heading for the Space Needle, sir.'

Daar wilden mijn ouders het dagje Seattle mee besluiten, als we daar vandaag nog terechtkwamen. Boven op the Space Needle, een attractie die dateerde van de Wereldtentoonstelling, zat een 'revolving restaurant': in één uur draaide je al etend en drinkend rond en had je op grote hoogte een spectaculair uitzicht over de stad.

'Well, if you're on top of the Space Needle... It's quite high up there.'

'I don't intend to jump off the Needle. I didn't bring a parachute, sir. On the contrary, we're gonna have dinner on top of the Needle.'

'The Dutch Air Force, right?'

'Like I told you, I wasn't a pilot. I was a liaison officer.'

Hij deed mijn paspoort dicht, legde het op de paspoorten van mijn ouders en schoof de reisdocumenten onze kant op.

'Well, all clear then. You may go now. Pick up your car and...'

Dat kon hij vinden, dat alles 'clear' was, opgehelderd, geen vuiltje aan de metallic blauwe lucht, maar dan kende hij mijn vader niet. Die maakte van de afnemende spanning gebruik om de Geneefse Conventie opnieuw ter tafel te brengen, en zijn met voeten getreden onschendbaarheid als Consul of the Netherlands.

Ik herinnerde me een korte, zeldzame vakantietrip naar Engeland waarbij we Windsor Castle bezochten. Tegen lunchtijd had mijn moeder te kennen gegeven bekaf te zijn van het vele lopen en dorstig bovendien, en we streken neer op het terras van een pub, The Horse and Groom; eentje die, afgaande op de lage deuropening, uit de middeleeuwen stamde.

Mijn moeder bleef op het terras zitten, 'Even bijkomen, Gé', en ik volgde mijn vader de pub in: er werd niet bediend. Donkerte omringde ons toen we binnenkwamen en het duurde even voordat we de bar zagen: daar moesten we zijn. Het was niet druk, twee tafeltjes waren bezet, en de barkeeper hielp de enige klant aan de toog en nam er de tijd voor. Geduldig wachtten we tot we aan de beurt waren. Zo'n opgave was dat niet; we waren hier tenslotte voor ons plezier. Terwijl de klant afrekende en mijn vader zich opmaakte om onze bestelling te plaatsen, kwam een klant binnen die zich naast ons aan de bar posteerde. De waard liep onze kant op, begroette de nieuwaangekomene, een local, en vroeg hoe het met hem ging.

De nieuwe klant was best genegen een en ander nader toe te lichten en nam er op zijn beurt de tijd voor.

'What you're havin', the usual?' zei de barkeeper toen ook de laatste plaatselijke nieuwtjes en roddels waren uitgewisseld.

Nadat 'the usual' – a pint of bitter – was ingeschonken wendde de waard zich tot ons.

'Afternoon,' groette hij alsof we zojuist waren binnengekomen. 'Can I help you?'

'You're sure,' zei mijn vader ijzig, 'it's my turn now?'

Het bleef enige tijd stil aan de bar. Het was nog niet te laat voor een terugtrekkende beweging. Toen boog de waard zich over de toog naar voren.

'Listen, mate,' beet hij mijn vader toe. 'Who the fuck do you think you are? Lemme tell ya this... You're not getting anything here, mate. Not even a fucking glass of water, you hear me? Just get the fuck outta here, you bastard.'

'En?' vroeg mijn moeder toen we met lege handen het terras betraden.

'We gaan ergens anders wat drinken,' zei mijn vader.

'Did I ask you anything?' zei het hoofd van de grensbewaking tegen mijn vader.

'Gé, hou er asjeblieft over op,' mengde mijn moeder zich in

de discussie. 'Die mensen doen gewoon hun werk. Als jij je ietsje soepeler had opgesteld, waren we hier allang weg geweest.'

Opnieuw overwoog ik om de mogelijke verwarring rond Genève en Wenen ter sprake te brengen, maar gelet op de gemoedstoestand van de betrokken partijen leek het me ook in tweede instantie raadzaam om van een dergelijke interventie af te zien.

'I told you already,' klonk het van hogerhand, 'I don't give a shit about your "Convention" or whatever it is you keep bringin' up. Am I crystal clear on this?'

Mijn vader kon moeilijk volhouden dat hij de glasheldere boodschap van de hoogst aanwezige autoriteit in de main building niet begreep.

'Well then, get your ass out of here. Officer Randall will escort you to your car and if he gives the go ahead you're free to enter the US, allright? Again, I do apologise for the language, ma'am.'

In plaats van zijn knopen te tellen, het kantoor te verlaten en met officer Randall mee te lopen, schakelde mijn vader een tandje bij. Het was in één woord ongehoord, de behandeling die wij ons moesten laten welgevallen, a gross insult, an utter disgrace, en hij zag zich genoodzaakt bij terugkeer in Vancouver onverwijld melding te maken van de gang van zaken alhier. Hij zou een rapport opstellen en contact opnemen met de Nederlandse ambassadeur in Washington. Hier was het laatste woord verre van over gesproken. Wat heet; hier zou hij meer van horen, daar kon hij van op aan.

'You just do that, pal,' zei het hoofd van de Border Patrol. 'Call your ambassador. Just make sure you do that, don't forget.'

Daarmee was het onderhoud beëindigd. Officer Randall ging ons al voor naar de deur toen ik het naambordje op het bureau zag. Fraser, las ik.

'Now get the fuck out,' gaf officer Fraser ons bij wijze van afscheidsgroet mee.

Tijdens onze afwezigheid hadden de collega's van officer Randall onze koffers een voor een geopend en overhoopgehaald, maar niets onreglementairs aangetroffen. De koffers, met de inhoud breed uitgewaaierd over het asfalt, mochten we zelf in de loeiende zon inpakken; die eer was aan ons, daar ging de Border Patrol ons niet bij assisteren.

Geruime tijd nadat we de grensovergang waren gepasseerd bleef het stil in de auto. Tot mijn vader, wie anders, de stilte verbrak.

'Eén ding weet ik wel,' zei hij tegen mijn moeder. 'Deze muis krijgt een staartje, dat beloof ik jullie. Washington. Wat een hufters. Wat een stelletje godvergeten horken. Boerenkinkels zijn het, stuk voor stuk.'

'Pap,' zei ik achterin, The Horse and Groom indachtig, 'waar ter wereld jij ook ten tonele verschijnt... Jij maakt overal vrienden.'

Dic opmerking had ik wellicht beter achterwege kunnen laten.

'En dan te bedenken,' zei mijn vader ten slotte, na een lange, diepe en hoogst ongemakkelijke stilte, 'dat we alle oponthoud, dik anderhalf uur, aan jou te danken hebben.'

'Zou je denken, pap?'

Er kwamen witte knokkels op de handen die het stuur vasthielden. Ik keek naar buiten, maar van de kant van het landschap viel geen bijdrage ter verhoging van de feestvreugde te verwachten.

'Dacht 't wel, ja,' zei mijn vader. 'Dankzij dat lange haar van jou.'

Daarmee was voor mijn moeder de grens bereikt. 'Gé, begin daar nou toch niet weer over, over het haar van dat kind. Daar hebben we het al zo vaak over gehad. We weten hoe je erover denkt. Doe mij een plezier en hou er eindelijk eens over op.'

Dat was mijn vader allesbehalve van plan.

'Dacht jij,' zei hij via de achteruitkijkspiegel tegen me, mijn moeders verzoek negerend, 'dat je moeder en ik ooit aan de grens zijn tegengehouden, ooit? Of ooit eerder zo werden behandeld? Nee, natuurlijk niet. En het waarom laat zich raden. Die zien jou achterin zitten, de grenspolitie, met je lange haren, en houden me prompt aan. "Alles uitpakken." Sta je dan, als Nederlandse consul, naast de geopende reiskoffer van je echtgenote op het asfalt, in de brandend hete zon...'

'Die mazzel hadden we,' zei ik. 'Het weer was op onze hand, dat hadden we tenminste mee. Met een beetje pech sta je in de stromende regen.'

Dat hoorde mijn vader niet of wenste hij niet te horen.

'... terwijl een stel beambten door haar lingerie gaat. De brutaliteit. Waar halen ze het lef vandaan? Nee, als je moeder en ik alleen in de auto hadden gezeten, was dit never nooit gebeurd. Of zie jij het soms anders?' beet hij me vanachter het stuur toe. 'Nee toch? O, dat dacht ik ook. Jouw schuld. Dat zou er nog bij moeten komen, godbetert, dat jij...'

Hij haalde een vrachtwagen in en zwiepte terug naar de rechterbaan.

'Waarom denk je dat ze ons aanhielden? Daar houden ze hier niet van, van langharig...'

Met moeite slikte hij wat woorden in die hij graag had uitgesproken. We waren bijna terug in het Den Haag van mijn jeugdjaren. Nog even geduld oefenen en er zouden kwalificaties als 'stuk verdriet' en 'ellendeling' door de cabine gieren.

'Gé, hou nou eindelijk op,' onderbrak mijn moeder hem. 'Ik ben het zo zat, je commentaar. Wat je gemakshalve vergeet, is dat dankzij Bart de spanning in het douanekantoor afnam en dat die Fraser iets inbond. Tot jij zo nodig nog eens je zegje moest doen en extra olie op het vuur gooide.'

De kou was nog niet helemaal uit de lucht.

'... en geef ze eens ongelijk,' ging mijn vader onverstoorbaar verder.

'Gé, draai om en rij terug naar huis. Asjeblieft. Op deze manier is er geen lol meer aan. Voor mij hoeft het zo niet, ik ben het spuugzat onderhand.'

Het klonk alsof mijn moeder het tegen mij had, vroeger, in het ouderlijk huis. Den Haag was opeens stukken dichterbij dan Seattle.

'Lang haar,' zei mijn vader. 'Houden ze hier niet van, van hippiehaar. Ik ook niet. Maar zij helemaal niet.'

'Gé,' riep mijn moeder uit, 'hou je op?! Hou je nou éindelijk op?! Als je er nog één keer over begint, stap ik uit, midden op de snelweg. Wat dénk je wel niet?!'

Vanuit de verte reisde Seattle ons welwillend tegemoet.

4

'HET GAAT NIET GOED MET BRIL,' ZEGT YOLANDA. 'ZE KAN haast niet meer lopen.'

'Dat,' zeg ik, 'begint een gevleugelde uitspraak te worden, "Het gaat niet goed met Bril", wist je dat? Bril is een krakende wagen, die alles overleeft, al mankeert er nog zoveel aan hem.'

'Aan haar,' verbeter ik mezelf.

Dat mag zo zijn, toch is er reden tot zorg. Brils rechtervoorpoot lijkt ontstoken en mag zich in de warme belangstelling van een stel vliegen verheugen. Yolanda maakt een badje met Biotex; ik houd Brils poot onder water: zo lollig vindt ze de behandeling niet. Daarna ontsmet Yolanda Brils wond met alcohol, smeert 'm in met zalf en trekt een sok over Brils voet zodat ze er niet aan kan likken of erop bijten.

'Moet je kijken hoe ze erbij ligt,' zegt Yolanda. 'Als je niet beter wist zou je zweren dat ze overleden was. Als het zo doorgaat haalt ze de terugreis niet.'

'Moet ik de kruiwagen vast klaarzetten?'

Desondanks bellen we 's avonds Lisa en knopen een extra week aan onze vakantie vast.

'Kijk eens, pap, de sterren!' zegt Maurits als we 's avonds Bril uitlaten en voorzichtig om het huis heen lopen om haar voorpoten zo veel mogelijk te ontzien.

Omdat we ver van de bewoonde wereld verblijven, zonder het licht van zelfs maar een dorp of gehucht, zien we doorgaans veel meer sterren dan boven Den Haag; maar deze avond is de sterrenhemel een wel heel rijk gevulde maaltijdsoep.

'Alsof ze voor ons zijn aangestoken,' zegt Mau.

Met z'n allen lopen we naar het meer en staren vanaf de oever bewonderend omhoog naar wat het uitspansel zoal in huis heeft.

'Kijk daar eens!' zegt Mau dan. Hij wijst in de richting van het strand bij een verlaten camping. 'Zie je die mist?!'

De mist valt nauwelijks te missen. Naar de nachthemel koekeloeren is niet langer aan de orde: de sterren zijn verdonkeremaand.

'Die mist komt hiernaartoe,' zeggen de jongens, 'onze kant op.'

In een mum van tijd heeft de mist verreweg het grootste deel van het meer aan het oog onttrokken, en – nog lang niet verzadigd – rukt verder op, schuift door het hoge riet en reikt voorbij de oeverbomen.

'Zien jullie dat?' zegt Sebas. 'De mist komt maar van één kant, van links. Terwijl je zou verwachten dat het hele meer dampte en nevelde na zo'n warme dag.'

Het zicht loopt terug tot minder dan honderd meter.

'Hoe lang staan we hier helemaal? Die mist had maar een

paar minuten nodig om het meer over te steken en tot hier, bij ons, te komen. Maar het is windstil, er staat nog niet het minste zuchtje wind. Hoe kan die mist dan zo snel hier komen?'

Een terechte vraag, die zich lastig beantwoorden laat.

'Zullen we naar huis teruglopen?' stelt Yolanda voor. 'Ik begin het koud te krijgen.'

'Pap, mam! Achter ons! Ons huis is bijna verdwenen.' Daarin hebben de jongens gelijk. De buitenverlichting, die ik had aangedaan voordat we naar het meer liepen, schijnt nog maar zwakjes. De bomen spoken rond het huis.

'Laten we teruggaan,' zegt Yolanda, 'voordat een van jullie in het water valt of erger.'

'In die dichte mist,' beaamt Storm, 'heb je geen benul waar je bent en welke kant je op moet. Hoe moet je je oriënteren?'

De mist walmt om ons heen en het wordt moeilijk elkaar in het donker te onderscheiden. 'Til je voeten op,' roep ik naar de anderen, 'zodat je niet struikelt over de boomwortels. En blijf op het pad.'

Als laatste wil ik ons strand verlaten, maar ik aarzel en kijk om. Wat wil het meer?

'Kom je ook, Bart?' roept Yolanda.

Ik kwam; en de mist kwam met me mee en volgde me op de voet.

—

Als we de volgende ochtend met z'n allen gaan zwemmen, is de mist opgetrokken. Het water heeft zijn vertrouwde gedaante aangenomen en het meer is opnieuw een meer.

Ik meld me bij de aanlegsteiger. Maar ga nog niet het water in. Ik verlang naar de stem van John Lee Hooker of van Blind Willie McTell.

'Kom zwemmen, schat,' roept Yolanda vanuit het water. 'Niet treuzelen.' De jongens zwemmen niet ver van haar vandaan. En Bril peddelt al rond. Opzij van me verstenen de rotsen en sluiten zich in hun diepste kern op. Aan hen is sinds de schepping niet veel meer gedaan. Je zou ze een aai over hun bol willen geven, zo veronachtzaamd liggen ze erbij. Die kieren niet snel opnieuw open: het steen kan met uiterst weinig zuurstof toe.

Net als de kathedraal van Lund. Toen we van de week in die stad langs het kerkgebouw liepen, had ik naar de toren gekeken; maar de kathedraal voelde zich boven ons verheven – daar hadden kathedralen vaker een handje van – en staarde hooghartig over me heen naar alle vier windstreken tegelijk. De conclusie moest zijn dat ik geen deel uitmaakte van een groter geheel. Dat kwam niet als een verrassing en toch deed het ergens pijn.

'Kom je nou, pap, of-hoe-zit-'t?' schalt het over het water.

'Het is niet koud, maar je moet er even doorheen!'

De bomen doen alsof ze part noch deel hebben aan wat zich vannacht voor hun voeten afspeelde of voelen geen behoefte iets ervan met de buitenwereld te delen, en houden het op schors en bast en worden weer van hout.

Het meer heeft vele gezichten. Daar kan ik nog wat van leren.

'Zie je dat?' zeg ik tegen Yolanda als we uit het water komen en de handdoeken pakken om ons af te drogen. Ik wijs naar het landschap en de lucht erboven. 'Geen vogels.'

Maar in de verte kan ik de meeuwen horen. Den Haag trekt aan mijn mouw. De stad waar ik ter wereld kwam en thuishoor en die ik – al moest ik me uit de kluisters en ketenen van de hofstad bevrijden – nooit verliet.

5

DAAR, IN DEN HAAG, ONTSNAPTE IK DANKZIJ DE ROCK-'N-roll. Gold thuis en op school het devies: 'Doe maar gewoon, dan doe je al gek genoeg', in de rock-'n-roll luidde het motto: 'Hoe gekker, hoe beter', wat een heel wat beloftevoller uitgangspunt was. Van nature voelde ik me verwant met de buitenbeentjes, die in de rock-'n-roll ruim voorradig waren.

In mijn jeugd waren The Golden Earrings een begrip in Den Haag; daarna trouwens ook. Als ik door mijn buurt fietste, het Bezuidenhout, viel de band onmogelijk over het hoofd te zien. Op welke Haagse muur stond hun naam, toen nog met een s achter Earring, niet gekalkt? Zelfs als je onder een rots leefde, kon het bestaan van de Golden Earring je nauwelijks ontgaan. In de loop der jaren viel ook het 'Golden' stilzwijgend weg. Voortaan was het de Earring, zoals The Rolling Stones gaandeweg de Stones werden. Later zou de Earring met 'Radar Love' een wereldhit scoren. Zoiets kon kennelijk, ook als je uit Den Haag afkomstig was.

Tot wat voor wonderbaarlijks rock-'n-roll in staat was, ontdekte ik kort nadat ik van mijn ouders met Pasen een platenspeler cadeau had gekregen: een Philitina Jeugdgrammofoon. De ochtend na tweede paasdag, zodra de winkels opengingen, kocht ik van mijn zakgeld 'Set Me Free' van The Kinks. Liever had ik 'You Really Got Me' aangeschaft, een ruige garagerocksong, maar die single was 'momenteel niet voorradig'.

Op de Philitina Jeugdgrammofoon klonken The Kinks, hoe wrakkig ook, te gek. Zodra de song was afgelopen, zette ik het singeltje opnieuw op en schroefde het volume telkens wat omhoog.

Tot de deur van mijn kamer openvloog en mijn vader binnenkwam, stampvoetend.

'Als dat ding' – hij wees naar de Jeugdgrammofoon – 'niet héél gauw záchter gaat… dan… dan… breek ik je beide benen!!'

Niet één been. Beide benen.

De starre trekken in zijn gelaat, de bloeddoorlopen ogen… Witheet was-ie.

Zo'n dreigement, voortspruitend uit een schijfje van zwart vinyl van vier jongens met gitaren en een drumstel, dat een dergelijk plaatje van twee minuten en achtenvijftig seconden zoiets teweeg kon brengen… Met die 'popmuziek' was iets aan de hand; daar moest meer achter zitten, iets wat de moeite van het ontdekken meer dan waard leek.

Ik was negen toen ik tijdens de avondmaaltijd hoorde dat The Rolling Stones eerder op de dag, terwijl ik me op school over redactiesommen boog, bij ons om de hoek in de Theresiastraat waren gesignaleerd, voor het pand van het tijdschrift *Muziek Express*, op nog geen tweehonderd meter van de plek waar ik in de schoolbanken zat. Zo dichtbij. Op een foto die ik later zag, hield Mick Jagger een exemplaar van *Muziek Express* in zijn hand; en niet eens ondersteboven.

Ik had iets gemist wat ik niet had mogen missen. Daar moest ik geen gewoonte van maken.

De avond daarop spraken mijn ouders hun afschuw uit over wat er de vorige avond in het Kurhaus was voorgevallen. De Stones hadden opgetreden, maar al na enkele songs sloeg het publiek de boel kort en klein en greep de politie in. 'Vunzig' en 'een stelletje viezeriken' oordeelden mijn ouders. Een regelrechte schande waartegen niet hard genoeg kon worden ingegrepen.

In stilte sloot ik de Stones in mijn hart.

Rock-'n-roll werd mijn eerste liefde en mijn reddingslijn naar een ander leven. En al beweerde mijn moeder dat ik 'over die rotherrie heen zou groeien', als ik 'wat ouder was', dat het dan 'vanzelf overging', toch zou de wereld nooit meer dezelfde zijn. Het leven zonder rock-'n-roll, dat was het leven niet. Ik zou altijd een zwak voor zondaars en buitenbeentjes houden. Al viel me toen al op dat je in de rock-'n-roll doorgaans niet erg oud werd. Mijn helden stierven jong.

Niet dat de rock-'n-roll het me gemakkelijk maakte, want het hippiedom greep om zich heen.

Platen heetten niet langer 'Dead End Street', 'Help' of 'Lola', maar 'Tales from Topographic Oceans', 'Larks' Tongues In Aspic' of 'The 5000 Spirits or the Layers of the Onion'; en bands noemden zich niet Stones, Zombies of Animals, maar Uriah Heep, Jethro Tull en Emerson, Lake & Palmer.

Een song van drie minuut veertien werd zo lang getijdrekt

dat het een hele langspeelplaatkant in beslag nam. Aan de teksten viel geen touw vast te knopen.

Wat was ik opgelucht toen een paar jaar later punk losbarstte.

Vanaf het prilste begin voelde ik een natuurlijke verwantschap met punk. Ik kwam als dienstplichtige uit militaire dienst en prompt brak de 'Summer of Hate' aan. Die zomer kwam als geroepen. Met het 'Love' van de bloemenkinderen had ik niet veel; met 'Hate' des te meer. Ik bleek niet de enige. In New York en Londen deed een nieuwe generatie van zich spreken, een generatie waar ik toe behoorde.

Hoe hakte ik mijn eigen spoor? In dienst had ik in de nachtelijke uren korte teksten geschreven die iets van gedichten weg hadden. Daar wilde ik graag meer van weten en ik meldde me bij de Leidse universiteit om Nederlandse Taal- en Letterkunde te studeren; daar konden ze me vast verder helpen.

De studie ontpopte zich alras tot een veredelde cursus Boekhouden voor Gevorderden. Waar was ik in beland? Ik moest íets en in arren moede meldde ik me aan bij studentendispuut Gollem.

Aan het begin van elk studiejaar organiseerde Gollem een Bezinningsweekend in een klooster in de Bloemendaalse bossen.

'Laten we ze een schop onder hun reet geven,' zei Ton de Lange, die gitaar speelde, op een avond tegen me. Ton wist dat ik in de ban van punk was, dag en nacht naar de Sex Pistols en The Clash luisterde, en naar obscuurdere bands als Swell Maps en The Fall, en dat ik geregeld naar Londen reisde om punkbands te zien optreden.

'We treden vrijdagavond,' zei Ton, 'als ze aankomen, de Gollemleden, onaangekondigd op. Als de Sex Pistols. Dat zal ze leren. Jij bent Johnny Rotten, ik doe Sid Vicious, en Jan en Nico...'

Het leek me wel wat.

Twee zaterdagnamiddagen repeteerden we 'God Save The

Queen' en 'Anarchy In The UK' in een leegstaand schoolgebouw in Rijswijk, waar Tons vader ooit had lesgegeven aan leerlingen van de Middelbare Handelsavondschool Nocturna.

Het klonk ondanks alle repeteren nergens naar; maar, meenden wij met de bravoure punk eigen, dat zou vanzelf in orde komen.

De dag van de waarheid brak aan, lente '77, De Dag Dat Ik Johnny Rotten Was.

Ton haalde me van huis op met zijn Citroën deux-chevaux die, door het gezamenlijk gewicht van instrumenten en apparatuur, zo vervaarlijk doorboog dat we bij een oneffenheid in de snelweg met de bodemplaat over het asfalt schuurden. Toen we de lommerrijke dreven van Bloemendaal hadden bereikt, moest ik nu en dan uitstappen: het nemen van een duinhelling zat er, zonder duwen, met een door zijn veren gezakte lelijke eend niet in.

Anderhalf uur later, Jan en Nico waren inmiddels gearriveerd, begonnen we aan de generale repetitie.

Het onthouden van de tekst, mijn taak, vormde een groter obstakel dan verwacht. Voorts stelde punk, ondanks berichten die anders luidden, zekere muzikale eisen: eisen waar wij in elk geval niet aan konden voldoen.

We waren nog niet zo lang onderweg toen de deur werd opengeworpen en vier nonnen de drempel over schreden. Zij leken dodelijk geschrokken: hield zich in de wouden rond Bloemendaal iets gruwelijks op en was dat het klooster binnengedrongen?

'Wat... is... hier... gáánde??'

'O, wij zijn van de Sex Pistols.'

De Zusters van Onze Lieve Vrouw van Liefde van de Goede Herder bleken van het bestaan van de Sex Pistols niet op de hoogte en wensten dat graag zo te houden.

Die avond, tegen halfelf, traden we onverhoeds op.

Met diep afgrijzen werden we aangegaapt.

Na het volbrengen van onze set verlieten we de kloosterzaal via de achteruitgang en meldden ons in een paar Haarlemse cafés om stoom af te blazen. Maar ook in de bisschopsstad zat men niet op onze komst te wachten.

'Vuile gore teringlijers! Oprotten! Of ik ram die kankerharses van je in!' was een van de meer vleiende begroetingen die ons ten deel vielen. Punk ging je niet in je koude kleren zitten, zoveel was duidelijk.

Toen we 's nachts bij het klooster aankwamen, waren de dispuutsleden in vergadering.

Sterker, kort na onze terugkeer was het gezelschap eruit. Excuses aanbieden voor het opzettelijk blesseren van de intermenselijke relaties, of anders... Eruit. Nu.

'Ton?' zei ik. 'Jan, Nico?'

Mijn bandleden bleven opvallend stil.

'Zal ik je naar het station brengen?' zei Ton ten slotte.

Nee, dat hoefde niet, die moeite kon hij zich besparen, daar hoefde hij zijn welverdiende nachtrust niet aan op te offeren. Jan en Nico mompelden iets ten afscheid en verdwenen in de krochten van het kloostergebouw.

Terwijl ik tussen de villa's door de weg afliep, zag ik af en toe een schim tussen de bomen opduiken. Gedaantes die, als ik aandachtiger naar ze keek, vernevelden waar-ik-bij-stond; alsof de wind met hen speelde: een briesje dat de takken en bladeren ongemoeid liet, maar hen niet.

Ze waren met velen, maar zonder dat ze in onderling contact met elkaar stonden. Een van hen leek te roken; maar dat kon een speling van de mist zijn. Kenden we elkaar uit een vorig of toekomstig leven?

Zij, op hun beurt, spraken me niet aan terwijl ik mijn weg naar het station zocht. Zo goed kende ik Bloemendaal niet en enige hulp zou welkom zijn geweest. Toch kwam het gebrek aan medewerking niet als een teleurstelling: al gaven ze geen aanwijzing bij een afslag of tweesprong, hun nabijheid maakte duidelijk dat ik op de juiste weg was.

Ik voelde me steeds meer op mijn gemak in nachtelijk Bloemendaal. De omzwerving herinnerde me aan de tijd die ik in Londen had doorgebracht. Ik logeerde in luizenhotelletjes en liep dagen achtereen kriskras door de stad, zonder doel of zelfs maar een idee van een bestemming, om 's avonds naar een optreden van een punkband te gaan. Ik leerde hoe met mezelf op te trekken in een stad waar ik niemand kende. Het ging me niet slecht af, alleen zijn, hoewel de afgrond verleidelijk bleef lonken. Daar kon je je in bekwamen, in alleen zijn. Je kon er maar beter zo vroeg mogelijk mee beginnen, met het leren hanteren van je alleen zijn: daar zou je in je latere leven alleen maar plezier van hebben.

Na een poosje begon ik toch te twijfelen aan de door mij gekozen route. Hoe lang wandelde ik hier al? Toch gauw zo'n drie kwartier en het station wilde maar niet dichterbij komen. Liep ik niet in een kringetje rond, of in cirkels?

Soms leek een van de schimmen die me vergezelden iets te willen zeggen, iets wat ik niet verstond. Soms ook maakte een van hen een hand- of armbeweging of knikte vriendelijk met het hoofd. De scheidslijn tussen hun wereld en de onze was dun; dunner dan algemeen werd aangenomen.

Ten slotte, ik had de hoop bijna opgegeven en overwoog zelfs een terugkeer naar het klooster om noodgedwongen daar dan maar te overnachten, trad het station me uit de donkerte tegemoet. Ik installeerde me in het ene overdekte wachtlokaal dat het station telde – de ruimte was onverwarmd, maar de kou deerde me niet – en probeerde te slapen.

Het liep tegen halfvier. Af en toe schoot een muis over de vloer van het wachtlokaal, en twee keer – het werd minder donker buiten; het eerste licht kroop op de tast rond – stak een vos doodgemoedereerd het spoor over.

Bij het aanbreken van de dag nam ik de eerste trein richting Haarlem: daar kon ik overstappen op de intercity naar Den Haag. De trein trok op in boemelvaart: zo langzaam schoven we vooruit. Waren we iemand vergeten die op het perron was achtergebleven en driftig naar ons zwaaide?

Nu en dan doemde een gezicht voor het coupéraam op; soms een man, vaker een vrouw: gezichten die leken toe te behoren aan hen die kortgeleden waren overleden maar die nu, luttele dagen na de teraardebestelling, alsnog uit het graf waren opgestaan. Ze joegen me geen schrik aan. Ik bevond me op vertrouwd terrein. Sinds mijn prille jeugd was ik een van hen geweest, en een van hen gebleven.

Eén gezicht herkende ik, dat van Oscar, een jongen die filosofie studeerde en op een Leidse zolderkamer woonde, waar hij zich op een woensdagavond aan een van de balken had verhangen. Hij beduidde me hem te volgen. Ongetwijfeld bedoelde hij het goed, Oscar, maar ik ging niet op zijn suggestie in. Daarvoor was het nog te vroeg.

Bloemendaal lag hemelsbreed vlak achter me, maar was een leven geleden.

Toen de trein in Haarlem aankwam was ik de enige die uitstapte. Op het station was het ondanks het vroege uur behoorlijk druk: een drukte die me welgevallig was. Ik verkeerde weer onder de mensen en schoot vooruit in de tijd.

In de stationshal kocht ik een ochtendkrant, nam plaats in de restauratie – ik had opeens honger en dorst; niet verwonderlijk: het afgelopen etmaal had ik nauwelijks gegeten of gedronken –, bestelde koffie en een uitsmijter en sloeg de krant open.

'Ik ken u ergens van,' zou een ober in dezelfde stationsrestauratie een decennium later tegen me zeggen, 'maar ik kan even niet op uw naam komen.'

Hij had de koffie en de uitsmijter ham-kaas voor me neergezet, maar liep niet terug naar het buffet om een uit te serveren bestelling op te halen. Wie ik was deed er voor even meer toe dan de wachtende klandizie.

'U bent beroemd, toch?'

'Kennelijk niet,' had ik gezegd 'anders had u geweten hoe ik heet. Er is nog werk aan de winkel.'

Een antwoord dat de ober matig beviel: je was beroemd of je was het niet, daar zat weinig tussenin.

Ik stapte niet in Leiden uit. En ook op maandag en dinsdag zou ik in Den Haag blijven en spoorde ik niet naar Leiden, al had ik beide dagen college. Die studie had geen haast en liep niet weg. Ik kon mijn tijd beter benutten.

In Den Haag aangekomen fietste ik naar Scheveningen om de zee aan het werk te zien. De zee en ik, we gingen vrienden-voor-het-leven worden. Als we dat al niet waren.

6

TERWIJL IK NAARSTIG OP ZOEK WAS NAAR DE ROCK-'N-ROLL, en in Londen beet had, kwam de rock-'n-roll naar me toe.

Kort nadat ik op kamers was komen te wonen aan de Van Alkemadelaan – bij mevrouw Van der Valk, die zich niet als een hospita ontpopte, maar zich als een moeder over me ontfermde –, raakte ik bevriend met Robert Jan Stips, die in 'mijn' nieuwe kamer met Dorien had samengewoond: de dochter van mevrouw Van der Valk.

Robert Jan had als toetsenist bij de Earring gespeeld. Aan de kurkwand in mijn nieuwe kamer hing nog een foto van hem met de Earring on stage: die was bij de verhuizing vergeten.

'Mijn eerste gig met de Earring,' vertelde Robert Jan, 'was in

Amerika. De Earring was hot stuff daar. Red hot stuff. Ik loop het podium op, in een stadion, een of andere *Bowl* in Texas... Veertigduizend man. Uitzinnig. Ik wist niet wat me overkwam. Buiten zichzelf waren ze, die yanks. De Golden Earring kwam op en ze gingen compleet uit hun dak, just like that.

Die eerste tournee met de Earring duurde drie maanden. Ik raakte volledig onthecht. Stadion na stadion trok aan me voorbij, hotel in, hotel uit. Je koekeloerde uit je vliegtuigraampje naar de start- en landingsbanen en de luchthavengebouwen met een blik van: waar zíjn we in godsnaam? Oklahoma? Boston? Cincinnati?

Op een ochtend werd ik wakker naast een leuke jonge vrouw, bij haar thuis, in Tampa Bay, Florida. De kindertjes sliepen boven. Ik richt me op en zie een ingelijste foto op haar nachtkastje, van een jongen in uniform. Dat was haar man. Hij zat in Vietnam. Wat ben je nou aan het klootzakken, Stips? vroeg ik me af. Toen was de tournee krap twee maanden onderweg en kwamen de vragen al. Waar ben ik mee bezig? Wie ben ik eigenlijk? Ik raakte mezelf in hoog tempo kwijt.'

Ik hing aan Robert Jans lippen. Tot dan toe kende ik de Earring van de radio en van de krijtletters op de Haagse muren, maar nu hoorde ik van alles over de Earring uit de eerste hand. Wat Robert Jan als ex-bandlid vertelde, smaakte naar meer.

'Het waren mijn sex-drugs-en-rock-'n-rolljaren,' vervolgde Robert Jan. 'Ik experimenteerde met de gekste dingen. Zo was ik een keer bij een meisje dat MDA had. Te gek spul, we lagen voortdurend in een deuk. Zo'n vijf uur aan één stuk. Naast de lachkick bezorgde het spul je de gewaarwording dat je overal doorheen kon, dwars door vaste materie. Muren hielden je niet tegen, die waren geen partij. Je zakte trouwens ook door elkaar heen.

"Hier," zei ze bij het afscheid, "ik heb wat over... Neem jij dit restje mee."

Ik meldde me bij het hotel waar de Earring sliep. 's Ochtends leverde je je bagage bij de roadies in. Die namen je koffer alvast voor je mee naar het vliegveld, zodat wij, de bandleden, pas een uurtje later voor vertrek van onze vlucht hoefden in te checken. Ik nam de lift naar mijn kamer, pakte mijn koffer in, legde de MDA boven op mijn kleding en gaf mijn koffer in de lobby aan de crew mee.

Een paar uur later vliegen we ergens boven Amerika, ik zeg tegen een van de jongens: "By the way, waar gaan we eigenlijk heen vandaag?"

"Naar Canada," zegt-ie.

Canada.

Ik schrok me het schompes. Dan moesten we de grens over, de Border Security passeren. En dat spul lag bovenop! Kofferdekseltje open en het lag je aan te grijnzen, op een presenteerblaadje. Ik raak niet zo vlot in paniek, maar die keer, in dat toestel op weg naar Canada, zat ik er dicht tegenaan. Uitgerekend bij die heavy Canadese grens; daarover deden de wildste verhalen de ronde. Als ze je daar met drugs pakten, verdween je voor jaren achter de tralies. Ik zag de krantenkoppen thuis al voor me.

Ik denk: ik zeg niks, anders wordt iedereen bloednerveus en lopen we helemaal in de gaten.

Wij landen, lopen door de aankomstruimtes en naderen de douane, komt er een Canadese mountain ranger op ons af. "Golden Earring?"

"Yeah, that's us," hoor ik iemand uit ons gezelschap zeggen.

"Allright, come this way, please."

Nou, dat was het dan, dacht ik. Mijn god. Daar ga je dan, Stips, op naar het schavot. Zeg maar dag met je handje, tot over een jaar of tien.

"Walk over, this way please."

Wat denk je? Die mountie loodste ons overal doorheen, we

werden nergens gecontroleerd, hoefden geen paspoortje of wat-dan-ook te laten zien en geen tas of koffer hoefde open, ook de mijne niet. Wij waren Golden Earring.

"Welcome home, boys. Welcome to Canada."'

—

Dat ik als honkvaste inwoner van Den Haag de Earring vroeg of laat tegen het lijf zou lopen kon niet uitblijven.

Met grote regelmaat kwam ik bij Cesar over de vloer. In de nok van zijn huis, aan de voorkant, met uitzicht op de Prinsestraat, had hij een geluiddichte studio waar een van zijn drumstellen stond opgesteld. Geregeld gingen we naar boven, de studio in, en trommelde en roffelde Cesar op onnavolgbare wijze: je bent de beste drummer van Nederland, of niet.

Ik kwam zo vaak bij hem thuis dat hij me op een avond vroeg of ik op zijn huis wilde passen.

'Over twee weken gaan we op vakantie, April en ik, en aangezien er nogal eens wordt ingebroken, vroeg ik me af of jij misschien... Kun jij je punkplaten keihard draaien in de studio boven, geen buurman die daar last van heeft. Lijkt je dat wat, en zou je kunnen?'

Dat hoefde Cesar geen twee keer te vragen.

Twee dagen voor de vakantie kwam ik bij hem langs om de kneepjes van het huis uitgelegd te krijgen. Hoe werkte de verwarming, het gasfornuis, waar lagen de sleutels, wanneer werd de vuilnis in de straat opgehaald... Toen de instructies en huishoudelijke mededelingen achter de rug waren, wees Cesar me op een kast in de achterkamer op eenhoog. 'Laat die maar dicht.'

'Prima,' zei ik. 'Ik trek nog geen la onnodig open, Cees, daar kun je van op aan. Maar is er een speciale reden dat je dat zegt?'

De kast kon beter dicht blijven, vertelde Cesar, omdat zich

jaren geleden iets had voorgedaan. Geen big deal, maar toch kon ik de kastdeur beter dicht laten. Je kon niet weten wat zich mogelijk in de kastruimte ophield, en het had geen zin iets te storen wat beter ongestoord kon blijven.

'Nou Cees,' zei ik lachend, 'je maakt het wel spannend zo. Dan wil ik het weten ook. Wat is er aan de hand met die kast?'

Ik keek eens goed naar de beigekleurige deur, de klink, de scharnieren – het enige wat je ervan kon zeggen was dat het een diepe kast was, die van de huiskamer doorliep tot aan de gang: aan bergruimte geen gebrek.

'Hij lijkt op elke andere kast hier in huis,' zei ik, 'en op zo'n beetje elke kast in het huis waar ik woon. Kortom, what's up?'

Ik stond op het punt om naar huis te gaan – de sleutels zaten diep weggestoken in mijn binnenzak –, maar Cesar beduidde me te gaan zitten en schonk de glazen nog eens vol.

'Luister,' zei Cesar. 'Jaren geleden kreeg ik een masker op mijn verjaardag. Een houten, middeleeuws masker. Japans. Met hoorntjes. Een rood duivelsmasker. De vriend van wie ik het cadeau kreeg vertelde dat het ooit was gebruikt voor... Het masker zag er onprettig uit, laat ik het zo zeggen. Jaren hing het aan de muur, niks-aan-de-hand. Tot op een dag een nieuwe vriendin haar intrede deed. Zij zag dat masker niet zitten. Evil, oordeelde ze. Bad luck. Volstrekte onzin, vond ik, maar ik was zo verliefd dat ik niet eens in de gaten had dat het masker op een dag van zijn spijker van de muur was gelicht en verdwenen was. Goed, na twee jaar pakte ze haar biezen en vertrok. Dat kun je zo hebben. Ze was al een poosje de deur uit, toen ik me dat masker herinnerde. Waar was dat ding gebleven? Ik keek op zolder, zocht in de kelder, in de bergruimte, maar ik kon 'm nergens vinden. Waar was dat kreng? Ik piekerde me suf waar dat ding kon zijn gebleven. Maar na alle inbraken ging ik ervan uit dat het was gestolen, vandaar dat ik 'm nergens vond. Probleem opgelost.

Op een dag ruim ik een kast uit en voel achter een van de lagere planken iets prikken. De hoorntjes. Dus dáár had mijn ex-vriendin het verstopt. Ik trok het tevoorschijn… Het masker had een paar jaar met zijn gezicht tegen de muur gelegen. Ik hing het op, waarom niet?, op zijn oude plek aan de muur. Een makkie, de spijker zat er nog.

Het hing koud of de ellende begon, bijna ongemerkt.

Eerst waren het kleine dingen die fout liepen. Onbenulligheden. Zo had ik een speciale verstevigde tas gekocht om mijn drankflessen in te versjouwen. Kort nadat ik het masker had opgehangen, flikkerden mijn flessen op straat aan scherven; de bodem bleek gescheurd. Te onnozel voor woorden en niets om bij stil te staan, ware het niet dat vanaf dat moment er bijna elke dag iets misging of in de soep liep. De pas aangeschafte wasmachine brandde door, ik kreeg forse lekkages in huis… alles liep verkeerd, en bovendien kregen de gebeurtenissen een steeds grimmiger karakter. Met als dieptepunt een zware autocrash, waar ik maar nét… Het scheelde een haar of ik had hier niet meer gezeten. En nog steeds had ik niks door.

Op een avond komt een vriend langs, ik vertel hem het verhaal en hij zegt: "Dat komt door het masker." Een vriend van zijn vader had ooit zo'n zelfde masker in huis gehaald. Ellende. De enige manier om ervan af te komen, beweerde hij, was door het masker te verbranden.

Ik wilde er eerst niet aan. Stel je voor, een cadeau, antiek, en zodoende een hoop geld waard. Om dat dan zomaar in brand te steken, nou nee.

We gaan eten in een restaurant vlakbij en wat ons in onze jarenlange vriendschap nog nooit was overkomen, gebeurde nu. We kregen een knetterende ruzie. Schelden, vloeken, tieren.

Opeens had ik er schoon genoeg van. "Nou is het afgelopen," zei ik, "ik ben het zat. Jij je zin, ik verbrand dat kreng."

Wij naar huis, ik steek met een paar kranten de open haard aan, twee houtblokken erop, en ik leg het masker op het vuur. Die vriend, een violist, pakt zijn instrument uit zijn vioolkoffer en begint Paganini te spelen, dansend door de kamer. Het was een zomeravond; de ramen stonden open. Aan de overkant van de straat zag ik mensen uit het raam leunen en omhoogkijken. Ik dacht dat het om het vioolspel ging. Een paar minuten later horen we sirenes de straat in komen. Twee brandweerwagens stopten voor mijn deur. Ik had koud de voordeur opengedaan of acht brandweerlieden stormden de trap op naar de eerste etage, zuurstofmaskers bij zich en gewapend met bijlen, om verbijsterd bij de open haard te blijven staan, waar dat masker lag te smeulen.

"Wat is dít in godsnaam?!" vroegen ze ongelovig.

Bleken er zulke rookwolken uit mijn schoorsteen te komen dat de buurt dacht dat mijn huis in lichterlaaie stond en de brandweer had gealarmeerd. Ik naar buiten, en inderdaad, er hing een reusachtige rookwolk boven de daken, tot aan de Paleistuin toe, die onmogelijk door het weinige hout dat ik verstookte kon zijn veroorzaakt. De afscheidsgroet van het rode masker. Je kon de avondhemel boven Den Haag haast niet meer zien van alle rook. Ook elders in de stad, hoorde ik later, was het te zien geweest, alsof er ik-weet-niet-wat aan de hand was. Ik heb geen last van bijgeloof, nog steeds niet, maar sinds die avond...'

Ik kende Cesar lang en ik kende hem goed: Cees was, mede dankzij alle ervaringen met de Earring, door de wol geverfd en had een gezonde afkeer van flauwekul. Die verzon zoiets niet; wat hij vertelde moest hem daadwerkelijk zijn overkomen.

'Cesar,' zei ik, 'die kastdeur blijft potdicht.'

'Jongen,' zei Cesar, 'daar doe je jezelf een plezier mee.'

'En die spijker,' zei ik, 'de spijker waar dat masker aan hing?'

'O, die zit er nog. Daar hangt tegenwoordig een verjaardagskalender aan,' Cesar trok de kastdeur open, 'zie je?'

Ik nam me voor die kalender rustig te laten hangen – ik hoefde niet te weten wie van Cesars relaties op welke datum jarig was – en de spijker de spijker te laten, dan kon zich niets ongerijmds voordoen. Daarbij, wat hier in huis ooit was voorgevallen, had op geen enkele manier met mij te maken.

Ik nam mijn intrek in Cesars huis, en dat beviel.

'Voor kleinigheidjes,' had Cesar bij het afscheid gezegd, 'hoef je me niet te bellen. Tenzij het huis tot de grond toe affikt. Hoewel, ook in dat geval kan ik beter eerst mijn vakantie afmaken en daarna pas terugkomen.'

Ik hoefde niet open te doen als er werd aangebeld.

'Ooit,' zei Cesar, 'werd ik op een ochtend om een uur of vijf wakker, van mokerslagen. Stond een jonge vrouw met een bijl de voordeur in te slaan. Een fan van me, ontsnapt uit de kliniek, die me per se wilde spreken. Mocht zich zoiets voordoen, dan kun je ontsnappen via de brandtrap aan de achterkant op de vierde verdieping en over de daken wegkomen.

Maar,' voegde Cesar er op geruststellende toon aan toe, 'dergelijk bezoek-aan-huis verwacht ik niet zo een-twee-drie.'

Ik hield me aan Cesars instructies, stookte geen vuur in de open haard en deed af en toe de deur open om een pakje in ontvangst te nemen. Het beviel me uitstekend in Cesars huis. Hele avonden bracht ik door in zijn studio en draaide de ene plaat na de andere; van Joy Division en The Fall tot Iggy Pop en Tom Waits; alles op een volume dat ten huize van mijn hospita volstrekt ondenkbaar zou zijn geweest.

Kon Cesar niet een dag of wat aan zijn welverdiende vakantie vastplakken?

Een fan die zich met behulp van een bijl of klauwhamer toegang wilde verschaffen tot de woning was me tot nog toe bespaard gebleven. Ja, dit babysitten-op-een-huis kon ik best een poos volhouden. Dat moest ik vaker doen, nam ik me voor, als Cesar er enkele dagen of weken tussenuit moest.

Tot ik op de achtste dag voor de kast stond, de dichte deur.

Al herhaalde malen was ik er de voorbije dagen langs gelopen, zonder de kast een blik waardig te keuren. Als ik consequent volhield dat die kast er niet toe deed, deed-ie er ook niet toe; dat zou de kast zelf ook inzien.

Maar op de avond van de achtste dag veranderde er iets.

Ik had tv gekeken, 'm op stand-by gezet en las een rock-'n-roll-tijdschrift, toen ik opkeek. De kast met de dichte kastdeur staarde me aan. Al wist ik dat ik het beter niet kon doen, toch legde ik mijn tijdschrift opzij en stond op van de bank. Wat school er in de kastruimte achter de dichte deur?

Ik stond voor de kast maar deed de deur niet open.

Ik was niet bijgelovig en schrok niet als een zwarte kat mijn pad kruiste, al wandelde ik buiten liever niet onder een glazenwassersladder door. Maar bijgelovig? Nee. Ik hield het op Sinterklaas, als het op geloofszaken aankwam.

Maar Cesar had gelijk met zijn waarschuwing. Er was iets gaande in de kast. Ik kon er de vinger niet op leggen wat, maar er was iets. Bad vibes. Nog altijd. Iets wat alle geduld van de wereld had en wachtte en wachtte en wachtte, om dan pas toe te slaan.

Verbeeldde ik het me of bewoog de deur lichtjes, alsof hij me wilde uitnodigen om vooral open te doen? Ik keek opzij, om de ban te breken en niet in verleiding te worden gebracht. Eén draai aan de sleutel, een kwartslag, en de deur zou wijken en ik kon zien, één tel maar, wat er in de kastruimte lag, waarna ik de kastdeur ogenblikkelijk weer zou sluiten en op slot draaien, zodat het leek alsof ik hem niet had opengedaan.

Ik draaide de sleutel een kwartslag en opende o zo behoedzaam de deur.

De verjaarskalender aan de spijker schommelde lichtjes heen en weer.

Ik strekte mijn hand uit en bracht de kalender met mijn wijsvinger tot stilstand. Vrijwel ogenblikkelijk veranderde de sfeer in de kamer in gunstige zin.

De resterende dagen die ik in Cesars huis doorbracht vermeed ik oogcontact met de kast en de kastdeur als ik de kamer in kwam of de gang op liep. Wel controleerde ik meermalen per dag, just to be sure, of de verjaarskalender nog aan zijn spijker hing, en niet 'per ongeluk' door een plotselinge tocht- of windvlaag op de kastvloer was gevallen.

Toen Cesar na twee weken vakantie vieren thuiskwam voelde ik me opgelucht.

Het kon spoken in Den Haag. Dat wist ik maar al te goed.

7

DAT SPOKEN BEPERKT ZICH NIET TOT DEN HAAG.

'Waarom ben je wakker?' vraagt Yolanda.

We liggen al geruime tijd in bed en ik word geacht te slapen. Bril ligt voor onze slaapkamerdeur, we kunnen haar horen ademen.

'Hoor je de wind?' zeg ik.

'Welke wind? Het waait helemaal niet.'

'Dat bedoel ik,' zeg ik.

—

Met Dorien kon ik zo goed opschieten dat ik haar als een zus beschouwde. Ik meen dat Dorien mij als een soort van broer zag.

Weliswaar had ze twee broers, maar daar kon er best nog eentje bij.

Via Dorien leerde ik Herman kennen: haar grote liefde. Een liefde die van twee kanten kwam; woonachtig in Amsterdam verbleef Herman vaak bij Dorien in Den Haag.

'Ik kan me vergissen,' zei Dorien toen ze op een middag bij haar moeder langskwam, 'maar volgens mij kunnen Herman en jij als een raket met elkaar overweg.'

Ik zat tot over mijn oren in de Amerikaanse en Engelse punk, leefde op een dieet van Iggy Pop en Lou Reed en bands als Television en Magazine en had nog nooit van Herman Brood gehoord.

'Kun je morgen?' zei Dorien.

'Bart,' zei Dorien de volgende middag, 'kom erin.'

Dat wilde ik best doen, maar Dorien stond breeduit in de deuropening en versperde zo de doorgang. Ik kon haar moeilijk opzijduwen om me toegang tot haar woning te verschaffen.

'Het kan even duren,' zei Dorien. 'Herman is boven, in de badkamer, een shotje zetten. Speed. Geen horse, godzijdank. Laten we duimen dat het die ouwe in één keer lukt, anders kan ik straks weer de hele badkamer schoonmaken.

Maar kom vooral binnen,' voegde Dorien eraan toe.

Terwijl ik haar door de gang naar binnen volgde dwaalde een stem de trap af, die bij de onderste traptreden uiteen dwarrelde. 'Is dat die gevaarlijke punk?'

'Valt wel mee, Herman,' zei ik.

'Ik kom er zo aan,' zei Herman vanaf de eerste verdieping. 'Ik ben nog even bezig, de felbegeerde injectie in de arm te proppen, maar dán... Dán zul je eens wat beleven!'

'Ik begreep zoiets van Dorien,' zei ik onder aan het trapgat. 'Doe rustig aan, neem je tijd. Ze zou het op prijs stellen als ze haar badkamer na gedane zaken voor de verandering eens níet hoefde schoon te maken.'

Bij wijze van antwoord klonk er een schor lachje.

Ik liep de voorkamer in. Dorien leunde tegen de vensterbank en stak een sigaret op, een glas witte wijn binnen handbereik.

Dorien en ik deden wat we altijd deden: honderduit praten, aan gespreksstof geen gebrek.

Na zo'n twintig, vijfentwintig minuten – Dorien was toe aan haar derde sigaret – kreeg ik de indruk dat haar aandacht werd opgeëist door iets wat zich buiten mijn gezichtsveld in de kamer bevond: zoals een gast op een receptie langs je heen kan kijken bij binnenkomst van een bekende.

Opnieuw keek Dorien langs me heen de kamer in en ik draaide me midden in ons gesprek om.

Geen idee hoe de badkamer er boven aan toe was, maar het shotje was gelukt. Achter de staande schemerlamp bij de deuropening had Herman zich min of meer verdekt opgesteld en al die tijd naar ons geluisterd. Herman stond aan de vooravond van zijn doorbraak, maar toen al deden mensen zich anders aan hem voor dan ze waren teneinde bij hem in het gevlij te komen. Die crashtest had ik met goed gevolg doorstaan.

We keken elkaar aan. Alle scherven en puzzelstukken vielen op hun plaats. Zielsverwantschap. Bovendien loenste Herman en was ik scheel, wat onze verbondenheid bezegelde. We hoefden elkaar niets uit te leggen en wisten beiden dat dat tot onze dood zo zou blijven.

Met scheel zijn leerde ik te leven. 'Het is niet erg,' zou ik later tegen Sebastiaan zeggen, 'om de wereld van twee kanten tegelijk te zien. Scherven en splintertjes waarheid die alle op eigen benen kunnen staan.'

Dankzij Herman betrad ik het rijk van het volstrekt onvoorspelbare: onontgonnen grond, en diende ik alle ballast overboord te werpen, iets waartoe ik van harte bereid was. Er was geen weg terug; het verleden behoorde voorgoed tot het verleden. Ik had mezelf zojuist heruitgevonden. Althans, daar een begin mee gemaakt.

De middag kon niet stuk, en het leven dat zich voor me uitstrekte en waarvan de horizon niet in zicht was, evenmin. Zo zou het blijven gaan in de jaren die volgden. Als Herman en ik op stap gingen waren we voorbij aan allerhande aardse regels en niet onderhevig aan de wetten van de zwaartekracht. We stegen op, spreidden onze vleugels en vlogen.

'Ga je mee met Dorien en mij,' zei Herman, 'naar Rotterdam, naar Graham Parker & The Rumour?'

—

Steeds vaker ging ik met Herman op stap. Als hij bij Dorien logeerde, haalde hij me de volgende dag op. Aan de overkant van de Van Alkemadelaan stopte dan een taxi, een achterportier ging aarzelend open en boven het autodak verscheen een wuivende hand. Dat moest voldoende zijn.

'Tot straks,' zei ik tegen mevrouw Van der Valk, 'ik ga met Herman wat drinken in de stad. Tot later vanavond.'

'Eet je mee?'

Ja, zei ik dan, in de volle overtuiging tegen achten terug te zijn. Meestal duurde het een dag of drie voordat ik weer boven water kwam.

'Waar gaan we heen?' zei ik.

We zaten in een café op de Denneweg.

'Apeldoorn, jongerencentrum De Gigant. Aanvang tien uur. Naar het schijnt.'

Herman wenkte de barkeeper en bestelde een nieuwe ronde. Rum-cola. Maar met een dubbele dosis rum.

'Voor mijn maat hier,' zei Herman, 'hetzelfde.'

In dienst had ik leren drinken en die verworvenheid kwam

me nu goed van pas. Zo vlot gleed ik niet van een barkruk op de grond.

Herman pakte een bierviltje en tekende een indiaan.

Toen we over het Lange Voorhout met een omweg naar het station liepen – via een café in de Lange Houtstraat wilde Herman een tweede tussenstop inlassen alvorens naar Den Haag Centraal te gaan –, bleven we niet lang alleen. Ik vertoefde in het gezelschap van een ster-in-wording, als Herman al geen ster was. Binnen de kortste keren werden we omringd door uitbundige fans van Herman: zo'n vijftien meisjes die allemaal een handtekening van hem wilden, en meer.

Ik dacht aan Dorien en aan wat de toekomst voor haar in petto had.

'Wil je een goed woordje voor me doen,' had Herman me meermaals gevraagd, 'bij Doriens moeder? Ik heb een reputatie, en die strekt in dit verband niet tot aanbeveling.'

'Hoe bestaat het, hè?' zei ik.

'Zeg maar dat ik zo'n betrouwbare man ben. Een charmant type. Zo anders dan De Bladen beweren. Van jou neemt ze dat vast aan, schat ik in.'

Ik deed mijn best, meer dan eens, maar veel haalde het niet uit.

'Het is een leuke vent, Herman,' had mevrouw Van der Valk gezegd, 'maar het is niet de man die je je als moeder voor je dochter wenst.'

—

'Waar gaat de reis deze keer heen?'

'Arnhem.'

We zaten in de sneltrein naar Utrecht, in het restauratierijtuig. Het buffet was open. In die tijd kon je in de trein sherry, port en bier kopen, een mogelijkheid waar we ruim gebruik van maakten. Dat wil zeggen: port. Zulke slechte port was het niet en bovendien deed-ie zijn werk.

'Weet je wat ik in jou zo waardeer, jonge vriend?' zei Herman.

'Geen idee. Vertel.'

'Je levenslust.'

'Is dat zo?' zei ik verbaasd. Doorgaans wekte Herman een uiterst montere indruk.

'Daar laaf ik me aan, aan jouw levenslust, als-je-het-even-weten-wil.'

'Beschik je daar zelf dan niet in voldoende mate over, over levenslust?'

'Bij mij,' zei Herman, 'komt het uit een pakje.'

Zijn blik dwaalde af naar het landschap dat aan het raam voorbijtrok. Zelf stonden we stil. De rit naar Utrecht CS vergde zo'n drie kwartier, maar we zaten al uren in de coupé. Vreemd dat geen van de medepassagiers bezwaar tegen de gang van zaken aantekende.

'Uit een pakje,' herhaalde Herman, 'en een naald.'

'Je schetst een te somber beeld van jezelf, ouwe reus.'

'Ik meen het.'

Terwijl we praatten werkten we het ene na het andere portflesje weg. De trein moest ongemerkt in beweging zijn gekomen, want we naderden eindelijk station Utrecht. Ons formica tafelblad stond vol lege portflesjes. Daar moesten we vanaf. We gleden al onder de stationsoverkapping door toen ik het bovenraampje opendraaide en alle flesjes een voor een naar buiten wierp. Wat ik zag, maar wat niet ten volle tot me doordrong, was dat het perron wemelde van de forenzen die graag naar huis wilden en op deze, onze trein wachtten en die na de opgelopen vertraging niets liever dan zo snel mogelijk de trein in wilden in de hoop een zitplaats te bemachtigen.

Ik hoorde allerlei kreten uit de menigte opstijgen, maar wat die uitroepen behelsden ontging me, ook dat die perronwoede weleens voor mij bestemd kon zijn.

Onverdroten ging ik verder met mijn opruimwerkzaamheden, tot de trein bijna tot stilstand kwam en Herman me bij de schouders pakte en meetroonde, twee coupés door, naar de uitgang. De deuren schoven open. Talloze treinreizigers klonterden voor de ingang samen, woest, om verhaal te halen bij de flesjesgooier.

'Hij zit achterin!' riep Herman. 'Een paar coupés terug!' Hij wees in de richting van Den Haag. 'Hij heeft een zelfgebreid rood truitje aan!'

Daarop week de menigte uiteen en liet ons ongemoeid passeren. Zo ontkwam ik aan een volksgericht.

In plaats van over te stappen en onze weg te vervolgen, begaven Herman en ik ons naar een bar op de hoogste verdieping van een hotel op loopafstand van het station.

'Ik moet wat te drinken hebben,' zei Herman ter verklaring, 'anders red ik het niet, dat hele end naar Arnhem.'

Het was een uitleg waar ik de redelijkheid van inzag.

Als je in de hotelbar een cocktail bestelde reed een treintje over de toog en stopte voor je neus, zodat je het bestelde uit de open wagon kon tillen. Ook op dit station was het spitsuur.

'Weet je, jochie,' zei Herman, 'die verhalen die je mij vertelt...'

'Ja?'

'Ik smul ervan.'

'Daar hoor ik van op, Herman.'

'Daar moet je wat mee doen, jonge vriend. Zodat ook andere

mensen ervan kunnen kennisnemen. Of schrikt dat idee je af, nee toch? Als ik ervan smul, mag je ervan uitgaan dat anderen... Binnenkort treed ik in een jongerencentrum op bij jou om de hoek, in Voorburg. Wij beginnen, de Wild Romance, dan onderbreek ik de set en geef jou het woord. Lijkt je dat wat?'

Zo geschiedde. Halverwege de eerste set legde Herman het concert stil en riep me het podium op.

Ik betwijfel of mijn bijdrage veel zoden aan de dijk zette. Maar ik besefte dat Herman voldoende vertrouwen in me had om me een kans te geven. Op dat vertrouwen kon ik verder bouwen.

—

'Tot straks!' riep ik vrolijk.

'Ja ja,' zei mevrouw Van der Valk, 'dat kennen we.'

Ik trok de voordeur dicht en even later het portier van de taxi die op me wachtte open. Een paar cafés later liepen we door de Lange Poten toen Herman me aanstootte en omhoog wees, naar de bovenverdieping van een huis schuin tegenover Nieuwspoort.

'Daar woont een meisje dat ik ken.'

'Wat een verrassing,' zei ik. 'Wie had dat gedacht? Ik sta versteld.'

'Help je me?'

'Waarmee?'

'Een ladder zoeken.'

'Een ladder?'

'Haar bel doet het niet en als je op de voordeur bonst hoort ze het ook niet, daarvoor zit ze te hoog. En een telefooncel ga ik niet zoeken.'

'Een ladder,' zei ik.

'Dat had ze gezegd, Ciska, toen ik laatst met haar meeging na een optreden, hiernaartoe. "Als je onverwachts langskomt... Pak een ladder, Herman, zet hem tegen de vensterbank, driehoog, en…"

Ik was "altijd welkom" voegde ze eraan toe.'

'Daar twijfel ik niet aan, Herman, aan dat "altijd welkom zijn".'

'De vraag is, waar halen we zo snel een ladder vandaan? O, ik hunker zo naar haar.'

We keken om ons heen. Waar trommelde je zo snel een ladder vandaan – om halfvier 's middags hartje centrum, tegenover de parlementsgebouwen –, eentje die tot de derde etage reikte?

'We kunnen een paar winkels binnenlopen,' zei ik, 'en vragen of ze een ladder hebben die we mogen lenen.'

'Er zit weinig anders op, hè? Doe jij het woord, jonge vriend? Jij maakt een betrouwbare indruk, betrouwbaarder dan ik in ieder geval. Jij ziet eruit als een type aan wie je best je laddertje zou durven toevertrouwen, en uitlenen desnoods. Jij wekt geen argwaan. Dat kan ik van mezelf niet zeggen.'

Toen we eenmaal een ladder hadden opgeduikeld en deze uitgeschoven tegen de pui van het huis hadden gezet, onder het raam waar Ciska woonde – vlak bij de raampartij van een bioscoop die niet veel later zijn deuren zou sluiten –, en Herman de eerste traptreden had genomen op de felbegeerde weg omhoog, draaide hij zich om, onder het argwanend oog van het talrijke winkelende publiek: waagden die twee het om op klaarlichte dag een kraak te zetten, recht voor hun neus?

'Kom je niet mee?' zei hij verbaasd. 'Ciska weet van wanten en is heus geen meisje dat verschrikt opkijkt als er twee leuke jongemannen in plaats van één boven aan een laddertje verschijnen en aan haar vensterraam kloppen.'

'Ik heb mijn huiswerk voor morgen nog niet af,' zei ik.

'Dan moet je het zelf weten,' zei Herman en hij klom de ladder op en tikte tegen het raam dat, alsof hij werd verwacht, vrijwel ogenblikkelijk opening.

Ik zag hem over de vensterbank verdwijnen, de woning in, schoof de ladderelementen in elkaar en bracht hem terug naar de winkel waar we hem geleend hadden.

'Gelukt?' vroeg de winkelmedewerker.

'Meer dan,' zei ik.

'Jij was toch met Brood op stap, gisteren?' zei Dorien toen ze me de volgende dag belde.

Dat kon ik bevestigen.

'Heb jij enig idee waar die ouwe uithangt? Hij ging gistermiddag de deur uit, met jou iets doen, en zou in de loop van de avond terugkomen. Het is nu halfvijf 's middags en... Taal noch teken. Wat hebben jullie uitgevreten, en waar is-ie gebleven, Brood?'

Ik vertelde wat we zoal hadden beleefd, ervoor wakend Ciska en de geleende ladder buiten het verslag te houden. Dat leek me voor alle partijen heilzaam. Toen ik mijn relaas had gedaan, bleef het stil. Nu spande het erom. Maar Dorien vroeg niet door en ik kwam met de schrik vrij.

'Zo,' zei mevrouw Van der Valk toen we elkaar tegen borreltijd voor het eerst die dag zagen, 'vertel, wat hebben jullie uitgespookt?'

Ze bukte voorover, pakte haar wegwerpaansteker van tafel en stak een sigaret op.

'Je was zo laat thuis vannacht,' vervolgde ze. 'Ik lag al in bed. Jullie hebben het flink bont gemaakt, want ik heb je de hele dag niet gehoord of gezien. Vertel, wat hebben Herman en jij dit keer uitgehaald? Ik ben benieuwd. Of is het niet voor mijn oren bestemd? Jullie zullen geen vaartochtje over de Moezel hebben gemaakt, veronderstel ik.'

Ik begon opnieuw te vertellen wat we zoal hadden beleefd, maar liet ook nu ons geveltoerisme gemakshalve buiten beschouwing.

Een halfjaar later had Dorien genoeg van Hermans strapatsen en verbrak de relatie.

—

'Ooit in Berlijn geweest?' vroeg Herman. 'Nee? Dan wordt het hoog tijd dat je... Ik treed er vijf dagen op, vlak voor kerst, met de Wild Romance. Wat denk je, jonge vriend, ben je in staat je vege lijf daarheen te slepen?'

Kort na aankomst nam Herman me mee naar een grenspost aan de oever van de Spree. Aan de overkant, achter de Muur, bevond zich Oost-Duitsland. Vanuit een wachttoren werden we nauwlettend in de gaten gehouden.

'Wat een farce,' zei Herman. 'Terwijl de ruimteschepen ons om de oren vliegen naar elkaar koekeloeren vanachter een tuinmuurtje. Ik geef die Muur nog pakweg... Zes weken.'

Vier jaar later beleefden we de Val van de Muur.

'Ik ben als de dood,' zei Herman op een nacht in café Risiko, 'voor de politie in het buitenland. Drugs. Als ze mijn armen zien ben ik verkocht. Altijd die genotzucht ook. Kon ik er maar mee uitscheiden. Maar niet heus.'

We waren inmiddels vierentwintig uur op pad zonder een bed te hebben gezien.

'Ik was eens down and out in Joegoslavië,' vervolgde Herman. 'Ik naar een arts, in gezelschap van een vriendin die ook hooked was. Hij krabbelde een receptje op papier voor medicinale opium. Dat zou trouwens iets voor jou zijn, Bart. Daar word je rustig van, van opium. Niet vergeten. Tenzij je het stadium "rust" niet ambieert. Anyway. Ik spoedde me naar de dichtstbijzijnde apotheek. Nee, dat konden ze niet aan me meegeven, daar begonnen ze niet aan. Dan diende ik een Officieel Recept te kunnen overleggen. Amateurwerk. Er ontstond enige ergernis, die ontaardde in geruzie.

Voor ik er erg in had stond er een overvalwagentje voor de deur, Polizei, en werden we in een cel gesmeten. Om een dag later naar een grensovergang met Italië te worden overgebracht. Zo'n punt waar de grenzen van een paar landen samenkomen. Mochten we vier dagen in een cel verblijven, in afwachting van een door hogerhand over ons te nemen besluit.

We deelden de cel met zo'n dertig man. Vluchtelingen. Die kusten de grond. Europa. Voor hen was het een doorgangshuis. Die liepen de hele dag heen en weer. Als dieren in een kooi. Dólblij.'

Nee, aan grenzen deed Herman niet. Het werd tijd om de muren om me heen steen voor steen af te breken en neer te halen. En de grenzen.

—

Yolanda en ik zouden Herman en Xandra opzoeken in hun Amsterdamse woning in de Lange Leidsedwarsstraat en bij hen overnachten. Xandra was in verwachting van Lola: wij sliepen in de pas ingerichte babykamer.

'Ik ben heel benieuwd naar je meisje,' had Herman gezegd. 'Ze is dokter, toch? Misschien wil ze receptjes voor me uitschrijven, zodat ik aan de amfetamine kan. Word ik eindelijk legaal. Wie had dat gedacht.'

We stonden voor de voordeur en ik wilde al aanbellen, toen ik me bedacht. Als arts was Yolanda niet erg van de drank en de drugs.

'Lieverd,' zei ik, 'je weet over Herman, rock-'n-roll... Als hij straks vraagt wat je wil drinken, vraag dan niet om een kopje thee.'

'Waarom niet?' zei Yolanda verbaasd. 'Wat is er mis met thee?'

'Thee,' zei ik, 'is square. Onhip. Dat drink je niet.'

Ik drukte de knop van de voordeurbel in. De deur waaide open.

'Schatten,' klonk Hermans stem door het trappenhuis, 'hebben jullie zin in thee? Ik heb net een pot gezet.'

Die pot had Herman gezet om een kleine hoeveelheid thee, één of twee scheutjes, aan zijn longdrinkglas rum te kunnen toevoegen.

Yolanda keek me een tel veelbetekenend aan en ging voor me uit de trap op.

'Thee?' hoorde ik haar zeggen. 'Graag, Herman. Heerlijk.'

8

'JIJ STUDEERT, HÈ?' ZEI HERMAN.

We zaten op een van Hermans geheime ateliers in Amsterdam. Straks kwam er een koper van zijn hier vervaardigde schilderijen langs, maar dat mocht Hermans manager niet weten: anders ging diens provisie van de verwachte opbrengst af. De ramen naar het dakterras stonden wijd open; het was broeierig warm, het tempo van de stad lag laag.

'Nederlands, toch?' zei Herman.

Daar had ik niet onmiddellijk een passend antwoord op en zo vervloog de tijd om die beschuldiging te weerleggen.

'Hoe lang,' zei Herman, 'was je nog van plan om met die onzin door te gaan?'

Anton Corbijn, met wie ik bevriend was geraakt, had zich onlangs in dezelfde bewoordingen uitgelaten. Maar tijd om erover na te denken werd me niet gegund. Beneden, in de diepten van het huis, ging de voordeurbel.

'Of geloof je zelf wel in die flauwekul?'

Die vraag werd enkele weken later beantwoord.

Om elf uur 's ochtends nam ik plaats in de collegezaal waar onze werkgroep wekelijks bijeenkwam. Het lokaal lag boven een supermarkt waar ik zelden kwam, en boven een slijter waar ik vaak kwam; zo ook vanochtend. Ik had wat flessen gekocht, maar nog geen fles ontkurkt; zelfs ik vond het wat aan de vroege kant daarvoor.

We behandelden een klassieker uit de naoorlogse literatuur. Twee studenten namen een chirurgisch mes ter hand, bogen zich over het boek om het tot op de spieren en zenuwen bloot te leggen en sneden de tekst aan flarden. Toen ze klaar waren met hun sloopwerkzaamheden legden ze mes en scalpel neer en leunden voldaan achterover. Op tafel lag het karkas van een boek.

Ik verlangde naar een van de wijnflessen in mijn tas. Had ik er maar eentje opengedraaid, dat zou nu goed van pas zijn gekomen. Wat deed ik hier nog? Kon ik niet beter mijn biezen pakken?

De docent, die niet veel later zou komen te overlijden, toonde zich tevreden. Hij roemde de presentatie en beloofde dat de twee studenten op een hoog cijfer mochten rekenen. Sterker, hun prestatie mocht tot voorbeeld strekken voor de overige aanwezigen.

Ik schreef gedichten en leefde bij de gratie van het raadsel, niet van de ontraadseling.

Anders dan de docent meende, ging het er in de kunst volgens mij niet om tot in de kleinste finesses de werking van het mechaniek van een Zwitsers precisie-uurwerk te ontcijferen.

Waarom zou ik uitvogelen hoe Zwitserse tijd werkte? Ik zette de tijd liever naar mijn hand. Of gooide hem het raam uit.

Mijn aandacht werd getrokken door iets wat zich buiten het lokaal afspeelde. Op het platte dak van een huis tegenover ons instituut liepen twee vrouwen die ieder een vuilniszak tilden, die ze bij de schoorsteen dumpten. Ze waren schaars gekleed. Van medestudenten had ik begrepen dat in het huis een bordeel was gevestigd, maar ik had nooit iets gezien wat die bewering staafde. Tot vandaag. Ze gingen op het dak zitten en leunden gerieflijk tegen een andere schoorsteen, om te zonnen en te bruinen. Het was nog vroeg, tegen het middaguur, de drukte moest nog op gang komen. Het was zonneklaar dat daar, aan de overkant, het echte leven zich afspeelde, en niet in dit lokaal.

'Chabot,' zei de docent bij de hervatting van de les na de lunchpauze, 'let je nog een beetje op? Het gaat ook jou aan, wat er hier besproken wordt. Of zie jij dat zelf anders? Dat moet je ons dan laten weten, graag zelfs, anders ben je onze tijd aan het verdoen.'

Aan het eind van de les raapte ik mijn spullen bij elkaar, stopte ze in mijn tas, zei mijn medestudenten en docent gedag, startte mijn Puch die buiten in de middagzon op me had staan wachten en reed weg, om bij de eerste de beste gracht die ik tegenkwam te stoppen, af te stappen, mijn tas open te doen en de inhoud ervan – op de flessen na – het water in te kieperen, alle studieboeken en schriften; waarop de hele santenkraam zonder aarzelen zonk. We waren halverwege de middag nu; de schaduwen werden al wat langer.

'Wat doe jíj?!' riep een vrouw die twee boodschappentassen meetorste verschrikt uit.

Toch wist ik wat ik deed, al betreurde ik het afscheid van de slijter; die zou ik missen. De bruggen kromden hun rug en de grachten zetten hun stekels op. De boodschap was helder en niet mis te verstaan. Mijn toekomst hier lag achter me. Ik stapte op mijn Puch, gaf gas en reed de stad uit. Ik moest niet vergeten bijtijds te tanken, anders haalde ik Den Haag niet.

Leiden liet ik definitief achter me.

Die avond belde ik mijn ouders in Vancouver.

Ik kreeg mijn moeder aan de lijn.

'Zeg, waar bel je eigenlijk voor?' zei ze na wat heen-en-weergepraat. 'Anders bel je nooit zo lang. Wacht, ik zal je je vader even geven. Handel het maar met hem af en laat mij er asjeblieft buiten. Het zal wel weer niet veel fraais zijn, dat je ons opbelt.'

'En,' zei mijn vader, ' wat verschaft ons de twijfelachtige eer?'

'Ik bel je,' zei ik, 'omdat... Ik ben gestopt met mijn studie.'

Het bleef stil van de kant van Vancouver. Stond er in downtown Vancouver een wolkenkrabber op instorten? Daar leek het ernstig op.

'Ben je daar nog?' vroeg ik, een vraag die geruime tijd onbeantwoord bleef. Ik was er niet van uitgegaan dat mijn vader mijn besluit zou billijken, maar misschien had hij behoefte aan een korte toelichting op mijn beslissing; misschien ook niet. Ik liet de stilte duren. Nu ik was gestopt met studeren had ik opeens een zee aan tijd.

'Moet je goed luisteren, jongen,' zei mijn vader ten slotte. Zijn ademhaling ging zwaar. 'Je doet maar wat je niet laten kunt. Maar één ding, één ding moet je goed begrijpen... Ik trek mijn handen van je af. Ik stop per direct je studietoelage. Geen stuiver komt er nog jouw kant op, bodemloze put dat je bent, geen cent, hoor je me? Als je dat maar goed begrijpt. Geen cént, versta je me? Waar zie je ons voor aan? Je zoekt 't maar uit verder. Wat er ook gebeurt en wat je je ook in je hoofd haalt, nooit meer bij ons aankloppen, bij financiële zorgen, nooit meer. Heb je dat goed begrepen? Knoop je dat heel goed in je oren?'

'Gé, wat is er allemaal aan de hand?' hoorde ik mijn moeder zeggen. Ze klonk in alle staten. Haar zoon had zojuist zijn toekomst weggegooid en daarmee in één moeite door ook een deel van haar status.

'Ik trek mijn handen van je af. Hoor je wat ik zeg? Ik trek mijn handen van je af, voorgoed.'

Daarop werd de verbinding verbroken.

9

BIJNA EEN JAAR LANG kwam ik niet meer op straat.

Maar mijn levenslust bleek uiteindelijk groter dan mijn doodsverlangen. Al zouden de krachten van gene zijde met niet-aflatende ijver aan me blijven trekken.

10

DANKZIJ HERMAN HAD IK FOTOGRAAF ANTON CORBIJN LEREN kennen, die eveneens in Den Haag woonde, in de wijk waar ik was opgegroeid. Antons flat lag op loopafstand van Nico's Snackbar, waar ik tussen de middag patat met kroketten at toen ik, na wegens klinkende resultaten van de hbs te zijn verwijderd, op de mulo zat.

We ontmoetten elkaar in de Relight Studio's in Hilvarenbeek, waar de opnames van Hermans livealbum *Cha Cha* plaatsvonden. Terwijl de Wild Romance speelde, aan de andere kant van de glaswand, vertelde ik hem hoe Herman me de middag ervoor meetroonde naar de tijdschriftenrekken in een boekhandel. Hij bladerde door de *Privé*, *Story*, *Party* en de *Weekend* om te checken of hij erin voorkwam.

'Je moet ervoor zorgen,' had Herman gezegd, 'dat je minstens één keer per week in een krant of tijdschrift staat. Of op de televisie bent. Elke dag zou nog mooier zijn. Je bent toch artiest? Nou dan. Je moet zorgen dat je voortdurend bij de mensen...'

We liepen naar het dichtstbijzijnde café zodat Herman het interview in weekblad *Privé* op zijn gemak kon nalezen. Hij lachte een paar keer. Het stuk moest hem bevallen.

Anton toonde zich minder enthousiast. 'Ik hoorde al dat je nu en dan in een of andere roddelrubriek figureert. Jij bezit de bijzondere gave om precies de verkeerde dingen van Herman op te steken.'

Thuis had Anton een doka in een gangkast zonder ventilatie. In ademnood vanwege de ongezonde dampen kwam hij af en toe kortstondig de gang op om naar lucht te happen, waarna hij opnieuw de doka indook. Soms noodde hij me mee en zag ik zijn foto's in het bad met ontwikkelaar foto worden. Uit de bak met vloeistof doemde Joe Cocker op, met sigaret, in Scheveningen, gezeten voor het aanzwellende strandpaviljoen Eldorado. Het kostte me geen moeite om Antons uitzonderlijke talent te onderkennen.

Op zijn beurt kostte het Anton weinig moeite te merken dat ik in zwaar weer verkeerde. Ik was een jongen die er liever niet was dan wel. 'Bart?' De voordeurbel rinkelde nadrukkelijk. 'Opendoen!' Het ging nog slechter met me dan ik zelf vermoedde. Mevrouw Van der Valk en Anton hielden me in de gaten opdat er niets onherstelbaars zou plaatsvinden. Ik was ver weggezakt. Zakte ik nog wat verder weg, dan zakte ik door de bodem; wat daar op me wachtte bleef in het ongewisse. Om mijn geestelijke nood iets te lenigen nodigde Anton me uit om een paar dagen mee naar Venetië te gaan: dat zou me goeddoen.

Op zaterdagmiddag namen we de motorboot naar een onbewoond eiland in de buurt van Venetië, het Dodeneiland, waar talloze Venetianen begraven liggen. Het werd later en later; om zes uur vertrok de laatste boot naar de stad, en het was even voor zessen.

Het had de hele middag gemist en nu het avond werd verdichtte de mist nog. Venetië was al uren aan het oog onttrokken. Was die stad buiten ons gezichtsveld in het water weggezakt?

We hoorden de boot die ons kwam ophalen al naderen; maar we zagen hem pas op het laatste moment, toen het vaartuig bij de steiger aanmeerde. Ik wilde niets liever dan op het eiland blijven en dat vertelde ik Anton ook.

Anton wilde daar niet van weten.

'We moeten gaan,' zei hij. 'Missen we die boot, dan zijn we gedwongen om de nacht op dit eiland door te brengen.'

'Nou en?' zei ik.

Eenmaal op het water nam de mist nog toe. Zonder een stap te verzetten verdween het Dodeneiland van de kaart. We vingen pas een glimp van Venetië op toen we van boord gingen.

Op het Dodeneiland konden we zeer tegen mijn zin in niet blijven, maar onze vriendschap bleef.

Op een middag fotografeerde Anton me op Piccadilly Circus. Het was spitsuur, op een van de drukste Londense verkeerspleinen. Ik poseerde voor een popcornwinkel, terwijl ik door drommen voorbijgangers werd omspoeld.

Na een poosje vond ik het welletjes.

'Even nog, Bart,' zei Anton vanachter zijn camera. 'Heel even nog.'

Dat 'heel even' duurde langer dan ik aankon; de vlammen sloegen me uit en ik deed een paar passen naar voren, Antons kant op.

'Heb je 't zo?' zei ik. 'Zo moet je het wel hebben, toch?'

Anton borg zijn camera in zijn fototas en slingerde de riem over zijn schouder.

'Dank je, Bart,' zei hij. 'Dank je voor je tijd, en voor je bereidwillige medewerking. Het heeft alles bij elkaar toch zeker tien minuten geduurd, onze shoot. Vorige maand poseerde David Bowie hier voor me, op bijna dezelfde plek als waar jij zo-even stond, eveneens tijdens rush hour. Geen tien minuten of een kwartier; nee, dik drie kwartier. David bedankte me allervriendelijkst toen ik zei dat we klaar waren. David Bowie, ken je die, ooit van gehoord? Allerhartelijkst. Engelse beleefdheid. Maar ja, zoveel geduld mag ik van een wereldster als jij in redelijkheid natuurlijk niet verlangen.'

—

Op oudejaarsavond trad Herman met de Wild Romance op in Paradiso.

In de catacomben van het gebouw stelde Herman me voor aan een graatmagere man die van top tot teen in het zwart gekleed ging, inclusief een zwarte maffiahoed, en die ondanks het middernachtelijk uur en de spaarzame verlichting een zonnebril ophad.

'Bart, dit is Jules. Deelder. Jules... Bart.'

We schudden elkaars hand.

'Bart,' zei Herman, 'Jules komt uit Rotterdam en is een spraakwaterval zonder weerga.'

Vlak boven ons klonk het doffe dreunen van een supportact.

'Ik kan me vergissen,' zei Herman, 'maar volgens mij komen jullie er wel uit samen.'

Daarop maakte Herman zich uit de voeten: hij moest zo op.

Herman had niets te veel gezegd. Jules nam het woord, om dat de daaropvolgende drieënhalf uur niet meer uit handen te geven. En het woord nam een hoge vlucht. Ik kende meer speedgebruikers die er geen been in zagen hele nachten achtereen aan het woord te blijven, maar Jules Deelder was van een ander kaliber. Het ene na het andere verhaal spetterde uit hem tevoorschijn, met onvervalst Rotterdams accent, zonder dat hij op één herhaling viel te betrappen: een taallava die ondanks blootstelling aan de buitenlucht niet noemenswaardig afkoelde. Bovendien vertelde hij buitengewoon geestig en had zo een grotere impact op me dan het muurgebeef van het voorprogramma. Hij was een fenomeen, dat was kristalhelder. Jules was the real thing.

Tegen het ochtendgloren gingen Herman, de Wild Romance, enkele roadies en een schare meisjes van Paradiso naar Hotel Torenzicht aan de Oudezijds Achterburgwal. Jules waren we in alle nachtelijk tumult kwijtgeraakt.

Een van de groupies heette Pamela. Ze kwam uit Den Haag; dat trof. Negentien jaar. Ze had rode Mick Jagger-lippen en ging schaars gekleed voor de tijd van het jaar.

'Ik ben gistermiddag van huis weggelopen,' vertelde ze, 'en liftend naar Amsterdam gegaan. Vorige week ontmoette ik Herman in een café op de Denneweg. Ik móést bij Herman zijn, ik móést naar hem toe, koste wat kost. Thuis weten ze van niks, maar... Ik heb uren in de kou bij een rotonde gestaan, duim omhoog. Oudjaar, niemand wilde me meenemen. O, ik ben zó verliefd op hem.'

Pamela was niet de enige die deze oudejaarsnacht bijzondere gevoelens voor Herman koesterde. Daarbij had Herman zijn oog laten vallen op een andere jonge vrouw in het gezelschap dat langs de grachten zwierde.

In Torenzicht vertrok Herman pijlsnel met zijn nieuwste verovering naar een hoger gelegen etage en naar het zich liet aanzien zat een spoedige terugkeer naar de begane grond er niet in.

Dat leek Pamela ook te beseffen. 'Herman,' zei ze mistroostig, 'ziet me niet staan.'

'Wacht effe,' zei een Hell's Angel aan de bar die zich als bewaker van de ingang opwierp. 'Kommie doen?'

Hij stak zijn been uit en versperde zo de doorgang.

'We horen bij Herman,' zei ik.

Dat was het gewenste antwoord en het been trok zich terug onder de barkruk. 'Je kan doorlopen.' De weg naar een steile trap omhoog lag open, dezelfde trap die Herman was opgegaan. De oudejaarsnacht lag grotendeels achter ons.

Ik deed de hotelkamerdeur open.

De kamer was spartaans gemeubileerd. Een stoel, een wankel tafeltje en een wastafel waarvan de warmwaterkraan geen warm water gaf. Ook liep het straalkacheltje onder het raam op zijn laatste benen – er prijkten ijsbloemen op de ruit – en was de vloerbedekking aan vervanging toe. Hier en daar was behang losgekomen van de muur en hing in repen omlaag. Een douche bevond zich op de gang. De kamer was toe aan een ingrijpende renovatie.

Luttele uren later werd ik wakker. Een bleke zon blikte belangstellend de kamer in. Pamela sliep. Zonder haar te wekken deed ik zachtjes de hotelkamerdeur dicht, liep de trap af, langs de gesloten receptie, naar de ingang die niet langer werd bewaakt, en stond buiten.

Het vroor, maar koud was het niet. Er lag een vlies op het water in de gracht. Bij een brug verderop smeulde een oudejaarsvuur na. Ik liep de paar treden voor de hotelingang af: traptreden die me bij aankomst vannacht niet waren opgevallen. Her en der lag onontploft vuurwerk op straat. Enkele meeuwen scheerden laag over, op zoek naar iets eetbaars. Opzij, in een binnenstadsteeg, schopte een wakkere geest verveeld een leeg blikje voor zich uit.

Ik sloeg mijn jas dichter om me heen en begaf me op weg naar het Centraal Station, hoewel ik niet helemaal zeker van de kortste route was.

Er waren duiven op de Dam, zeker; maar er waren ook meeuwen die zich tegoed deden aan de door oudjaarfeestgangers weggegooide etensresten, waardoor ik me een tel op de Scheveningse boulevard kon wanen.

Ter hoogte van het Paleis was de stadsreiniging bezig het plein schoon te bezemen. Ze schoten al aardig op.

Gelukkig nieuwjaar.

—

Herman hield er na zijn doorbraak-lp *Shpritsz* een eigen fanclubblad op na, *Brood's Ruggegraat.*

Of ik Jules voor het blad wilde spreken; Anton zou de foto's voor zijn rekening nemen. Zodoende belde ik op een doordeweekse middag om twee uur, het afgesproken tijdstip, bij Jules aan, die me in kimono opendeed. Voor hem was twee uur 's middags een vroegertje.

Ook in kamerjas zag hij er anders uit dan wie ook.

Hij moest naar eigen zeggen nog 'op gang komen', ging me voor naar de achterkamer, nam plaats aan een bureau en beduidde me op de stoel naast het bureau plaats te nemen. De tuindeuren stonden op een kier.

Het mocht dan misschien een doordeweekse middag zijn, maar dat was dan ook het enige wat er dankzij Jules doordeweeks aan de middag was. Ik had menige punkdichter zien optreden – van Attilla the Stockbroker en Joolz, tot Seething Wells, Linton Kwesi Johnson en John Cooper Clarke –, maar Jules sloeg alles, ook op halve kracht.

'Vin je het goed,' zei Jules na een anekdote, 'als ik effe...?'

Ik dacht dat het om wc-bezoek ging of dat hij iets wilde inschenken, dorstig geworden van alle gepraat; maar daar vergiste ik me in.

'Tuurlijk,' zei ik. 'Ga je gang', een aansporing die Jules niet nodig had. Hij schoof zijn stoel tegen het bureau aan, leunde over het tafelblad en opende een kistje dat het meest weg had van een houten tekendoos.

De doos was vanbinnen met vilt bekleed alsof er kostbaarheden in werden bewaard. In zekere zin was dat ook het geval. Op de bodem lagen twee voorbereide injectiespuiten broederlijk naast elkaar, waarvan Jules er een ter hand nam en op het bureaublad klaarlegde. Daarna rolde hij een kimonomouw op, bond zijn bovenarm met een stropdas af, tikte een paar maal op de binnenkant van zijn arm op zoek naar een behulpzame ader, zette zonder haperen in één keer het shot en trok de stropdas los.

Het ritueel was me dankzij Hermans gewoontes genoegzaam bekend en ik deed alsof het de gewoonste zaak van de wereld betrof, wat het in Jules' universum ook was. Een ervaring die me jaren later, toen ik door fysieke malheur werd bezocht, goed van pas zou komen als ik de zoveelste injectie kreeg toegediend en een verpleegkundige me daarop wilde voorbereiden. 'O, dat is in mijn vriendenkring hoogst gebruikelijk,' zei ik. 'Ga vooral je gang, ik ben niet anders gewend.'

'Zo,' zei Jules, 'die zit. Hole in one. Attenooie. Knappe jongen die 'm er nog uit krijgt.'

Kort daarop, na een adempauze, nam Jules' spreektempo nog toe en zijn enthousiasme hield gelijke tred. De middag vloog om; uren later leek het alsof de middag nog moest beginnen. Een leven met speed was zo gek nog niet. Al was een dergelijk bestaan voor mij niet weggelegd. Na mijn militairediensttijd had ik kennisgemaakt met amfetamine, maar het was me minder goed bevallen: mijn hart sprong er iets te opgetogen van in de rondte en mijn spreektempo benaderde dat van een opgevoerde Donald Duck, met als gevolg dat mijn verstaanbaarheid voor derden nog geringer werd dan-ie van huis uit al was. Ik had ook geen amfetamine nodig. 'Jij?' zou Herman ooit opmerken. 'Jij hoeft niet aan de speed, Bart, jij hebt niks nodig. Jij maakt het zelf al aan, speed, van nature.'

'De duivel?' besloot Jules een verhaal dat wat mij betreft gerust langer had mogen duren. 'Ik had 'm; bij zijn staart. Hij stond in de kamer, de duivel in-eigen-persoon, ik had 'm bij zijn staart en... Wat denk-ie? Hij liet zijn staart los, pats, en verdween in de muur.'

We waren ontsnapt, al wist ik niet precies waaraan, en bevonden ons buiten de tijd en in een andere dimensie, ook al hadden we Jules' achterkamer in de Rotterdamse Breitnerstraat niet verlaten en stonden de tuindeuren onbewogen op een kier.

Toen ik de volgende dag de geluidsopname van ons gesprek wilde beluisteren bleek de recorder niet naar behoren te hebben gefunctioneerd. Ik ving uitsluitend ruis op, white noise, die van een mij onbekende plek afkomstig leek.

'Dan kommie toch terug?' zei Jules. 'Doen we het gewoon nog een keer.'

Een paar maanden later zag ik Jules optreden in een bovenzaal van een Vlaardings jongerencentrum, voor een heavy publiek, dat hij evenwel ogenschijnlijk moeiteloos voor zich won.

'Het viel me op,' zei ik, 'dat je je boeken bij de hand houdt en er nu en dan een passage uit voorleest. Maar dat heb je toch niet nodig, Jules, jij kent je teksten toch uit je hoofd?'

Jules betwijfelde het, maar zei dat hij erover zou nadenken. Nadien zou ik hem nooit meer op voorlezen betrappen: hij deed zijn teksten uit het blote hoofd, wat zijn contact met het publiek nog ten goede kwam.

Niet veel later was Jules aanwezig toen ik optrad in Het Berenei in Rotterdam. Een week daarna spraken we elkaar in de restauratie van Rotterdam CS.

'Ik ga volgende week naar Almelo, zaal Tumult,' zei Jules. 'En ik heb nog een paar gigs opgelijnd staan. Doornroosje in Nijmegen, het Burgerweeshuis in Deventer... Hebbie zin om mee te gaan? De poen is kut, maar...'

In Almelo beet ik het spits af. Na mijn set betrad Jules de bühne. De vrijdagavond daarop traden we aan in Deventer. Tegen negen uur wilde ik de kleedkamer verlaten om naar het podium te gaan, toen Jules me tegenhield. 'Wat ga je doen?'

'We gaan beginnen,' zei ik. 'We hebben zo aanvang.'

'Wacht effe,' zei Jules. 'Jij hebt vorige week de avond geopend, nu is het mijn beurt.'

Jules was recent op de televisie geweest en genoot de nodige bekendheid; het publiek kwam voor hem en dat vertelde ik hem ook.

'Bartholomeus, je bent godverdomme mijn voorprogramma niet! Wat zullen we nou krijgen?! Ik begin, en volgende week jij weer.'

Het was een groots gebaar van Jules en bij dat ene grootse gebaar zou het niet blijven. Tussen de bedrijven door leerde ik het vak van hem, en gaf hij me menige les.

'Bart, ik hoorde laatst van een organisator dat je niet was komen opdagen. Wat is dat?'

Ik legde hem iets uit wat lastig uit te leggen viel.

'Bart, nooit bang zijn voor je publiek. Ze komme toch voor jou? Nou dan. Ze willen jou zien en horen, dus... Hebbie het gesnopen? Dus laat ik niet merken dat je nog eens ergens verzaakt, want dan krijg-ie met mij te maken, toevallig.'

Later volgde een tweede wijze les. We gingen naar Gent. Tot dan toe hadden we met de trein gereisd, maar sinds kort was Jules in het bezit van een auto, een Citroën, waar hij vol vuur over sprak.

'En als het dak instort,' zei hij, 'of er ontploft een bom in de zaal, ken-nie verrotte wat er gebeurt, dan maak je eerst je gedicht af, en daarna pas...'

Het was de tijd van de vliegtuigkapingen.

'... tel je de doden en gewonden,' vulde ik aan.

Jules knikte. 'Begrijp-ie? Dat is een van de Wetten van Deelder.' Hij stuurde zijn Citroën de snelweg op en gaf gas, om het gaspedaal pas ter hoogte van Gent wat rust te gunnen.

Zo trokken we in de nadagen van punk, terwijl de new wave welig tierde, van jeugdhonk naar jeugdhonk. Het publiek bestond veelal uit niet meer dan dertig, veertig jongeren, waarvan een deel liever in de fietsenstalling aan hun brommer sleutelde of op de flipperkast speelde achter in de zaal.

Het was een ijzige vlakte waar we doorheen trokken, een steppe met een enkel benzinestation, en er waaide een snerpende wind die je tot op het bot kon doen verkillen. Als gezegd, ik leerde het vak the hard way, en ontmoette de collega's van Jules: Simon Vinkenoog en Johnny 'The Selfkicker' van Doorn, die in de zestiger jaren hun hoogtijdagen hadden beleefd – de Grote Drie van de Nederlandse optreedpoëzie – en die eveneens voor een appel en een ei het circuit afreisden, doorgaans voor weinig publiek, maar daar nimmer over klaagden.

Op een middag kwam Jules naar Den Haag, naar de Van Alkemadelaan.

'Jules?' reageerde mevrouw Van der Valk. 'Wat leuk. Ik ben er zelf niet, ik moet de stad in, maar je hoeft hem niet op je kamer te ontvangen, hoor. Het hele huis staat tot jullie beschikking. En je kunt inschenken wat je wil, je weet alles te vinden, hè?'

'Om je gedichten te lezen,' kondigde Jules bij binnenkomst aan. 'Hebbie die bij de hand, of bewaar je ze in een vochtige schimmelkelder? Ja, je kennie weten, in Den Haag is alles mogelijk, stelletje gepekoppen.'

Dat deed hij ook, lezen, in zijn zwartlederen lange jas gezeten op de blauwe bank in de televisiekamer op eenhoog, terwijl ik uit het raam naar het drukke stadsverkeer tuurde in afwachting van zijn oordeel dat ongetwijfeld komen ging. Jules deed niet aan praatjes voor de vaak; het was erop of eronder. Cadeautjes werden op dit niveau niet uitgedeeld.

'Oké,' zei Jules, en hij keek op van de losse papieren. 'Hebbie d'r nog 'n paar of is dit alles? Goed, dan mot je d'r nog drie bij schrijven, dan hebbie een bundel. Ik breng je in contact met De Bezige Bij, met Wim van Beusekom, mijn redacteur. Zwaar aan de drank, Wim, maar een goeie. Al hoeft-ie bij mijn nooit ene klote te doen; wat ik inlever kan rechtstreeks naar de drukker.'

Ik was dolblij, maar deed mijn best dat niet te veel te laten merken; dat was uncool.

'Hoe laat is 't nu?' Jules raadpleegde zijn horloge. 'Bij zessen. Tijd voor het bikkement, niewaar? Den Haag, toko's... Bestaat die toko op de Beeklaan nog?'

Toen de rekening kwam en ik deze wilde aanpakken griste Jules 'm voor mijn hand weg.

'Je ben een dichter, die hebben niet te vreten, dus geef mij 'm maar. Dat mot ik er nog bij zeggen, Bartholomeus; het is leuk en aardig, die poëzie, daar-niet-van, maar je verdient er geen ene klote mee, geen ene rotcent. Zelf heb ik bij Van Gend en Loos in de haven balen en pallets lopen sjouwen, wat met een pilletje in je mik verrassend licht werk bleek. Ze sloegen d'r steil van achterover. "Wat?! Ben je nóú al klaar, Deelder?!" Maar evengoed... Poen? Ho maar. Dus weet waar je aan begint, je mot erbij beunen.'

Zo belandde ik bij De Bij, op voorspraak van Jules. Ik sprak met mezelf af dat ik nooit zou vergeten aan wie ik het te danken had.

'Ga je mee zaterdag?' zei Jules. 'Dan heb ik een opening in een galerie in Utrecht, foto's en schilderijen van bunkers. Kazematten, mitrailleurnesten, hunebedden... Zien we elkaar in de stationsrestauratie van Rotterdam Centraal.'

Voordat Jules die als slotact was geprogrammeerd aantrad, was de beurt aan enkele andere gerenommeerde sprekers. Die hadden beter kunnen thuisblijven. Zonder zich ogenschijnlijk enige inspanning te hoeven getroosten, blies Jules hen uit het water. Eens te meer werd voor mijn ogen bevestigd: Jules was one of a kind.

Na afloop kreeg hij een envelop met inhoud toegestopt en verlieten we de galerie, om de envelop in een grand café verderop in de straat te openen.

'Wat wil je drinken?' zei Jules terwijl hij de envelop tevreden wegstak.

We dronken wat, biljartten, Jules hechtte zich een poosje aan een flipperkast, we dronken nog wat en ten slotte vroegen we om een taxi, die binnen de kortste keren voor de deur stond.

We namen achterin plaats.

'Waar gaat de reis heen?'

'Naar Utrecht Centraal,' zei Jules.

'Ik ken jullie,' zei de chauffeur nadat hij ons in de achteruitkijkspiegel had bekeken. 'Van de tv.'

Het viel lastig te ontkennen.

'Jij bent toch...' zei hij op Jules doelend, 'die dichter uit Rotterdam? Ja, ik lees niet, maar... En jij...' nu was ik aan de beurt '... jij bent toch met die Herman Brood?'

We vroegen hem hoe de zaken gingen. Niet best, zei hij. De taxiwereld was de taxiwereld niet meer, er hoefde nog net geen geld bij. Als het zo doorging, wist-ie het niet. Gelukkig had-ie wat bijverdiensten... En misschien was dat het, die bijverdiensten, wat hem op een idee bracht.

Terwijl hij in een nog rustiger tempo doorreed, draaide hij zich half om. 'Jullie, en die Brood... Jullie zijn een beetje wilde jongens, toch? Aan de troep, de drugs, en...'

Het gesprek nam een onvoorziene wending.

'... wild, toch?' meende de chauffeur. 'Jongens als jullie? Jullie zijn te porren voor een verzetje, toch? Uit de band springen?'

Waar wil je heen? vroegen wij.

Het kwam erop neer dat Utrecht niet erg van de raamprostitutie was, maar dat hij er een mouw aan kon passen. Zijn vrouw. Hij moest haar even bellen om te kijken of het schikte, ook met het oog op de aanwezigheid van de kinderen, maar als die buiten speelden, dan...

Hij stopte bij een telefooncel. Toen hij de auto in kwam bleek de zaak geregeld. Wel stond er suddervlees op, maar dat betrof de keuken en we zouden haar op de zolderverdieping treffen. Daar hing was te drogen, lakens en... Maar hadden wij daar last van, nee toch?

O, en nog een kleinigheidje... Terwijl wij met z'n vrouw bezig waren, zou hij op een stoel voor de deur waken. Niet dat hij ons niet vertrouwde, allerminst, maar vorige week zaterdag had zijn vrouw een stel Bulgaren over de vloer gekregen en die waren na gedane zaken zonder te hebben betaald met de noorderzon vertrokken. Zelf had-ie op de taxi gezeten en het niet kunnen voorkomen. Dus wat dachten we d'r van? Zeg 't maar. Dan reed hij ons even langs zijn huis.

Jules en ik keken elkaar aan. We konden onszelf een hoop besparen.

'Utrecht Centraal graag,' zei Jules.

'Spruitjes, sukadelappen,' zei Jules toen we Hoog Catharijne binnenliepen, 'een rij onderbroeken die aan een waslijn te drogen hangt, en dat alles op een slecht geventileerde zolderverdieping, met die gozer op een krukkie voor de deur... Attenooie. En wederom lieten zij een Hof van Eden aan hun gepoederde neus voorbijgaan.'

'Hoe was 't?' vroeg mevrouw Van der Valk belangstellend toen ik boven water kwam.

Ik vertelde haar wat Jules en ik hadden beleefd; maar niet alles.

De volgende morgen werd ik vroeg gewekt door gestommel in huis. Het klonk alsof er iets werd versleept, en ik kwam mijn bed uit en schoot in mijn kleren. De tochtdeur in het halletje ging lichtjes heen en weer: de voordeur stond open. Buiten klom mevrouw Van der Valk de keukentrap op met de Nederlandse driekleur in haar vrije hand. Het was 4 mei, Dodenherdenking, en ik wist wat ze aan het doen was. Elk jaar ging de vlag uit, halfstok, voor 'mijn grote liefde', zoals ze hem noemde, die in het verzet had gezeten, was opgepakt en door de Duitsers op de Waalsdorpervlakte was gefusilleerd.

Ze zag er even kwetsbaar uit als de wankele trapleer die ze besteeg. Mocht ze vallen, brak ze allicht een heup.

'Kan ik u helpen?'

Nee, dat kon ik niet.

'Nou, vooruit maar,' zei ze, 'als je me zo graag wilt helpen. Sjouw jij dan de keukentrap naar binnen, dat scheelt me weer, en zet 'm op zijn vaste plek in de gangkast.'

Dit deed ze voor hem, de vlag halfstok, voor haar grote liefde, een liefde die ze nooit in dezelfde mate had gevoeld voor de man met wie ze later trouwde en van wie ze scheidde. En dat zou ze blijven doen, weer of geen weer, de vlag halfstok hijsen bij zonsopkomst en hem strijken voor zonsondergang, in de tien jaar dat ik bij haar woonde, ook al werd ze slecht ter been en wankelde ze soms als ze de traptreden opklom, met de vlaggenmast in haar hand die elk jaar zwaarder werd.

Dat bleef ze doen, in weer en wind de vlag hijsen, in wankel evenwicht op de keukentrap die er ook niet jonger op werd; tot het bittere end, tot haar laatste snik.

Voor hem.

II

OP EEN OCHTEND WILLEN YOLANDA EN IK EEN RIT DOOR DE omgeving maken en boodschappen doen. De jongens zijn druk met hun eigen bezigheden en gaan niet mee.

We zijn zo'n drie kwartier onderweg, cruisend door het Zweedse landschap, als we een begraafplaats spotten. Hoge, grillige stenen steken de lucht in. Pal naast de grafweide bevindt zich een roodhouten koffiehuis met een terras.

Het is bij enen; de zon schroeit onze huid. Een dertigtal schapen bevolkt het terrein en de durfallen komen kennismaken. Ze komen zo dichtbij dat we een deel van de vliegen die bij ze horen cadeau krijgen. Toch zetten we door: in de verte lonkt de schaduw van een eeuwenoude hoge eik.

De stenen steken niet willekeurig in de grond: nee, er zit een patroon in. Vijf groepen van elk zo'n zestien stenen zijn zo ingegraven dat ze de omtrek vormen van een schip.

Een halfuurtje later hebben we de vijf boten uitvoerig gemonsterd en resten alleen nog de losse stenen, een eindje verderop op het terrein, in de brandende zon. Bij de eerste de beste terrastafel strijken we neer. De eigenaresse van de uitspanning komt naar ons toe om de bestelling op te nemen.

'Klopt,' zegt ze, 'op de begraafplaats liggen Noormannen, en nog wat los spul. De boel dateert van voor de middeleeuwen.' Hoe we het vinden, de uitspanning. Ze zijn net begonnen, zij en haar man, en pas krap twee weken open. Zij komt uit Tsjetsjenië, hij is een Zweed, werkte op een olieboorplatform; ze zijn in Riga verliefd geworden. Hier gaan ze een nieuw leven opbouwen.

Nee, zegt ze, die begraafplaats deert haar niet. Die doden liggen er al zo lang, die doen niks.

Ik help het haar hopen.

Zien we die verwaarloosde rij vakantiehuisjes met uitzicht op de zerken? vraagt ze. Die gaan ze opknappen. Nee, die Vikingengraven, dat is juist een trekpleister. 'Kom ik zo terug met de bestelling.'

Yolanda pakt de menukaart en wuift zichzelf wat koelte toe.

Ik kruip uit mijn huid en kijk van een afstandje naar onze tafel. Daar zitten we, aan de koffie, pal naast de begraafplaats, terwijl de doden een schoonheidsslaapje doen. Ik moet aan Johnny van Doorn denken en aan diens gevleugelde woorden, 'De geest moet waaien'.

Van Johnny zou ik het eerst afscheid nemen. Ik had geregeld met hem opgetreden, we zagen elkaar ook privé en zijn overlijden, op zesenveertigjarige leeftijd, was een schok. Voortijdig overlijden deed je in de rock-'n-roll, daarbuiten in de regel niet.

Op de dag dat Johnny werd gecremeerd haalden Yolanda en

ik haar eerste nieuwe auto bij de autodealer op, een Rover. We dachten dat de overdracht een formaliteit zou zijn; je kreeg de sleutels overhandigd en reed weg. Maar dat ging zomaar niet. Daar ging een uitleg aan vooraf, en de dealer leverde geen half werk. Elk knopje en schakelaartje op het dashboard werden uitvoerig van uitleg voorzien en becommentarieerd. Zorgelijk blikten we nu en dan naar de garageklok boven de ingang, maar de autoverkoper viel niet te vermurwen en veel te laat waren we op weg naar Amsterdam. De auto rook naar gloednieuwe auto en we ademden diep in. Pas ter hoogte van Roelofarendsveen, toen een aanhoudend geknisper en geritsel ons opviel, zagen we dat de stoelen nog in het cellofaan zaten.

Toen we de parkeerplaats van het crematorium op reden, zagen we wat we al vreesden bewaarheid worden. We waren te laat.

Het ging om een uitgestrekt terrein, maar geen parkeervak was onbezet. Johnny mocht zich in een grote belangstelling verheugen. Waar de spiksplinternieuwe stationcar te laten? We konden hem kwalijk in het wilde weg op straat of in een berm dumpen. Daarbij, dan volgde er nog een fikse wandeling op de koop toe en kwamen we nog later. Straalde iets van onze wanhoop door de kristalheldere autoruiten heen? Tot onze niet geringe verbazing doemde de begrafenisondernemer voor de grille van de Rover op en beduidde ons met handgebaren hem te volgen naar de enige lege plek op het terrein, naast de Cadillac waar Johnny's kist kort tevoren uit tevoorschijn was geschoven.

Het spande erom welke van de twee auto's het meest glansde en glinsterde: de lijkwagen of de Rover. Afgaande op de grootte van de auto's had Johnny, met de achterbank neergeklapt, bij ons in de stationcar gepast. Maar dat sprak ik niet hardop uit; met die observatie deed ik Yolanda vermoedelijk geen plezier.

Het plastic knisperde vriendelijk toen we uitstapten. Het

kon nog wat worden tussen de Rover en ons.

Toen we het crematoriumgebouw bereikten, werd duidelijk hoezeer te laat we waren. We konden nauwelijks naar binnen. De belangstellenden vulden de hal, de gangen en enkele aanpalende ruimtes, en we volgden de uitvaart op de televisieschermen tot een medewerker van de uitvaartonderneming ons bij de arm nam en naar de zaal leidde. Daarna was er gelegenheid tot condoleren. Vanwege de drukte duurde het zo'n anderhalf uur voor we bij Johnny's weduwe Yvonne waren.

Als laatsten verlieten we het gebouw en betraden het nu verlaten parkeerterrein. Alleen de Rover stond er nog, en wachtte.

Toch waren we niet alleen. Het waaide, en de wind stelde zich aan ons voor en trok aan onze jassen.

'Kijk eens!' riep Yolanda uit toen we bij de auto kwamen. Ze stond bij het portier en staarde naar het gebouw dat we juist hadden verlaten. 'De geest moet waaien.' Uit de schoorsteen steeg rook op; lichtgrijze rook, met af en toe een vleug donkerder grijs erin verwerkt. De rook wilde opstijgen, kringelde omhoog en hing kortstondig boven het dak, maar niet lang: de wind wilde buiten spelen met de rook, en dat wilde de rook ook. Alles volgens het aloude adagium van Johnny: De geest moet waaien.

Ik nam me voor dat motto in mijn bagage te stoppen. De geest moest waaien. Het liefst alle kanten tegelijk op.

'Zullen we gaan?' zegt Yolanda. 'Rijden we naar de City Gross, voor de boodschappen, en terug naar huis. Dan hebben we nog wat aan onze dag.'

Tegen halftwee draaien we de weg op. In de achteruitkijkspiegel zie ik de stenen als een spijkerbed klaarliggen. De grond scheurt niet open.

'Gezellige boel, hè?' zeg ik. 'Morgen weer.'

—

'Een binnenpretje?' zegt Yolanda 's avonds. 'Wat is er zo geestig, dat je zit te lachen?'

Ik vertel haar dat ik ooit met Johnny optrad op mijn oude middelbare school, het Aloysiuscollege, waar ik jaren eerder door de directeur, de heer Holleman, was verwijderd wegens te hoge rapportcijfers voor Houding en Optreden.

Ik was die avond eerder ter plekke dan Johnny en werd door Holleman niet naar de lerarenkamer begeleid, maar naar een afgetrapt klaslokaal: daar kon ik het minst kwaad.

'Mijnheer Chabot,' begroette hij me zalvend, 'wat een eer om u op school te mogen begroeten en ontvangen.'

'Tja, meneer Holleman,' zei ik geheel en al mijn rustige zelf, 'dat is weleens anders geweest, hè?'

Toen Johnny binnenkwam negeerde hij de hem toegestoken directeurshand en nam eerst een teug van zijn zakflacon jenever. Er kwam minder uit de heupfles dan Johnny had gehoopt. Hij schudde de flacon verwoed heen en weer – zat er echt geen druppel meer in; dat kon toch niet waar zijn? – en wees naar de directeur.

'Wie is deze gehaktbal?' zei Johnny.

'Dat,' zei ik droogjes, 'is de directeur die me ooit van deze school stuurde.'

'Wát?!' zei Johnny. Hij ging bijna op de schoenpunten van Holleman staan en bracht zijn gezicht vlak bij dat van de directeur. 'Wát?? Mijn vriend Bart eruit gooien?! Tuinkabouter dat je d'r bent, hoe dúrf je?? Kobold!! Trol!!'

Holleman keek me bijna smekend aan: ik ging hem op zeker van de te nabije aanwezigheid van deze performancekunstenaar verlossen, toch? Maar dat liet ik achterwege: de avond was nog jong en het kon geen kwaad dat mijn kwelgeest-van-weleer fijntjes werd gewezen op de vluchtigheid van het bestaan.

'Dat is 'm, Johnny. Daar staat-ie, recht voor je neus. De man die me van school trapte.'

In gedachten zag ik een oude leerkracht door de gangen van het patershuis dwalen, pater Hoogma, die me tijdens mijn hbs-jaren als enige de hand boven het hoofd had gehouden. Hij klopte op verschillende deuren, maar er werd niet opengedaan.

Ten slotte kwam het gesprek opnieuw op de jenever, of beter gezegd het gebrek eraan.

'Zeg oliebal,' zei Johnny terwijl hij Holleman bij de revers pakte, 'heb jij jenever in huis? Mijn heupfles is leeg!'

Holleman deed alsof het een grapje betrof, een misverstand dat Johnny niet te lang wenste te laten duren. Hij maakte zich groot, kwam tegen Holleman aan staan en brieste 'Zeg kereltje!!' recht in diens gezicht. 'Wááár stááát dé je-nééé-vèr?? En vlót een beetje, ja?? Dulle boterbabbelaar!!'

'Meneer Holleman,' zei ik in alle rust en kalmte, 'u bewaarde de sterkedrank toch in een kastje in de lerarenkamer, als ik me niet vergis?'

Drie kwartier later, nadat de heer Holleman de school en het schoolplein had verlaten, kwamen de gemoederen tot bedaren. Een leerkracht ging ons voor naar de stampvolle aula, waar we optraden. Johnny was in vorm. We speelden de zaal plat.

Holleman was inmiddels alweer jaren dood. En het AC, ooit een in de Haagse agglomeratie hoog aangeschreven scholengemeenschap met meer dan duizend leerlingen, was door wanbeleid failliet gegaan en opgeheven.

Met een fotograaf had ik voor een krantenreportage onlangs enkele plekken uit mijn jeugd bezocht, waaronder het AC en de 'cour': het schoolplein. Het deed me niet veel. Niets eigenlijk. Sommige stukken van me waren aan het afsterven, of waren al afgestorven.

12

HET SPEELDE IN DE TIJD DAT JE IN DE INTERNATIONALE treinen geld kon wisselen, guldens in Franse francs.

Tot mijn eigen verbazing was ik onderweg naar Parijs, een stad waar ik nooit eerder was geweest, om twee keer op te treden. Tijdens een poëziefestival in Paradiso was mijn bijdrage opgevallen bij een Franse promotor, die bij Simon Vinkenoog had geïnformeerd hoe hij me kon bereiken. Enkele weken later volgde een uitnodiging voor een avond in het Théâtre de la Bastille en, vijf dagen later, voor een avond in de Amerikaanse ambassade. De middag daarna zou ik per trein doorreizen naar Milaan om aldaar op te treden. Johnny van Doorn had ook ooit in Milaan acte de présence gegeven en het publiek naar adem happend achtergelaten.

Ik overnachtte op het Institut Néerlandais in de Rue de Lille.

Het eerste optreden verliep naar wens en toen ik de volgende ochtend wakker werd, gaapten vier vrije dagen me aan. Hoe die in te vullen? Anton wist hoe snel en diep ik kon wegzakken en vandaar dat hij me kort na het ontbijt belde.

'Mooi, fijn te horen dat het optreden zo geslaagd verliep. En, wat ga je doen vandaag?'

'Goeie vraag, Anton.'

Hij raadde me aan om eropuit te gaan, met een plattegrond en een weekgids – 'Niet dagenlang op je hotelkamer bivakkeren, maar de straat op, onder de mensen. Wat er ook gebeurt, ga eropuit' –, een advies dat ik zonder tegensputteren opvolgde.

We schreven Parijs, en Parijs schreef mij.

Twee dagen zwierf ik door Parijs en ik kon overweg met de stad. Hoewel ik een voorkeur voor Londen hield, lagen Parijs en ik elkaar gaandeweg steeds beter.

Tot de ochtend van de derde dag. Terwijl ik op mijn hotelkamer wegzakte, de vloer in een moeras veranderde en de planten op het vloerkleed naar mijn benen hapten, belde Anton uit Londen. Wat ik aan het doen was. Mijn antwoord bevestigde zijn voorgevoel.

'Bart, je moet Parijs in. Nu. Ga wat doen.'

Er zat weinig anders op, wilde ik niet het risico lopen in mijn kamer te verstenen. Ik kon me niet heugen dat Antons raad bij eerdere gelegenheden verkeerd had uitgepakt.

Ik bladerde door wat gidsen, vond iets wat de moeite waard leek, verliet het hotel en wandelde naar het dichtstbijzijnde metrostation. In Saint-Jacques stapte ik uit en liep het laatste stukje naar de ingang van de catacomben van Parijs. Het was niet druk bij de kassa, ik was vrijwel meteen aan de beurt en daalde de honderdeenendertig traptreden af die twintig meter onder de grond naar het tunnelcomplex leidden dat de botten en beenderen van zo'n zes miljoen Parijzenaren herbergde.

Onder de grond was het een stuk drukker dan in het donderdagmiddagse Parijs dat ik zojuist via een putdeksel achter me had gelaten, al was ik na het stelsel te zijn ingelopen vrij gauw de enig overgebleven toerist: de meesten hielden de attractie na enkele meters voor gezien en keerden op hun schreden terug.

Ik wandelde voorbij nissen en zijgangetjes die me langs eindeloze rijen opeengestapelde skeletten voerden. Nu en dan diende je diep te bukken, zo laag kwam het plafond op de bezoeker af.

In een van de beter verlichte gangen bleef ik staan en monsterde de doodskoppen die star voor zich uit staarden.

Een enkeling verbrak de ongeschreven code en staarde terug; en ik vervolgde mijn weg met versnelde pas in de hoop op licht en lucht. Mijn behoefte om af te wachten of meerdere schedels zich zouden omdraaien, was gering.

's Avonds belde ik Anton en vertelde hem dat ik dankzij een bezoekje aan de catacomben aardig was opgekikkerd. 'Ik kan de attractie van harte bij je aanbevelen.' Na het telefoontje bereidde ik me voor op het tweede optreden, op zaterdagavond. Ik kreeg er zowaar zin in.

—

Op de voorlaatste ochtend van mijn verblijf viel mijn blik op een opvallende stationsnaam in het ondergrondse netwerk: Bir Hakeim, hemelsbreed niet ver van de Eiffeltoren vandaan.

Daar aangekomen bleek het metrostation hoog boven de grond te liggen. Beneden, in de Seine, zag ik een liniaalrecht eiland: het Île aux Cygnes. Wat lette me? Ik daalde de treden van de brug af en betrad even later het eiland: een paar honderd meter lange promenade, de Allée des Cygnes, met aan weerskanten allerlei exotische bomen en een voetpad in het midden. Het liep tegen halfvijf en het was er on-Parijs' stil.

Ik was blij met die relatieve rust. Ik mocht hier dan met succes hebben opgetreden, toch wist ik niet waar ik het zoeken moest. Een omslagpunt hing in de lucht. Ik had nog altijd niet voor de poëzie gekozen; maar toen dat besluit viel voltrok het zich in Parijs.

Het was op de Allée des Cygnes dat ik een vrouw tegen het lijf liep die mijn keus bespoedigde.

Het wandelpad strekte zich voor me uit en hield een paar honderd meter verder abrupt op. Het weer was op mijn hand en goedgemutst begon ik aan een ommetje, waartoe weinigen vanmiddag hadden besloten.

Op één bezoeker na.

Een jonge vrouw met lang blauwzwart haar en een Zuid-Amerikaans uiterlijk zat een eindje verderop op een stadsparkbank. Ze las een boek.

De zon zakte iets, waardoor ik vermoedde dat het wellicht later in de middag was dan ik had verondersteld.

Toen ik haar wilde passeren, keek ze op van haar boek en vroeg me hoe laat het was.

'Oh,' zei ze met enige verbazing in haar stem, 'is it that late already?'

We wensten elkaar een prettige middag, groetten, en ik liep door. Zij las verder in haar boek, nam ik aan.

Tussen de bomen door zag ik de oevers van de Seine, de kademuren en kades, en de huizen, flats en hoge kantoren. Aan de kademuren hingen affiches voor een concert van David Bowie, dat binnenkort zou plaatsvinden op een Parijse paardenrenbaan.

Het liep tegen halfzes, de zon hield het voor gezien en ik moest doorlopen, wilde ik straks niet struikelend in het halfduister hoeven terug te keren – de stoeptegels lagen schots en scheef;

aan achterstallig onderhoud geen gebrek – en ik liep door naar de punt van het eiland, waar juist een rondvaartboot keerde.

Het was niet de enige verrassing die me wachtte, dat rondvaartboten de steven wendden bij dit eiland. Een tiental meters voor de punt, tussen de dicht op elkaar staande bomen, rees een verkleinde kopie van het Vrijheidsbeeld op. Ik wist dat het Vrijheidsbeeld ooit door Frankrijk aan Amerika was geschonken en New York sierde, maar niet dat de kopie hier was beland.

Een rondvaartboot keerde, om terug te varen naar de aanlegsteiger; enkele toeristen zwaaiden vakantievrolijk naar me en ik zwaaide terug. Waarom niet.

Op mijn gemak leunde ik tegen de reling. Zo'n haast had ik niet; wat kon mij de naderende donkerte schelen, en ik keek naar het achter de boot opspattende rivierwater en naar de avondlucht. De vogels boven de Seine hadden zo hun eigen besognes. Of ik wilde of niet, spoedig zou ik net als de rondvaartboten moeten omkeren.

Ik hoorde geruis achter me, voetstappen in het grind die dichterbij kwamen. Ik draaide me niet om, maar vertrouwde erop dat de kopie van het Vrijheidsbeeld niet van haar sokkel was gekomen en aan de wandel was. De voetstappen stokten.

'Excusez?' klonk het vlak achter me.

Ik liet de Seine voor wat-ie was, die redde zich wel, draaide me alsnog om en stond oog in oog met de Zuid-Amerikaanse die me bij het betreden van het eiland de tijd had gevraagd.

Ze was uitgelezen: het boek moest in de tas die ze droeg zijn opgeborgen.

'You again?' zei ik. 'How nice. Well, I guess it's a bit later now than when we met.'

'Can I ask you a small favour?'

'By all means.'

Ze zei dat ze nodig moest plassen en vroeg of ik bereid was

om op de uitkijk te staan, zodat ze niet door een toerist of een willekeurige voorbijganger of jogger kon worden verrast. Ze wees naar de bomen die de sokkel van het Vrijheidsbeeld aan het oog onttrokken. Die begroeiing bood haar voldoende bescherming om ongestoord haar behoefte te doen, en ik liep met haar mee en we verdwenen uit het zicht tussen de laaghangende boomtakken waarvan er enkele bijna tot de grond reikten. Het was een aangename verrassing dat ik iets voor haar kon betekenen. Ik vroeg me af of dit was wat Anton bedoelde toen hij me telefonisch op het hart drukte om vooral de straat op te gaan en enige activiteit in de Franse hoofdstad te ontplooien.

'I've got to pee,' herhaalde ze, alsof ze het doel van ons wandelingetje wilde benadrukken zodat er geen misverstand over haar bedoelingen kon ontstaan. Een plasje doen, meer niet.

'Yeah, I know,' zei ik. 'You told me so.' Ik voelde hoe ik opleefde dankzij haar in mij gestelde vertrouwen. 'That's fine. That's fine with me.'

Het schemerde tussen de bosschages. Ze knoopte haar jeans los, stroopte haar broek omlaag, hurkte en stak haar hand naar me uit zodat ze gemakkelijker haar evenwicht kon bewaren.

Uit plichtsbesef keek ik om me heen. Ik diende haar privacy te waarborgen, pottenkijkers waren niet gewenst, daartoe hield ik hier de wacht; maar er viel geen wandelaar te bekennen. We waren alleen op dit gedeelte van het eiland, voor zover het zich van tussen de bomen en in de toenemende schemering liet beoordelen.

Ze leek klaar, want ze kwam uit haar gehurkte houding overeind, schudde met één beweging van haar hoofd haar lange haren op haar rug, liet mijn hand los en kwam een stap dichter bij me staan zonder haar jeans dicht te knopen. Het was inmiddels te donker geworden om te kunnen vaststellen of het plasje was gelukt. Ik ging ervan uit van wel; ze wekte niet de indruk zo bedeesd te zijn dat ze in de openbare ruimte, door koudwatervrees bevangen, niet kon plassen.

'You've got to pee?' zei ze vriendelijk.

'Not really,' antwoordde ik naar waarheid. Ik had allerlei behoeftes, daar niet van, maar nodig moeten plassen was er niet één van op dit specifieke moment.

'You want something else, right?' zei ze.

Er sloop iets hees in haar stem dat me ernstig beviel.

Een rondvaartboot rondde het eiland en bescheen met haar schijnwerpers het Vrijheidsbeeld boven ons; maar het bladerdak om ons heen was te hecht om ons aan toeristische belangstelling bloot te stellen.

Ze kwam pal voor me staan en trok de rits van mijn gulp omlaag. Een tegenwerping maken kwam niet in me op. Ongelovig liet ik haar begaan. Wat bewoog haar om zich met mij te willen afzonderen? Ze ging op haar knieën zitten en nam me in haar mond. Koesterde ze verwachtingen die ik misschien niet waar kon maken en zou ze hier geen spijt van krijgen?

Toen ik kwam, boog mijn hoofd naar achter en ik zag – met onberispelijke timing keerde juist de volgende rondvaartboot – hoog boven me het Vrijheidsbeeld, met geheven arm, en een hand die een fakkel omvatte. Je kon met recht beweren dat ik deze Parijse vooravond volop van de vrijheid genoot en de betekenis van het beeld recht deed.

Daarna was mijn onbekende Latijns-Amerikaanse vriendin aan de beurt. Het was niet de bedoeling dat mijn aandeel in haar welbevinden zich beperkte tot het op de uitkijk staan aan de voet van het Vrijheidsbeeld. Terecht werd er meer van me verwacht en met overgave wijdde ik me aan mijn taak. Van een 'verloren avond' was geen sprake. De Notre-Dame stond weliswaar niet in vuur en vlam, maar wat scheelde het.

Terwijl het Seinewater om ons heen dartelde, spraken we af

elkaar de volgende dag opnieuw te zullen ontmoeten, op dezelfde plek, maar dan vroeg in de middag, zodat de rest van de dag aan ons was.

We liepen tussen de bomen langs de Allée naar Bir Hakeim. De wind floot een deuntje dat ik niet kende. Het werd nog eens wat tussen Parijs en mij.

Terug op mijn kamer in de Rue de Lille, om de hoek van de Franse parlementsgebouwen, telde ik mijn knopen. Ik was nooit zo van de literatuur geweest; ik was van de rock-'n-roll. Maar het moest gezegd: er viel bij nader inzien genoeg te beleven in de schone letteren. Wat er op de Allée was voorgevallen, was een sterk argument om voor de poëzie te kiezen: dat leek de te volgen weg. Daarbij kwam dat ik nauwelijks gitaar kon spelen. Dat deed George Kooymans aanzienlijk beter. Het werd tijd om Anton te bellen.

'En,' zei Anton toen hij me 's avonds laat vanuit Londen terugbelde, 'heb je nog iets beleefd vandaag?'

Heel even was ik tevoorschijn geglipt, het dovende laatste restje daglicht in, maar nu trad ik terug en sloot me als vanouds in mezelf op.

'Nee,' zei ik. 'Nee, niet echt.'

Een dag later, zaterdagavond, trad ik voor de tweede keer op.

De volgende ochtend, even na halftien, vertrok mijn trein van het Gare de Lyon.

13

DE TREIN SPOEDDE ZICH NAAR MILAAN, WAAR IK AANTRAD op een poëziefestival, en waar ik Wendy zou terugzien, een Amerikaanse fotografe die ik op de ambassade had ontmoet en die me per vliegtuig vooruit was gereisd, al in Milaan was aangekomen en me vanochtend vroeg had gebeld met de vraag hoe laat mijn trein arriveerde; dan kon ze me van het station ophalen als ik dat op prijs stelde.

Ik dacht aan het Île aux Cygnes, en aan wat zich op de Allée had voorgedaan. Hoe zou ze geheten hebben? Dat ik haar daar niet naar had gevraagd.

Maar de moeite van het achterhalen van haar naam kon ik me besparen: we hadden geen telefoonnummers uitgewisseld.

Lange tijd staarde ik uit het coupéraam naar de landschappen en naar de steden, dorpen en gehuchten die we passeerden.

Wendy wachtte me op bij de perrontrap naar de stationshal en viel niet te missen met haar zwarte punkkapsel, zwarte stretchbroek en punkjack. We gingen niet naar het door de organisatie voor mij geboekte hotel, maar naar het appartement dat ze huurde. Toen ik de kamer in liep, glipte ze langs me heen, trok de gordijnen dicht en sloot de zon buiten.

Ook de vreugde met Wendy was van korte duur.

Twee dagen later zette ik haar af op het station. Wendy wilde naar Spanje doorreizen voor een tijdschriftopdracht.

De trein naderde het station en zou luttele minuten blijven wachten.

'Hang on,' zei ik. 'I'll be right back.'

Terwijl ik de perrontrap afliep om iets voor onderweg voor haar te kopen, kwam haar stem van ver tot me. 'Please, don't make it sound like a goodbye, please...'

In de stationshal kocht ik de dingen waarvan ik wist dat zij ze lekker vond: een fles gekoelde witte wijn, salami, chocola en een fles bruisend mineraalwater.

Onder aan de perrontrap wachtte ik tot de trein vertrokken was, haastte me toen de trappen op, de teruglopende uitzwaaiers behendig ontwijkend, het volle daglicht in, waar Wendy van het perron was weggenomen.

Ik begon aardig bedreven te raken in het zonder afscheid te nemen afscheid nemen. Een vaardigheid die goed van pas kwam, want er viel heel wat afscheid te nemen in het leven. Toen al.

Enkele uren later stapte ik op de trein naar Brussel.

Den Haag trok aan mijn mouw.

De geest moest waaien, zeker. Maar er zat ook een schaduwkant aan de feestelijkheden.

'Eddie Bennie noemden we hem,' had Johnny me in een kleedkamer van het Haagse Paard van Troje verteld. 'Een speedfreak. Op een nacht logeerden twee beroemde Amerikaanse beatdichters bij hem op zolder. Eddie Bennie was beneden druk met pillen in de weer. Op een gegeven moment pakt hij een pistool en schiet door het plafond, zomaar... De kogel gaat dwars door het luchtbed, rakelings langs het oor van een van die logés. Die schrikt wakker van het geluid van ontsnappende lucht en komt verbijsterd de trap af... Hij dacht dat zijn geest was leeggelopen.'

Dolle pret, die zestiger jaren, maar de jaren tachtig klopten aan de deur. Ik diende mezelf te organiseren.

De reis ging verder, de toekomst tegemoet, en wat me vertraagde of kon afremmen, hoe goedbedoeld ook, moest ik noodgedwongen achterlaten: het was helaas niet anders. De Parijse catacomben zweefden me voor de geest. De boodschap viel niet mis te verstaan. Ik was beperkt houdbaar.

14

DE PARIJSE KEUZE MISTE ZIJN UITWERKING NIET. DE EERSTE keer dat ik op de televisie kwam, was naar aanleiding van mijn gedichten.

De tweede keer ook. Tot mijn niet geringe verbazing ontving ik een uitnodiging om op te treden tijdens 'De noodzaak van voordracht', een avond die live zou worden uitgezonden vanuit Koninklijk Theater Carré onder het toeziend oog van presentator Freek de Jonge. Waar had ik het aan verdiend? Was er sprake van een misverstand? Voorstelbaar, maar mij bereikte geen bericht dat de uitnodiging een abuis betrof en alsnog werd ingetrokken en zodoende treinde ik op een maartse zondagmiddag naar Amsterdam en betrok een hotelkamer in de buurt van Carré.

Om vier uur waren de repetities en de doorloop.

Mijn bijdrage stond geprogrammeerd na een zwaarddans, uitgevoerd door een Schots ensemble. Het viel me op dat de Schotten er weinig werk van maakten. De vier groepsleden deden een sprongetje over een zwaard dat op het podium lag en klaar was Kees. Van het zwaard werd geen actieve bijdrage aan de dans verlangd. Het was me niet ontgaan dat er bij de acts voor de Schotten evenmin een zweetdruppel aan te pas was gekomen.

Wat me ook opviel: ik trad niet op het podium op, maar vanuit de zaal. Vanaf het balkon.

Ik hoorde mijn vader al. 'Dat treedt op in Carré. Denkt-ie. Laat me niet lachen. Jij komt niet eens in de buurt van het podium. Wat nou, "Carré". Ik heb in de Haarlemse Stadsschouwburg gestaan, als koorknaap, in het koor van je tante, tante Annie, dé Haarlemse muziekpedagoge. Op het podium, ja, wat dacht je? Meerdere keren, met de kerst. De kerstuitvoering. Voor volle zalen. Kijk, dán... dát is... Maar jij... Jij haalt de toneelvloer niet eens. Het balkon. Ja, zo kan ik het ook; zo kan iedereen het, Carré. Hoe bestaat het dat ze je überhaupt hebben uitgenodigd? Elke halvegare kan tegenwoordig...'

'Chabot?' klonk het vanuit de diepte. 'Jouw beurt. In drie, twee, één...'

Ik zette een tandje bij. Ik was uit de punk voortgekomen en al voelde ik me broos als beschuit, ik ging voluit, plankgas.

In de zaal voor het podium stond een hoogwerker opgesteld. Waarom was me onduidelijk, maar dat veranderde terwijl ik bezig was. Er kwam beweging in het bouwwerktuig. De stalen arm ging omhoog, zwenkte door de lucht en schoof op de balkonrand af, waar ik me bevond. In de bak die aan de arm was bevestigd stond Freek, tussen hemel en aarde, die nu vlak bij me kwam.

Hij keek me indringend aan, en luisterde.

Het werd stil in Carré. Toen begon Freek te applaudisseren,

een applaus dat door de medewerkers elders in de zaal werd overgenomen. Het begon er zowaar op te lijken dat ik de avonduitzending had gehaald, auditie geslaagd; al wist je het nooit zeker.

'Moet je horen, jongen,' zei Freek vanuit de open bak van de hoogwerker. 'In het script staat dat ik je tijdens je gedicht met water overgooi, om je af te koelen, en je met planten bekogel. Zie je ze?' Hij wees naar de planten op de bodem van de bak en tilde één plant omhoog, een begonia, zodat er geen twijfel kon bestaan over de bedoelingen van het script.

'Maar dat doe ik dus niet,' zei Freek. 'Mijn zegen heb je.'

Daarop kwam de hoogwerker opnieuw in beweging, zwenkte door de ruimte en de bak landde op de toneelvloer, waarna Freek uitstapte. De volgende act diende zich aan.

Terwijl ik Carré verliet en naar het hotel liep, wist ik één ding zeker. Ik was geen act. Dat had ook Freek in de gaten.

's Avonds meldde ik me op het afgesproken tijdstip bij de zaal en nam mijn plaats in op het balkon, op de eerste rij, met de balkonrand voor me bij wijze van houvast. De live-uitzending begon en Freek kwam op in een pak dat aan sciencefictionfilms herinnerde. De zaal zat vol. Het programma ontvouwde zich en belangstellend keek ik naar de verrichtingen van mijn collega's, tot het moment naderde dat ikzelf aan de beurt zou zijn. Ik ging er eens goed voor zitten, meer rechtop dan ik van nature gewend was te doen. Het Schotse gezelschap werkte naar de finale toe. Nog vier, vijf minuten en ik kon aan de bak.

Nog drie minuten.

Ik voelde een klopje op mijn schouder. 'Kun je even meekomen,' vroeg een theatermedewerker, 'de gang op?'

'Nee,' fluisterde ik, 'dat zal niet gaan, ik moet zo op.'

'Op de gang staat iemand die jou wil spreken.'

'Nee, dat...'

'Dringend wil spreken.'

'Godsonmogelijk,' zei ik en ik kwam al half overeind: straks was ik aan de beurt en zat ik nog op mijn stoel, buiten beeld.

'Freek wil je spreken, Freek de Jonge.'

O, dacht ik, daar gaan we, een afgelasting, het hele feest gaat mooi niet door, ik ben alsnog uit het programma geknikkerd en kan onverrichter zake terug naar Den Haag. Hoe kon ik erin tuinen? Ik had het kunnen weten.

'Volg mij maar,' zei de Carrémedewerker en ik volgde hem de trap op naar de deur die toegang gaf tot de wandelgangen.

Op de gang wachtte Freek, in zijn spaced out-outfit.

'Jongen,' zei Freek, 'even snel, ik moet zo op, afkondigen... maar ik wilde je zeggen: ik sta achter je, wat er ook gebeurt. Ik sta achter je.'

Met die woorden verdween Freek in de gang, plezierig oplichtend in zijn bellenblaaspak.

Toen ik de volgende morgen tegen halftwaalf op kantoor verscheen, waar ik bijna een jaar lang de postkamer bestierde – van tevoren had ik een paar uur vrij op de maandagochtend gevraagd, maar niet verteld waarom ik later wilde komen –, viel er een stilte in de ruimte waar ik werkte. De medewerkers van het bedrijf staarden me aan.

'Was jij dat,' zei Roy, een van de vertegenwoordigers, 'gisteravond op de tv?'

Een tel overwoog ik het te ontkennen, maar dat plan liet ik snel varen: daarvoor was de gelijkenis met degene die in Carré aantrad te groot, zelfs als ik mijn bril afzette.

'Nou,' zei Roy, 'maak jij je borst maar nat. Van dat soort fratsen zijn ze hier niet gediend, de directie. Maak je bureaulades maar leeg en pak je spullen vast in, je hebt je langste tijd hier gehad. Het zou me verbazen als je de lunch nog haalde, de kantine.'

'Vind jij dat "normaal"?' viel een collega hem bij, 'wat jij op tv deed, nee toch zeker? Je kunt het schudden hier, net wat Roy zegt.'

Ik zette me aan het werk en klokslag twaalf uur liep ik naar de bedrijfskantine. In het halfuur dat sinds mijn binnenkomst verstreken was, had de directie me niet ontboden. Ik pakte een dienblad en zette er wat broodjes, beleg en een beker koffie op.

'Jongen, wat heb jij uitgevreten gisteravond?' zei de kantinemedewerkster. 'Daar lusten de honden geen brood van, zeg. Er zwaait wat voor je. Ben ik blij dat ik niet in jouw schoenen sta.'

Met het blad in de hand keek ik de kantine rond, op zoek naar een tafel met een vrije plek. Die was er niet, zodat ik aan een lege tafel aanschoof. Om me heen bleef het angstvallig stil.

'Chabot?'

Ik keek op van mijn dienblad. De directeur stond naast mijn tafel.

'Chabot?' herhaalde hij.

Ik werd niet geacht in het stilzwijgen van mijn collega's mee te gaan.

'Ik kan het niet ontkennen, meneer Jelgersma.'

'Heb je er bezwaar tegen als ik bij je aan tafel kom zitten?'

Hij wachtte mijn antwoord niet af, zette zijn dienblad neer en ging tegenover me zitten.

'Was jij dat gisteravond?'

Tot afgelopen vrijdagmiddag had ik een zekere populariteit op kantoor genoten, maar die populariteit had ik vanuit Carré eigenhandig tenietgedaan.

'Ik vrees van wel, meneer Jelgersma.'

Het gat van de deur stond wagenwijd voor me open. Kon ik niet beter de eer aan mezelf houden en uit eigener beweging opstappen voordat ik daartoe gedwongen werd?

'Jongen, wat ben ik trots op je. Jij werkt toch op de postkamer, is het niet? Wie had dat gedacht. We mogen verheugd zijn als bedrijf om iemand als jij in ons midden te weten.'

Ik vroeg me ernstig af of de directeur me in de maling nam en me binnen enkele ogenblikken ten overstaan van alles en iedereen op staande voet zou ontslaan. Haalde ik het einde van de lunch? De koffie begon koud te worden.

Tot mijn verrassing toonde Jelgersma zich oprecht geestdriftig over het gebodene op de televisie gisteravond. Zijn echtgenote had mijn bijdrage ook al zo gewaardeerd, kon hij me laten weten. Ik bedankte hem voor het in mij gestelde vertrouwen, terwijl ik met een half oog de klapdeuren van de kantine in de gaten hield zodat ik watervlug kon ontsnappen mocht dat alsnog noodzakelijk zijn.

'Heb jij een vast contract?'

'Nee, meneer.'

Ik zocht neutraal terrein en mijn blik viel op het schoolbord aan de achterwand. Op vrijdag verscheen de rangorde van de bestverkopende vertegenwoordigers in krijtletters op het bord, nog voordat de lunchpauze begon, zodat elke employé op de hoogte was van de behaalde omzet van de verkopers, met naam en toenaam. Bungelde je een paar weken achtereen op de laatste plaats, in het zicht van alle medewerkers, dan mocht je een uitnodiging verwachten om je 'prestaties' bij de heer Jelgersma op kantoor nader te komen toelichten.

'Vertel me eens,' zei Jelgersma, 'werk je bij ons via een uitzendbureau?'

'Klopt, het laatste.'

De directeur legde mes en vork neer, veegde met een servet zijn mond af, tikte met zijn mes tegen zijn koffiekop – prompt verstomden de gesprekken –, stond op en richtte zich tot de aanwezigen.

'... wat ik zag, daar zit hij, vanuit Carré, gisteravond... Ik geloofde mijn ogen niet. Dat wij, dit bedrijf, zo'n medewerker in dienst hebben...'

Ik wilde onder de tafel kruipen. Hopelijk kwam er snel een einde aan zijn speech.

'Jongeman,' zei de directeur, 'ik draag Personeelszaken bij dezen op jou een vast contract aan te bieden, vandaag nog. Een jongen als jij willen we niet kwijt, voor geen goud...'

Ik keek naar Roy, die aandachtig het systeemplafond bestudeerde. Wat was daar opeens zo bijzonder aan?

'... zodat dit bedrijf zich nog lang van jouw diensten verzekerd mag weten. En met die woorden...'

Hij liep van tafel, schoof zijn dienblad in de daartoe gereedstaande stapelkast en verliet de kantine.

Het bleef angstvallig stil in de eetzaal. Toen ik uitgegeten was schoof ik mijn dienblad in het rek, op mijn lege koffiekop na. Ontspannen keek ik de kantine rond en hief het kopje.

'Proost,' zei ik. 'Op jullie aller gezondheid.'

Een vast contract zou ik nooit tekenen. Luttele dagen later had ik drie boekingen in de agenda staan – in het oosten van het land, waar ik zou overnachten – die zich niet lieten combineren met mijn werk, en ik zegde mijn baan op.

'Chabot,' zei het hoofd personeelszaken, 'zodra die optredens achter de rug zijn... Je bent altijd welkom.'

Het was de laatste keer dat ik voor een baas werkte. Ik reisde de hogere luchtlagen tegemoet en reikte zelfs boven de wolken uit, waar de zon helderder scheen en je bijlichtte op je pad.

15

MAAR VOORDAT IK ONTSLAG NAM BELDE IK MIJN OUDERS OM te horen wat ze van Carré hadden gevonden.

Ze waren op verlof over uit Vancouver, logeerden in een hotel in de Ardennen en een week voor Carré had ik ze gebeld om hen van het nieuws op de hoogte te brengen.

Beiden waren minder enthousiast dan gehoopt.

'O,' had mijn moeder gezegd, waarna een korte stilte volgde. 'En wanneer is dat dan?'

Ik noemde de datum van de uitzending, een zondagavond.

'Dan moet ik eerst eens in de agenda kijken,' zei mijn moeder, 'of we niks hebben.'

'Mam, jullie zijn met vakantie, weet je nog?'

Ik hoorde haar bladeren en luisterde naar de stilte in de hotelkamer.

'Wat is er?' klonk mijn vaders stem op de achtergrond.

'Hij komt op de televisie,' zei mijn moeder effen.

'Wie komt er op de televisie?' zei mijn vader wantrouwend.

'Bart.'

'Wat? Híj?'

'Ja,' zei mijn moeder. 'Hij.'

'Hoe bestaat het,' zei mijn vader. 'Tja, wie komt er tegenwoordig níet op de televisie?'

Jij, dacht ik, maar dat sprak ik om de lieve vrede te bewaren niet uit.

'Hij, op de televisie. Nou, het zal mij benieuwen.'

'Wacht, hier heb ik het,' zei mijn moeder. 'Welke datum zei je dat het was?'

Ik noemde de dag en volledigheidshalve in één moeite door het uitzendtijdstip.

'Nee,' zei mijn moeder, 'dat zal niet gaan. Dan zitten we in een hotel op Vlieland, je vader en ik. Dat had ik je toch verteld, Strandhotel Vlieland, of was je dat alweer vergeten?'

'Nu je het zegt,' zei ik.

'Dat bedoel ik, jij onthoudt nooit iets van wat we tegen je zeggen. Dat is kennelijk niet belangrijk genoeg voor je.'

'Mam, ze zullen toch televisie in dat hotel hebben, neem ik aan?'

'Dat vraag ik me af. Het is een hotel voor rustzoekers. Daarom hebben we geboekt, we gaan erheen vanwege de rust.'

We spraken af dat ik hen na de uitzending zou bellen.

'Nou, we zien wel hoe het loopt,' had mijn moeder gezegd en met die woorden hing ze op.

'En,' vroeg ik 's maandags toen ik na mijn werk mijn moeder belde, 'hoe bevalt jullie verlof tot nu toe?'

Jelgersma's woorden echoden nog in mijn oren na.

'O, dat gaat best, hoor,' zei mijn moeder. 'We hebben het weer mee, hè. En het is een rustig hotel, plezierig.' Ze kuchte een droog kuchje. 'En het eten is ook goed te doen.'

Ze vertelde hoe de heenreis was verlopen, van diep uit de Ardennen, en wat ze de dagen na aankomst zoal hadden gedaan.

'En,' onderbrak ik haar, 'heeft het hotel televisie?'

'Nee,' zei mijn moeder, 'niet op de kamers.'

'Zeg, wat is er?' hoorde ik mijn vader zeggen.

'Bart,' zei mijn moeder.

'Wat wil-ie?' zei mijn vaders achtergrondstem.

'Dat heb ik hem nog niet kunnen vragen.'

Het werd tijd om ter zake te komen. 'Waarvoor ik bel,' zei ik. 'Hebben jullie gisteravond tv gekeken?'

Het bleef zo lang stil in de hotelkamer dat het duidelijk was uit welke hoek de wind waaide.

'Wat denk je zelf?' zei mijn moeder ten slotte. 'Waar zie je ons voor aan? De televisie staat beneden in de gelagkamer. En je denkt toch niet dat je vader en ik naar jouw strapatsen gaan zitten kijken tussen de andere hotelgasten, is het wel? Ik zou me doodschamen. Dat kun je in redelijkheid toch niet van ons verwachten?'

'Dus jullie hebben niet gekeken?' zei ik tegen beter weten in.

'Hoe vaak moet ik het nog zeggen? Nee, we hebben niet gekeken, dat heb je goed begrepen. Er mankeert niets aan je oren, behalve dat je er alleen mee hoort wat je wenst te horen. We zitten hier in een keurig hotel, met keurige mensen. Fatsoenlijke mensen.'

Ik vroeg me af of mijn vader nog een duit in het zakje zou doen.

'Dus nee,' vervolgde mijn moeder, 'we hebben niet gekeken naar dat gedoe van jou. Je wil me toch niet vertellen dat je ons dat kwalijk neemt, hè. Dat moest er nog bij komen. Kijk, je vader, ja, dát is een dichter, of was. Die schreef in zijn jonge jaren... Maar toen kwam de oorlog, en daarna lag ons land in puin en moest je vader aan de bak, geen ontkomen aan, de Wederopbouw, en was er aan versjes schrijven geen behoefte. Maar als het anders was gelopen... Dat is de makke met jullie, ik had het er van de week met je oma uit Scheveningen nog over... Vergeleken met ons, en met wat wij hebben doorgemaakt, de verschrikkingen, de Hongerwinter, heeft jouw generatie alles zo'n beetje in de schoot geworpen gekregen.'

Ze haalde diep adem.

Ik wenste hun nog een prettig verblijf en hing op.

—

Vrij snel na mijn eerste wankele schreden als optreeddichter bereikte me een uitnodiging voor de Nacht van de Poëzie, in Vredenburg Utrecht.

Ik sloot de editie af. Tegen halfdrie 's nachts – het programma was danig uitgelopen, zoals gewoonlijk met dichtersfestivals – betrad ik het toneel, en begon. Een deel van het publiek juichte, een minderheid joelde. Ook ving ik boegeroep op, dat in volume aanzwol toen mijn bijdrage langer aanhield.

Ik lag geen seconde wakker van alle tumult. In de jongerencentra waar ik tot dusver had opgetreden was ik wel wat gewend geraakt.

Ik stond in de kleedkamer toen Pieter, een oude vriend, binnenkwam. Hij vertelde me dat een 'hele leuke jonge vrouw' naar me had gevraagd. Als ik met hem meeliep, kwam alles vanzelf goed. Ik zag geen reden om me niet in de wandelgangen van Vredenburg te begeven. Daar zou ik geen spijt van krijgen: Pieter had niets te veel gezegd.

Ze heette Anouk, zei ze.

Het was snel duidelijk dat we elkaar niet vaarwel zouden zeggen om ieder voor zich huiswaarts te gaan.

We konden naar haar studentenkamer, stelde Anouk voor. Maar van de organisatie van de Nacht had ik, gelet op het late tijdstip van mijn optreden, een kamer aangeboden gekregen in Hotel Smits, op loopafstand van Vredenburg, en het leek een goed idee om daar onze uren samen door te brengen.

We passeerden de nachtportier, 'Goedemorgen, meneer Chabot', die van Anouk naar mij keek, en het daarbij liet. Weliswaar was er voor mij een eenpersoonskamer geboekt, maar hij zat lang genoeg in het vak om ons ongemoeid te laten.

Op de hotelkamer aangekomen stelde Anouk voor om eerst samen in bad te gaan.

Af en toe, als het badwater dreigde af te koelen, draaide ik de warmwaterkraan open. De literatuur vermocht wat, en niet uitsluitend in Parijs.

Uren later werd ik wakker van het geluid van een druppelende kraan. Of eigenlijk een lopende kraan. Het daglicht lekte door de dunne hotelgordijnstof. Ik keek naast me, naar het tapijt op de grond.

De vloer stond blank.

Behoedzaam kwam ik uit bed en waadde naar de badkamer. Kennelijk waren we vergeten de kraan dicht te draaien toen we naar bed gingen. Het water stroomde over de rand van de badkuip en over de drempel onze slaapkamer in. Was er beneden al een lekkage of wateroverlast gemeld en kampte een hotelgast op de lager gelegen verdieping met een doorweekt of kletsnat plafond? De nachtportier was me niet ongunstig gezind, maar er waren grenzen aan diens welwillendheid.

Ik draaide de kraan dicht en keek naar Anouk, die diep sliep. Ik nam de ravage in me op. Kon ik maar vermijden haar te wekken.

'Lieverd,' zei ik tegen Anouk, 'wakker worden.'

Ze mompelde iets onverstaanbaars en wilde zich op haar andere zij draaien om door te slapen, maar ik duwde zachtjes tegen haar schouder.

'Goeiemorgen,' zei ik. 'Lekker geslapen? Maar wat kort misschien? Ik heb minder goed nieuws. Het is een leuk hotel, dit, we moeten hier beslist nog eens terugkomen. Maar het ontbijt, dat gaan we ergens anders gebruiken.'

Anouk nam het bassin waarin ze was beland in ogenschouw en schoot in de kleren.

Ik legde de kamersleutel op het nachtkastje en we liepen de trap af, langs de receptie.

'Meneer Chabot, u heeft het ontbijt nog tegoed, hoor.'

'Bedankt,' zei ik. 'Even een frisse neus halen, we zijn zo terug.'

Er bereikte me nooit een rekening voor de waterschade die we hadden veroorzaakt. Wel zou het vijfentwintig jaar duren voordat ik opnieuw door de organisatie van de Nacht voor een optreden werd uitgenodigd. En toen nog niet van harte.

16

'WEET JE WAT?' ZEI MIJN MOEDER OP EEN NAMIDDAG. 'WE rijden straks naar downtown Vancouver, halen we je vader van zijn werk op. Dat zal hij vast leuk vinden, daar twijfel ik niet aan. Zo lang ben je hier niet meer, over drie dagen gaat je vlucht, dus...'

Mijn moeder had een punt. Ik logeerde bijna drie weken bij hen, de terugreis zat eraan te komen... Straks vloog ik terug en had ik mijn vaders kantoor niet eens vanbinnen gezien. Hoe zat hij erbij op het consulaat, hartje Vancouver? Daar raakte ik zowaar benieuwd naar.

Tegen vijven stopte mijn moeder aan de voet van een glazen high rise in Burrard Street.

'Stap jij uit,' zei mijn moeder, 'dan wacht ik hier op jullie.'

Ik nam het verkeer om ons heen in me op. We waren bepaald niet de enigen.

'Je staat dubbel geparkeerd, mam. Straks word je nog pal voor de ingang van het consulaat door een mountain ranger aangehouden. Zoiets kunnen we pa niet aandoen. Dat overleeft-ie niet.'

'Ga nou maar,' drong ze aan. 'Desnoods rij ik een blokje om. Sta ik er straks niet als jullie naar buiten komen, dan zie je me vanzelf verschijnen. Ik blijf net zo lang rondjes rijden... Tot zo.'

Ik stapte uit, sloeg het portier van de Buick dicht, liep een paar traptreden op naar het voorplein, langs enkele plantenbakken met jonge boompjes, en wandelde de centrale hal in, waar het dankzij de airco aangenaam koel was. Ik groette de receptiemedewerkers, die niet teruggroetten, nam de lift omhoog en stapte uit op de achtste verdieping, waar het consulaat was gevestigd. Recht tegenover de liftuitgang prijkte Consulate General of The Netherlands op ooghoogte op een glazen deur, met daaronder in kleinere letters: Je maintiendrai. Er kon geen misverstand bestaan over waar ik was beland en ik duwde de deur open. Opzij van de receptiebalie rees fier de Nederlandse driekleur uit een luxe paraplubak.

'Kijk eens aan, wie hebben we daar,' zei een receptiemedewerkster die Joyce heette. 'Jij bent de zoon van? Wat leuk, kom verder. Goeiemiddag, jonge meneer Chabot, aangenaam kennismaken. Je kunt doorlopen, hoor. Je vaders kamer is aan het eind van de gang, dan de deur rechts. Je vindt het vanzelf, het kan niet missen.'

De deur van mijn vaders werkkamer stond op een kier.

'Surprise!' zei ik. 'Hallo, pap.'

Hij keek op van de dossiers, papieren en paperassen die op zijn bureau lagen en legde zijn pen neer.

Mijn groet werd niet door hem beantwoord en hij nodigde me evenmin uit om plaats te nemen in een van de twee stoelen voor zijn bureau. Er ging een alarmbel bij me af. Was er iets loos?

'Doe de deur achter je dicht.'

Hij wekte niet de indruk blij verrast te zijn door mijn onaangekondigde komst. Was ik te vroeg verschenen en stoorde ik hem in de uitoefening van zijn werkzaamheden?

Het brede venster in zijn kamer gunde je een spectaculair zicht op een rij wolkenkrabbers en de zwenkende hijskranen bij twee high-rises-in-aanbouw: je kon het slechter treffen qua werkplek.

'Ik moet zeggen, pap... Mooi kantoor, het consulaat, mooier dan ik had verwacht.' Ik keek naar het ingelijste staatsieportret dat achter hem aan de muur hing. 'En een mooie kamer heb je, pap, ruim, en...' Ik wees naar buiten. 'Je zit hier gebeiteld, pap.'

'Ga zitten,' zei hij toonloos.

'Pap, dat wil ik wel doen, maar... Mam wacht beneden, dubbel geparkeerd. Het lijkt me dat we beter...'

'Ga zitten.'

Omwille van ons plezierig samenzijn leek het me raadzaam zijn verzoek in te willigen en ik nam plaats in de rechterstoel voor het bureau. Er hing iets onheilspellends in de lucht; maar wat?

'Je zit goed?'

'Niks mis met deze stoel, pap.' Ik klopte drie keer kort op de gepolitoerde houten armleuning. 'Al zit er...' – ik probeerde te wiebelen, wat niet lukte – '... dankzij het stijve frame geen vering in. Maar verder? No complaints.'

Hij vouwde de map die voor hem lag dicht, legde deze op een stapel ordners, schoof die opzij naar de rechterrand van het bureau, bukte zich iets – in gedachten zag ik mijn moeder beneden haar eerste rondje rijden, 'Waar blíjven ze? Zo moeilijk is het toch niet, dat hoeft toch geen uren te duren?!' –, trok een bureaula open, haalde een leesmapachtig dossier tevoorschijn, sloeg het open en haalde er het bovenste tijdschrift uit, dat hij goed zichtbaar voor me in de lucht hield.

Het betrof een exemplaar van het rechtse opinieweekblad *Elseviers Magazine*. Een veelgelezen aflevering; ik telde twee ezelsoren.

'Wat is dit?' bracht hij met nauwverholen woede uit.

'*Elseviers Magazine*, pap.'

Ik zag hem met moeite iets wegslikken.

'Hoezo?' informeerde ik opgewekt. 'Staat er iets bijzonders in, een artikel dat je me warm wil aanbevelen?'

Opnieuw slikte hij iets weg en zijn ademhaling verliep moeizamer dan toen ik zo-even zijn consulskamer betrad. Scheelde er iets aan?

'Jij...'

Daar bleef het even bij van zijn kant. Ik richtte me iets op in mijn stoel en zag de leesmap waar hij het opinieweekblad uit tevoorschijn had gehaald. Op de map stond een lijst namen, keurig getypt, en opeens viel het kwartje. Op de Nederlandse ambassades en consulaten circuleerden mappen met tijdschriften en artikelen die op het ministerie van Buitenlandse Zaken in Den Haag van belang werden geacht voor de medewerkers in den vreemde. Had iemand van een ambassade of een consulaat de map doorgewerkt, dan zette hij of zij een paraaf en gaf de map door aan een collega. Soms kon het maanden duren voor een in Nederland gepubliceerd blad of artikel op een buitenlandse post circuleerde.

Maar wat had dit met mij van doen?

Dat werd me snel duidelijk.

Mijn vader hervond zijn stem. 'Ik bladerde dit blad door, tot ik op een artikel stuitte over ene Herman Brood. Ken jij die?'

'Nogal, pap.'

'Vertel, ben jij bevriend met die... figuur?'

Op basis van wat we het afgelopen driekwart jaar met elkaar hadden meegemaakt, kon ik onze vriendschap kwalijk ontkennen.

'Klopt het wat ik hier lees, dat jij en die... die... figuur... in het Rotterdamse Hiltonhotel...'

Er begon me iets te dagen. Niet alles werd op slag glashelder, maar wel veel. Sinds onze kennismaking vergezelde ik Herman niet alleen naar zijn gigs met de Wild Romance, maar ook naar cafés, casino's, noem-maar-op. Op een middag, lang geleden, in een ander jaargetijde, had Herman me zoals gebruikelijk met een taxi van huis opgehaald. De reis ging naar Rotterdam, waar Herman een interviewafspraak had met ene Rommert Boonstra, journalist van *Elseviers*.

'Dit is Bart,' had Herman me aan hem voorgesteld, 'mijn lijfwacht. Tevens bodyguard.'

Van huis uit had en heb ik een postuur dat je niet direct associeert met een uitsmijter of een veiligheidsmedewerker en ik lachte hartelijk toen we handen schudden en ging er voetstoots van uit dat de journalist Hermans introductie net als ik niet serieus nam en niet de moeite van het vermelden waard vond.

Dat had ik verkeerd ingeschat. Het interview had zo'n acht maanden eerder plaatsgevonden en was een halfjaar geleden gepubliceerd, begreep ik van deze en gene: zelf had ik het artikel nooit gelezen. Ik vernam Hermans visie op de wereld liever ongefilterd van hemzelf. Maar de blik van mijn vader voorspelde weinig goeds. Had ik iets gemist? Die schade kon ik nu, op de burelen van het Nederlandse consulaat te Vancouver, inhalen.

Ik schoof het tijdschrift naar me toe.

In de inleiding van het vraaggesprek werd ik als Hermans lijfwacht-in-vaste-dienst opgevoerd. Daarna volgde Hermans lofzang op drugsgebruik, waarbij de journalist niet op een woordje meer of minder had gekeken. Herman kreeg alle ruimte om de zegeningen van amfetaminegebruik breed uit te meten. Zou dit de trouwe lezers van *Elseviers Magazine* behagen? Dat waagde ik te betwijfelen.

Het was een vakkundig geschreven bijdrage, Boonstra had er werk van gemaakt; maar de merites van het artikel waren aan mijn vader niet besteed. Hoe was het mogelijk dat deze uitgave van het opinieweekblad uitgerekend nu, een halfjaar na verschijnen, via een leesmap opdook op een consulaat aan de andere kant van de wereld en onder de aandacht van mijn vader kwam, terwijl ik drie weken bij mijn ouders op visite was? Een ongelukkiger timing liet zich lastig voorstellen.

Nog voordat ik de finale van het vraaggesprek had bereikt, kwam mijn vader half uit zijn bureaustoel overeind.

Ik schoof het blad terug, zijn kant op. Ten slotte ging hij over de leesmap en was dat niet mijn pakkie-an.

Hij graaide het magazine naar zich toe en hield het opnieuw voor me omhoog.

'Klopt het wat hier staat...' Hij sloeg met zijn vrije hand tegen het tijdschrift, dat meetrilde onder zijn woede. '... klopt het dat jij omgaat met deze... Met deze...'

Gelukkig had ik bij binnenkomst de kamerdeur stevig achter me in het slot getrokken; die waaide niet bij de eerste de beste tochtvlaag open. Je hoefde geen waarzegger of kristallenbollengluurder te zijn om te kunnen voorspellen dat de zaken op de consulaatskamer uit de hand dreigden te lopen. Ik hoopte maar dat de stennis Joyce niet zou bereiken; en dat mijn moeder, na doelloos rondjes rijden door een spitsuurdruk Vancouver, er tabak van kreeg en in één keer door naar de woning aan Shalimar Place terug stuurde, zodat mijn vader de gelegenheid had om wat af te koelen voordat hij thuiskwam.

'Ik vráág je wat!'

Het kwam geen seconde bij me op om mijn vriendschap met Herman te verloochenen. Ik was Petrus niet.

'Dus jij wil mij vertellen dat je al maanden op pad bent met deze gedegenereerde...'

Dat wilde ik hem juist niet vertellen – daarom had ik er tot nu toe angstvallig over gezwegen –, maar het leek me niet het moment om aan haarkloverijen te doen.

Mijn vader zocht naar de juiste woorden. Het spande erom; zou hij ze vinden?

'... deze vieze vuile gore smerige drugscrimineel?'

'Te jouwer informatie, je hebt het over een van mijn beste vrienden. Ik zou het op prijs stellen als je je woorden iets zorgvuldiger afweegt en kiest.'

'... die vuile gore asociale...'

'Pap, nogmaals, op het gevaar af in herhaling te vallen... Ik zou het ten zeerste waarderen als je...'

Hij liet het opinieweekblad uit zijn hand vallen, dat als een door een schot hagel geraakt vogeltje omlaagdwarrelde en op het bureaublad plofte, de pagina's als een verenpak gespreid.

'Dus jij... jij hebt het lef om me onder ogen te komen met het nieuws dat jij je afgeeft met een drugsverslaafde, een meermalen veroordeelde crimineel... Na alles wat ik voor je heb gedaan, na alles wat wé voor jou hebben gedaan, en na alle ellende die we met jou hebben beleefd?'

Hij staarde me aan met een weerzin die je haast kon oplepelen.

'Wat ben jij toch ook een in- en intrieste...' Ik was benieuwd met welke typering hij op de proppen zou komen. '... een zielige, o zo zielige, zíelige figuur.'

Het was dat mijn geraamte me knap overeind hield, anders was ik omvergeduveld.

Dat mijn vader weinig gecharmeerd was van mijn omgang met Nederlands bekendste harddrugsgebruiker kon ik op mijn vingers natellen.

Wat, vroeg ik me af, had hij toen ik aan zijn zorgen was toevertrouwd voor me 'gedaan', behalve me stelselmatig afbreken om me onder de grond te proberen te krijgen op een niet door een steen of zerk gemarkeerde plek?

Nog een zegen dat Jules niet in het artikel voorkwam. Dan waren de rapen helemaal gaar geweest.

'Jij... jij...' Hij verhief zijn stem. 'Mijn zoon... met die smeerlap van een Herman Brood...'

Het begon warm te worden in de consulskamer; of lag het aan mij?

'Niet vergeten, pap, we zijn op het consulaat, en we zijn niet alleen. Ze kunnen je drie deuren verder horen, hoor.'

'Ik verbied je om nog een dag langer met dat verachtelijke stuk vreten om te gaan.'

Dat was dan een verbod dat ik met voeten zou treden. Geen haar op mijn hoofd die er zelfs maar over piekerde om Herman te laten vallen, om de dooie dood niet.

Al met al waren we op een kruispunt van wegen beland; scheidende wegen die zich niet meer aaneen lieten voegen. De aangerichte schade was nagenoeg onherstelbaar, vond ook mijn nieuwe 'ik'. Vanaf hier was er zo goed als geen weg terug, nog geen pad of paadje.

'Luister je?! Ik verbied het je ten enenmale, hoor je dat?'

Hij sloeg nog net niet met zijn vuist op tafel.

Ja, ik hoorde hem, hij was dichtbij genoeg; een tikkeltje te dichtbij voor mijn gemoedsrust zelfs. Ik verstond hem beter dan me lief was, er mankeerde hoegenaamd niets aan mijn gehoor. Maar hij kon me wat, de pot op, de boom in; en dat vertelde ik hem ook, zij het terughoudend geformuleerd, om de zaak niet nodeloos op de spits te drijven, en op kalme toon.

'Wát zei jij daar?!'

Ik zei even niets, geen boe of bah, een eenzijdig in acht genomen time-out; dat leek me verstandig nu we in vrijwel rechte lijn op een nieuw dieptepunt in onze relatie afstevenden.

'Wát zei jij??'

Omdat hij zo aandrong was ik best genegen om te herhalen wat ik zo-even had gezegd, welja.

Als gezegd, hij kon me wat, en daar kwam geen woord Spaans aan te pas.

Zonder iets te zeggen richtte hij zich in zijn volle lengte op. Zijn bureaustoel-op-wieltjes schoot naar achter en klapte tegen de muur. Het werd onwezenlijk stil in de kamer, en de lucht leek zwaarder geworden en lastiger in te ademen: je moest er, alsof er iets aan je luchtwegen schortte, je best voor doen.

Misschien, overwoog ik, viel het te overwegen om mijn terugkeer naar Nederland met enkele dagen te bespoedigen. Het was de moeite van het bezoeken meer dan waard, Canada, land van de Maple Leaf, maar je moest er niet in blijven hangen.

Mijn vader boog opzij en reikte over zijn bureau naar de typemachine die links op het werkblad wachtte. Het was een ouderwets zwaar apparaat van het Duitse merk Triumph, oerdegelijk. En vanwege die zwaarte een bijna niet te tillen machine; het optillen ervan kostte mijn vader dan ook de grootste moeite. Maar hij kreeg het apparaat omhoog en los van het bureaublad, ere wie ere toekomt. Ik had zelf op een Olympia gewerkt, een nog zwaardere machine die zestien kilo woog en een bijnaam had, 'De tank', maar dit loog er ook niet om.

Ik volgde de baan die de Triumph beschreef.

Mijn vader kreeg hem de lucht in, maar het zweet parelde op zijn voorhoofd.

Ook mij brak het zweet uit, maar nog niet in een mate dat ik me afvroeg of mijn deodorant het hield.

Hij tilde het zwaarder wordende apparaat tot voor zijn gezicht, haalde diep adem en stootte de typemachine als een gewichtheffer door, tot boven zijn hoofd. Hij hijgde van de inspanning die het hem kostte.

Wat waren de plannen?

Het had er veel van weg dat hij het apparaat met kracht van zich af wilde werpen. Maar stond hem ook een doelwit voor ogen? Ik keek hem recht in zijn gezicht, zeker en vast, zonder met mijn ogen te hoeven knipperen, en zag dat er vanbinnen iets bij hem knapte en brak. Er kon geen twijfel over bestaan op wie hij het had gemunt.

We stonden tegenover elkaar als in een western; in een, met de consulaatsdeur dicht, leeg landschap. De zon nam het niet voor me op – ik had ook niet anders verwacht – en vertrok; die had elders wat beters te doen. Naast de deur hing mijn vaders beigekleurige regenjas aan een kapstokhaak. Het tochtte niet in het vertrek: de jas wiegde niet lichtjes heen en weer.

Waar bleef Joyce?

De schaduwen uit het verleden rukten tot in de verste hoeken van de kamer op. Het ging tussen mijn vader en mij; daar kwam geen moedertjelief aan te pas: die draaide buiten rondjes. Een van ons tweeën zou het onderspit delven en voor een dergelijk lot voelde ik bijzonder weinig. Het was uit met de tirannie; al zou, vermoedde ik, iets van mijn vaders terreur nog lang nasmeulen.

Ik was niet bang. Wat hij ook zou doen, het raakte me niet meer. Jaren geleden was ik voor het eerst overleden, en daarna meermaals: zijn zoon leefde voort in herinnering, ik was niet ik. De 'ik' van toen lag onder het hoog opgehoopte tuinafval in de nis tegenover de fietsenschuur die bij de flat in de Wilhelminastraat hoorde waarin ik was opgegroeid: een nis die aan zijn aandacht was ontsnapt, zoals bijna alles wat met mij van doen had steevast aan zijn aandacht was ontsnapt.

Daar stond hij dan, achter zijn notenhouten bureau, met zijn bureaustoel op wieltjes en een bijna niet te torsen typemachine van Duitse makelij vlak boven zijn hoofd. Onze man in Vancouver.

Wie was doende zijn eigen graf te graven? Niet ik.

Ik moest denken aan hoe ik als kind naar school liep en 's ochtends langs een blinde muur kwam waarop met grote krijtletters 'The Golden Earrings' stond gekalkt. Ik wist hoe ikzelf heette, maar hoopte vurig dat ik mijn voor- en achternaam ooit kon vergeten. 's Middags, als ik uit school naar huis liep, stond het er weer, voor de tweede keer, ondubbelzinnig; hun naam was niet in de loop van de dag door een hogere autoriteit uitgewist, zodat het waar was: The Golden Earrings moest haast wel bestaan, dat kon niet anders; en omdat ik dat zag, bestond ik ook, een wezen van vlees en bloed, en had ik recht van bestaan. Daar dacht ik aan, aan de Earring en de blinde muur, en aan mijn half bestaan, terwijl mijn vader dreigend voor me stond. Nu kwam het erop aan.

Met een merkbare krachtsinspanning hief hij de typemachine nog iets hoger boven zijn hoofd. De zweetdruppels op zijn voorhoofd sijpelden naar zijn wenkbrauwen en langs zijn slapen. Er moest een beslissing vallen, dit staaltje krachtpatserij ging hij niet veel langer volhouden. Op de komst van Joyce hoefden we niet meer te rekenen; die kwam te laat, als ze al haar opwachting zou maken.

'Ik zou het niet doen, pap, als ik jou was.'

'O nee?'

Hij klonk dierlijk.

Vergeleken met hem was ik de rust zelve.

'Nee,' zei ik. 'Nee, dat lijkt me hoogst onverstandig.'

'O ja? Moet jij eens opletten.'

Was het na zessen en waren alle consulaatsmedewerkers naar huis?

De Triumph steeg tot grote hoogte: toegegeven, maar ook was duidelijk dat mijn vader boven zijn macht tilde. Straks kreeg hij het nog aan zijn rug.

Ik zag aan zijn blik dat hij op het punt stónd om de typemachine naar mijn hoofd te gooien, de laatste seconden tikten weg. Nog altijd kon ik het dreigement nauwelijks serieus nemen: waar was ik in beland, in welke treurige komedie was ik verzeild geraakt? Niettemin, er waren er om minder om zeep geholpen in de actiefilms die ik de laatste tijd tot me had genomen. Helpers weg; het ging nu tussen hem en mij. Mijn vader leek me met de geheven Triumph licht in het voordeel.

Wat had ik in huis om erger te voorkomen?

Er schoot me iets te binnen.

'Ik zit zonder pen en papier,' had ik hem twee dagen na aankomst in Vancouver gevraagd. 'Domweg vergeten in te pakken. Zou jij morgen van kantoor wat willen meenemen? Eén of twee ballpoints, een notitieblok, of wat losse vellen kopieerpapier? Zou dat lukken, denk je?'

Ik bleek een buitengewoon lastig onderwerp te hebben aangekaart.

'Nee jongen,' zei hij. 'Dat zal helaas niet gaan, het spijt me wel.'

Verbaasd keek ik hem aan: zo'n uitzonderlijk verzoek deed ik toch niet, hem vragen om wat schrijfgerei?

'Behoort dat niet tot de mogelijkheden, pap?'

'Nee, daar kan ik je tot mijn spijt niet van voorzien, dat zul je zelf dienen aan te schaffen. Jammer voor je, maar de kantoorartikelen op het consulaat zijn rijkseigendom, dus daar begin ik niet aan.'

Mijn moeder wilde zich ermee bemoeien. We hadden zijn steile opstelling vaker beleefd, in Den Haag, als ik hem daar, een schoolkind nog, om een potlood of een elastiekje van kantoor vroeg.

'Nee, geen sprake van,' antwoordde mijn vader dan, 'wat op het departement in de Lange Houtstraat ligt is rijkseigendom.'

'God, Gé,' had mijn moeder uitgeroepen, 'doe niet zo moeilijk en neem dat mee voor die jongen, geen kantoormedewerker die je iets zal verwijten. Waar gáát het over? Een potlood of een kladblok. Het zou ook mijn leven aanzienlijk vergemakkelijken als jij je eens wat soepeler opstelde. Soms word ik het zo zat, dat eeuwige gedoe van je. Wat nou, "rijkseigendom"?'

Maar mijn vader viel niet te vermurwen. In Den Haag niet, en in Vancouver niet. Ik kreeg al spijt dat ik erover begonnen was. Tot dan toe was mijn bezoek zonder noemenswaardige incidenten verlopen en was de sfeer in huis niet onaangenaam, maar dat dreigde nu te veranderen.

'Neem dat gewoon voor die jongen mee,' herhaalde mijn moeder. 'Bij de secretaresses liggen stapels kantoorartikelen, kasten vol, geen enkel punt.' Ze zuchtte. 'Afgesproken?'

Hij negeerde mijn moeders opmerkingen.

'Luister je wel naar wat ik zeg?' zei mijn moeder met snel oplopende irritatie in haar stem. 'Hoor je me? Of sta ik voor Piet Snot te praten?'

Daar ging de gewapende vrede.

'Ja, ik hoor je,' zei hij. 'Maar je kent mijn standpunt in dezen. Het betreft rijkseigendom, ook al gaat het om "maar" een ballpoint of een notitieblok.'

Was ik naar Vancouver gevlogen om te ruziën over schrijfgerei? Ik wilde de zaak niet op de spits drijven, daar was het te onbeduidend voor. Maar mijn moeder liet het er niet bij zitten en nam het, anders dan ik van haar gewend was, voor me op.

'Gé, hou asjeblieft op, zeg. Doe niet zo bespottelijk, waar hébben we het over? "Rijkseigendom". Denk je nou werkelijk dat ook maar íemand je op het consulaat zal nawijzen als jij morgenmiddag een pen meeneemt voor je zoon die uit Nederland over is, denk je dat echt? Kom nou toch. "Rijkseigendom", het mocht wat. Dat stroeve formele gedoe van jou. Ik zie je secretaresse soms met hele pakken papier de deur uit gaan. En gelijk heeft ze. Natuurlijk neem jij morgen die paar onnozele dingen voor die jongen mee.'

Dat kon mijn moeder vinden, maar daar ging mijn vader niet in mee. Rijkseigendom was rijkseigendom, daar werd niet mee gemarchandeerd: wat anderen deden, kwam voor hun verantwoording. De Nederlandse belastingbetaler hoefde mijn ballpoint niet te bekostigen en daarmee was de kous af. Hij nam nog geen paperclip mee naar huis.

'Over dat schrijfgerei,' zei mijn moeder later, 'no worries. We rijden morgen langs de shopping mall, ik moet toch van alles halen. Nemen we pennen en papier mee.'

Het was dat ene woordje. Dat deed het 'm.

Ik opende mijn mond en het woord kwam over mijn lippen.

'Rijkseigendom, pap,' zei ik, wijzend naar de typemachine. 'Rijkseigendom.'

Dat kwam binnen en raakte een paar gevoelige snaren tegelijk. Een aarzeling sloop in zijn blik en houding; een weifelachtigheid die ik nooit eerder bij hem had opgemerkt. Keerde het tij?

'Rijkseigendom, pap.'

Die laatste herhaling gaf het beslissende zetje. De Triumph zakte iets, enkele centimeters hooguit – zweet gutste van zijn voorhoofd, er verschenen donkere okselplekken in zijn jasje – en zakte nog vijf, zes centimeter, alsof de teugels werden gevierd. Tergend traag daalde de typemachine verder omlaag; eerst tot voor zijn gezicht, daarna ter hoogte van zijn borst, om ten slotte – dankzij een ongecontroleerde daling; de machine won het van mijn vader en glipte hem bijna uit handen – met een flinke klap op het bureau neer te komen, hemelsbreed niet eens zo ver verwijderd van de plek waar de typemachine kort daarvoor was opgestegen en het luchtruim had gekozen: maar niet zo'n harde landing dat het een secretaresse in een van de vertrekken aan de gang zou opvallen, en Joyce bij de receptiebalie evenmin.

'Rijkseigendom, pap,' herhaalde ik voor de goeie orde.

Het pleit was beslecht.

'Rijkseigendom.'

De kloof die tussen ons gaapte en die, terwijl we in zijn kamer op het consulaat stonden, groeide, wijder werd en zich verdiepte, was zo groot dat er een oceaan in zou passen; niet noodzakelijkerwijs de Atlantische.

'Voor de goeie orde,' zei ik, 'mama wacht buiten voor de deur met de Buick.'

'Ga jij maar vast,' zei hij op doffe toon. 'Ik kom zo. Ga maar, jij.'

Met onwerkelijk lichte tred, alsof ik gewichtloos was, begaf ik me door de lange gang richting de receptiebalie. Daar aangekomen richtte ik me op en deed alsof mijn vader en ik een alleszins plezierig onderhoud achter de rug hadden.

'Dag jonge meneer Chabot,' zei Joyce. 'Heeft u het naar uw zin gehad, deze drie weken?'

Had ze iets van wat zich in mijn vaders kamer had afgespeeld opgevangen, dat ze me opeens met 'u' aansprak?

'U vliegt alweer bijna terug, hè? Prachtige stad, Vancouver. Ik heb het hier zo naar mijn zin, heerlijk. Ik hoop hier nooit meer weg te gaan.'

Ik wilde dat ik hetzelfde kon zeggen, maar zo lagen de zaken niet. Vancouver en ik zouden spoedig scheiden.

De liftdeuren schoven open.

Toen ik kort daarop de lift uit liep, door de centrale hal heen, en buiten kwam, stond mijn moeders auto zoals verwacht niet aan de stoeprand geparkeerd. Dat kon ook nauwelijks; het was rush hour, de rijbanen slibden dicht. Waarschijnlijk had het onderhoud met mijn vader zo lang geduurd dat ze was gemaand door te rijden. Als ik bleef wachten zou ze vanzelf weer voorrijden, en ik monsterde de wolkenkrabbers om me heen, die glazig terugkeken.

Ik huiverde, een rilling trok over mijn rug alsof ik griep had, koorts, en ik kreeg kippenvel; maar de zon verwarmde mijn botten: die was voor even terug-van-weggeweest.

In de dagen daarop repte mijn vader met geen woord over wat er in zijn werkkamer op het consulaat was voorgevallen. Drie dagen na de confrontatie vloog ik terug. Het was een schoon avontuur geweest, mijn verblijf, wonderschoon, maar zo zoetjesaan werd het tijd om eens aan de slag te gaan. Naar Vancouver zou ik nooit terugkeren.

—

Op een avond belde ik mijn ouders. We hadden elkaar al maanden niet meer gesproken. Hoe zou het met ze zijn in Vancouver? Leefden ze nog? Dat zou toch wel? Of stond Vancouver in de steigers, en zijzelf ook?

Mijn moeder nam op. Ze klonk niet erg blij me te spreken en leek het te betreuren de telefoon te hebben aangenomen. Had ze haar nieuwsgierigheid maar bedwongen.

'Zeg, nu ik je toch aan de lijn heb,' zei ze na een poosje. 'Klopt het wat wij hoorden dat jij naast die verschrikkelijke Herman Brood je nu ook nog afgeeft met ene Jules Deelders?'

'Deelder, mam.'

'Dus het is echt zo? Dat méén je toch niet, hè?! Nog zo'n vieze drugsgebruiker. Het is toch ook te erg voor woorden, hè. Wij, je vader en ik, krijgen er berichten over uit Holland, van de familie, dat jij en die Deelders...'

'Deelder, ma. Jules Deelder.'

'... dat jullie... Ik schaam me rot! Hoe denk je dat het voor ons is, hier in Vancouver, je vader op het consulaat, dat onze zoon zich inlaat met de ergste drugsgebruikers van ons land. Wij worden er hier op aangekeken. En jij juicht dat allemaal maar toe en...'

Er viel een korte adempauze in de schermutselingen. De speelruimte met mijn ouders werd nog geringer dan-ie van huis uit al was.

'Alsof die Brood al niet vreselijk genoeg was dan nu ook nog die Deelders.'

'Deelder, ma. Jules.'

'Doe jij het er soms om? Vancouver kent een grote Nederlandse gemeenschap, met talrijke Hollanders op invloedrijke posities. Er wordt gepraat. Ons aanzien wordt geschaad. Maar ja, wat kan jou het schelen, hè. Zolang jij maar je goddelijke gang kunt gaan. De rest is bijzaak en zal je zo een zorg zijn.'

Het was ongewoon scherp geformuleerd voor mijn moeders doen. Dat was wat ik vast van plan was te zullen doen: mijn goddelijke gang gaan. Eens kijken waar dat me brengen zou.

'Zeg, vertel eens, waarom bel je eigenlijk? Je belt ons nooit, dus... Waar bel je voor? Wacht, ik geef je je vader, kan die het met je afhandelen. Ik heb mijn bekomst van jou.'

'Zo,' zei mijn vader, 'wat verschaft me het dubieuze genoegen. Als je om geld verlegen zit, ben je aan het verkeerde adres. Laat dat bij voorbaat gezegd zijn. Dan moet je bij die junkievrienden van je zijn. Waardeloze figuren. Die zien je aankomen.'

Zo kende ik hen beiden weer.

'Ik kan me vergissen,' zei ik, 'maar ik krijg sterk de indruk dat mijn telefoontje jullie ongelegen komt.'

En hing op.

17

'IS ER IETS?' ZEGT YOLANDA.

We zitten op de veranda. Het loopt tegen halfelf.

'Je bent zo stil.'

Bril komt uit de tuin aangeslenterd om bij ons te liggen en legt haar kop op mijn voeten zodat ik niet weg kan.

'Je maakt een afwezige indruk. Alsof je er bent, en toch ook niet.'

Hoog boven onze hoofden trekt een verkeervliegtuig over, een zeldzaamheid in deze contreien.

'Ik?' zeg ik. Ik buig me voorover en geef Bril een aai over haar kop. 'Ik geniet van de rust.'

'Jij en "rust"? Dan moet er echt iets met je aan de hand zijn.'

Toen Yolanda en ik trouwden – Jules en Anton waren mijn getuigen; Herman getuigde op afstand in Berlijn – gaven we een receptie in het Haagser dan Haagse Hotel Des Indes aan het Lange Voorhout. In eerdere jaren was me de toegang tot het hotel regelmatig geweigerd, vaak in gezelschap van Herman. Of de bar was al dicht, om halftien 's avonds, of we droegen geen saaie streep- of stippeltjesdas: een in die kringen verplicht accessoire. Wat ook de reden was, we kwamen er niet in.

Deze zaterdagmiddag was ik welkom, en het bleek dat nogal wat vrienden die ervaring van geweigerd worden deelden. 'Zo,' zei een van hen, 'ben ik hier eindelijk eens legaal.'

Na de receptie vertrok een bont gezelschap naar de Ardennen, waar we een landhuis hadden gehuurd, Le Chesselet: wie wilde kon een week blijven. Het landhuis lag op loopafstand van de abdij van Maredsous, waar door monniken abdijkaas en abdijbier werden gemaakt: dat kwam goed uit.

De lege bier- en wijnflessen, had de eigenaar van Le Chesselet ons verzekerd, konden we in een bijgebouw zetten, dan zorgde hij na ons vertrek voor de afvoer ervan.

'Weet u het zeker?' vroegen we.

Ja, dat was geen enkel probleem, die flessen; dat nam hij met alle plezier op zich, dan hadden wij er geen omkijken naar.

Mijn ouders waren ook mee. Zij waren net terug uit Chicago, voorgoed, en ik kon hen moeilijk weigeren, al had ik dat het liefst gedaan. Om onnodige extra spanningen te voorkomen verzette ik me niet tegen hun komst.

Had ik dat maar wel gedaan.

Mijn oma uit Scheveningen was eveneens mee; met haar stond ik toentertijd nog op goede voet.

Alle vrienden en familieleden hielpen mee met de noodzakelijke klusjes tijdens het verblijf. Behalve mijn ouders.

'Ja zeg,' zei mijn moeder, 'ik ben me daar gek. Waar zie je ons voor aan? Je vader en ik zijn net twee maanden terug, en dan verwacht je van mij dat ik me hier een beetje ga lopen sloven? Dank je de koekoek, dat laat ik aan de jongelui over, jonge benen.'

Na een feestelijke week werd het opnieuw zaterdag, de dag van vertrek. In alle vroegte nam ik de eigenaar mee naar het bijgebouw. 'Nondeju!' riep hij uit bij het zien van de stapels dozen met lege flessen, waarvan enkele tot de nok van het bijgebouw reikten. Behoorden wij soms tot de orde van de Tempeliers?

We namen afscheid en ik liep het landhuis in, naar de benedenzaal waar we aten.

'Prettige dag nog,' zei mijn moeder in het voorbijgaan ijzig en liep de zaal uit.

In de deuropening van de keuken verscheen mijn vader.

'We spreken elkaar nog,' voegde hij me toe en volgde mijn moeder de trap op naar hun kamer.

'Bart, ik vind het zó vervelend,' zei mijn oma, 'wat er net gebeurd is, ik schaam me dood. Maar je ouders wensen geen minuut langer te blijven, ze zijn hun koffers pakken en rijden dan naar Den Haag. Ik heb geen keus. Ik ben met hen meegereden en moet met ze terug. Ik zou niet weten hoe ik anders in Scheveningen kom. En dat weten je ouders ook. Ik kan geen kant op. Ook in Scheveningen ben ik van ze afhankelijk. Maar nogmaals, ik schaam me dood voor hoe ze zich gedragen, en voor wat er zoeven in de keuken is gepasseerd.'

Het was nog zo vroeg dat de zaal leeg was: een ruimte die me hologig aangaapte.

Ik vroeg mijn oma wat er dan in de keuken was voorgevallen.

'O, dat moet je aan Yolanda vragen. Ik móét nu mijn koffer pakken, je ouders hebben gezegd dat als ik niet klaarsta zodra zij naar beneden komen, dat ze dan niet op me wachten. Zo behandeld en gecommandeerd worden door mijn eigen dochter... Is het niet vreselijk?'

Ik dankte haar voor haar aanwezigheid de afgelopen week en wenste haar een goede terugreis.

Er klonk kortaangebonden getoeter buiten.

'Daar zul je ze hebben,' zei mijn oma geschrokken alsof ze op heterdaad was betrapt. 'Sorry, ik moet gaan. We bellen. Doe je Yolanda de groeten?'

Ik liep de keuken in. Yolanda's moeder bette haar ogen met een zakdoek.

Ik vroeg wat er was voorgevallen.

Mijn ouders hadden het laatste brood opgegeten, vernam ik, en het laatste broodbeleg. Het was de afgelopen week de goede gewoonte geweest dat degene die het vroegst beneden kwam in de auto stapte om in het dichtstbijzijnde dorp vers brood voor alle aanwezigen te halen, en wat broodbeleg. Die moeite hadden mijn ouders zich niet getroost. Dat door hun toedoen alles op was, was niet hun probleem; dat zochten we zelf maar uit.

Toen mijn vader was uitgegeten had hij de ontbijtspullen van mijn moeder en hemzelf op elkaar gezet en was de keuken in gelopen, waar Yolanda's moeder juist koffie wilde zetten: een grote kan voor allen. Daarop had mijn vader zonder iets te zeggen de vuile borden en het bestek onder haar neus gehouden, met de onuitgesproken suggestie het van hem aan te pakken en in de vaatwasser te zetten: alsof Yolanda's moeder het dienstmeisje-van-dienst was. Zonder iets te zeggen en zonder groet was mijn vader vervolgens de keuken uit gelopen.

Een zo horkerige gang van zaken dat het ook mij een paar tellen kostte voordat het ten volle tot me doordrong.

In één klap hadden mijn ouders de feestelijke sfeer die een week had geduurd verziekt, en grondig: een smet die niet viel uit te wissen. Vanaf nu zou ons huwelijksfeest blijvend worden overschaduwd door de schoffering van mijn vader.

Toen onze vrienden beneden kwamen en ervan hoorden, waren ze al even verbijsterd.

'Het is ook altijd wát met die ouders van jou, Bart,' zei Lex. 'Zelfs dit weten ze nog te verpesten. Wat bezielt die vader van jou?'

'Maar,' zei Eveline, 'we laten jullie huwelijksweek niet zo eindigen. Kom nou. We rijden naar Antwerpen en we nemen jullie mee uit eten, in een leuk tentje in de haven. Dan redden we nog iets van deze dag.'

—

We hadden elkaar in maanden niet gesproken – en wat mij betreft bleef dat zo – toen mijn vader me, hoogst ongebruikelijk, op een middag belde. Hij bood me een lunch aan, in het Kurhaus maar liefst, om eens bij te praten. Kon ik overmorgen? Dan had hij toch een afspraak in Den Haag en kon hij dat mooi combineren.

'Kijk eens aan,' zei Yolanda toen ik haar van de uitnodiging verwittigde.

'Moet ik hem de groeten van je doen?'

'Schat,' zei Yolanda, 'wat denk je?'

Ik was vaker in het Kurhaus geweest, maar niet vaak.

We praatten wat over ditjes en datjes, zorgvuldig de reden vermijdend waarom we bij elkaar zaten.

Nee, het beviel ze niet meer zo in Doorn, vertelde mijn vader, zeker niet nu opa in Zeist was overleden; wat deden ze er nog? Ze wilden terug naar Den Haag om dichter bij mijn oma in de buurt te zijn. Kon ik me daar iets bij voorstellen? Ze waren al aan het zoeken in het Haagse, of beter gezegd: ze hadden een makelaar gevonden die voor hen zocht, vooralsnog zonder resultaat.

Ik hoopte in stilte dat hun makelaar geen overuren zou maken. Was Den Haag niet te klein voor én mijn ouders én mij?

Een ober naderde met onze bestelling. In gedachten zag ik

de Stones optreden en vlogen de stoelen door de zaal.

Het werd tijd om een einde aan de schertsvertoning te maken. Straks gingen we uit elkaar en hadden we nog niet besproken wat besproken moest worden.

'Ter zake,' zei ik. 'Daar zitten we hier niet voor, om jullie mogelijke komst naar Den Haag te bespreken. Of vergis ik me?'

'Tja,' zei mijn vader timide, 'er is iets niet helemaal goed verlopen.'

'Dat,' zei ik, 'is nog heel zwak uitgedrukt.'

Ik liet de toevoeging 'pap' achterwege: dat stadium lag lang en breed achter ons.

'Dat je mij tot op het bot beledigt,' vervolgde ik, 'is tot daaraan toe. Dat ben ik van je gewend. Maar Yolanda's moeder zo behandelen en die in tranen achterlaten, is onvergeeflijk.'

Hij schoof ongemakkelijk heen en weer in zijn stoel.

'Dat was wat ongelukkig,' zei hij. 'Het was natuurlijk niet mijn bedoeling om...'

'Nee,' zei ik, 'dat zou er nog bij moeten komen, dat het opzet van je was.'

Hij rook een kans op ontsnappen. 'Je moet begrijpen...'

'Maar dat was het wel degelijk, opzet. Onvergeeflijk. Daarmee heb je ons allen diep, diep beledigd.'

Hij lepelde iets van wat op zijn bord lag naar binnen. Zonder te morsen.

'Ik ben niet helemaal op mijn achterhoofd gevallen,' zei ik, 'al denk jij van wel. Je wist precies wat je deed. Of wil je dat soms ontkennen?'

Nee, dat wilde hij niet, want hij deed er het zwijgen toe. Ik keek naar buiten; maar de zee hield zich afzijdig.

Hij legde zijn lepel neer. 'Nogmaals,' zei hij, 'ik vind het heel vervelend dat het zo gelopen is, sorry daarvoor, maar...'

'Wat zei je?'

Hij begreep waar ik op doelde.

'Sorry daarvoor. Net als jij betreur ik de gang van zaken, dus sorry daarvoor.'

Daar bleef het bij. De ober kwam langs om te vragen of alles naar wens was en of we nog iets te drinken wilden bestellen.

'Je moet begrijpen,' zei hij toen de ober buiten gehoorsafstand was, 'dat wij, je moeder en ik, een ander beeld van de feestelijkheden hadden toen we na jullie receptie in Des Indes naar de Ardennen afreisden.'

Ik ging nog wat meer rechtop zitten dan ik al deed. Er hing een verrassing in de lucht.

'Wij dachten, je moeder en ik, dat de week, naast het vieren van jullie huwelijk, ook bedoeld was als een welcome home party.'

'Een welcome home party voor wie?'

'Voor ons. Voor je moeder en mij. Dat is zo vreemd toch niet? Wij waren jaren weg geweest, in de buitenlandse dienst, en we kwamen nu terug, definitief. Dat leek ons voldoende aanleiding om bij stil te staan. Maar het kwam niet bij jullie op om onze terugkeer luister bij te zetten, dat werd ons in de loop van de week genoegzaam duidelijk. Tot je moeders en mijn grote verdriet. Jaren in het buitenland gezeten, dan de terugkomst... Maar geen woord erover, geen wóórd. Vind je het dan gek als ik daar iets van laat merken aan het einde van de week?'

'Ja,' zei ik, 'dat vind ik gek. Dat vind ik heel gek, ja.'

Ik kreeg veel zin om ook eens een stoel of willekeurig welk ander meubelstuk ter hand te nemen en door de ruimte te slingeren. Een vleugje Stones kon de eetzaal goed gebruiken, daar zou de boel van opknappen.

'Dat kan zo zijn, maar dan weet je hoe we erover denken, je moeder en ik, en hoe pijnlijk we het vonden om door jullie zo tekort te worden gedaan.'

Het was de omgekeerde wereld; maar de vloer bleef de Kurhausvloer, het plafond was nog steeds het Kurhausplafond en de zee schoof niet aan tafel aan.

'Ik betreur het als Yolanda's moeder... en Yolanda... Wil je dat aan Yolanda overbrengen?'

'Al zou ik dat willen, dan zou het nog niet helpen. Je vergeet dat ik ben getrouwd met een zelfbewuste jonge vrouw die, als arts, onafhankelijk is en mij in de verste verte niet nodig heeft, al meent ze zelf van wel. Kortom, je zult haar je excuses moeten aanbieden, en niet mij. En aan Yolanda's ouders, dat spreekt.'

Hij haalde diep adem, wat betekende dat van zo'n oplossing wat hem betreft geen sprake kon zijn.

Het Kurhaus stolde.

Eens te meer was een grens overschreden. Dit kon niet zonder gevolgen blijven. Ik moest van mijn ouders af.

Onze borden waren verre van leeg, maar we hadden al een poos geen hap meer genomen en de ober kwam bezorgd informeren of alles nog steeds naar wens was.

Ik staarde naar de man die tegenover me zat en zich uitgaf voor mijn vader.

'Dat is plezierig om te horen,' zei de ober. 'Mag ik uw borden meenemen?'

Hij kon onze borden niet op elkaar zetten, daarvoor lag er te veel op, en hij schoof mijn etensresten op het bord van mijn vader. Zo waren we nog heel even bijeen.

'Kan ik een van u blij maken met een dessert?' zei de ober. 'Of met een kopje koffie?'

'Nee,' zei ik. 'Nee, dank u.'

Ons onderhoud had lang genoeg geduurd.

'Mijn vader wil de rekening graag.'

'Natuurlijk, dat kan. Wilt u pinnen?'

Mijn vader knikte.

'Momentje graag,' zei de ober. 'Ik ben zo bij u terug.'

Ik schoof mijn stoel naar achter en stond op van tafel. 'Jij redt het wel, hè?' zei ik.

Bij wijze van antwoord haalde hij zijn portefeuille uit zijn binnenzak tevoorschijn. We hadden elkaar niets meer te zeggen.

Ik trok mijn jas aan en verliet het Kurhaus.

Hij was niet langer mijn vader, en ik niet langer zijn zoon.

'Hoe was de lunch met je vader vanmiddag?' vroeg Yolanda toen ze tegen zessen van haar werk thuiskwam en de keuken in liep, waar ik bezig was met het avondeten.

'Ik moest je de groeten doen,' zei ik.

—

'Ik hou van je,' zei Yolanda, en ik zag dat ze meende wat ze zei.

We lagen in bed met het licht nog aan.

'Altijd gedaan,' zei ze. 'Vanaf Dag Een.'

'De dag dat we elkaar voor het eerst ontmoetten?'

'Nee lieverd,' zei ze. 'Vanaf de dag dat ik verliefd op je werd.'

Ik knipte de slaapkamerlamp boven mijn hoofd uit. Yolanda's leeslamp brandde nog, zodat we niet in het duister tastten.

'Ik hou van je,' zei ze nogmaals en kuste me. Ze meende wat ze zei en haar kus was oprecht.

Ik moest aan mijn moeder denken, iets wat me tegenwoordig niet te vaak overkwam. Bij hoge uitzondering had ik haar 'Ik hou van je' horen uitspreken, eens in de drie, vier jaar. Alsof ze het niet zozeer tegen mij had, maar de formule uitsprak om haar onzekerheid te maskeren. Diep vanbinnen betwijfelde ze of ze van me hield. Sterker, in diepste wezen wist ze dat ze niet van me hield; maar dat kon ze niet aan zichzelf toegeven. Zo kreeg het zinnetje 'ik hou van je' gaandeweg mijn jeugd iets verdachts. Wie zoiets hardop verkondigde, meende het niet.

Yolanda trok het dekbed hoger op en knipte het licht uit. 'Ik ben zo moe, daar heb je geen idee van.'

Spoedig daarna viel ze in slaap. Ik volgde haar voorbeeld, maar werd diep in de nacht wakker. Elf over drie gaf de wekkerklok op Yolanda's nachtkastje aan.

We waren in slaap gevallen zonder de slaapkamergordijnen dicht te trekken. Ik herschikte mijn kussen, zodat ik makkelijker lag en uit het raam kon kijken.

Dat ging een poosje goed; totdat het misging.

Wat niet kon, gebeurde toch. Een hand verscheen aan het raam. In het licht van de straatlantaarn voor ons huis zag ik dat het om de hand van mijn moeder ging: de ringen die ze droeg schitterden alsof mijn moeder de sterren op hun nummer wilde zetten.

Terwijl haar hand omhooging lieten de vingers sporen na op het glas: vijf dunne straaltjes die over het raam naar beneden liepen. Wat wilde mijn moeder?

Ik schoof uit bed en liep, naar de vloer kijkend zodat ik in het halfdonker niet over iets zou struikelen of vallen, naar het raam.

Toen ik opkeek was mijn moeders hand weg.

Al kon er geen hand aan het raam zijn verschenen, toch had ik me niet vergist. Over het glas aan de binnenkant van het raam sijpelden vijf magere stroompjes – het ene spoor, duim en wijsvinger, iets breder dan het andere, de pink – over de kozijnrand, die een plasje vormden op het marmer van de vensterbank.

Condenswater.

Als ik het liet liggen, verdampte het vanzelf. Ik trok de slaapkamergordijnen alsnog dicht, zonder Yolanda te wekken.

Het moment om keuzes te maken naderde onafwendbaar; een ingrijpende beslissing die geen weg terug toeliet. Ik wenste niet langer door mijn vader of moeder te worden bezocht, nog niet door het topje van een wijsvinger, pink of duim.

Koos ik voor mijn ouders en familie of bewandelde ik mijn eigen pad?

Zonder aarzelen nam ik een beslissing die mijn leven voorgoed veranderde. Ik moest de schepen en bruggen achter me verbranden en mijn ouders en familie uit mijn leven bannen, wilde ik verder kunnen. Leven met de handrem erop was aan mij niet besteed. Je diende je voet bij het gaspedaal te houden en zo min mogelijk bij de rem.

Ik leidde mijn leven. Zij leidden hun leven; en die levens verdroegen elkaar slecht. Een breuk zou voor alle partijen beter zijn.

Mijn moeder sprak nog een paar keer mijn voicemail in, op steeds verongelijkter toon; berichten die ik onbeantwoord liet. Stilzwijgend afscheid nemen was ook een vorm van afscheid nemen. Ten slotte ontving ik van mijn vader een kort briefje waarin hij schreef dat hij niet begreep waarom ik het contact met hen had verbroken, maar dat de deur ondanks alles altijd voor me zou openstaan.

Ik vroeg me af op welke deur hij doelde.

Ik liep de keuken in om thee te zetten. De maan hing laag en koekeloerde over de daken heen naar binnen.

'Sorry hoor,' zei ik tegen de maan, 'niks persoonlijks, maar ik heb vanavond geen zin in je', en trok het keukengordijn dicht.

'Waar kom jij vandaan?' vroeg Yolanda slaperig toen ik boven kwam.

'Uit Koblenz,' zei ik.

Ze glimlachte en ik schoof bij haar in bed.

Toen ik wakker werd was het stil in huis. Yolanda was naar haar werk, de jongens waren naar school. Ik stond op, liep naar het raam en trok de gordijnen open. Het plasje water op de vensterbank was opgedroogd.

Toen we de volgende avond in bed lagen schoot ik alsnog onder het dekbed vandaan om de slaapkamergordijnen dicht te doen. Wat me gisteren overkwam, zou me geen tweede keer gebeuren.

'Ga je rustig slapen,' zei Yolanda, 'zonder te piekeren en te woelen met je benen? Vannacht had je het hele voeteneind losgetrapt, wist je dat?'

'Mijn moeder is vannacht langs geweest.'

'Je moeder? Dat bestaat niet, dat weet je toch zelf ook? Je moeder is al bijna twee jaar dood.'

'Weet ik,' zei ik, 'en toch is het zo. Ze is langs geweest, als in een wreed sprookje van Moeder de Gans. Ze verscheen vannacht aan het raam. Of beter gezegd, haar hand verscheen aan het raam.'

Yolanda besloot de wijste van ons tweeën te zijn en mee te gaan in mijn fantasie.

'Tuurlijk schat,' zei ze. 'Wat jij wil. Hoe weet je zo zeker dat het je moeders hand was, en niet de hand van een ander?'

'Aan haar ringen. Ik herkende haar hand aan de ringen die ze droeg. Zo bizar is dat toch niet? Soms kan ik haar 's nachts horen praten, ook al mag ze dan honderd keer dood zijn.'

18

JULES' BEMOEIENIS BLEEF NIET ZONDER GEVOLG. MIJN DEBUUT was aanstaande. Toen de gedichtenbundel ten huize van de uitgever feestelijk ten doop werd gehouden, schitterde ik door afwezigheid. Terwijl de borrel begon, om vijf uur op een vrijdagmiddag, zat ik vast in een treincoupé tussen de weilanden. Informatie was schaars. De trein stond al een poosje stil en zou dat voorlopig blijven doen.

Ik had op voorhand mijn twijfels gehad over de exercitie. Toen ik een paar weken eerder bij De Bezige Bij was, liet een medewerker me het boekomslag zien met de foto die Anton op een winderige dag op de pier van Brighton van me had gemaakt. Met die foto was niks mis, integendeel. Maar de vormgever had gemeend de boektitel, *Popcorn*, te moeten benadrukken door een handvol popcorn om de foto heen te strooien, als een fotolijstje. Was het me van tevoren gevraagd, dan had ik gezegd: 'Geinig idee. Hoe kom je erop? Dat doen we dus niet.'

Dat zei ik ook tegen de Bezige Bij-medewerker. 'Dit gaat dus niet door.'

'Wat bedoel je?' zei hij stomverbaasd.

'Wat ik zeg, dit gaan we niet doen zo. De foto zegt genoeg. Wat je eraan toevoegt, verzwakt het beeld.'

Zwijgend staarde hij me aan, waardoor de afstand tussen ons zienderogen toenam.

'Moet je goed luisteren, jongeman,' zei hij ten slotte. 'Jij bent nieuw hier, een groentje. Laat ik je dit zeggen. Jij mag in je beide handjes knijpen dát je door ons wordt uitgegeven, begrijp je dat?'

Ik begreep hem heel goed, maar ik herhaalde mijn standpunt dat alleen de foto...

'Jij,' bracht hij met nauwverholen woede uit, 'jij bent een nagel aan mijn doodskist, weet je dat? Nu al.'

Ik kreeg mijn zin, maar de bewuste medewerker zou me niet meer groeten als we elkaar in het uitgeverspand bij toeval tegen het lijf liepen.

En nu stonden we stil in een weiland. Had het een met het ander van doen? Om me heen bleven de passagiers de rust zelve: er hing geen revolte in de lucht; er vormde zich niet spontaan een posse voor een klopjacht op de conducteur, en ik schikte me in mijn lot.

Na lang wachten werd via de intercom meegedeeld dat iemand zich voor de trein had geworpen: het zou even duren voordat het spoor was vrijgemaakt en we konden doorreizen, excuses voor het ongemak, alvast dank voor uw geduld.

Een passagier vertelde dat we iets voorbij Station Vogelenzang stonden, een plaats waar zich een inrichting bevond, en dat het hier geregeld voorkwam dat een patiënt zich voor een trein wierp. De vertraging zat 'm in het opruimen van de stoffelijke resten.

Ik kon De Bij niet bellen, de mobiele telefoon moest nog worden uitgevonden. Tegen halfacht 's avonds reden we stapvoets Amsterdam Centraal binnen. Op mijn gemak wandelde ik naar De Bezige Bij; wie weet brandde er licht. Tegen halfnegen stond ik voor het uitgevershuis. Binnen brandde geen licht, niet het kleinste peertje.

Ik liep de paar traptreden op die een bordes vormden en belde aan. Er volgde geen reactie. Ook een tweede keer aanbellen leverde niets op; de deur wist van geen wijken. Ik belde een derde keer aan en wilde al weggaan – vrijdagavond, weekend; de Bijen waren allang naar huis – toen de deur openging en een mij onbekende man in de deuropening verscheen. Hij zei dat hij Han van Doorn heette.

Of ik wilde binnenkomen.

Ik stapte over de drempel het zo goed als onverlichte uitgevershuis in.

'Ik had allang naar huis zullen gaan,' zei Han, 'maar... vertel, waarom ben je zo laat, wat is er gebeurd?'

Of ik een glaasje wijn bliefde, na de lange reis. Hij had boven een fles openstaan en ik volgde hem de trap op. De aangebroken fles wijn bleek nagenoeg leeg, maar het ontkurken van een nieuwe was geen punt. Han had een bureaulamp aangeknipt zodat ik hem in het halfduister kon ontwaren en me niet alleen op zijn stem hoefde te verlaten om te bepalen waar ongeveer in het directievertrek hij zich bevond.

Ik zei dat ik het zeer waardeerde dat hij op me had gewacht zonder te weten of ik zou komen opdagen.

'Wat een dochter heb ik, hè?' zei Han. 'Leuk is ze, hè?'

Die had ik niet zien aankomen.

'Ik ga je niet tegenspreken, Han, maar ik ben even de draad kwijt. Je dochter. Word ik geacht haar te kennen?'

Jazeker, zei Han. Wist ik dat dan niet meer? In een café in de Beethovenstraat, op loopafstand van Hermans huis, hadden we haar ontmoet, en twee vriendinnen.

Er begon me iets te dagen. Tegelijkertijd ging er ook een alarmbel af. Hans dochter, Olga, twee vriendinnen, vlak bij Hermans woning...

'Hoe oud is je dochter, Han?'

'Zeventien.'

Een tweede alarmbel ging af. Hoe was de caféontmoeting afgelopen? Ik kon het me niet heugen, wat de zaak nog erger maakte. Was dat de reden dat Han op me wachtte, om me warm te ontvangen, zoete wraak? Nee, bedacht ik, ik had drie keer moeten aanbellen voordat de deur week. Han had op me gewacht, maar me niet opgewacht.

'Geweldig vond ze het om jullie te ontmoeten, "in het wild", en dat vonden haar vriendinnen ook.'

'Deed Herman geen poging om... Ik bedoel, liep het goed af? Ik sukkel wat met mijn geheugen de laatste tijd, vandaar mijn vraag.'

Han moest ernstig lachen. Ja, Herman had 'een poging gedaan om'. Maar daar was zijn dochter veel te nuchter voor, en haar vriendinnen ook.

Hij liep naar de schoorsteenmantel en overhandigde me het eerste exemplaar van mijn boek. Een halfuurtje later was de fles op en namen we afscheid.

Pas in de trein terug nam ik het boek ter hand. Niet één gedicht beviel me en ik sloeg de bundel dicht om deze nooit meer open te doen. Het kon en moest allemaal anders. Al had ik een leven voor me, toch begon de tijd te dringen.

Toen de trein de plek passeerde waar we eerder op de dag

uren hadden stilgestaan, keek ik uit het raam. Maar te donker was het om nog iets te kunnen onderscheiden. Mogelijke sporen waren door het duister uitgewist. Het paste wel bij me dat iemand zich voor de trein had geworpen terwijl ik op weg was naar een feestje ter gelegenheid van mijn debuut.

Degene die gesprongen was kende ik een beetje.

19

OP EEN DAG KREEG IK EEN TELEFOONTJE VAN DE DIRECTIE-secretaresse van De Bezige Bij. 'Bart, we hebben een nieuwe directeur.' Dat was geen goed nieuws. Met de vorige directeur had ik een plezierige band; maar hij was na een hersenbloeding overleden. 'Die kent jou nog niet,' vervolgde de secretaresse, 'en wil graag nader met je kennismaken. Schikt maandag je, om halfeen?'

Die maandag stapte ik op het afgesproken tijdstip over de directiekamerdrempel. Vanachter zijn bureau keek de nieuwe chef verstoord op.

'Jij hier?' zei hij.

'Op jouw verzoek,' zei ik.

'Dat moet dan op een misverstand berusten,' zei hij en hij

keek op zijn horloge. 'Ik heb zo een afspraak, in Schagen. Ik moet om één uur op de tennisbaan staan.'

'Nou,' zei ik, 'laten we hopen dat je tegenstander begint met serveren.'

'Hoezo?' zei hij argwanend.

'Dan hebben wij iets meer tijd tot onze beschikking.'

Later werd de nieuwe directeur als te zwak beoordeeld en na een interne coup vervangen.

En toen ging het mis.

Opnieuw werd ik naar Amsterdam ontboden voor een 'nadere kennismaking' met de nieuwste nieuwe directeur en hoewel ik een hard hoofd kreeg in al dat kennismaken treinde ik toch richting Amsterdam.

'Hij verwacht je, hoor,' zei de directiesecretaresse. 'Loop maar naar binnen.'

Zachtjes duwde ik de deur verder open. De nieuwste directeur stond voor het raam naar buiten te kijken, in de Napoleonshouding. Hij was klein van stuk, zo zonder paard, en had zijn rechterhand weggestoken achter de linkerpand van zijn colbert. Hij hoorde me niet, verzonken als hij was in zijn balkonscène, een schare aan zijn voeten, die vanaf de straat bewonderend naar hem opzag.

Zonde om zijn dagdroom te verstoren. Aanstonds zou de menigte hem toejuichen.

Van de andere kant, om voor de tweede achtereenvolgende keer onverrichter zake naar Den Haag terug te sporen, daar ging weinig aantrekkingskracht van uit.

Ik gunde Napoleon nog enkele ogenblikken Napoleon te zijn, en kuchte. Geschrokken draaide hij zich om; de menigte beneden loste in een ommezien op. Aan de voorgevel ontbrak een balkon. Hij beduidde me plaats te nemen.

'Je wordt niet binnen het halfuur,' zei ik, 'op een tennis- of golfbaan verwacht?'

'Laat ik vlot ter zake komen,' zei hij. 'Ik heb je gedichtenbundel gelezen, het manuscript dat je hebt ingeleverd.'

Ik begreep dat het nader kennismaken niet langer de hoogste prioriteit genoot.

'Weet je, Chabot,' zei hij, 'ik zal er niet omheen draaien, zoveel tijd heb ik niet. Ik ben er niet kapot van, van je nieuwe bundel. Het spijt me dat ik het zeggen moet.'

Ik betwijfelde of het hem speet: die indruk wekte hij niet.

'Mag ik je wat vragen?' Hij leunde achterover in zijn bureaustoel. 'Waar ben jij mee bezig? Dat vraag ik me ernstig af. Ik heb je vorige bundel van de week gelezen en ik kan je zeggen: die was onder mijn leiding niet uitgegeven.'

'Daar hoor ik van op.'

'Chabot, ronduit gezegd, jouw werk kan niet voldoen aan de hoge maatstaven die De Bezige Bij hanteert. Sorry, maar het is niet anders. Een kleine toelichting. Wat jij fabriceert is in mijn ogen *Telegraaf*-poëzie, Veronica-poëzie...'

Uit de manier waarop hij het zei kon je opmaken dat mijn werk en ik tot het laagste van het laagste behoorden. En *De Telegraaf* moest ook op zijn tellen passen.

'... plat, platvloers, eendimensionaal... In één woord: rioolpoëzie. Dat je dat zelf niet doorhebt.

Hooguit,' vervolgde de directeur, 'kan ik in een enkel gedicht een aanzet lezen tot een kort verhaal, maar niet meer dan een aanzetje, een schets. Als gezegd, je vorige bundel had ik niet gepubliceerd, en dit manuscript geef ik niet uit, ik pieker er niet over. Ik zou zeggen: terug naar de tekentafel. Ik adviseer je om je te bezinnen op je toekomst. Je hebt je kwaliteiten, zeker, hoewel je die al jaren goed voor ons verborgen houdt, maar...'

Hij schoof het dunne stapeltje papier dat op zijn bureau lag van zich af alsof mijn manuscript het werkblad ontsierde.

'Nogmaals, het spijt me dit te moeten zeggen. En nu, als je geen verdere vragen hebt... Ik heb een drukke middag voor me, met meerdere afspraken. Ik zou zeggen, denk er eens goed over na, en laat me dan weten wat je vindt dat je te doen staat.'

Hij stond op, daarmee aangevend dat het ogenblik was gekomen om de directiekamer te verlaten. Ik wist thuis een knappe, goed geoliede kettingzaag te liggen. Maar we waren op De Bij en niet in Elm Street en het leek me beter het voornemen niet ten uitvoer te brengen, al jeukten mijn handen.

Een halfjaar later kreeg ik een brief waarin stond dat Gerrit Komrij vier gedichten uit mijn werk had uitgekozen om in zijn canon op te nemen. Kort daarop ontving ik een brief van de directeur. 'Gefeliciteerd!' las ik. 'Een terechte keuze. Van harte!'

De eerste brief bewaarde ik een poosje. De tweede verscheurde ik na lezing.

Een tijdje later belde een redacteur van De Bezige Bij. 'Wat doe je zoal, de laatste tijd?'

Ik vertelde hem dat ik aan een boek over rock-'n-roll werkte, meer in het bijzonder over Herman Brood; althans, dat ik eraan begonnen was.

'Kun je het opsturen?' vroeg hij. 'Dan kunnen we het lezen. Wie weet is het wat voor ons.'

Ik stuurde het manuscript op. Een maand later werd ik gebeld om langs te komen. Ach, waarom niet, dacht ik, en ik nam de trein, al zag ik op voorhand weinig heil in de trip.

Mijn redacteur stelde voor te gaan lunchen, in café Loetje, waar ik vaak met Herman kwam, die toentertijd om de hoek woonde.

'Ik heb het gelezen,' zei hij nadat we onze bestelling hadden geplaatst.

'En, wat vind je ervan?'

Hij aarzelde – hoe zou hij het verwoorden? – en kwam tot een besluit.

'Het is niks voor ons. Het spijt me, maar dit gaan we niet doen. Zo denk ik er niet alleen over, zo denkt de voltallige redactie erover, en ook...' Hij noemde de naam van de directeur. 'Een boek over rock-'n-roll, Herman Brood... Wat moet De Bij ermee?'

'Ik kan me vergissen,' zei ik, 'maar De Bij is toch opgericht in de oorlog, als verzetsuitgeverij? En gaf toch *Ik Jan Cremer* uit, een rebel? Om eens iets te noemen. Maar misschien heb ik het verkeerd begrepen, dat hoor ik dan graag van je.'

Er volgde een lang betoog; zo lang dat ik gemakshalve alvast een dessert bestelde.

'Kort en goed,' besloot mijn tafelgenoot, 'dat boek doen we niet. Trouwens, dat boek kómt er helemaal niet.'

Zo hoorde je nog eens wat. Wist hij iets wat ik niet wist? Dat kon haast niet anders.

'Hoezo dat?' zei ik.

'Brood gaat dood,' vatte hij het uitgeversoordeel bondig samen, 'en jij bent een chaoot. Dat boek komt er nooit.'

Het vonnis zou ik weten te onthouden dankzij de vele o's.

'Ik zou zeggen, Bart, probeer het eens bij een andere uitgeverij, eentje die muziekboeken doet, Michael Jackson, Sting, Madonna, dat werk.'

'Maar...'

'Zullen we eens opstappen?' stelde hij voor. 'Ik heb nog een hoop te doen.'

De ober kwam en overhandigde me de rekening.

—

Via een oude vriend belandde het manuscript bij uitgeverij Nijgh & Van Ditmar. De volgende ochtend kreeg ik een telefoontje.

'Vijfendertig pagina's', Bart,' zei Vic, 'zo'n opgave is dat niet.'

Binnen de kortste keren was de zaak in kannen en kruiken, onder voorbehoud dat ik De Bij een laatste keer zou polsen of ze op de valreep toch niet iets voor *Broodje gezond* voelden. Wel zo fatsoenlijk, vond Vic.

Zodoende zat ik voor de tweede keer in korte tijd met mijn redacteur in Loetje.

'We hebben het er intern nog eens over gehad,' zei hij. 'Wie weet dat zo'n boek bij Nijgh werkt. Het uitstapje is je gegund. We wensen je alle succes.'

De ober wilde me opnieuw de nota aanreiken.

'Deze meneer,' zei ik en wees op mijn tafelgenoot, 'wilde graag afrekenen.'

Terwijl ik over het Museumplein liep, wist ik dat De Bezige Bij verleden tijd voor me was. Ik stond er alleen voor. Als je dat maar vroeg genoeg besefte, kon weinig je deren en werd je hoogst zelden nog teleurgesteld.

Nu was het zaak om de eer aan mezelf te houden. Diezelfde avond schreef ik de directeur dat onze wegen scheidden.

Twee dagen later belde hij in tranen op. Dat ik moest begrijpen dat hij weliswaar in pak liep in het dagelijks leven, maar dat hij ook een jongen-van-de-straat was, net als ik. Dat mijn vertrek nooit zijn bedoeling was geweest; dat hij me met zijn opmerkingen uitsluitend had willen prikkelen. 'Als ik op mijn knieën moet, ga ik voor je op mijn knieën.' Hij bezwoer me dat hij...

Op voorspraak van Jules was ik bij De Bij gekomen, nu was dat avontuur voorbij. Het deed me niet eens zoveel.

Wat later werd de nieuwste nieuwe Bij-directeur na gebleken onkunde eveneens richting de uitgang gedirigeerd. Tijdens zijn bewind had hij het uitgevershuis aan de rand van de afgrond weten te brengen. Zo hoog was de nood dat de uitgeverij werd overgenomen door een groot concern. Na de overname ontving ik een brief waarin ik werd opgeroepen mijn aandeel of aandelen in De Bij van de hand te doen. Ik had zegge en schrijve één aandeel in bezit, ter waarde van een tientje. Ik kon een veelvoud van dat bedrag opstrijken, maar bij wijze van stil protest verkocht ik het waardepapier niet. De Bij liet me vallen; ik De Bij niet.

Tot op de dag van vandaag heb ik mijn aandeel bewaard. Ik ben alleen vergeten waar.

—

Een week voordat *Broodje gezond* naar de drukker zou gaan, kwam er alsnog een kink in de kabel. Buiten mijn medeweten had Nijgh besloten tot een ander boekomslag. Niet de door mij gewenste foto die Anton van Herman en mij in Hermans atelier had gemaakt zou de cover sieren, maar een *Nieuwe Revu*-foto waarop Herman en ik als Jut en Jul in de branding bij IJmuiden stonden. Dankzij de opgerolde broekspijpen werd een potentiële koper van het boek getrakteerd op enkele duidelijk zichtbare spuitplekken op Hermans onderbenen.

'Vic,' zei ik, 'die nieuwe cover gaat niet door.'

'Ik vermoedde al dat je er niet blij van zou worden.'

'Dat heb je dan goed aangevoeld, Vic. Nu nog de zaak terugdraaien.'

Hij zou zijn best doen, beloofde Vic. Kort daarna ging opnieuw de telefoon. Vic. Of ik de volgende dag voor overleg naar Amsterdam wilde komen.

Toen ik de vergaderruimte betrad bleek ik niet alleen met Vic van doen te hebben, maar met een delegatie van zes man. Vic opende de vergadering en vroeg me mijn argumenten voor de Corbijnfoto nog eens toe te lichten. Daarna was het woord aan een zekere Gijs, 'onze pasbenoemde financieel directeur'.

Gijs bedankte me voor mijn uiteenzetting. Toch zag hij het anders. Antons foto oordeelde hij als te 'donker' en 'somber'. Vandaar dat hij een boekomslag had laten ontwerpen met de *Revu*-kleurenfoto. Wat wilde het geval? De boekhandels reageerden daar uitstekend op. Veel beter dan op de Corbijnfoto. Dus nu stonden we voor de keus: wilden we boeken aan de man brengen, of niet. Zijn antwoord liet zich raden. Het was nu aan mij. Ik wilde toch ook dat het boek goed verkocht? Kom op, zeg. Waar waren we mee bezig?

Hij voegde eraan toe dat we spekkoper waren als we vijfduizend exemplaren aan de man brachten, in een tijdsbestek van zo'n vier jaar. 'Rock-'n-rollboeken? Dat verkoopt niet in Nederland.'

Ik zei dat ik bijna vijf jaar aan het boek had gewerkt, dag en nacht. Dat ik geen uitverkoop ging houden van waar ik voor stond. No way. Een principekwestie. 'Ik zal Anton nooit laten vallen, en Herman evenmin.'

'En als ik je nou vertel,' zei Gijs, 'dat ik het boek niet uitgeef als jij blijft vasthouden aan die Corbijncover?'

Daar hoefde ik geen seconde over na te denken en terwijl ik hem dat duidelijk maakte keek ik naar de kapstok. Waar hing mijn jas?

'Dan hebben we een probleem, Chabot, jij en ik,' zei Gijs. 'Een groot probleem.'

'Ben je gek, Gijs. Ik heb geen probleem, hoor. Het is van de baan. Bij dezen trek ik het boek terug. Dan maar niet. Ik zal me beraden op mijn toekomst, wie weet wat dat oplevert. En nu, als jullie er geen bezwaar tegen hebben...'

Ik stond op uit mijn ongemakkelijke stoel.

'... moet ik ervandoor, het spijt me zeer. Het is nu kwart over twee, over een halfuur gaat de school uit in Den Haag, en staan mijn kinderen op het schoolplein, klaar om door mij te worden opgehaald. Ik wens jullie het allerbeste.'

Met die woorden verliet ik de vergaderzaal, holde de trappen af en verliet het uitgeverspand aan het Singel. Ik was nog niet ver gekomen toen ik achter me een stem over de gracht hoorde schallen. Vic. 'Bart! Bart! Blijf staan! Niet weglopen!'

Ach, dacht ik, een minuut-of-wat Vic te woord staan, dat ging straks geen tranen op het schoolplein opleveren.

'Bart!' zei Vic. Hij was nu bijna bij me. 'Bart!'

'Vic,' zei ik en ik draaide me om. 'Zeg 't eens.'

Vic moest beslist iets aan zijn conditie doen: het sprintje had zijn tol geëist en het duurde even voordat hij op adem kwam en bij stem was.

'Bart, geen overhaaste dingen doen,' zei hij. Daar bleef het bij, Vic raakte opnieuw in ademnood. Hij wilde iets toevoegen aan wat hij had gezegd en ik gunde hem die tijd, ik was de rotste niet: er lagen rottere appels in de fruitschaal.

'Bart,' zei Vic nahijgend, 'de soep wordt niet zo heet gegeten.'

'Door jullie misschien niet, nee,' zei ik. 'Maar wel door mij.'

Het oponthoud had lang genoeg geduurd en ik vervolgde mijn weg. Dat schoot lekker op zo. Twee uitgevers kwijtraken ten faveure van één boek, dan deed ik iets niet goed. Dan lag het aan mij, dat kon haast niet anders.

Misschien, overwoog ik, deed ik er beter aan om het boek te vergeten en me te concentreren op de optredens en het televisiewerk.

Het was rustig op de snelweg en ik drukte het gaspedaal diep in. Kort voor drie uur stopte ik voor het schoolplein. Sebas en Mau renden enthousiast naar me toe. Of ze bij Willem en Niels mochten spelen, twee klasgenootjes: het mocht van hun moeders. Als ik ze om zes uur ophaalde, was het vroeg genoeg.

'En,' vroeg Yolanda 's avonds belangstellend, 'hoe ging het gesprek?'

'Kon niet beter,' zei ik. 'Het boek verschijnt alsnog niet. Ik kan op zoek naar een andere uitgever.'

'Vruchtbaar dagje voor je dan,' zei Yolanda.

Een etmaal later belde Vic.

'Ik heb nieuws voor je,' zei Vic. 'Na intern overleg is besloten je boek toch uit te geven, met de Corbijnfoto.'

'Dat doet me deugd,' zei ik. 'En doe mijn hartelijke groeten aan Gijs.'

Twee maanden later werkte Gijs niet meer voor Nijgh, maar voor een schoolboekenuitgever in het noordoosten van het land.

Kort voor Hermans vijftigste verjaardag waren Herman en ik te gast in een talkshow. Na afloop kwam Joost Zwagerman op me af. Hij hield een forse stapel papier in zijn hand. Of ik de uitdraai van mijn boek wilde signeren.

'Joost,' zei ik, 'doe niet zo gek', en ik wilde doorlopen, maar hij hield me staande.

'Nee, echt,' zei hij. 'Ik meen het. Wil je het voor me signeren?'

Een paar weken later schreef Joost een vlammende recensie.

Broodje gezond werd binnen een maand na verschijnen driemaal herdrukt. Er werden zeventigduizend exemplaren van verkocht.

Soms, op een herfstige namiddag, als het buiten hard waait en giet en de hoeveelheid daglicht zwaar te wensen overlaat, vraag ik me weleens af hoe het Gijs is vergaan, en de toenmalige nieuwste nieuwe directeur van De Bezige Bij. Maar niet te vaak.

20

TOCH ZON IK OP EEN WRAAKJE. ZO KWAM DIE BIJ ER WEL ERG makkelijk van af.

Na afloop van een uitgaansavond met een paar Haagse vrienden dronken we wat in een Leidsepleincafé en liepen na gedane zaken naar de Van Miereveldstraat, waar onze auto stond, schuin tegenover het statige pand van mijn voormalige uitgever. Tijdens de wandeling merkte ik dat ik, alvorens het café te verlaten, er beter aan had gedaan de wc met een bezoekje te vereren. Ach, dacht ik overmoedig, zo ver is Den Haag niet, een beetje gas geven en we zijn er. Dat optimisme werd gelogenstraft door wat er vanbinnen bij me gaande was.

Ik wilde al instappen, Eveline had de motor gestart, toen het tot me doordrong dat ik koste wat kost mijn blaas moest legen voordat we de terugreis aanvaardden. Ik speurde om me heen op zoek naar een voor mijn doel geschikte voortuin of een slecht verlicht portiek.

Mijn oog viel op de voorname gevel van De Bezige Bij.

Een zware houten deur gaf toegang tot het uitgevershuis; om bij de deur te komen moest je de trede van het bordes op. In de fraaie deur zat een klep die de brievenbus beschermde tegen invallende regen, hagel of sneeuw: een goudkleurige klep die in het schijnsel van een straatlantaarn fel oplichtte – de hele straat leefde ervan op. Van mijn jarenlange bezoekjes aan De Bij herinnerde ik me dat achter de voordeur geen brievenbus hing: post voor de uitgeverij belandde op de marmeren vloer.

Ik wist wat me te doen stond, liep het bordes op, klapte de gouden brievenbusklep omhoog – die lichter woog dan de goudkleurige schittering deed vermoeden – en sjorde mijn broek omlaag.

'Wat doe jij, Bart?!' riep Eveline uit het autoraam.

Bij wijze van antwoord haalde ik mijn afwateringssysteem tevoorschijn en stak het uitstekende gedeelte ervan in de vrijgekomen gleuf in de deur. De sluizen gingen open.

'Bart, wat dóé je! Hier hoor ik niet bij!' riep Eveline vanuit de auto. 'Hou ermee op! Dit kun je niet maken!'

Ik had menige pint Engels bier weggewerkt en die liters zagen eindelijk hun kans schoon om zich een weg naar buiten te banen, het voorportaal van het eerbiedwaardige uitgevershuis in, waar de straal opgetogen naar binnen klaterde: een feestelijk besluit van een feestelijke avond. Al zag Eveline dat anders. Ze toeterde in de stille chique straat en beduidde me met niet mis te verstane gebaren naar de auto te komen, zonder verder uitstel. Maar al zou ik aan haar wens gehoor hebben willen geven, dan nog was het me niet gelukt: ik was in de greep van krachten die sterker waren dan ikzelf.

Wat me van het betreden van het uitgeverspand was bijgebleven was dat de oude vloer in de loop der jaren zoveel was belopen, en geleidelijk aan uitgesleten was geraakt, dat in het marmer waar mijn urine neerkwam een ondiepte was ontstaan. Veel van mijn straal spatte geestdriftig van de plavuizenvloer op, maar niet alles: er vormde zich een plas die in de marmervloer achterbleef, een vijvertje; de urine kon geen kant op, trad buiten de oevers en de ondiepte overstroomde.

Wat ik wist, was dat aan weerszijden van de hal pallets stonden met nieuwe boeken, hoog opgetast, die gewoonlijk in de loop van de vrijdagmiddag werden afgeleverd om pas na het weekend te worden weggewerkt. Zouden die het droog houden? Ik hoopte van niet.

'Bart!' riep Eveline, hangend uit het autoraam. 'Hier komt geheid gedonder van. Ik wil er niets mee te maken hebben, als je dat maar weet!'

Mijn blaas wist van geen ophouden. Het afgewerkte Engelse bier spatte vrolijk in het rond. Als ik niet oppaste werden de buren er wakker van.

Achter de monumentale voordeur ontstonden stroompjes die hun weg naar binnen zochten, dieper het uitgevershuis in; maar ook riviertjes die voor de uitgang kozen en onder de deur door naar buiten liepen, de traptreden van het bordes af. De Eufraat en de Tigris schoten me te binnen, en de uitgestrektheid en de vruchtbare grond van de Nijldelta.

Ten slotte, na uren leek het, keerde de rust in de straat weer.

Zo, dacht ik terwijl ik mijn gulp dichtritste, steek dat maar in je zak, Bezige Bij.

'Bart! Ik ga, ik rij nu weg!' riep Eveline, haar geduld verliezend. 'Je moest je schamen! Ik geef je een paar tellen om in te stappen, ik heb je genoeg gewaarschuwd, en anders rij ik weg, dan bekijk je het maar. Dit is te gênant voor woorden.'

Goedgehumeurd wandelde ik terug naar de auto en stapte in. Ik meende te mogen rekenen op de welwillende blik van Johnny Rotten, die zijn bijnaam overigens te danken had aan onze eigen Jan Rot, aldus Jan.

'Ik schaam me dood,' zei Eveline. 'Hoe haal je het in je hoofd? Zo ken ik je helemaal niet.'

Het duurde een poosje, we waren Hoofddorp en Nieuw-Vennep al voorbij, voordat Eveline het potsierlijke van het tafereel inzag en om mijn kleine wraakoefening kon lachen, zij het nog steeds niet helemaal van harte.

Jaren later, toen ik op het oude nest was teruggekeerd en opnieuw een Bij was, hoorde ik van een medewerker dat het negentiende-eeuwse marmer waar mijn afscheidssaluut van vrijdagavond tot maandagochtend was achtergebleven - gedurende het weekend deed geen levende ziel het uitgeverspand aan -, was uitgebeten en verkleurd, alsof het marmer gele tanden had gekregen. En dat daarom indertijd was besloten om de bewuste plekken met een deurmat aan het oog te onttrekken.

De uitgeverij, of de vloerbedekkingsfirma, had geen half werk geleverd. Het oppervlak van het voorportaal was van hoek tot hoek bekleed met een donkerblauwe, ruwharige stugge mat die van geen slijten wist.

Die mat ligt daar tot op de dag van vandaag.

21

DE EERSTE KEER DAT IK NA DE VERSCHIJNING VAN MIJN debuut optrad was in jongerencentrum De Waakzaamheid, in Koog aan de Zaan, op een zondagmiddag, aanvang vier uur. In een brief vroeg de organisatie of ik wilde mee-eten: in dat geval diende ik om twee uur ter plaatse te zijn voor de andijviestamppot.

Ik waardeerde het vriendelijke aanbod, maar liet de maaltijd aan me voorbijgaan.

Toen ik een uur voor aanvang De Waakzaamheid betrad, telde ik één aanwezige. De schoonmaakster.

'Wat kommie doen?' zei ze. 'Ik ruim de troep van gisteravond op, een bandje. Er is me niet verteld dat... Dus wat kommie doen? Iedereen kan hier zomaar binnenlopen.'

Ik vertelde haar de reden van mijn komst.

'Gedichten?' zei ze. 'O, ik ben helemaal niet van het lezen. Sorry hoor.'

Ze keek me onderzoekend aan. Viel ik te vertrouwen? Het antwoord moest bevestigend luiden. 'Moe je luisteren. Ik heb nog zat werk hier. Als jij je mouwen opstroopt en me helpt, scheelt me dat een hoop tijd en luister ik naar jouw... Naar jou. Afgesproken? Mag je beginnen met die achterste rij stoelen op te stapelen.'

Hierna kon het alleen maar beter gaan, meende ik.

Dat schatte ik dan verkeerd in.

Niet lang na Koog aan de Zaan trad ik op in Chaam, in een tot jongerencentrum verbouwde boerderij, waar ik me in de kippenren, tussen de kippen en opwaaiende veertjes en dons, mocht omkleden. Evenmin een hoogtepunt was een gig in een café in Haarlem. Op de verdieping boven het café was een keukentje dat tevens dienstdeed als kleedkamer. Terwijl ik me omkleedde hoorde ik geritsel achter me en zag een rat mijn tas in klimmen. De ongenode gast was niet alleen; en er was nog zo'n drie kwartier te gaan voor aanvang. Voordeel was: zo leerde je het vak, the hard way. Kon je dit aan, dan kon je alles aan. Van applaus leerde je niks.

Inmiddels was Jules' doorbraak naar het grote publiek een feit en had hij de jongerencentra achter zich gelaten. Jules vierde successen in schouwburg en theater en maakte zo de weg vrij naar de theaterpodia voor andere schrijvers. Jules en ik hadden dezelfde manager, die me voorstelde om samen met Remco Campert en Jan Mulder op tournee te gaan. 'Ze hebben al ja gezegd, Remco en Jan, dus je kunt niet meer terug.' Dat laatste was maar goed ook, anders had ik vast en zeker naar een ontsnappingsroute gezocht. Mijn manager wreef zich vergenoegd in de handen. 'Remco, Jan en jij? Goud! Góúd!' Daarop wendde hij zich tot de barman. 'We hebben wat te vieren, mijn maat en ik!' Een viering die hij zo groots en grondig aanpakte dat ik hem een kleine twee uur later, nadat hij voor de toiletspiegel zijn neus had afgeveegd, met een taxi bij zijn huis liet afleveren.

Zijn idee werkte. Het pakte zelfs zo goed uit dat we direct na ons eerste seizoen met een nieuwe theatervoorstelling kwamen. Ook die pakte goed uit.

Maar niet altijd.

Op een vrijdagmiddag wilde ik tegen halfvier de deur van de Haarlemse Stadsschouwburg opendoen. Daar dacht de deur anders over. Die zat dicht en bleef dicht. Herhaald aanbellen leidde niet tot enig resultaat.

Het begon lichtjes te regenen en Cesar was met me meegekomen. Je kon een Golden Earring kwalijk in de kou laten staan.

De Schouwburg was niet klein van stuk. Wie weet trof ik met het nodige geluk een deur aan die niet op slot zat, en waren we binnen.

'Wat dóé je, Bart!' zei Cesar.

Ik probeerde een paar deuren, maar die gaven niet thuis. Tot ik naar de kleine deur liep links van de oprit naar de hoofdingang: een deur die naar het souterrain leidde. Toen ik de klink naar beneden duwde gaf de deur mee. Ik hield hem uitnodigend voor Cesar open.

'Bart, dat heet "inbraak" in normale mensentaal. Inbreken. Of op z'n minst huisvredebreuk.'

'Wilde je liever buiten in de regen blijven wachten, Cees, totdat het een theatermedewerker belieft om boven water te komen?'

Binnen, opzij van de deurpost, zat een schakelaar en het halfduister verdween en het souterrain baadde in het licht. Cesar trok de deur achter zich dicht.

Eenmaal in de zaal vond ik na enig zoeken een schakelaar waarmee ik het zaallicht aankreeg. Ik zette mijn tas neer en liep vanuit de coulissen het toneel op. Een gewoonte van me: bij binnenkomst in een theater de bühne oplopen, oog in oog met de lege zaal, de honderden onbezette stoelen, en me de zaal eigen maken en hem in een huiskamer veranderen. Mijn huiskamer.

Dat lukte me evenwel deze middag niet en ik keek om me heen of ik kon ontdekken waar dat aan lag en of ik het obstakel kon vinden en verhelpen.

Mijn blik viel op het bovenste balkon, opzij van het toneelhuis, bijna in de nok van de schouwburg. Er brandde een lichtje dat de vier rugleuningen van de balkonstoelen bescheen, en een klein beeld dat aan het dak van het balkon zat bevestigd en dat op een leeuwenkop leek. Zonder te weten waarom wist ik dat zich daar iets op- of schuilhield. Maar tijd om naar boven te lopen en op onderzoek uit te gaan, was me niet gegeven. Remco en Jan kwamen binnen, met in hun kielzog de toneelmeester.

'Nee maar!' zei de toneelmeester verbaasd. 'Wie hebben we daar? Een Farring in de zaal. Wat een eer.'

Ik verontschuldigde me voor mijn ongebruikelijke binnenkomst in het theater, maar dat wuifde de toneelmeester weg. Hij toonde zich juist verheugd met de kraak. Zo hadden ze een lek in de beveiliging van het gebouw ontdekt. 'Onze dank daarvoor.'

Ik wees omhoog, naar het bovenste balkon: naar het schijnsel en de leeuwenkop.

'Ik was hier zo-even alleen,' zei ik, 'en er bekroop me het gevoel dat "iets" me vanaf het balkon in de gaten hield. Onzin natuurlijk, maar...'

'Dat kan kloppen,' zei de toneelmeester. 'In de oorlog hebben daar joden ondergedoken gezeten. Op zolder.'

'Hoe is het hun vergaan?' vroeg ik.

'Wat denkt u zelf, meneer Chabot?'

—

We tourden in de tijd dat een buitenlandse mogendheid het boek *De duivelsverzen* verbood. De auteur ervan had zich inmiddels genoodzaakt gezien onder te duiken.

Bij het kleine boekhandeltje in het centrum van Den Haag waar ik geregeld kwam bleef het boek in weerwil van alle ontstane commotie gewoon op de toonbank prijken. Dat lag anders bij warenhuis De Bijenkorf. Daar bleek de roman plotsklaps met de noorderzon vertrokken. In mij school geen groot bewonderaar van boekverbrandingen of van het verbieden van een boek. Tijdens onze tournee maakte ik ten overstaan van ons publiek gewag van deze tekortkoming mijnerzijds.

We traden ergens in de kop van Noord-Holland op toen Jan geestdriftig de theaterfoyer binnenstapte.

'Heb je het gelezen, Bart?' zei Jan.

Jan keek me zo enthousiast aan dat ik even veronderstelde dat hij zojuist tot Ajaxtrainer was benoemd, hoewel ik Jan nooit op aspiraties in die richting had betrapt.

'Wat zou ik gelezen moeten hebben, Jan?'

Het opinieweekblad *Vrij Nederland* wist te melden dat De Bijenkorf had besloten om het plotseling van de planken verdwenen boek weer in het assortiment op te nemen, dit gelet op de aanhoudende negatieve publiciteit voor het warenhuis. Wat het laatste betreft scheen De Bijenkorf mede op mijn bijdrage tijdens de tournee te doelen.

Kort daarop wandelde een journalist de foyer in om Remco te interviewen.

Jan en ik liepen naar de kleedkamers. We gingen over tot de orde van de dag.

22

DE TELEVISIE-UITNODIGINGEN VOLGDEN ELKAAR IN RAP TEMpo op. Maar, viel me op, het ging de programmamakers niet om mijn gedichten. Het betrof in verreweg de meeste gevallen de deelname aan een quiz, een woord dat je toentertijd als 'kwis' schreef. Niet zelden won ik zo'n programma zelfs, wat de feestvreugde nog vergrootte.

Zo nam ik deel aan *Waku Waku*, een quiz die over dieren handelde. Nadat ik de aflevering won, mocht ik een enorm pluchen beest uitkiezen uit de stapels speelgoeddieren die het televisiedecor vormden. Ik koos een witte tijger. Toen ik ermee thuiskwam en de slaapkamer van de kleintjes betrad, konden Splinter en Storm hun geluk niet op. Het dier zou over hen waken tot

Splinter jaren later het huis uit ging en de tijger naar Amsterdam verhuisde.

Toen ik het seizoen daarop opnieuw aan *Waku Waku* deelnam, won ik weer en kwam met een kolossale bruine beer thuis. Ik stond er bij mijn kinderen goed op.

Mensen spraken me steeds vaker aan op straat – waar ze me vroeger met een wijde boog zouden hebben gemeden – en ook in winkels werd ik vriendelijker bejegend en kreeg ik koffie aangeboden of, in het geval van een modieuze boetiek, een glas koele witte wijn. Die televisiewereld was zo gek nog niet. Daarbij was het geen straf om naar een Hilversumse televisiestudio te gaan. Kwam je aan, dan werd je verwelkomd door een gastvrouw die dolblij leek met je komst, daarnaar had uitgekeken zelfs, en je in een warm bad van aandacht onderdompelde. Meldde je je bij de visagie, dan was het niet anders – 'Een poedertje? Bart, jij hebt niks nodig, schat' – en na de opname kreeg je bloemen of flessen wijn mee naar huis – in later jaren olijfolie of zakjes bloemen- en plantenzaden – en werd je langdurig uitgezwaaid. Kortom, alle reden om door te gaan op de ingeslagen weg, en dat deed ik ook.

De kwissen regen zich aaneen. *Tien voor Taal*, *Wie het weet mag het zeggen*, *Sterrenflat*... Het kon niet op. Het vergde geen bijster grote inspanning van me, televisie maken: en als je het even niet meer wist kon je je altijd nog pardoes uit je draaistoel laten vallen om met een doffe klap achter je bordkartonnen desk in het decor te verdwijnen; dan was je meestal door naar de volgende ronde.

Na een poos viel ik helemaal in de prijzen en werd teamcaptain bij de taalquiz *Meneer Van Dale Wacht Op Antwoord* gepresenteerd door Martine Bijl. Ik mocht Martine graag, mede omdat ze elegant vilein uit de hoek kon komen.

Het was de redactie van het programma ter ore gekomen dat ik met Brood en Deelder op theatertournee zou gaan en toen een redacteur me polste of ik leuke gasten wist die de boel konden verlevendigen, noemde ik Herman en Jules.

De zondagmiddag brak aan dat de aflevering met hen werd opgenomen. Jules verscheen, zonnebril op, op tijd in de studio te Aalsmeer. Het wachten was op Herman. Na een poosje belde de taxichauffeur die Herman van huis zou ophalen dat-ie al een knappe tijd voor de deur van het opgegeven adres stond, maar dat er op zijn herhaald aanschellen niet werd gereageerd. Ook het slaan met de brievenbusklep bood geen soelaas. In de studio kon je een eerste vleugje paniek opvangen. Ja, die Herman Brood, lachen gieren brullen, maar die had toch een reputatie? Vragen om moeilijkheden. Wie had het in zijn of haar hoofd gehaald een dergelijk ongeleid projectiel voor onze show uit te nodigen?

Ruim anderhalf uur te laat – de kandidaten voor de volgende aflevering waren al gearriveerd – kwam Herman opdagen. Een taxi voor zijn deur? Nee, daar was hem niets van bekend; hij had de nacht niet thuis maar in een Schiphols hotel doorgebracht en het laatste stukje van de route naar de studio lopend door de weilanden afgelegd. O nee, geen enkel probleem, dat ommetje; hij had een fles Jamaicaanse rum bij zich, die hij onderweg danig had aangesproken. Ter ondersteuning van zijn relaas zwaaide hij met de halflege fles Dark Rum, eentje van Captain Morgan.

Vanwege de overdadige zonneschijn had Herman een zonnebril opgezet, die hij binnen ophield.

'Heb jij een zonnebril bij je, Bartholomeus?' zei Jules.

'Altijd.'

'Zet 'm dan op.'

Toen Herman de opnamevloer opliep, in stierenvechterskledij, viel hem een ovationeel applaus van het studiopubliek ten deel. Daarmee kantelde de sfeer: wie zich tot dan toe had geërgerd aan Hermans late verschijnen, begreep nu dat er andere krachten in het spel waren.

'Als de heren eindelijk zover zijn...' riep de opnameleider. '... Stilte alstublieft... De opname... loopt!'

'Jullie waren toch niet van plan die zonnebrillen de hele uitzending op te houden, is het wel?' zei Martine die, terwijl we nog niet eens waren begonnen, er nu al een zwaar hoofd in had.

'Dat was wél de bedoeling,' zei Herman.

'Wat?!' zei Jules. 'Die zonnebrillen? Tuurlijk blijven die op, wat zullen we godverdomme nou krijgen?!'

De toon was gezet. Martine was van de kleinkunst, wij van de rock-'n-roll. En dat wreekte zich.

'Jullie zijn een fijn stel,' merkte Martine misprijzend op. 'Dan ga ik nu een stukje dictee voorlezen.'

'Jongens,' zei Jules tegen Herman en mij, 'ze gaat een stukkie dictee voorlezen... Laten we even de redelijkheid betrachten.'

Martine pakte een kaartje van haar desk. 'Voordat de logee ging sightseeën, lag ze in Morpheus' armen onder een satijnen klamboe...'

'Je kan nog niet tikken,' zei Martine tegen Jules, die onze laptop had opengeklapt en vast begon te tikken, 'omdat je naar mij moet luisteren.'

'Nou moe,' zei Herman.

'... onder een satijnen klamboe...' hernam Martine het dictee.

'Logee?' zei Jules. 'Wat is er met die logee?'

'Ik heb het net twee keer voorgelezen!' zei Martine. 'Luíster je nu even?!'

'Dat doen we ook,' zei Jules. 'Wat ging ze doen, die logee?'

'Ik zeg het niet meer,' zei Martine. 'Ik blijf me daar een beetje aan de gang.'

Aan de overkant van de televisievloer namen onze tegenkandidaten alvast hun agenda voor de volgende dag door.

'... onder een satijnen klamboe,' ging Martine voort, '... tot een tseetseevlieg uit haar geshampoode haren omhoogvloog... Dubbele punt... een muskietennet van lik-me-vestje, uitroepteken.'

'Ik hoor d'r niet bij,' zei Herman.

De jongens komen naar me toe, met hun renschoenen aan.

'Wij gaan joggen om het meer,' zegt Splinter. Die zijn voorlopig niet terug. 'Mam vraagt of je thee wilt.'

Ze zijn nog niet om de hoek van het huis verdwenen of ik ben terug bij *Meneer Van Dale.*

Tijdens de opname van de quiz flakkerde de chemie tussen Herman, Jules en mij hoog op: vandaar dat onze aflevering me nog zeer levendig voor de geest stond.

'Dat was het dictee,' zei Martine. 'Nu ga ik het langzaam in stukjes voorlezen, en nú mag je tikken.'

'Ik weet niet waarvan gij spreekt,' zei Herman. 'Een logee? Ik hou me d'r buiten. Ik distantieer mij volledig van...'

Martine begon het dictee opnieuw voor te lezen, in traag tempo, en Jules tikte mee. Binnen de kortste keren liep het opnieuw spaak.

'... lag ze in Morpheus' armen,' sprak Martine.

Herman gleed nog net niet uit zijn stoel.

'Wacht even...' zei Jules. '... Morpheus... Jézus... Morpheus' armen, dat mot met één kommaatje d'rachter. Dit is er één te veel.'

'Heb je even, Martine?' zei ik.

Hermans mond hing halfopen en er kwam geen woord over zijn lippen. De fles rum was op last van de opnameleider in de kleedkamer achtergebleven en de speed was uitgewerkt. Elk ogenblik kon hij kapseizen en achter de desk verdwijnen.

'Wat,' zei ik, 'komt er na "armen"?'

'Ja, hallóó!' zei Martine. 'Ik maak de zin af voor het andere team... "onder een satijnen klamboe"...'

'Satijnen klamboe?' herhaalde Jules verbaasd alsof de absurditeit van de zinsnede nu pas in volle omvang tot hem doordrong.

Herman mompelde iets, maar zo zachtjes dat het de meesten in de studio ontging wat hij wilde zeggen.

Toen begaf de laptop het, rinkeldekink. De Toshiba crashte.

'Ik ga even wat anders doen,' zei Herman.

Jules bracht zijn hoofd tot vlak voor het scherm.

'fluvieu wiure' verscheen er op de plek waar een fractie van een seconde eerder nog 'Morpheus' had gestaan. Als Jules een toets aanraakte – terwijl Martine stug doorging met voorlezen 'voor de andere partij' – verscheen je reinste wartaal op het scherm.

Martine keek ons verwijtend aan, alsof de laptop het door ons toedoen had begeven. Wat zou Toshiba, een hoofdsponsor van onze quiz, ervan zeggen als deze aflevering op de buis te bewonderen viel? Met een beetje pech raakten we de geldschieter kwijt.

'... Wat lag die logee...?' zei Jules. 'Te kreunen?'

Martine keerde zich met haar tekstkaartjes demonstratief van ons af.

'Kreunen?' zei Herman, uit zijn sluimering ontwakend. 'Vraag je dat aan mij?'

We waren uit de klas gestuurd en deden niet meer mee.

'Dat moet je mij niet vragen,' zei Herman. 'Ik hoor het voor het eerst.'

'... De logee lag te kreunen,' vatte Jules het dictee bondig samen, 'omdat ze jeuk had aan haar klamboe.'

'Aha,' zei Herman alsof hem een licht opging.

Het studiopubliek lag dubbel. Wellicht zouden we de show niet winnen, maar de populariteitsbokaal was binnen. Toen dacht ik aan de kijkers thuis. Wat zouden die ervan vinden? Ik kon me vergissen, maar ik schatte in dat we de gewonnen trofee na de uitzending niet alsnog zouden hoeven in te leveren.

'... uit haar geshampoode haren,' volhardde Martine, 'omhoogvloog.'

'Ik denk dat ik maar eens op huis aanga,' meldde Herman.

'Bij welk woord zijn jullie, Bart?' vroeg Martine.

'Bij "logee",' antwoordde ik, wat tot nieuwe hilariteit in de studio aanleiding gaf.

'Bij het derde woord pas,' stelde Martine vast. 'Goed. Ik ga door voor jullie tegenstanders... Nieuwe zin...'

Het ontregelen van het programma nam groteske vormen aan. Martine worstelde met ons, maar vooral met zichzelf.

'... jeuk had,' herhaalde Jules, 'waarna ze onder het zingen van de Marseillaise...'

'... van lik-me-vestje,' besloot Martine.

'... onder het zingen van de Marseillaise omhoogvloog.'

Terwijl ze op haar stoel zat, leek Martine zich uit de studioruimte los te maken.

'Ik hoor d'r niet bij,' zei Herman. 'Of had ik dat al gezegd?'

De regisseur nam ons laptopscherm in beeld. De Toshiba gaf het door ons gemaakte dictee onnavolgbaar weer:

fhy45riut7ufhegfvfnbrgm4; en zo nog vier regels.

Het ontlokte een nieuw lachsalvo aan het studiopubliek, en applaus. Hiervoor waren ze vanmiddag naar Aalsmeer gekomen. Met ons kon je lachen.

'Bart...' zei Martine.

'We hebben 'm!' riep ik uit.

Terwijl ik in gedachten in de studio in Aalsmeer vertoef, komt een heli van de kant van het meer laag over het bos aangevlogen.

Het is alsof ik, geheel en al mijn vrolijke zelf, opnieuw met Jules en Herman achter de desk heb plaatsgenomen en Martine het programma met de moed der wanhoop presenteert. Wat had ik kunnen doen om haar worsteling te bekorten? Weinig. Niets.

We waren uit de startblokken weggeschoten en we gingen onze startposities niet opnieuw innemen. Zelfs als team captain stond ik machteloos. Go with the flow, wilde ik haar toefluisteren; maar de afstand tussen haar en mijn desk was te groot en bovendien betwijfelde ik of ze voor mijn advies ontvankelijk zou zijn gebleken.

Ik had het graag met Martine bijgelegd, maar zij overleed zonder dat we onze fricties hadden uitgepraat.

'... Bart,' deed Martine tegen beter weten in een nieuwe poging, 'je moet het toch nog even nakijken misschien.'

'O, daar zou ik niet aan beginnen,' zei Jules. 'Zal ik het voorlezen?'

Die moeite mocht hij zich gerust besparen van Martine; maar ze zei: 'Tuurlijk.'

'Voordat de logé ging sightseeën,' las Jules uit het blote hoofd voor, 'lag ze in Morpheus' armen te kreunen...' – Jules hief zijn wijsvinger op om zijn woorden kracht bij te zetten – '... omdat ze jeuk had aan haar klamboe, waarna ze onder het zingen van de Marseillaise omhoogvloog.'

'Mag ik naar huus?' zei Herman. Hij wilde de daad bij het woord voegen, maar viel terug in zijn stoel en gaf zijn poging op.

'Nul fout!' zei ik.

Een groot applaus klaterde op en bleef als een zwerm wespen in de studioruimte hangen.

'Nee, d'r zit geen fout in,' nam Jules een voorschot op de einduitslag.

Martine keek of ze een slok azijn in plaats van mineraalwater had genomen.

'Hoef ik het ook niet na te kijken?' zei ze.

'Nee,' herhaalde Jules, 'd'r zit geen fout in.'

'Dan ga ik in angst en vreze... Laat het maar eens zien.'

Het zaalpubliek had ons dictee op de monitors kunnen volgen, maar Martine zag het nu voor het eerst en was sprakeloos.

Opnieuw lag de zaal dubbel. Herman was ogenschijnlijk in slaap gevallen en hing scheefgezakt in zijn stoel.

'Het is een virus, dit,' zei Jules terwijl hij tegen het scherm van de laptop tikte. 'Een virus.'

'Als ik jullie mats,' zei Martine, 'met tien strafpunten, dan mogen jullie nog héél blij zijn.'

'Is er een dokter in de zaal?' vroeg Herman aan het publiek.

'Ik blijf erbij,' zei Martine. 'Tien strafpunten.'

En dat terwijl in onze quiz het uitdelen van strafpunten niet eens tot de mogelijkheden behoorde.

'Ik vind toch,' zei Jules, 'dat degene die zich altoos aan de regels houdt en dat die dan altijd alle punten krijgt, dat vind ik toch niet deugen.'

'Gaan we door naar de laatste ronde,' kondigde Martine aan, 'en dat is de ronde van Het Hoogste Woord. En dat is vandaag...'

'Het hoogste woord?' zei Jules. 'Dat hebben wij.'

'Ja,' zei Martine afgemeten. 'Ik praat even door, Jules, als je het niet erg vindt.'

'Hoe vind je mijn pakje, Barteke?' vroeg Herman. 'U staat oog in oog met ene toreador. In stierenvechtersoutfit.'

'Spaans?' vroeg ik

'Nee, Portugees.'

Martine zette zich schrap voor de afkondiging van de show: de opname zat erop en zulks bepaald niet tot haar verdriet.

'... en ik bedank jullie allemaal hartelijk voor het meedoen...'

'Onze computer dee het niet!' riep Jules uit.

'... en ik bedank u thuis ook dat u dit uitgezeten hebt, hè... En tot de volgende week!'

Tijdens de aftiteling begaf Herman zich, als uit de dood herrezen, naar Martine, posteerde zich achter haar stoel en begon haar schouders te masseren. Martine, verrast, blikte glimlachend op en legde haar handen op die van Herman.

'Een memorabele aflevering,' zei ik toen Herman en Jules waren vertrokken; Jules in zijn Snoek, Herman door het weiland banjerend omdat hij nog in zijn hotel moest zijn, dat pal achter de koeienweide scheen gesitueerd.

'Zeker,' beaamde de regisseur. 'Jij mag vaker vrienden van je meenemen. Alleen niet naar ons. We kunnen Martine opvegen. Ze is in alle staten en wil de kleedkamer niet meer uit komen.'

'Hier ligt een taak voor jou,' zei de opnameleider. 'Die Brood en Deelder waren tenslotte jouw gasten. Jij hebt ze binnengehaald.'

Met een bescheiden bonsje op de deur klopte ik bij Martine aan.

'Ja?' klonk haar stem met de grootst mogelijke terughoudendheid.

Aanvankelijk hoefde ik niet al te veel te zeggen. Martine voerde het woord.

'Wat dénkt die Deelder wel niet?! En die Brood, stomdronken en stoned uit zijn stoel hangend... en het publiek applaudisseert daar nog voor ook! En jij vindt alles reuze geslaagd. En die Deelder maar denken dat hij de leukste thuis is. Nou, dat mag hij denken, maar dat is hij niét, met zijn gechicaneer, alles om de show te laten ontsporen. En jij...'

'Martine...' zei ik; maar verder dan dat kwam ik niet. Terwijl ze tegen me uitvoer, ontsnapte er geen krachtterm aan haar lippen: ze bleef een grande dame.

'Brood, daar kwam geen stom woord uit, en die Deelder... Stelletje junkies...'

'Nogmaals, Martine... Het was nooit mijn bedoeling om...'

Het begon Martine te dagen dat er een andere wind door haar kleedkamer waaide.

'O, dus jij vindt het achteraf bezien ook zo lollig niet meer, begrijp ik?'

Het kwam nu aan op tact en diplomatie, als ik daar enig talent voor had.

'Martine, ik verzeker je, hand op het hart...'

'Gedraag je je dan vanaf nu?' Ze stond op uit haar kleedkamerfauteuil.

Een maand later trok de zendgemachtigde de stekker uit het programma.

Na de opname van de slotaflevering, terwijl de decorstukken werden weggereden, nam ik hartelijk afscheid – omhelzingen te kust en te keur, en hugs en kisses, we waren immers vrienden-voor-het-leven – om, zoals te doen gebruikelijk in televisiekringen, nooit meer iets van de programmamakers te vernemen.

Jaren later wilde ik in een talkshow een fragment van de bewuste uitzending laten zien.

'Helaas,' zei de redacteur van dienst. 'Ze hebben overal gezocht en alle opnames van *Meneer Van Dale Wacht Op Antwoord* boven water gekregen, tientallen afleveringen. Op één na. De aflevering met Brood, Deelder en jou is om onnaspeurbare redenen gewist. Die moet als verloren gegaan worden beschouwd.'

Een briesje sluipt tussen de bomen door en doet wat met het gras, en brengt me terug in het hier en nu.

Van het meer waait het gejoel van de jongens aan. Die zijn niet te houden.

Ik sta op om alsnog de kop thee in te schenken die Splinter me heeft aangeboden, loop de veranda op en ga het huis in. De deur naar Zweden laat ik op een kier.

23

JE LACHTE WAT AF BIJ DE TELEVISIE. DOLLE PRET.

Tot de latenighttalkshow *Barend & Van Dorp* zich bij me meldde. Opeens werd het menens.

Of ik in Hilversum wilde langskomen om te praten met Frits en Henk, de beide presentatoren. *Barend & Van Dorp* was toentertijd dé talkshow; dáár gebeurde het. Over wat er 's avonds aan tafel werd besproken had de volgende dag heel Nederland het bij de koffieautomaat. Zodoende zat ik twee dagen na het 'verkennende telefoontje' bij Frits en Henk aan tafel. Of ik één keer in de week bij hen wilde aanschuiven voor een bijdrage die ik naar eigen inzicht mocht inkleuren.

'Ach,' zei ik, 'dat wil ik best doen, maar...'

'En nu d'ruit!' onderbrak Henk me. 'Wegwezen, Chabot! Ik heb je alweer veel te lang in mijn nabijheid geduld, eruit!'

Mijn televisieloopbaan kreeg voortvarend gestalte. Het werd nog eens wat met me. Maar ambieerde ik een loopbaan bij de tv?

Eigenlijk niet. Ik diende de trossen te kappen.

Hoe onttrok je je aan televisie, dat als een zwart gat verzwolg wat in de buurt kwam, en nooit was uitgegeten maar altijd razende honger had naar meer, meer, meer. Op die vraag moest ik passen.

Intussen beleefde ik plezierige tijden bij *Barend & Van Dorp*. Het was een feest om te werken voor mensen die in je geloofden.

Op een avond keken Yolanda en ik naar het achtuurjournaal. De nieuwslezer repte van de Europese Grondwet, waar binnenkort een referendum over werd gehouden, en dat er morgen een speciale krant verscheen, de Grondwetkrant, waarin voor iedereen werd uitgelegd wat die Grondwet behelsde, voor jong en oud, arm en rijk, dik en dun, laagdrempelig, in klip-en-klare bewoordingen. Wist je niks van de Europese Grondwet, hield je met de Grondwetkrant goud in handen. Achter de journaallezer zag je de krant in razend tempo van de persen rollen. Het ging dan ook om meer dan een miljoen exemplaren.

'Vanaf morgen,' zei de nieuwslezer, 'ligt de krant bij elke Albert Heijn, elk tankstation, in de hal van ziekenhuizen, op bus- en treinstations...'

De krant was overal verkrijgbaar, gratis, daar kwam het op neer.

'Is dat niet iets voor *Barend & van Dorp*?' zei Yolanda.

'Hm,' zei ik, 'weet ik niet. Wie ligt er wakker van Europa, of van wat ze in Brussel doen?'

'Tot nu toe,' zei Yolanda, 'behandelde je bij *Barend & Van Dorp* prangende kwesties als de Nationale Stroopwafeltest en opende je de Huishoudbeurs. Dit gáát tenminste ergens over. Het referendum over de Europese Grondwet. Lijkt me de moeite van het overwegen waard. Je loopt anders het risico je dagen als televisieclowntje te slijten.'

Ze had een punt. Het grote publiek zag me niet schrijven, maar uit een stoel vallen op tv, of op een buitenproportioneel grote rode knop drukken om het goede antwoord op te lepelen in de zoveelste kwis. 'Schrijven? Doet-ie dat dan, Chabot? Wat leuk dat zo'n jongen een hobby heeft.' Als ik zo doorging riskeerde ik een schertsfiguur te worden. Als ik dat al niet was.

Ik pakte de telefoon en belde Hilversum.

Henk en Frits deelden mijn inschatting. 'Europa? Bart, wij hebben onze twijfels. Geen hond die het iets boeit, die Europese Grondwet. Hand-voor-je-mond-als-je-geeuwt. Maar als jij denkt dat het wat is... Laat je door ons niet tegenhouden.'

'Doe je best,' voegde Henk eraan toe. 'Het zou door ons in hoge mate worden gewaardeerd als je voor de verandering eens met een góéd idee op de proppen kwam.'

De volgende ochtend reed ik het benzinestation bij ons aan het einde van de straat in en liep het kantoor binnen.

'Ben je niet iets vergeten, Bart?' zei Wilma. 'Wat dacht je van "tanken"?'

'Nee,' zei ik, 'ik kom voor de Grondwetkrant.'

'De wát?' zei Wilma.

'De Grondwetkrant.'

'Waar héb je het over?'

'Het was gisteren groot op het achtuurjournaal. De Grondwetkrant. Vanaf vandaag ligt-ie bij elk tankstation.'

'Nou, ik weet nergens van,' zei Wilma.

'Later op de dag misschien?'

'Nee, dan ook niet,' zei Wilma. 'Zulk soort spul horen wij altijd ruim van tevoren. Maar hier is ons niets van bekend. Hoe heette dat krantje? Nee, die is niet binnengekomen, en die komt er niet ook. Morgen niet, overmorgen niet, nooit niet.'

Ik stak de straat schuin over naar de Albert Heijn. Bij de kranten en tijdschriften lag-ie niet, het felbegeerde artikel, en ik zag ook geen speciaal rek waarin de krant hoog lag opgetast.

'Waarmee kan ik u van dienst zijn?' vroeg het meisje van Klantenservice.

'Ik kom voor de gratis Grondwetkrant.'

'Sorry?'

Lag het soms aan mij, prevelde ik binnensmonds? Ik sprak het tegen mijn natuur in toch duidelijk genoeg uit, en in een te volgen tempo?

'Daar heb ik nog nooit van gehoord,' zei ze nadat ik mijn vraag in alle rust had herhaald. 'Ogenblikje, ik zal het even voor u navragen.'

Toen ze terugkwam had ze geen goed nieuws. 'Nee, daar weten wij niks van, zei de chef. Het spijt me wel. Nog een prettige dag verder.'

Het kon me nog steeds niet erg boeien, die Europese Grondwet, maar een krant die voor alle Nederlanders was bedoeld, miljoenen had gekost en nu nergens te krijgen viel... Je zou zowaar nieuwsgierig worden naar dat krantje.

Thuis belde ik het dichtstbijzijnde ziekenhuis, station Hollands Spoor, een postkantoor, een boekhandel en een paar kiosken... Maar nee.

'Hoe gaat 't, schat?' vroeg Yolanda toen ze me tegen halftwaalf van haar werk belde.

Ik vertelde haar van mijn wederwaardigheden.

'Probeer de Centrale Bibliotheek eens,' zei ze, 'wie weet weten ze daar wat.'

Dat trof: ik kende iemand bij de bieb aan het Spui, en belde haar.

'De Grondwetkrant? Nou en of, die hebben we met bakken tegelijk binnengekregen, praat me d'r niet van. Je kan de bieb bijna niet in, zoveel. En wat moeten we ermee? Wil je er eentje hebben? Een stuk of duizend mag ook, hoor. Dan zijn wij er tenminste vanaf.'

'Hier, pak aan,' zei de bibliotheekmedewerkster toen ik de bieb in liep, 'een doos vol. Neem asjeblieft mee, dat scheelt ons weer. Mijn god, wat ze al niet verzinnen, hè. En wij zitten er maar mee. We kunnen ze moeilijk met karrenvrachten tegelijk in het Haagse Bos dumpen.'

'Wie heeft die krant gemaakt?' vroeg ik.

'Het ministerie van Buitenlandse Zaken.'

In de verte ging een sirene af.

Ik hees de doos op mijn bagagedrager en zette hem met de snelbinders vast. Stel je voor dat-ie me onderweg zou ontglippen en 'Brussel' door de straten waaide. Hij woog nog flink wat ook, die doos.

Thuisgekomen maakte ik de doos open en haalde het eerste exemplaar tevoorschijn. Ik ging er eens goed voor zitten en bladerde de krant door. Wat had ik in huis gehaald?

Aan tekst geen gebrek. Je kwam om in de tekst, die zo klein was afgedrukt dat er een leesbril aan te pas zou moeten komen wilde je kennisnemen van het gebodene. Nee, op de tekst was niet bespaard; wel op datgene wat de lappen tekst kon verluchtigen: foto's, tekeningen, grafieken. Het was dat-ie gratis was, dat krantje, anders zou je 'm mijden als de pest.

Dat kon best wezen, sprak ik mezelf vermanend toe, maar het ging om de inhoud. Léés eerst eens wat, sprak ik mezelf hardop toe, voordat je ergens een mening over verkondigt.

Ik nam de voorpagina en las het allereerste woord, dat als kopje vetgedrukt boven de tekst hing.

AMBULE

Ik mocht dan een blauwe maandag Nederlandse Taal- en Letterkunde hebben gestudeerd, maar hoe diep ik ook in mijn geheugen groef, 'Ambule' dolf ik niet op. Wat betekende 'ambule'? Hoogste tijd voor de Dikke Van Dale. Daar had je 'm al, ambule betekende 'inleiding'. Ik herinnerde me van het journaal dat de krant laagdrempelig was en bedoeld voor alle Nederlanders, ongeacht afkomst en opleiding. Als je dat beoogde, koos je toch voor 'Inleiding' in plaats van 'Ambule'?

Ik begon aan de eigenlijke tekst. Al snel gaf ik het lezen op: deze tekst, bladzijde na bladzijde, was opgetrokken uit juridisch dichtgetimmerde ondoordringbare zinnen en viel uitsluitend te verteren als je met goed gevolg had gestudeerd en meester in de rechten was. Ik wist niet hoeveel overheidsfinanciën het ministerie aan de krant had gespendeerd, maar één ding wist ik wel: dit was weggegooid geld. Wat bezielde die lui bij Buitenlandse Zaken?

Ik verlegde mijn aandacht naar de spaarzame illustraties in de krant en mijn blik viel op een tekening. Wat had de maker afgebeeld? Als je van hiërogliefen hield zat je gebeiteld, maar wat stelde het voor? Had de prent soms met het Chinees eetwezen van doen? Daar leek het nog het meest op. Er was maar één manier om dat uit te vogelen, en met de krant in de hand liep ik naar het Chinese restaurant in het winkelcentrum bij ons om de hoek, Lan Heung, hield bij de afhaalbalie de bewuste tekening omhoog en vroeg: 'Welk gerecht is dit?'

'Dat is...' zei Tjin Lee, '... even kijken, meneer Bart... dat zou de Babi Pangang zijn, met... even puzzelen, hoor... grote garnalen.'

Ik kneep in mijn arm. Maakte ik dit echt mee? Ja, mijn linkerarm deed op meerdere knijpplekken plotseling verrot veel pijn, dus het gebeurde echt wat ik beleefde.

Ik bladerde de krant door tot ik de tweede tekening vond. 'En deze?'

'O, dat is een heleboel! Wilt u dat bestellen? Dat is de Jiong Chong Ngau, ossenhaas met verse gember en lente-ui... en Wong Po Yuk, varkensvlees en pinda's in pikante Pekingsaus... met daarbij... nog even puzzelen, hoor... Mee Wo Chai Ding. Ja, dat moet het zijn. Meer kan ik er niet van maken. Sorry hoor, maar het is zo onduidelijk getekend dat... Welke kleuter heeft dit bij elkaar gekliederd, meneer Bart? Hoe komt u aan die menukaart?'

'Van het ministerie van Buitenlandse Zaken,' zei ik.

Op woensdagavond hield ik op de televisie de Grondwetkrant met de eerste illustratie goed zichtbaar omhoog en herhaalde wat Tjin Lee had gezegd. Later hoorde ik dat de Grondwetkrant door ambtenaren op het ministerie de dag na de uitzending smalend tot 'het garnalenkrantje' was omgedoopt.

Er keken maar een miljoen kijkers naar ons programma.

Nog tijdens de uitzending stonden de redactietelefoons roodgloeiend en dat zouden ze tot diep in de nacht blijven doen.

'Bart,' zei Frits na afloop van de talkshow, 'waanzinnig. We worden overspoeld. Bij dezen benoem ik je tot onze ambassadeur Europese Grondwetszaken. Vanaf nu breng je elke week aan tafel verslag uit.'

'En?' zei Yolanda toen ik 's nachts in Den Haag terugkeerde.

'Een schot in de roos,' zei ik. 'Je wordt bedankt.'

'Dat zou je vaker moeten doen,' zei Yolanda, 'naar me luisteren. Dat zou je geen windeieren leggen. Hofnar kun je altijd nog worden.'

Bizar genoeg leek de overheid te hebben besloten me eens flink op weg te helpen in mijn hoedanigheid van politiek duider. De dieptepunten in de staatscampagne voor de Grondwet dienden zich in zo'n rap tempo aan, blunder na blunder, dat ik elke woensdagavond een Top 5 van de ergste flaters aan de kijkers kon presenteren.

Zo deelde de minister van Buitenlandse Zaken folders uit in een Rotterdams winkelcentrum in een buitenwijk, na sluitingstijd. Hulpeloos staarde de minister voor het oog van de camera over het verlaten en winderige plein, de rolluiken neergelaten, tot zich eindelijk een man aandiende die desnoods bereid was een flyer aan te nemen: een dakloze zwerver.

Een van de diepste dieptepunten was de uitspraak van de toenmalige minister van Financiën. Als wij Nederlanders straks niet vóór de Europese Grondwet stemden, voorspelde Gerrit Zalm, 'zouden in heel Europa de lichten doven'.

Zou het? dacht ik, en met mij velen.

De dag van het referendum brak aan.

'Je hebt gewonnen,' zei de gastvrouw van ons programma bij binnenkomst 's avonds. 'De eerste uitslagen zijn binnen. Nederland heeft massaal tegen die Europese Grondwet gestemd. Loop je door naar de visagie? Krijg je daar koffie van me.'

In heel Europa doofde die avond niet één peertje.

Je kon meer op televisie doen dan je plompverloren uit een stoel laten vallen.

24

OP EEN ZONNIGE DOORDEWEEKSE NAMIDDAG FIETSTE IK VAN het Binnenhof naar huis. Ik had uitvoerig met enkele politici gesproken die bijna alweer zo goed als vergeten waren, hoewel ze nog in kabinetskringen figureerden.

Ik moest denken aan wat George Kooymans had gezegd toen ik hem onlangs backstage bij de Earring tegen het lijf was gelopen.

'Jezus, Chabot!' had George uitgeroepen. 'Wat is er met jou gebeurd? Wat ben jij ver afgezakt. Vroeger, ooit, leek het nog wat met je te zullen worden. Ik zie je nog komen aankakken, als broekie, bij de Earring. Rock-'n-roll. Maar tegenwoordig zit je godverdomme op de televisie de politiek te volgen, die bak ellende. Jezus, jongen, ga weer eens iets dóén met je leven voordat het te laat is. Want dit lijkt nergens naar. Sorry dat ik het zeg, hoor, maar...'

George had niet helemaal gelijk; maar helemaal ongelijk had hij evenmin.

Degenen die de politiek ingingen, kwamen er vrijwel altijd verfomfaaid en verkreukeld uit. Op het Binnenhof, in Brussel, in de Rijksdag, in het Capitool, het Kremlin, het Witte Huis en elders draaide het om macht. En macht boeide me niet.

'Jong,' zou ik later tegen Splinter zeggen toen hij de politiek dreigde in te gaan, 'als je het parlementsgebouw betreedt geef je in ruil voor een reçuutje je jas, je paraplu, je tas en je idealen bij de receptiebalie af. Als je later het gebouw weer wilt verlaten krijg je op vertoon van je bonnetje alles keurig terug, jas, paraplu, tas. Op je idealen na. Daar had je ook geen reçu voor ontvangen: dan pas ontdek je dat ze niet voorkomen op het ontvangstbewijs. Die idealen zie je nooit meer terug.'

Bovendien was ik op doorreis; en dan diende je niet op een vaste plek te verkeren maar in beweging te blijven. Desondanks zei ik ja tegen een uitnodiging van latenighttalkshow *Pauw & Witteman*: ik was nog niet klaar met het Binnenhof.

Eén *Pauw & Witteman*-uitzending zou me in het bijzonder bijblijven. Aan tafel waren te gast staatssecretaris Henk Bleker en de achttienjarige Angolese asielzoeker Mauro, die vlekkeloos Nederlands sprak, ingeburgerd was, op school zat en daar naar behoren presteerde, maar die niettemin ons land dreigde te worden uitgezet, door ene Henk Bleker. De sfeer aan tafel was gespannen.

Tijdens de uitzending schoof Henk een opgevouwen papiertje over tafel, Mauro's kant op.

Het ontging presentator Jeroen Pauw niet.

'Wat is dat?' zei Jeroen. 'Een briefje? Van u, voor Mauro?'

Dat kon de staatssecretaris niet ontkennen, waarop Jeroen aan Mauro vroeg wat het briefje behelsde. Het betrof een uitnodiging om het komende weekeinde de wedstrijd FC Twente-PSV te bezoeken, terwijl Mauro, uitgeprocedeerd, elk moment op last van Henk Bleker op het vliegtuig enkele reis richting Angola kon worden gezet. Mauro's moeder was ook welkom bij de voetbalwedstrijd.

Mauro – briefje in de hand – keek de staatssecretaris aan en zei: 'Mooi niet.'

Nog tijdens de uitzending ontplofte Twitter en die ontploffing hield lang aan.

Tijdens de nazit – de talkshow was allang afgelopen, Mauro was met een taxi naar huis; we hingen al anderhalf uur aan de bar – kwam de eindredacteur van *P&W* naar me toe.

'Bart, kun je je een kwartiertje over Henk Bleker ontfermen? Die zit er helemaal doorheen. De pleuris is uitgebroken over dat briefje. Niet alleen in het land, ook bij zijn eigen achterban. Zijn partij staat in lichterlaaie. Dit kan hem zijn portefeuille kosten. Hij wordt compleet gek gebeld en op sociale media wordt om zijn hoofd gevraagd. Jeroen, Paul en ik hebben onze menslievende bijdrage al geleverd, nu is het aan jou om namens het programma de honneurs waar te nemen en Henk een troostende arm om zijn schouder...'

Ik liep naar Henk, aan de andere kant van de bar. Een afstand die ik met plezier voor hem overbrugde: Henk had naar verluidt ooit in de ponybusiness gezeten, in Vlagtwedde, en dan kon je geen door en door slecht mens zijn.

'Henk,' zei ik, 'kom op, man. Laat je eigen niet gek maken. Storm-in-een-glas-water. Je houdt die Mauro hier...' – ik legde een hand op zijn schouder – '... en overmorgen is iedereen het weer vergeten. Kop op, ouwe paardendief.'

Terwijl ik op hem inpraatte en mijn best deed om de bewindspersoon op te beuren, staarde de betrokkene naar iets wat zich achter en boven mijn hoofd afspeelde.

Ik draaide me om. Op de monitors boven de bar werd zoals gewoonlijk onze aflevering van *P&W* herhaald, maar met het geluid uit om de tooggesprekken niet te hinderen. Ik zag wat Henk zag: Henk Bleker was uitgebreid in beeld. Ademloos keek Henk naar zichzelf, in de ban van de Henk Bleker op het televisiescherm, gebiologeerd starend naar het reptiel dat hij was geworden, zonder geluid. Een andere Henk Bleker in Henk Bleker had zich geroepen gevoeld om naar voren te stappen, het volle schijnwerperlicht in, en toonde zich vooralsnog niet genegen om zich op korte termijn achter de contouren van de eigenlijke Henk Bleker terug te trekken.

'Henk?' zei ik.

'Ja?' zei Henk zonder zijn blik van het scherm te nemen.

'Je bent reddeloos verloren.'

Ik moest eens op huis aan.

Terwijl ik langs het Malieveld fietste, passeerde een auto. Mijn naam werd geschreeuwd. Die roep kon ik maar beter negeren. Voor je het wist belandde je in iets waar je helemaal niet in wenste te belanden. Toch keek ik opzij. Het autoraam stond open. Sterker, er hing iemand die niet achter het stuur zat tot zijn middel uit.

Jules.

'Báááááááááártt!!' schalde het opnieuw tot over het Malieveld.

We zaten in de vroege-avondspits. De auto schoof mondjesmaat vooruit.

'Bá-á-á-ááá-á-á-á-á-rrttt!!'

Nee, ik vergiste me niet. Jules hing zo ver uit het raam dat ik me zorgen maakte. Straks viel hij er in zijn enthousiasme nog uit. Hij zwaaide uitbundig en bleef dat doen, ook nadat de Mercedes waarin hij zat de hoek omsloeg – het achteropkomende verkeer liet op deze drukke verkeersader geen stoppen toe – en de Zuidhollandlaan op reed. Ik kon Jules nog horen toen hij al uit zicht was verdwenen.

Zijn roep viel niet mis te verstaan.

Mocht ik nog twijfelen, dan wist ik nu wat me te doen stond. De langste tijd op het Binnenhof lag achter me.

25

DAT MOCHT ZO ZIJN, MAAR DAT NAM NIET WEG DAT IK VLAK voor de eeuwwisseling aan *Villa Felderhof* deelnam met een politica.

Erica Terpstra.

Villa Felderhof was hét televisieprogramma in die dagen. Was je iemand in televisieland, zat je in de Villa. Haalde je de Villa niet, dan kon je twijfelen aan de echtheid van je bestaan.

Onze aflevering werd opgenomen in een luxeresort in Tanzania. Erica reisde vooruit: toen ik op een late zondagmiddag in het resort arriveerde, was zij al ter plaatse.

'Bart,' riep ze toen ik binnenkwam, 'wat wil je drinken?'

Vanwege de bloedhitte leek het geen gek idee om voorzichtig te beginnen.

Daar dacht Erica anders over. 'Voor mij een whisky graag,' zei ze tegen de ober die in een smetteloos wit uniform rondwaarde. 'Of doe maar een dubbele whisky, met ijs. Zo Bart, wat ontzettend leuk om met jou...'

Het klikte tussen ons, ook tijdens de uitputtende opnamedagen.

'Ga je mee zwemmen?' zei ik na de eerste draaidag.

Erica liep haar bungalow in om haar badpak aan te trekken, nam ik aan. Toen ze ten tonele verscheen had ze een kimono aan en zette koers naar een ligbank op het terras.

'Erica?' riep ik na een poosje zwemmen en dobberen. 'Waar blijf je?'

Ze glimlachte, maar schudde vriendelijk met haar hoofd van nee.

Erica was meervoudig Nederlands zwemkampioen en had meegedaan aan de Olympische Spelen te Tokio.

'Erica, het water is heerlijk!'

Ze lachte allerhartelijkst, maar kwam niet van de ligbank. Wat hield haar tegen?

'Erica, ik hou mijn rug net zo lang naar je toegekeerd tot je in het water ligt. Dan pas draai ik me om. Erewoord.'

Het duurde niet lang voor ik Erica 'Ik kom eraan, hoor' hoorde zeggen, gevolgd door een luide plons. Zo kreeg ik Erica tot mijn vreugde aan het zwemmen.

We gingen op safari, sliepen in een tent in de rimboe, stonden op minder dan strikt veilige afstand oog in oog met leeuwen, een luipaard, olifanten en giraffen, bewonderden de besneeuwde top van de Kilimanjaro; en pakten na vijf dagen onze tassen weer in. In de jeep op weg naar het vliegveld informeerde Erica naar mijn ticket.

'Economyclass,' zei ik.

'Ben je betoeterd,' zei Erica. 'Samen uit, samen thuis. Ik zit in de Royal Business Class. Als we straks bij de balie komen, doe ik het woord. Jij zegt niks.'

'Good afternoon!' zei Erica stralend tegen de grondstewardess. 'How are you, this glorious afternoon?'

Erica schoof haar reisdocument over de balie en mijn ticket en paspoort erachteraan. Het zou erom spannen.

'Well, you see,' zei Erica voordat de stewardess iets kon zeggen, 'I am a member of the Dutch Parliament.' Erica richtte zich in haar volle glorie op. 'And he...' – ze wees op mij – '... He belongs to me.' Erica leunde ver over de balie, met haar gezicht pal voor de receptiemedewerkster. Vanwaar ik me bevond, vlak achter haar, was Erica's gestalte zeer imponerend; kon je nagaan wat voor effect haar verschijning op de frêle grondstewardess moest hebben.

'A sort of husband, you could say,' vervolgde Erica. 'We came in on different flights, but I would very much like to fly back together with him, you see.'

De stewardess keek van Erica naar mij. Ik glimlachte allervriendelijkst. Ja, ik behoorde toe aan Erica, with all my heart, no doubt about it, en de grondstewardess beloonde dat met de vereiste stempels in mijn paspoort en vliegticket. Het verzoek was 'rather peculiar', zei ze, maar voor 'a member of the Dutch Parliament' maakte ze graag een uitzondering. Zo zaten Erica en ik heel even voor de rest van ons leven aan elkaar vast. Een kwartiertje later konden we boarden.

Koud hadden we plaatsgenomen in het Royal Class-compartiment, of de purser kwam op ons toe met de vraag of we een glaasje jus d'orange bliefden.

'Een sinaasappel uitpersen kan ik thuis ook,' zei Erica. 'Nee, doe mij en mijn maat maar een glaasje champagne. Wat jij, Bart?'

Ik viel Erica geestdriftig bij. Champagne, graag. Voor minder deden we het niet.

Daarop brak een kleine revolutie uit onder de passagiers die de Royal Class bevolkten en nu ook aan de champagne wilden. Gaf ze eens ongelijk. Scheutig ging de purser met champagneflessen rond. De fles waaruit hij ons inschonk liet hij op ons tafeltje achter. 'Daar weet u vast raad mee,' vertrouwde hij ons toe.

Tegen de tijd dat we voor een korte tussenstop in Dar es Salaam landdden, was onze fles op. We moesten van boord, de Lockheed werd schoongemaakt, en terwijl ik de trap afdaalde en over het smeltende vliegtuigplatform liep, merkte ik dat de champagne zijn heilzame werk deed. Wat was het leven zonder bubbels?

Toen we een uurtje later het vliegtuig weer in konden, bleek de cabin crew te zijn gewisseld.

'Goedemiddag, mevrouw Terpstra,' werden we begroet, 'en goedemiddag, meneer Chabot. Welkom aan boord. Van onze collega's begrepen we dat u de jus d'orange liever overslaat en de voorkeur geeft aan champagne. Of hebben we dat verkeerd begrepen?'

Een tweede champagnefles plopte voor ons open. Vanwege de hitte hadden Erica en ik dorst gekregen en bovendien liepen we de nodige vertraging op, en toen we eindelijk richting de startbaan taxieden was de fles leeg.

'Lieve Bart,' zei Erica en legde haar hand op mijn arm, 'ik zou graag met je willen doorpraten, de hele vlucht, dolgraag, je bent een kanjer, maar ik moet morgenochtend na de landing rechtstreeks van Schiphol door naar Hilversum. Ik ben te gast in de duizendste aflevering van het programma *Koffietijd.* En daarom, hoe graag ik ook met je zou willen verder praten, ga ik slapen.'

'Lukt je dat, Erica, in deze kist, een goede nachtrust?'

'Daar heb ik pilletjes voor,' zei Erica. 'Slaappilletjes.'

Uit een plastic buisje schudde ze een pilletje in haar hand.

'Erica, als jij gaat slapen,' zei ik, 'doe mij er dan ook eentje, als je daar geen overwegende bezwaren tegen hebt.'

Ik hield mijn hand op en Erica schudde met het buisje.

'Zo,' zei ze en deed de dop erop. 'Weltrusten.'

Ik bestudeerde mijn handpalm, maar trof er geen pilletje in aan.

'Reservekoningin van Nederland,' zei ik, 'niet om het een of ander...'

Erica's stoel stond al in de slaapstand en ze wilde juist het door de luchtvaartmaatschappij verstrekte maskertje voor haar ogen schuiven, maar ze veerde met stoel en al terug en zat weer verticaal naast me. Ik hield mijn lege hand voor haar op zodat ze met eigen ogen kon vaststellen dat ik nog zonder slaappil zat. Ze pakte het buisje en schudde een pilletje in mijn hand.

'Wat is dít, Erica?' zei ik. Ik bracht mijn hoofd tot vlak boven mijn open hand. 'Die pilletjes zijn zo klein, die zijn met het blote oog nauwelijks waarneembaar. Er moet een loep aan te pas komen, wil je...'

'Zal ik er nog eentje bij doen?' zei Erica.

'Laten we dat doen,' zei ik, 'want dit schiet niet op zo. Het lijkt deze vlucht wel.'

Erica schudde een tweede slaappilletje in mijn hand.

'Kijk, zo komen we ergens,' zei ik en spoelde de pilletjes met een laatste restje champagne weg.

Naast me lag Erica al onder zeil, maskertje op, oordopjes in. Wonderlijk hoe vlot dat spul bij haar werkte. Zij had één pilletje ingenomen en was al vertrokken, terwijl ik er twee ophad en niks merkte.

Ik tuurde uit het vliegtuigraam – Erica verkeerde in diepe rust en maakte vertederende slaapgeluidjes – en zag de startbaan waar we naartoe taxieden: we zouden zo alsnog opstijgen.

Dat was ook meteen het laatste wat ik van de vlucht meekreeg.

'Meneer Chabot,' hoorde ik een mannenstem heel ver weg zeggen, 'meneer Chabot...'

Ik zakte weg in een diepe sluimering; om opnieuw te worden gewekt.

'Meneer Chabot? Meneer Chabot?'

Er werd vriendelijk doch beslist aan de mouw van mijn jasje getrokken.

'Meneer Chabot?'

Wat moest die stem van me, en hoe kwam ik van hem af?

'Meneer Chabot?'

Ik deed, als Bril, één oog open, in de hoop dat alles op een misverstand berustte, dan kon ik opnieuw van een welverdiende slaap genieten.

'Meneer Chabot, wakker worden! We zijn geland, al een halfuurtje geleden.'

Ik deed mijn ogen open en staarde in het gezicht van de purser.

'We gaan van boord. We hebben u laten slapen, maar... De andere passagiers zijn allang vertrokken.'

Ik keek naast me. Erica's stoel stond in de upright position, haar tafeltje was ingeklapt en van Erica zelf ontbrak elk spoor.

'Mevrouw Terpstra laat zich verontschuldigen. Ze ging als eerste van boord, haar taxi wachtte, ze moest naar een tv-studio in Hilversum.'

Koffietijd.

Dat was ook meteen het laatste heldere moment.

Hoe ik mijn koffer van de bagageband kreeg kan ik me niet herinneren en hoe ik thuiskwam evenmin. Twee dagen na terugkeer uit Tanzania vond ik mezelf terug in hartje Den Haag, waar ik had rondgelopen zonder te beseffen in de binnenstad te zijn. Voorbijgangers keken me wantrouwend aan. Het was oppassen geblazen met me, zag ik aan hun blikken. Maar gaandeweg deden de nevels in en om me heen een stap terug. Ik belde Yolanda met het nieuws.

'Godzijdank,' zei ze. 'Ik heb me zo'n zorgen om je gemaakt. Welkom thuis. Waar zát je met je hoofd? Alsof het mistte in je, een dikke, dichte mist. Sinds je terugkeer was je niet of nauwelijks aanspreekbaar en gedroeg je je als een zombie.'

Het kostte me dagen om te bevroeden wat er met me aan de hand was. Erica's slaappillen. Dankzij de pillen die ik had ingenomen, had ik een overdosis van het werkzame bestanddeel binnengekregen. Ik was lang en slank, om niet te zeggen mager. De dosis die ik had geslikt volstond om een olifant een dag of wat mee plat te leggen zodat je het dier kon vervoeren.

In al die jaren had ik Herman noch Jules ooit over de geneugten van slaappillen gehoord. Nu begreep ik waarom. Rusten of slapen, daar kreeg je na je overlijden alle gelegenheid toe. Zonde om daar in dit leven al een voorschot op te nemen.

Ja, ik moest beslist vaker op reis naar onbestemde verten. Liefst voor onbepaalde tijd. En voorzien van Erica's slaappillen, in afwachting van een definitiever besluit.

26

YOLANDA VERSCHIJNT OP DE VERANDA. 'KUN JE ME HELPEN, Bart?'

Ze heeft een witte plastic afwasbak lauwwarm water in haar handen. 'Help je mee Bril verzorgen?'

Bril ziet de bui al hangen en wil zich uit de voeten maken.

Wat Bril doet, hinkend en wel met haar ontstoken poot, is zich naar de boomstronk spoeden, Lisa's huisdierenkerkhof, zo vlug ze kan, om verwoed aan de stronk te snuffelen.

'Bril,' zeg ik, 'kom je?'

Mooi niet. Bril heeft andere plannen en hinkt verwilderd om de stronk en de stengels heen. Opeens heeft ze heel wat minder last van haar ontstoken voorpoot.

'Is er iets aan de hand daar,' zegt Yolanda, 'dat ze zo...?'

'De vraag is wát,' zeg ik.

Ik kijk omhoog, maar aan de grijze lucht valt niets af te lezen. Die laat zich niet in de kaart kijken.

'Haal jij de jongens?' zegt Yolanda als we met Bril klaar zijn. 'Zet ik borrelhappen en glazen op tafel in de tuin.'

Op mijn gemak loop ik naar het meer om ze te roepen, alsof ik de jongens 's middags als vanouds van het schoolplein ophaal.

'Pap, wat doe jij eigenlijk voor werk?' had Sebastiaan op een middag gevraagd toen we naar huis terug wandelden. 'Vanochtend in de klas moesten we van de juf iets over onszelf vertellen. Floris, die het eerst aan de beurt was, vertelde wat zijn vader deed.'

'En wat deed-ie?'

'Makelaar.'

'Kijk eens aan,' zei ik. 'Nou, zover heeft jouw papa het nooit geschopt, ben ik bang, jong.'

Ik knipoogde naar Sebastiaan en naar zijn drie jaar jongere broer Maurits.

In die jaren was het hoogst ongebruikelijk dat een vader zijn kind naar school bracht of ophaalde. Dat deden de moeders. Zo kreeg ik aan het begin van het schooljaar een brief van de firma Campina over schoolmelk. 'Lieve moeders', luidde de aanhef.

Ik schreef een briefje terug dat het zomaar kon voorkomen dat een vader de dagelijkse zorg voor zijn kroost op zich nam.

Prompt ontving ik een excuusbrief. Om de fout goed te maken kreeg Sebas voor de duur van het schooljaar gratis schoolmelk.

'De hele klas,' vervolgde Sebas, 'vertelde wat hun vader deed. Toen kreeg ik de beurt. Ik zei dat je dichter was, en dat je de hele dag schreef. Maar dat je ook vaak van huis was om op te treden in het land.

"O," zeiden ze.

Ze vroegen of dat je werk was, je baan, en of je wat verdient, omdat jij zowat de enige vader bent die ons 's ochtends naar school brengt en 's middags weer ophaalt. Toen heb ik ze over mama verteld, dat die arts is. Dat begrepen ze wel.'

Ter plekke besloot ik de jongens voortaan zo veel mogelijk mee te nemen als ik ergens optrad. Een scala van jongerencentra en tv-studio's zagen ze vanbinnen, van *Het Groot Dictee der Nederlandse Taal* tot *De slimste mens*. Zo ontdekten ze dat je zelf je leven kon boetseren.

Ook nam ik de jongens mee naar het voorkamerraam toen de vuilnis bij ons voor de deur werd opgehaald. Van ondergrondse containers was nog geen sprake.

'Jongens,' zei ik, 'nog niet zo lang geleden zat Den Haag drie maanden zonder burgemeester. Wat denk je, deden de stoplichten het opeens niet meer? Sloten de scholen en ziekenhuizen? Liepen de straten onder water? Viel allerwegen de stroom uit en reden de trams niet meer? Werd de vuilnis niet meer opgehaald? Welnee, joh. Alles functioneerde en deed het, je merkte nauwelijks verschil.

Goed, wat zien jullie op straat, jongens?'

'De vuilniszakken worden opgehaald.'

'Door de vuilnismannen. Wat denk je dat er gebeurt als die zouden staken?'

Op het *Jeugdjournaal* hadden ze gezien wat de gevolgen waren van een staking van de gemeentereiniging in Napels.

'Dan lopen na een week de ratten op klaarlichte dag over straat, pap.'

'Dus,' zei ik, 'wie is er belangrijker, de burgemeester of de vuilnisman?'

Vanaf het moment dat ik niet twee maar vier zoons had, veranderde er iets. Met toenemende frequentie verscheen ik op de televisie, iets waar we thuis weinig aandacht aan besteedden, maar wat de klasgenoten van de jongens niet ontging.

'Pap, de kinderen in de klas zagen jou gisteravond op de televisie.'

Ik kon het moeilijk ontkennen.

'Pap, jij bent beroemd, zeggen ze. Want jij bent vaker op de tv geweest. En je doet dan heel raar, zeggen ze. Leuk, maar ook raar. Onno zei dat zijn vader jou niet leuk vindt op de tv. Iedereen heeft het erover. Tijdens de pauze kwamen er kinderen naar ons toe die we helemaal niet kenden, uit andere klassen, die zeiden dat ze ook beroemd willen worden.'

'Jongens,' zei ik, 'luister. Televisieroem is niks, leuk zolang het duurt, maar... Gebakken lucht. Sommige televisiepersoonlijkheden geloven erin, in hun bekendheid, en soms eet die bekendheid hen op en verdwijnt degene die ze waren achter de horizon. Trap er niet in. Televisieroem verdampt waar-je-bij-staat.'

Ja ja, knikten de jongens aarzelend. Het betekende misschien niks, als ik dat per se wilde geloven, best mogelijk; maar waarom had iedereen in de klas en op het schoolplein het dan over de televisie?

'Jongens,' zei ik, 'ik heb met televisiemensen gewerkt die veel beroemder waren dan jullie papa. En wat is ervan over? Ik noem een paar sterren, mogen jullie zeggen wie het zijn, oké?'

Ze knikten van ja.

'Maya Eksteen,' zei ik. 'Ooit gehoord van Maya Eksteen?'

Het bleef stil.

'Een beroemde presentatrice,' zei ik. 'Goed, wie was Myrna Goossen?'

De jongens keken naar het plafond, maar dat kwam niet met een antwoord op de proppen.

'Ook een presentatrice met wie ik ooit werkte. Van een middagprogramma, *Aperitivo*. Oké, Herman Emmink?'

Stilte.

'De vroegere quizmaster van *Wie van de Drie*. Goed, wie was Judith Bosch? Dick Passchier? Fred Oster?'

De jongens keken elkaar eens aan. Waar had papa het over?

'Wie presenteerde *Uhhh... Vergeet je tandenborstel niet!*?'

Hoe lang ging deze onaangekondigde overhoring nog duren? zag ik de jongens denken. Hopelijk niet veel langer: ze hadden meer te doen.

'Peter Knegjes, Lous Haasdijk? Mireille Bekooij?'

'Over wie héb je het, pap?' zei Mau.

Ik herinnerde me hoe ik ooit de mij toegewezen kleedkamer van het programma *De 5 Uur-show* in liep en tussen talloze sterren- en artiestenfoto's aan de muur mijn eigen portret ontdekte; en hoe ik me na afloop in de taxi terug naar Den Haag voelde: alsof ik aan het grimmige alledaagse bestaan was ontstegen, in elk geval voor de duur van de taxirit.

Roem was een gevaarlijk goedje. Het kon je het gevoel bezorgen dat je heel wat betekende. Menigeen toonde zich daar ontvankelijk voor, nam afscheid van zichzelf en liep het risico uit te groeien tot een door fans en bewonderaars op handen gedragen lege huls; om met een opgevoerd ego en in de rug gesteund door een legertje meelopers en jaknikkers een specialist te worden in het rondpompen van lucht.

'Tot zover,' zei ik, 'de wijze woorden voor vandaag.'

Vergiste ik me of haalden de jongens opgelucht adem?

—

Eenmaal een Bekende Nederlander duurde het niet lang voordat ik de schaduwzijde van die nieuwverworven status bemerkte.

Aanvankelijk was het plezierig om op straat door Jan en alleman herkend en aangesproken te worden; en toen niet meer.

Het eerste wat wegviel was 'zomaar' de straat opgaan. Voortaan diende je je daartoe te kleden.

Als je een brood of pak melk was vergeten duurde de gang naar de supermarkt niet een kwartiertje, maar kostte dat algauw een uurtje: als je geluk had en niet te veel voorbijgangers tegenkwam die een praatje wilden maken, of een handtekening wilden of een selfie. Geregeld beleefde je het tegenovergestelde en werd je uitgescholden.

Zaterdagsmiddags de stad in werd een bezoeking, evenals een bezoekje aan een zomers strand. Je was je anonimiteit voorgoed kwijt: een anonimiteit die je nu het te laat was pas waardeerde. Het openbaar vervoer viel ook af. Dat leverde zoveel gestaar op dat je aan de auto moest. Je zocht je toevlucht tot de rustigste cafés en restaurants om niet te worden lastiggevallen, hoe goed de mensen het ook bedoelden.

Koesterde ik de illusie dat bekendheid je vleugels kon geven, dan kwam ik bedrogen uit. Ik zat in een zelfgetimmerde kooi, zonder de sleutel van het deurtje. Zelfs in de ziekenhuizen waar ik wegens gezondheidsperikelen kwam, werd ik aangegaapt en heimelijk gefotografeerd, tot in de wachtkamer toe. Wel versoepelden de contacten met andere Bekende Nederlanders. Die zaten in hetzelfde schuitje; dat schiep een band.

Je was een begerenswaardig artikel als Bekende Nederlander; maar een artikel. Toch viel met dat leed best te leven.

Dat kwam anders te liggen toen we na de geboorte van Sebastiaan plotseling moesten verhuizen. Op een zaterdag pakten we onze spullen en op zondag trokken de nieuwe bewoners in onze voormalige woning.

Op zondagavond, tegen zevenen, ging de voordeurbel van onze oude woning en deed de kersverse vrouw des huizes open.

'Waar is Bart Chabot?' zei degene die had aangebeld. 'Waar is-ie?'

De man die zo belangstellend naar me informeerde hield een pistool in zijn hand.

'Dat weet ik niet,' zei de nieuwe bewoner; al wist zij waar we woonden. We hadden haar ons adres gegeven met het oog op het nasturen van eventuele post.

'Dat heeft hij niet gezegd.'

Met die woorden deed ze vriendelijk doch beslist de voordeur dicht en wachtte af of de man opnieuw zou aanbellen. Toen belde ze ons, om te waarschuwen dat ik werd gezocht.

—

'Bart,' zei Marijke, mijn toenmalige manager, 'ik heb een uitnodiging voor je binnengekregen om te signeren in de Amsterdamse Bijenkorf, in het kader van de Boekenweek. Wat let je? Een Bijenkorfsigneersessie wordt altijd druk bezocht. Nee, er is geen budget voor een taxi. Joh, ga lekker met de trein. Dat heb je in jaren niet gedaan...' – ik dacht aan de keren dat ik in een trein was lastiggevallen – '... maar een zaterdagmiddag, op klaarlichte dag, lente, dat moet kunnen, toch? Wat kan er fout gaan? Neem een van je zoons mee, voor de gezelligheid.'

Maurits ging mee.

De treinreis verliep voorspoedig, evenals de signeersessie.

Na afloop van de borrel en de nazit wandelden Mau en ik terug naar het station. We waren goedgeluimd.

We namen plaats in de benedenverdieping van de dubbeldekker – Mau met het stripboek waarop ik hem in de stationskiosk had getrakteerd – zodat we straks een goed zicht hadden op de landschappen die we passeerden. Ik begon er steeds meer zin in te krijgen. Marijke, een en al Rotterdamse nuchterheid, had een punt. Waarom deden we dit niet vaker?

Ik maakte het doosje Bijenkorfbonbons open dat ik had gekregen en hield het Mau voor. Die had weinig aansporing nodig.

'Mag ik vaker mee, pap?' zei hij glunderend. 'Ik wil altijd mee, hoor. Hartstikke leuk. Wat een geluk dat voetballen was afgelast.'

De intercity stopte in Schiphol. De coupédeuren schoven open. Tot dan toe was het rustig geweest in de trein, maar dat veranderde nu. Enkele treinreizigers liepen naar de deuren toe en wilden instappen, tot er geschreeuw klonk – verderop op het perron en buiten het zicht van Maurits en mij – en ze verschrikt opzij keken. Het getier en gevloek kwam naderbij en de reizigers stapten niet onze coupé in, maar liepen gehaast door. Toen zagen we van wie het geschreeuw afkomstig was: vijf jongemannen met wijd opengesperde ogen die ieder een fles in een papieren zak bij zich hadden waaruit ze af en toe een teug namen en die nu instapten. Ze wilden de coupé in, maar zagen hun weg gedwarsboomd door een doorzichtige perspex deur die je moest openduwen.

Voor die oplossing kozen de hooligans niet.

De voorste hief een been en trapte met zijn laars de deur uit zijn hengsels.

Het ging met een scheldpartij en gevloek gepaard. De ziektes waren niet van de lucht. Te oordelen naar het veelvuldig hun neus ophalen kon je menen dat ze aan een zware verkoudheid ten prooi waren.

De vijf liepen niet door naar een volgende coupé, maar lieten zich op de banken achter ons neerploffen, waarop een nieuwe ronde ziektes volgde.

Leefde ik in de veronderstelling dat geen van hen me had herkend, dan vergiste ik me deerlijk.

'Weet je wie daar achter je zit?' riep een van hen.

'Nee.'

'Die Bart Chabot.'

'Wát?'

'Die... Daar zit-ie. Het is 'm.'

Blinde, onverdunde haat kolkte door de coupé. Maurits had zoiets nooit eerder meegemaakt en ik had het hem wat graag bespaard.

'Wát? Die kankerkutmongool?!'

Ik pakte mijn jas van de haak, beduidde Maurits hetzelfde te doen en zijn stripboek mee te nemen.

'Die kankertyfuslijer?!'

We stonden op.

'Als ik díe zie...'

We stapten over de deur die dwars in het gangpad lag.

'... dan trekt ik z'n kankerharses van z'n romp, die vuile vieze gore kankerhond.'

'Daar gaat-ie, achter je.'

Er klonk een scheidsrechtersfluit; op het moment dat we de trein verlieten schoven de coupédeuren achter ons dicht.

Ik keek naar het voorste gedeelte van de trein, waar het gefluit had geklonken. De conducteur, een oudere man met grijs haar aan de slapen, stapte in, speurde het perron af, floot nog één keer en de trein zette zich in beweging.

Achter ons steeg een wild geraas op en we hoorden zware klappen. De vijf zagen hun prooi ontsnappen en uitten hun woede hierover middels een stroom van verwensingen en door uit alle macht tegen de treinwand te trappen, en tegen het raam dat, anders dan de perspex coupédeur, niet meegaf.

'Kom Mau,' zei ik en legde mijn hand op zijn schouder. 'We nemen de volgende trein, wat jij. Gelukkig heb je je stripboek nog.'

Maurits was acht en zou het nog jaren over het voorval hebben, al wilde hij er liefst zo min mogelijk over kwijt.

Op maandagochtend, mijn managementkantoor was net open, belde ik Marijke om te vertellen hoe memorabel de signeersessie was verlopen. Exit de trein.

De incidenten regen zich aaneen.

'Wat mankeer jij?' vroeg iemand me toen ik na een bezoek aan een neurochirurg bij de kassa van het ziekenhuisrestaurant wilde afrekenen.

'Pardon?' zei Yolanda. 'Hij komt hier als patiënt, hoor.'

'Nou en?' klonk het naast ons. 'Wat nou "patiënt"? Daar heeft-ie toch zelf voor gekozen, voor bekend worden?'

Mijn fout was dat ik televisie maken als een tussendoortje zag. Na dagenlang te hebben geschreven bood een tv-opname een welkome afleiding. Zo leerde het publiek me kennen van kwissen en amusement. Schreef ik gedichten? Wat leuk. Het wemelde van de Bekende Nederlanders die schilderden, een kinderboek fabriceerden of een eigen kledinglijn of tijdschrift begonnen: daar kon een dichter best bij.

Was ik toch in de val getrapt. Toen dat eindelijk tot me doordrong, was het bijna te laat. Ik was een televisiegrapjas geworden. Een beeldbuisnar. Hoe ontsnapte ik uit die door mijn toedoen opgetrokken glamourkooi? Door hem eigenhandig af te breken en de losse onderdelen – bodemplaat, spijlen en een stokje voor het opzitten en pootjes geven – op te bergen in het wintermagazijn. En voortaan nee te zeggen tegen elke uitnodiging. Maar daarmee was ik er nog niet.

Om mijn vrijheid terug te krijgen en mijn leven te hernemen, diende ik de Bekende Nederlander in me te laten afsterven, voor zover dat nog kon.

'Dat gaat je jaren kosten,' zei Yolanda. 'Als het je überhaupt nog lukt. *Waku Waku*. Was je vergeten hoe de kinderen tijdens de zomervakantie in een Franse supermarkt door Nederlandse toeristen werden gefotografeerd, dwars tussen de opzijgeschoven spullen in de schappen door?'

Ik moest uit mijn leven verdwijnen.

Dat huzarenstukje had ik in mijn jeugd zo vaak uitgehaald,

overlijden, om onder mijn bestaan uit te kunnen. Je kon de deur naar je hoofd achter je in het slot trekken.

Hoe groter het succes, hoe meer je jezelf ophief. Hoe beter het publiek je leerde kennen, hoe minder er van je overbleef. Ik moest van de televisie af. Uit beeld verdwijnen – weg uit de kranten, tijdschriften en De Bladen – opnieuw een Onbekende Nederlander worden en daarmee ongrijpbaar. Alleen zo kreeg ik iets van een eigen leven terug. Een schutkleur aannemen en als een kameleon opgaan in de omgeving. Pas als niemand meer op me lette, kon ik mijn gang weer gaan.

Je hoefde jezelf niet levend te begraven; dat karwei namen anderen je met genoegen uit handen.

Je moest zichtbaar onzichtbaar worden. En onzichtbaar zichtbaar. Daar lagen de kansen. Zo speelde je jezelf vrij.

En dan nog.

27

'ZWEDEN?' WORDT ME GEREGELD GEVRAAGD. 'GAAN JULLIE daar alweer naartoe? Verveelt dat nou nooit, die eeuwig zingende bossen en die muggenmeertjes?'

'Sterker,' zeg ik, 'we gaan terug naar het vakantiehuis waar we vorig jaar logeerden. Het is goed toeven daar. Stilte. Hooguit hoor je het verre ruisen van een planeet die 's nachts zijn opwachting maakt en langszij komt of een ster die op kousenvoeten dichterbij sluipt.'

Bijkomend voordeel van Zweden is dat niemand me er kent. De Zweden niet, maar ook vakantie vierende landgenoten niet. De laatsten zijn overwegend vogelaars, die moeiteloos talloze vogelsoorten hoog in de lucht aan hun silhouet herkennen, maar mij niet, op een enkele uitzondering na: iemand die in de supermarkt pal naast me komt staan in de hoop op een praatje of om het gesprek tussen Yolanda en mij of de kinderen af te luisteren. Maar daarmee heb je het gehad. Ik hoef niet naar Zweedse stoeptegels te staren om oogcontact met derden te vermijden. Alsof ik geruime tijd dicht onder het aardoppervlak vertoefde, maar me aan de aarde heb ontworsteld en bovengronds kom: een wederopstanding die geen mens opvalt.

In Zweden kan ik weer rechtop lopen.

'Toch blijft het gek,' zegt Yolanda.

We zitten op de schommelbank in de tuin en doen waartoe een schommelbank uitnodigt.

'Wat blijft gek?' zeg ik.

'Hoe Bril zich gedraagt bij de dierenbegraafplaats. Vind je niet?'

De schommelbank mindert vaart en komt tot stilstand.

'Ze mijdt dat deel van de tuin, Bril. En áls ze in de buurt van die begraafplaats komt loopt ze er met een wijde boog omheen. Is dat je niet opgevallen?'

Met mijn koffiemok loop ik het huis in en zet de mok op een bijzettafeltje om iets in de woonkamer te pakken.

Ik ben de kamer nog niet in of de mok valt achter me op de grond en de koffie spettert over de vloerbedekking. Wonderlijk om te zien hoe de koffie zijn weg vindt en vol overgave alle kanten op schiet, het ene golfje nog verder reikend dan het andere zodat er een waaier aan koffiepijlen op het kleed ontstaat.

Als Splinter op het gerucht afkomt, zegt hij wijzend op de vlek: 'O pap, een ster!'

'Nee,' zegt Storm, 'zie je die stralen niet? Het is een zon!'

Ik stel voor de vlek met de ver uitstekende punten voorlopig zo te laten, iets waar ook Yolanda de lol van ziet. De vloerbedekking is sleets en op sommige plekken aan ernstige slijtage onderhevig: een koffievlek kan er nog wel bij.

Aandachtig turen we naar de opdrogende ster en de sterrenstralen.

Zo halen we kinderlijk eenvoudig het heelal in huis.

—

Het is tien over halfelf.

We lopen naar buiten, Bril en ik, en volgen het pad dat naar de verharde weg leidt waar meer vakantiehuizen aan liggen, die alle verlaten zijn. Wel wappert aan de meeste gevels een Zweeds vlaggetje. Het is te donker om het bos in te gaan.

Zelfs tijdens het hoogseizoen reed hier sporadisch een auto voorbij. Zo stil is het dat ik mijn voetstappen hoor en het gekras van Brils nagels op de weg; een geluid dat de stilte nog accentueert. En misschien is dat het, die nadrukkelijke stilte, die me ertoe beweegt naar mijn voetstappen te luisteren.

We zijn een eindje verder – ben ik mezelf aan het uitlaten? Bril wil het liefst terug naar huis om voor onze slaapkamerdeur te liggen slapen – als me iets opvalt.

Het klinkt alsof mijn voetstappen een fractie van een seconde te lang aanhouden en na-ijlen. Ik hoor niet alleen mezelf lopen, maar ook de voetstappen van iemand die in ons spoor blijft en probeert om zijn schoenzolen en -hakken exact in het door mij gehanteerde wandeltempo te laten landen, maar daar net niet helemaal in slaagt. Ik word gevolgd, maar door wie of wat?

Onverhoeds draai ik me om – Bril aan de lijn – en staar in de leegte achter ons.

Bril en ik zijn alleen.

En toch niet. Bril trekt aan de riem en blaft tegen de donkerte. We verkeren in het bijzijn van iets wat zich ook op korte afstand niet laat definiëren. Bril vangt een geur op die haar niet bevalt. Er hangt iets in de lucht wat niet per se alleen van goede wil en de beste bedoelingen getuigt.

'Kom Bril,' zeg ik terwijl ik haar meetrek. 'Het is mooi geweest, we gaan terug. Morgen verder.'

Bril heeft geen aansporing nodig en haast zich vooruit, naar huis, een veilige haven. Al ben ik er vrij zeker van dat wat zich zo-even in beperkte mate aan ons openbaarde zich niet door nachtsloten of grendels laat tegenhouden.

's Nachts kan ik de slaap niet vatten en als ik eindelijk in slaap val, schrik ik vrij snel weer wakker.

Ik droomde dat ik op een avond in Den Haag de keuken in liep. Het is laat, volgens de klok boven het aanrecht. Een plotselinge windvlaag rukt aan de tuindeuren, alsof de wind de deuren wenst open te doen en naar binnen wil.

Even valt de wind stil, om de batterijen op te laden voor een hernieuwde poging.

Tot mijn schrik hoor ik Yolanda's stem in de gang, die zacht mijn naam uitspreekt. Tot mijn schrik: zij zit voor haar werk twee dagen in een hotel in de Achterhoek en zou pas in de loop van morgenavond thuiskomen.

Ik ben niet de enige die iets in de gaten heeft. Bril kijkt waaks op en komt uit de bench. Heeft zij Yolanda ook gehoord? Buiten krijsen de meeuwen. De Scheveningse kust meldt zich aan het raam en de zee verschiet van kleur en wordt lijkbleek.

Een droom, denk ik, en niet de moeite waard om wakker van te liggen. Als ik zo stil mogelijk op mijn zij draai, hoor ik een zucht naast me.

'Slaap je?' fluister ik.

'Nee,' klinkt het naast me. 'Ik kan niet slapen.'

Ik denk aan de voetstappen die ik tijdens het uitlaten van Bril hoorde en hoe Bril deze avond tegen het donker tekeerging. En ik herinner me hoe Bril blafte toen we thuiskwamen vlak voor ons vertrek naar Zweden en ik haastig de voordeur dichttrok. Heb ik me door de relatieve rust op de snelwegen en de verlatenheid op de Brug in de luren laten leggen?

De reis naar Zweden, lijkt het, is niet alleen door ons gemaakt.

'Waarom kun je niet slapen?' vraag ik.

'Wist ik dat maar.'

28

NA DE TOURNEES MET REMCO EN JAN MISTE IK HET LEVEN ON the road. Het leek een lumineus idee om met Herman en Jules langs de schouwburgen en theaters te gaan. En het wás ook een lumineus idee, al pakte het niet overal even goed uit en bleef het publiek in menige uitverkochte zaal verbijsterd achter; afgezien van de toeschouwers die in de pauze massaal de gang naar de garderobe maakten of eerder nog zelfs, tijdens de voorstelling.

Aanvankelijk hadden we een programma met vaste ijkpunten. Zo begonnen we met een door Jules geschreven Trioloog tussen drie apostelen-in-de-buitendienst – broeder Justus, broeder Hermanus en broeder Bartholomeus – die in een strandstoel in de woestijn wachtten op Jezus, met wie ze een afspraak hadden;

maar die nimmer zou opdagen omdat hij tezelfdertijd aan het kruis op de Calvarieberg werd genageld.

'Wat is een "Trioloog", Juuleke?' zei Herman.

'Een dialoog voor drie personen.'

'O,' zei Herman, 'fijn dat ik het weet.'

Omdat Herman niet erg tekstvast was, namen we de twintig minuten durende Trioloog op in een platenstudio, zodat we op het podium – zodra het doek opging – de tekst konden playbacken. Het playbacken werd extra vergemakkelijkt doordat we, gekleed in een habijt, met elastiekjes een apostelbaard voorbonden. Schudde je je hoofd als je aan de beurt was, dan was dat genoeg om de zaal ervan te overtuigen dat je daadwerkelijk aan het woord was. Tot Herman zo laat in de theaters aankwam dat een roadie als apostel verkleed in de ligstoel plaatsnam en Herman adequaat verving: geen bezoeker die iets in de gaten had.

Probleem opgelost, dachten we.

Dat was buiten Herman gerekend. Na een poosje zinde de gang van zaken hem niet. Hij duldde dat een roadie in de ligstoel plaatsnam, wachtte tot we op driekwart van de Trioloog waren, kwam het podium op, liep naar de roadie, rukte diens baard af en duwde hem terwijl de geluidsband doorliep van het toneel. Tot groot enthousiasme van de uitverkochte zaal.

Na zo'n elf, twaalf gigs riep Herman Jules en mij in de kleedkamer bijeen. Hij pleitte voor een andere aanpak. Wat we nu deden – een show opvoeren – kon elke artiest: teksten schrijven, uit het hoofd leren en vervolgens twee jaar het land door. 'Geen zak an,' oordeelde Herman.

'Wat wil je dan?' vroeg ik.

'Verrast worden,' zei Herman. 'Avond na avond. Improviseren. En niet in de trein onderweg naar het theater al weten wat Jules en jij 's avonds gaan zeggen, en dat ook van mezelf al weten.'

'Hoe zie je dat voor je?'

'Om halfnegen, aanvang, gaat het doek op en staan we alle drie voor onze microfoons, schouder aan schouder, zij aan zij. En vertellen aan de zaal en aan elkaar wat we die dag zoal hebben meegemaakt.'

'En denk je, Herman, dat de zaal daarin geïnteresseerd is?'

'In mijn geval wel, ja.'

We voelden wel iets voor Hermans suggestie. Je kunstje doen kon elke artiest: de herhalingsoefeningen. Dan werd je je eigen recyclingbedrijf. Elke avond from scratch beginnen, op hoop van zegen, en maar zien wat er opborrelde, dat was pas theater máken. Alleen verwachtte het publiek doorgaans een soepele show, een verwachting waar wij niet aan voldeden.

Het regende klachten, ook van schouwburgdirecteuren.

Hoogtepunt, of dieptepunt, al naargelang je perspectief, was onze voorstelling in Carré, die we voor een uitverkocht huis begonnen. In de pauze hielden zo'n vierhonderd bezoekers het voor gezien en stapten op.

'Als het je niet bevalt,' zei Jules vlak voor de break, 'pleur je toch lekker op? Hebbie betaald, ja? Oppleuren dan.'

Een ouder echtpaar op de eerste rij rees moeizaam uit de stoelen.

Jules tuurde over de rand van zijn bril Carré in. 'Zijn er nog meer die...? Oprotten.'

Iggy, de hond van Herman die ook van de partij was, tilde een poot op en plaste tegen een van de poten van de Steinway-vleugel op het toneel.

Vanuit de coulissen zag ik het tafereel aan en wist: ik doe dit voor het boek. 'Je schrijft het toch wel op hè, Barteke?' had Herman me bij aanvang van de tournee op het hart gedrukt. 'Ik bedoel, ik doe het niets voor niks.' Het ging niet goed met Herman, en hij wist dat ik dat wist. Onze tournee was zijn laatste ronde door het land: een afscheidstournee die niet als zodanig mocht worden bestempeld.

'Daarover geen zorgen, Herman,' zei ik. 'Het boek gaat *Brood en spelen* heten en het schrijft zichzelf, daar kom ik bij wijze van spreken nauwelijks aan te pas. We doen dit niet voor niets. Het is opgeschreven.'

'Daar reken ik dan op, hè,' zei Herman. 'En als ik kom te overlijden... ogenblikkelijk uitbrengen, dat boek. Liefst op de dag van de uitvaart zelf. Allicht dat je er dan meer exemplaren van verkoopt.'

'Herman, dat gaan we natuurlijk never doen. Dat is niet kies.'

'Niet zo preuts, jonge vriend.'

Toen Jules en ik na het wegvallen van Herman samen op tournee gingen, hoorden we wat we zoal teweeg hadden gebracht.

'Jullie?!' zei een theaterdirecteur. 'Wat Deelder en jij met jullie kompaan Brood hebben gepresteerd, slaat alles. Ongehoord, dit is nog nooit vertoond en het zal nooit meer vertoond worden ook. Wat dacht je?! Er zíjn grenzen, zelfs voor jullie. Die Brood, dat wrak, volstrekt ontoerekeningsvatbaar... Weet je dat een collega van me, een schouwburgdirecteur van een theater onder de rook van Rotterdam, kort na jullie optreden zijn baan heeft opgezegd? Die stapte op. Nietsvermoedend liep hij in de pauze naar Broods kleedkamer, lag-ie te neuken, met een injectiespuit binnen handbereik. "Als dit de toekomst van het theater is," zei-ie, "dan ben ik weg. Zo hoeft het voor mij niet meer." Van een andere collega begreep ik dat Brood het bestond om halverwege de voorstelling zijn broek omlaag te trekken, zijn luier tevoorschijn te halen, om daar op de bühne mee te zwaaien ten overstaan van een uitverkocht huis. Zevenhonderdvijftig man. Een onderonsje. Let wel, een volle luier. Nou vráág ik je?! Het hooggeëerd publiek toezwaaien met een luier. Nee, jullie hebben heel wat op je geweten.'

'Eerlijk gezegd,' onderbrak ik zijn tirade, 'vond ik die scène vanuit theatraal oogpunt juist een van de absolute hoogtepunten van onze twee jaar durende tournee.'

De directeur gaapte me aan alsof hij ernstig twijfelde aan mijn geestelijk welbevinden.

Ook collega-artiesten uitten hun zorgen.

'Wat hebben jullie in godesnaam geflikt? We kwamen in de Agnietenhof in Tiel, troffen we de directeur in zijn kamer aan die zich trillend met beide handen aan zijn bureaublad vastklampte. Jullie waren langs geweest, twee weken daarvoor.'

Maar had die schouwburgdirecteur het bij het rechte eind? Dat viel nog te bezien.

'Goed dat ik je tegen het lijf loop,' sprak een vrouw me op een middag op het Lange Voorhout aan. 'Heb je even? Ik zal je zeggen, ik zie alles. Alles. Ik ben een theaterliefhebber pur sang, samen met een stel vriendinnen. Wij gaan overal naartoe. Hans, Youp, Freek, Theo... noem-het-maar-op-allemaal. Dus ook naar jullie voorstelling, in Diligentia. Schandalig vonden we het wat jullie "presteerden". Unaniem. Jullie rotzooiden maar wat aan. Een schertsvertoning. Dat jullie daar toegang voor durfden te vragen. Je moet het lef maar hebben. Aan het eind van ieder seizoen maken we de balans op, wij, onze theaterclub. Zo ook dit jaar, na jullie wanprestatie. Wat bleek? Wat jullie uithaalden was het enige wat ons was bijgebleven. De andere shows, hoe goed ook tijdens de avond zelf, daar konden we ons per saldo betrekkelijk weinig van herinneren. Ja, dat het goed was geweest, of leuk, of... Die programma's liepen zo'n beetje door elkaar heen. Maar jullie... Wat jullie uitvraten stond nog messcherp op ons netvlies. Als jullie weer op pad zouden gaan, gedrieën, kochten we zo weer kaartjes. Jullie maakten theater-waar-we-bij-zaten, pal voor onze neus. We hebben het er nog geregeld over, de club. Dat bleef ons bij. Wat denk je, zit het er nog in dat jullie op tournee gaan? Nee hè?'

Drie jaar na de duo-tournee met Jules, toen ik met Martin Bril en Ronald Giphart op pad ging, speelde die verbijstering nog steeds.

'Doe me één lol,' zei George, onze impresario. 'Géén improvisaties. Dát nooit meer, laat ik het niet merken. Als ik het woord "improviseren" zelfs maar hóór, kom ik naar je huis, Chabot, met een stengun en doorzeef je woning. Dat je het weet.'

Een sentiment dat werd gedeeld in Hoofddorp, merkte ik toen Ronald, Martin en ik er optraden.

'Die "show" met Brood en Deelder?' zei de theaterdirecteur. 'Je moet maar durven. Laatst kwam Jules langs. Die deed maar wat, net als jullie toentertijd. Kort en goed, Deelder komt er hier niet meer in. Van jou weet ik het nog niet, Chabot. Je krijgt nog één kans.'

'Hoor je het eens van een ander,' zei Martin toen de man onze kleedkamer had verlaten. 'Wat wij doen door met jou mee op tournee te gaan, is jou rehabiliteren. We doen het voor jou, Bart. Zo moet je het zien. Jullie hebben de boel op stelten gezet. De sloopkogels. Wij gaan de boel weer opbouwen. So don't fuck up.'

29

TOCH ZAT OOK DE HOOFDDORPSE SCHOUWBURGDIRECTEUR ernaast, als zoveel van zijn collega's. En al begreep ik Martins zienswijze, toch had ook hij niet het gelijk aan zijn kant. Het theater was binnenstebuiten gekeerd, flink door elkaar geschud en op zijn kop gezet.

'Broeder Bartholomeus?' zei Jules.

We zaten in de laatste fase van onze tournee met 'Het Brood', zoals Jules hem noemde; na twee jaar eindigden we binnenkort in het Oude Luxor in Rotterdam. Het ging niet goed met Herman, al maakte hij de voorbije weken serieus werk van het afkicken van de speed, op geheel eigen wijze. Een nieuw theaterseizoen zat er voor Herman niet in, zelfs niet als hij aanzienlijk zou opknappen. We naderden het einde van de snelweg.

'... Wat dachie d'r van?' zei Jules. 'Jij en ik op pad. Voel je d'r wat voor? Jij en ik, en Trio Me Reet, voor een moppie jazz. Nou, wat zeggie?'

Daar hoefde ik niet lang over na te denken.

'En we heten...' zei Jules. '... Voorwaarts...'

'Mars,' vulde ik aan.

'Nee, Nuts.'

'Hè?'

'Voorwaarts Nuts, zo heet de show. Astamblaft. Wat zeggie d'rvan?'

'Voorwaarts Nuts? Beter wordt het niet, broeder Justus.'

'Dat dach-ik ook.'

We zouden vier dagen repeteren in een theater in Voorburg. Maar daar kwam niet veel van terecht. Weliswaar kwamen we opdagen in theater De Tobbe, maar daar bleef het bij.

'Krijg de tering met je repeteren,' zei Jules, die de voorkeur gaf aan het beproefde recept van de tournee met Herman. Jazz-improvisaties. Eenmaal op de bühne zagen we vanzelf wat ervan kwam, en dat was dan vroeg genoeg.

'Jij heb toch genoeg in je bolus?' zei Jules. 'Nou dan. Kom, waar ken je hier ergens biljarten? Niks te "repeteren". Aldus de Eerste Wet van Deelder.'

'Maar onze impresario,' wierp ik tegen, 'is als de dood voor een herhaling van zetten à la Herman.'

'Laat onze impresario lekker de tering krijgen. Waar is-ie bang voor? Dat geschijtlaars. Wat fout gaat, hoort er ook bij. De Tweede Wet van Deelder. Hebbie dat, Bart? Nou, ga je nog mee biljarten of-hoe-zit-dat?'

We gingen op pad, met wisselend succes. Geregeld verlieten bezoekers voortijdig de zaal, maar bij lange na niet zoveel als ten tijde van de voorstellingen met Herman. Er bereikten ons geen ernstige klachten, ook niet van hogerhand – van directies of impresario – en zodoende koersten we voortvarend richting de kerst terwijl de zomer koud achter ons lag.

'Het gaat goed, hè?' zei Herman, die nog altijd in de afkick zat. 'Ik hoorde van mensen die naar jullie show waren geweest dat... Ze wisten niet hoe ze het hadden. Nou, beter kun je je niet wensen..'

Herman gunde zichzelf een korte adempauze; het spreken viel hem zwaar.

'Weet je wat ik zo leuk zou vinden... Om met Jules en jou een keertje mee te doen.'

'Dat lijkt me geen punt. Ik zal het aan Jules doorgeven, die ziet het ongetwijfeld zitten, je deelname.'

'En dan kom ik op in een rolstoel,' zei Herman, die zijn rentree al voor zich zag. 'Jij duwt me het toneel op, als verpleegkundige, met een wit uniformpje aan.'

'Uitstekelbaars,' zei Jules toen ik hem van de plannen op de hoogte bracht. 'Met een infuus in zijn arm en een slangetje in zijn neus. "Nou mensen," zeg ik dan tot de zaal, "je ziet het, dat krijggie d'r nou van, van afkicken. Mij niet gezien." Uitstekend idee, broeder Bartholomeus, motten we doen; en dan rollen we hem met infuus en al naar de rand van het toneel en duwen hem zo de voorste rijen in.'

Het zou er niet van komen.

En in die dagen geschiedde het dat Jules onverwachts kwam te overlijden.

Althans, dat werd op een ochtend gemeld op de nieuwssite van een lokale Rotterdamse omroep. Een wakkere geest had aangebeld bij Jules, die niet opendeed. Klepperen met de brievenbus had evenmin een reactie opgeleverd en het luidkeels roepen van Jules' naam door de brievenbus was onbeantwoord gebleven.

Nee, dat haalde je de donder. In de regel kwam Jules, evenals Herman, niet voor twee uur 's middags uit bed. Een nachtvogel was een nachtdier en geen ochtendmens die voor dag en dauw uit de veren schoot om zich aan de linksdraaiende yoghurt met muesli over te geven.

Maar de betrokkene concludeerde dat Jules moest zijn overleden, dat kon haast niet anders. Hij hackte de nieuwssite van de omroep en deelde zijn vaststelling met de buitenwereld.

Kort na de nieuwsmelding ging mijn telefoon, die vervolgens bleef gaan. Later die ochtend belde Marijke dat het om een verzinsel ging, een hoax. Iemand die Jules wel kende had opnieuw aangebeld, waarop Jules na enig aandringen had opengedaan en in blakende gezondheid bleek te verkeren. Waar was alle commotie om?

'Iedereen in rep en roer,' zei Marijke geïrriteerd, 'dankzij een of andere idioot. Ze hebben geen idee wat ze in gang zetten. Hij wordt bedankt. De telefoons hier op kantoor staan roodgloeiend.'

's Avonds hadden Jules en ik een voorstelling in Brabant, in Etten-Leur.

Gelet op alle ophef was ik vroeg ter plaatse. Jules wat later, waardoor ik hem vanuit de foyer zag komen aanwandelen, op zijn dooie gemak, koffertje in de hand, handschoenen aan en hoed op, no sweat, met een blik van: was er iets aan de hand dan? O ja? Je meent het, joh. Nou, dat hoor ik dan voor het eerst. Het zal toch nie waar weze?

Ik wachtte tot Jules binnen gehoorsafstand was en veerde iets overeind uit mijn stoel.

'Nou Jules, ik moet zeggen, nu ik je zo aan zie komen lopen... Voor een pas-overledene hanteer je een knap kwieke tred.'

Jules grijnsde een grijns die geruime tijd aanhield.

'Broeder Bartholomeus,' zei hij ten slotte, 'als dit het leven na de dood is, dan kan ik je verzekeren dat het zich in geen enkel opzicht onderscheidt van het leven ervoor.'

Waarna Jules zijn weg vervolgde, richting de kleedkamers. Achter hem viel een deur in het slot.

30

EEN ZWEEDSE MIEZERREGEN DAALT OVER DE DAG.

'Zullen we naar Hässleholm gaan?' stelt Yolanda voor. 'Daar is het echt weer voor vandaag.'

Dat lijkt allen een goed idee – het is plezierig toeven in de natuur, maar we beginnen de stad te missen en het bijbehorende stadsrumoer – en zodoende zitten we 's middags op het balkonterras boven de ingang van het Stadthotel in downtown Hässleholm, met zicht op het marktplein, onder twee parasols die niet de zon maar de tikkende regen tegenhouden. Straks gaan we eten bij pizzeria Casablanca, maar zover is het nog niet. De middag kruipt over de sierbestrating, onzeker welke kant op te gaan.

Er is geen markt vandaag. Wel staat een Pasta-Vagnen op het

plein geparkeerd, maar die heeft geen klandizie.

'Zie je dat balkon, pap?' zegt Sebastiaan.

Opzij van het hotel, op de bovenste verdieping van een stadsgebouw, staat een balkondeur open. Yolanda is winkelen, en de jongens en ik fantaseren of we die deur zullen zien dichtgaan; en zo ja, wiens hand daaraan te pas zal komen. Verschijnt ze wel of niet op het balkon?

Ze komt niet. Nu en dan geeft de wind een duwtje tegen de deur, maar als de wind pauzeert, veert de deur terug en blijft zo op een kier.

Boven een van de winkelstraten hangen slingers. De 'galan' is vijftig jaar winkelstraat en viert dat volgende week groots met blaaskapel, waarzegger en kindercircus.

'Zie je de Martin Bril-column,' zegt Sebas, 'hoe die zich ontvouwt?'

Op straat loopt een man die meent dat hij zijn hond uitlaat, maar het omgekeerde is eerder het geval. In een dakgoot zitten twee kraaien met de rug naar elkaar toe. Die mogen elkaar niet.

Het loopt tegen vijven. De pastawagen vertrekt.

Een regenvlaag strijkt over het marktplein en een jonge vrouw krijgt het aan de stok met haar haar, dat van haar af wil.

'Wat zou Martin hiervan genieten,' zegt Sebas.

'Echt van die Bril-momentjes,' valt Maurits zijn broer bij.

'Zullen we nog een rondje koffie doen?' stellen de jongens voor. 'Mama is nog even bezig, boetieks genoeg.'

Ik staar naar de gevels tegenover ons, wil een slok koffie nemen maar laat het kopje bijna uit mijn vingers glippen. Op het dak recht tegenover het Stadthotel is Herman verschenen. Hem roepen om hem tegen te houden heeft geen zin, dan had ik vroeger moeten opstaan. Hij is klaar voor zijn sprong.

'Is er iets, pap?' zeggen de jongens.

'Nee, niks. Wat zou er moeten zijn?'

'Weet je het heel zeker? Je trekt opeens helemaal wit weg.'

'Niks aan de hand, jongens,' zeg ik, maar in gedachte ben ik bij Herman. 'Wat een goed idee om hierheen te gaan, hè,' zeg ik, 'naar Hässleholm? Wat blijft mama lang weg.'

Herman doet twee passen naar voren en staat bij de dakrand. God weet weer eens nergens van.

Er resten luttele seconden, dan is de tijd op.

De telefoon gaat.

'Bart,' zegt Hermans manager, 'niet schrikken, maar... Er is zojuist iemand van het Hilton gesprongen, naar het schijnt rond tien voor halftwee. Geen paniek, een of andere Japanner... Herman is het niet.'

Hij zegt nog wat geruststellends en hangt op. Met de hoorn in de hand staar ik uit het raam. Een buitenlandse zakenman of toerist die van het Hilton springt? Kan gebeuren. Toeval.

Zou het?

Ik herinner me woordelijk het gesprek dat Herman en ik een jaar eerder voerden.

Toen ik de lobby van het Apollo First Hotel aan de Apollolaan binnenliep, deed Herman een vergeefse poging om uit een clubfauteuil overeind te komen.

Hij leek opgetrokken uit teer, broos porselein: één onhandige botsing met een tafelrand of stoel en er stootte een stukje van hem af dat zich niet eenvoudig terug liet lijmen.

'Dertig jaar achtereen,' zei hij, 'heb ik mijzelf mogen verwennen. Daarover geen klachten, integendeel. Hoeveel shotjes zou ik gezet hebben? Zo'n zestigduizend, schat ik. "De tel bijhouden" was nooit mijn sterkste kant. Dat mijn arm er nog aan zit, is al een prestatie vanjewelste. En dan nu opeens zonder die roes... Ik heb heimwee naar de injectie. Ik ben me er pijnlijk nauwkeurig van bewust wat ik mis. En ik neem daar geen genoegen mee. Een leven zonder kicks is voor mij niet de moeite waard.'

De papegaai op Hermans hoofd roerde zich. Het viel lastig uit te maken of de vogel het eens of oneens was met zijn baasje.

Herman zakte nog verder onderuit in zijn stoel en leek niet langer in staat zijn lichaam overeind te houden, zelfs niet zittend.

'Jonge vriend...'

Zijn stem was zo zwak dat hij vrijwel onverstaanbaar werd en ik boog me ver naar hem toe.

'Weet je... Ik heb overwogen...'

Herman fluisterde me iets in het oor wat ik niet wenste te verstaan. Viel het serieus te nemen? Ik dacht aan Xandra en de kinderen. Herman was er slecht aan toe, zeer slecht, maar besluiten tot een voortijdig vertrek? Nee, dat zag ik hem niet doen.

'Bart, de vraag is niet of ik het zal doen, maar hoe...'

Ik besloot een denkbeeldig raam open te zetten voor de broodnodige frisse lucht. Dat konden we goed gebruiken, wat frisse lucht om de ergste hersenspinsels te verjagen.

'Nou, vertel op dan, Herman. Wat zijn de opties?'

'Twee opties.'

'Welke twee?'

'De keus gaat tussen... van het Okura-hotel af springen... of van het Hilton.'

'Nou,' zei ik gekscherend, 'dat is niet zo moeilijk, ouwe reus. Dan moet je het Hilton nemen.'

'Hoezo?'

'Herman, het Hilton is aanzienlijk dichter bij huis. Dat bespaart je sowieso een flinke tippel.'

Herman lachte uitbundig. Klaarde de lucht iets op?

Ik keek naar buiten, naar het Hilton schuin aan de overkant. Het hotel leek dichterbij dan het in werkelijkheid was.

'Ik zal je vertellen, Herman... Als je op het dak van het Hilton staat, kun je met een beetje geluk je eigen huis zelfs zien.'

Ook die opmerking schaarde Herman onder het kopje 'galgenhumor', een vorm van humor die hij kon waarderen.

'Een bijkomend voordeel van het Hilton is... Mocht je je op het laatste moment bedenken, dan wandel je zo terug naar huis. Een stukkie van niks. Terwijl, als je op het Okura staat en je je dan bedenkt, die afstand... dat is andere koek. Taxiwerk.'

Herman lachte alsof hij op de valreep zelf ook het zotte van zijn voornemen inzag.

We keken beiden naar buiten. De Apollolaan kleefde aan het hotelraam. We wisten allebei dat Hermans gedachtesprong tot een losse flodder was teruggebracht. Het gevaar leek geweken en ik herademde.

'Maar denk erom, hè,' voegde ik er voor alle zekerheid aan toe. 'Laat ik het niet merken, dit soort gekkigheid. Je moet godverdomme langer mee dan vandaag.'

'O ja?'

Ik leg de telefoon neer, je kunt ten slotte niet eeuwig met een telefoon in je hand voor het raam blijven staan.

Op straat is het uitzonderlijk rustig. Dat kan ik van mijn hoofd niet zeggen. Wat als? Heeft Hermans manager het bij het rechte eind? Ik help het hem hopen. Maar ik heb er mijn twijfels over.

Als de telefoon na een kwartiertje weer gaat, is het opnieuw Hermans manager. Zo sprak je elkaar hoogstzelden, zo sprak je elkaar om de haverklap.

Er is inderdaad iemand van het Hilton gesprongen, daarover geen twijfel, maar het is geen Japanner.

Voor de tweede keer die dag sta ik met de telefoon in de hand langdurig uit het raam te staren.

Het is woensdagmiddag; een week geleden hadden Herman en ik elkaar nog uitgebreid gesproken.

Diezelfde middag werd mijn oma gecremeerd; een gebeurtenis waar ik tot mijn verbazing voor was uitgenodigd: ik had haar in jaren niet gezien of gesproken. Zonder er lang over te hoeven nadenken had ik besloten naar Herman te gaan, een keuze die nadien niet tot een slapeloze nacht had geleid. Met mijn oma had ik enkele maanden na de geboorte van Sebastiaan het contact verbroken, kort nadat ik bij haar in Scheveningen op bezoek was geweest. Sebas was mee in zijn maxicosi. Toen Sebas huilde, in zijn stoeltje voor de gaskachel, had mijn oma me ongevraagd advies gegeven. 'Je moet 'm slaan. Jij bent veel te zacht om een kind op te voeden. Dat lijkt nergens naar. Moet je nou toch horen, dat huilt en dat huilt maar, ik kan nauwelijks verstaan wat je zegt, en wat doe jij? Die maxicosi heen en weer wiegen met je voet. Vind je het gek dat dat kind niet naar je luistert en gewoon doorgaat met zijn geblèr? Dat kind lacht je uit, zo jong als-ie is. Dat wordt niks zo. Je moet 'm een lesje leren. Dat heet "opvoeden". Je moet 'm slaan, zodat-ie weet wie er de baas is en weet waar-ie aan toe is. Maar dat kun jij niet en daarom heeft dat kind jou straks in zijn zak. Geloof me, dat wordt niks zo.'

Nee, ook achteraf had ik geen seconde spijt van mijn beslissing om niet naar mijn oma's crematie te gaan, maar de voorkeur aan mijn afspraak met Herman te geven. Mijn oma kwam er wel, op eigen kracht.

Meestal, als ik aangaf nu écht terug naar Den Haag te moeten, zei Herman: 'Hou het kort.' Dat was dit keer anders.

'Kom je gauw weer?' had Herman me bij het afscheid op het hart gedrukt. 'Kom je gauw weer? Echt? Ik moet je nog zoveel vertellen.'

Om dat laatste had ik in weerwil van alle zorgen om Hermans welbevinden hartelijk gelachen. 'Nou, ouwe reus, dat zal wel loslopen, toch? In die vierentwintig jaar dat we optrekken heb je het nodige verteld, hoor.'

Herman had mijn opmerking genegeerd.

'Kom je gauw weer? Daar reken ik dan op, hè. Ik moet je nog zoveel vertellen.'

Terwijl ik voor het raam stond, telefoonhoorn in de hand, schoot er van alles door me heen. Ik had Hermans sprong zien aankomen; en toch overviel zijn daad me nu.

Een bijgedachte kwam bij me op. Een dwingende reden om vaak naar Amsterdam te gaan viel in één klap weg. Amsterdam was leger, kaler zonder Herman. Dat gold ook voor mijn leven.

Ik keerde pas terug in mijn kleren en schoenen toen ik wat gescharrel aan de overkant van de straat opmerkte, opzij van de bushalte. Twee mannen en een jonge vrouw. Zij had een microfoon in de hand; een van de mannen, wat zwaarder gebouwd, droeg een camera op zijn schouder. Toen ik nog dichter op het raam toeliep, tot ik het vensterglas met mijn neus raakte en naar beneden keek, zag ik een tweede cameraploeg op de stoep pal voor ons portiek.

De telefoon ging opnieuw. 'Bart, met Marijke,' zei mijn manager. 'Heb je het gehoord? Ik neem aan van wel, toch? Ik heb eindeloos geprobeerd je te bellen, maar je bent onbereikbaar. Het enige dat je krijgt als je jou belt, is de ingesprektoon.'

Marijke wachtte een paar tellen om me de gelegenheid te geven iets te zeggen, een mogelijkheid waar ik geen gebruik van maakte.

'Hoe dan ook, blij dat ik je eindelijk te pakken heb. Vanaf nu neem je alleen mij nog op, afgesproken? Anders is het geen doen. Er moet van alles geregeld worden, op stel en sprong. Volg je me?'

De lucht was grijs. Het waaide stevig buiten en het leek een herfstige dag, maar het was hartje juli. Zou het in Amsterdam eerder op de middag ook zo hebben gewaaid toen Herman over het dak van het Hilton liep?

Ik keek naar de stoep voor ons huis. Er stonden twee camerateams voor de deur. Onze buren werden aangesproken en gefilmd. Aan de overkant van de straat wachtte een derde ploeg.

'Kortom,' zei Marijke, 'bij gebrek aan contact met je zijn we hier vast aan de slag gegaan. Marc stapt zo in zijn auto en haalt Yolanda en jou op. Nee, je gaat niet zelf rijden, geen sprake van. Uitgesloten. Op nog meer ellende zitten we niet te wachten. Eerst gaan jullie naar Amsterdam, naar het Hilton, daar zijn Xandra en de kinderen, dan kunnen jullie hen condoleren. De Wild Romance is er ook, voor zover ik heb begrepen. Marc rijdt jullie tot pal voor de ingang met zijn Jeep; dat is nodig, want er hebben zich honderden mensen voor het Hilton verzameld en hun aantal loopt nog steeds op, geen doorkomen aan. Daarna gaan jullie naar Hilversum...'

Ik luisterde naar het schema dat zich ontvouwde en dat ik diende af te werken, maar wat het schema behelsde drong niet tot me door.

'... en dan eindig je 's nachts weer in Amsterdam. Alle andere aanvragen hou ik tegen, daar is geen beginnen aan. Naar verwachting levert Marc jullie tegen een uur of drie voor je voordeur af en kun je naar bed. Yolanda kan maar beter haar werk voor morgen afzeggen. Heb je oppas voor de kinderen?'

Ik vertelde van de cameraploegen voor de deur.

'Weet ik. Die zijn we aan het weghalen. We sturen ze door naar Amsterdam. Alleen het achtuurjournaal doe je straks buiten.'

'Moet dat?' zei ik. 'Dat is zo ongeveer het laatste waar mijn hoofd naar staat, het láátste.'

'Bart,' zei Marijke, 'het gaat er niet om wat je wel of niet wilt. Dat is nu niet aan de orde. Het publiek verwacht een reactie van je. Van Xandra, van de Wild Romance, van jou. Gecondoleerd trouwens, namens het hele kantoor. Zou ik dat toch in alle drukte nog bijna vergeten zijn ook. Of had ik dat al gedaan? Ik ben zelf ook een tikkeltje van slag. We zagen het aankomen, hè, Hermans dood. Afgaande op de verhalen die over hem de ronde deden heeft hij het nog knap lang volgehouden. Goed, het achtuurjournaal. Hoe laat kan ik ze zeggen dat je ze te woord kunt staan? Over een kwartiertje, twintig minuten? Laat ik ze dat weten. Zodra Marc bij je voor de deur staat, neemt hij de regie over.'

Buiten pakte een cameraploeg de spullen uit.

'Bart?' zei Marijke. 'Sterkte.'

Ik belde Yolanda.

'Ze draaien de hele tijd Herman op de radio, zonder commentaar. Dat is toch niet omdat...?'

Ik hoorde haar iets wegslikken.

'Rij asjeblieft voorzichtig naar huis,' zei ik. 'Het is zo al erg genoeg met wat er is gebeurd vandaag. Marc is onderweg naar Den Haag, die rijdt ons zo naar Amsterdam. Astrid' – Astrid was al jaren onze vaste oppas en kende de jongens als bijna geen ander – 'komt er zo aan. Die had het nieuws gehoord en begreep dat een helpende hand met de jongens zeer welkom zou zijn.

Doe rustig aan,' drukte ik Yolanda op het hart, 'en rij voorzichtig. Lukt dat, denk je? Haal anders koffie in een tankstation en kom eerst op adem. We hebben geen haast, we kunnen er toch niets aan veranderen. Kom vooral heel thuis, dat is het enige wat nu telt. Beloof je dat?'

Ik draaide me om en wilde de telefoon neerleggen.

Ik was niet alleen in de kamer.

'Hoe lang sta jij hier al?' vroeg ik aan Splinter.

Splinter antwoordde niet. Wat had hij gehoord en al dan niet begrepen? Hoe ging ik Hermans zelfdoding aan hem uitleggen? En aan zijn broers; en wanneer? Nu was er geen tijd voor, maar ik kon het ook niet te lang op zijn beloop laten.

'Sta je hier al lang, jong?'

Lang genoeg om alles te hebben gehoord; dat was in een oogopslag duidelijk. Splinter was vijf. Hoe legde ik hem uit dat Herman van een Amsterdams hoteldak was gesprongen en de daaropvolgende val niet had overleefd? Hoe legde je dat uit aan een kind van vijf?

Er werd aangebeld. En nogmaals aangebeld, langduriger nu.

'Lieve papapa,' zei Splinter.

Omdat aanbellen niet het gewenste resultaat opleverde, werd er aan de deur geklopt.

'Lieve papapa,' zei Splint.

Toen kwamen de tranen.

—

Op weg naar de keuken om koffie te halen, een dag later, liep ik langs het schilderij dat Herman me had gegeven en waarop hij Jezus had geschilderd. Jezus aan het kruis, met een luier om in plaats van een lendendoek.

'Als je wilt,' liet Xandra me telefonisch weten, 'kunnen jullie naar het mortuarium, Herman bezoeken. Hij ligt in het VU-ziekenhuis. Je begrijpt, we laten er bijna niemand bij, maar jullie...'

De volgende ochtend liepen we door de gangen van het ziekenhuis, voorgegaan door een verpleegkundige die Anja heette volgens haar uniformspeld. Ze deed een deur open aan het einde van een lange gang en we betraden de ruimte waar Herman lag opgebaard.

'Jullie redden het wel, hè?' zei Anja. 'Jullie kunnen blijven zo lang je wilt. Als je bij het verlaten van de ruimte de deur maar goed achter je dichttrekt.'

Het was koel in de ruimte: een ruimte die geen kamer wilde worden.

Herman lag met gesloten ogen tussen witte lakens. Om hem

heen stonden vier manshoge kandelaars, die voor het licht in de ruimte zorgden. We liepen op hem toe. Hij was opgemaakt en zag er goed uit voor iemand die twee dagen eerder van negenhoog naar beneden was gesprongen. Yolanda strekte een hand naar hem uit en voelde aan zijn benen en middenrif. Ze nodigde me niet uit haar voorbeeld te volgen, dus daar begon ik dan ook niet aan.

'Strijk maar even over zijn haar,' zei Yolanda. 'Dat is goed.'

Hermans haar voelde zacht aan en gaf mee met mijn hand. Alsof Herman weliswaar vertrokken was, maar zijn haar er anders over dacht en besloten had het verblijf op het ondermaanse voor onbepaalde tijd te verlengen: definitief afscheid nemen had geen haast, dat kon altijd nog.

Opnieuw streek ik over zijn korte haar en het kaarslicht flakkerde op. Wat Hermans haar betreft had de baas zijn sprong best nog eventjes mogen uitstellen.

Het was de voorlaatste keer dat ik Herman zag of wat er van zijn aardse verschijning restte.

De laatste keer dat Herman en ik elkaar terugzagen was op de dag van zijn uitvaart en crematie.

's Ochtends namen we afscheid in het rouwcentrum. Hermans haar leek gegroeid en ietsje – niet veel, maar ietsje – langer geworden dan ten tijde van ons bezoekje in het mortuarium, vier dagen eerder. En als ik over zijn haar streek voelde het nog steeds zacht aan en gaf mee: alsof Hermans haar, anders dan de bezitter ervan, nog in leven was.

Dat Herman in de kist lag leed geen twijfel, maar Herman was uit hem geweken. Die vertoefde mogelijk elders; al bleef het giswerk, de wetenschap gaf daar geen uitsluitsel over.

Het moment brak aan om het deksel op te tillen, op de kist te leggen en Herman zo voorgoed aan het oog te onttrekken.

Xandra legde de twee zonnebloemen die we uit Den Haag hadden meegenomen naast Hermans benen.

We tilden het deksel op en schoven het op zijn plaats. Daarna draaiden we de grote houten schroeven vast en bevestigden zo het deksel aan de kist. Nog heel even en Herman was voorgoed aan het zicht onttrokken. Na vierenvijftig jaar was het feest voorbij.

Op aanwijzing van Xandra draaide ik de houten schroeven aan weerskanten van Hermans hoofd vast. Ik rekte die handeling, totdat langer tijdrekken niet meer kon.

We moesten gaan. Paradiso wachtte.

Na het 'uitvaartfeest' schuifelden we achter de kist aan naar buiten. Veel verder dan het bordes kwamen we niet: voor Paradiso had zich een ontzagwekkende menigte verzameld om Herman uitgeleide te doen. De belangstellenden zaten tot op de daken van tram- en bushokjes. Bij het zien van de kist steeg gejuich en applaus op.

Jules stootte me aan.

'Dat,' zei Jules, 'motten wij nog maar voor elkaar zien te krijgen, broeder Bartholomeus.'

Toen Herman van het Hilton sprong, sprong hij niet zozeer zijn dood tegemoet als wel de vervolmaking van zijn mythe. Vanaf nu was hij legendarisch, een icoon, en deed zo een aardige greep naar het blijvend in de herinnering voortleven.

'Ik kan niet dood,' had Herman me op een onbewaakt ogenblik toevertrouwd. Dat klopte. Althans, hij zat er niet ver naast.

Twee nachten later werd ik wakker, waarvan wist ik niet. Naast me lag Yolanda diep in slaap. Zonder haar te wekken schoof ik uit bed, sloop naar het raam, deed de gordijnen iets van elkaar zodat er een spleet ontstond en staarde naar de nachthemel boven Den Haag.

Waar was Jupiter als je 'm nodig had? Of om het even welke andere planeet of ster?

Of was dat te veel gevraagd en mocht je in uren van nood niet op hulp van buitenaf rekenen?

Niettemin, als Jupiter niet te hulp schoot, wie dan wel? Ik had een zwak voor Venus; maar had Venus ook een zwak voor mij? Dat viel nog te bezien. Op Saturnus kon je je niet verlaten, die had het als altijd te druk met zijn ringen. Dat offer, een moment van aandacht voor iets buiten zijn directe periferie, kon je in redelijkheid niet van Saturnus verlangen. Maar Jupiter? Die kon je om een boodschap sturen.

Vierentwintig jaar lang, de duur van onze vriendschap, waren we samen niet onderhevig geweest aan aardse wetten. We konden vliegen, zonder vleugels te hoeven ombinden. Aan die tijd was een einde gekomen. Ik stond aan de grond, met blokken voor de wielen. Hoe verder?

Ik moest mijn zegeningen tellen. Ik had Yolanda en de jongens nog.

Wat restte was dankbaarheid dat hij zo lang in mijn leven had vertoefd. Aan dat inzicht kwam geen Jupiter of Saturnus te pas.

Hoogste tijd om de gordijnen dicht te doen en te proberen wat rust te krijgen voordat de dag weer begon. Terwijl ik in bed lag en naar het plafond staarde, merkte ik dat ik geleidelijk aan rustiger werd.

Was Jupiter op de valreep toch nog aan me verschenen.

Herman werd niet op Zorgvlied begraven, al had en heeft hij daar een graf. Op die plek bevindt zich de urn met Hermans as. Dat had een reden. In het geval van een begrafenis viel het niet honderd procent uit te sluiten dat een overenthousiaste fan er geen been in zou zien om zich op Zorgvlied te laten insluiten, op een onbewaakt ogenblik een spade ter hand te nemen om de kist bloot te leggen en het deksel te lichten om er met iets, hoe gering ook, van Hermans overblijfselen als tastbaar aandenken vandoor te gaan. Of dat een minder enthousiaste fan zich over Hermans overblijfselen zou ontfermen om die via een of ander schimmig circuit aan de hoogste bieder te verkopen.

De bijzetting van Hermans urn vond maanden na de uitvaart plaats, op Hermans verjaardag, in het bijzijn van een select groepje dierbaren.

'Hier, hou 'm maar even vast,' zei Xandra en overhandigde me de urn. 'Nu kan het nog.'

Zo hield ik Herman voor het laatst in handen.

Kort daarna verdween de urn in de kuil, op de bodem, en ging de grond dicht. Later zou een grote stenen engel op Hermans graf verschijnen; een engel die tot op de dag van vandaag standvastig over Herman waakt.

We legden bloemen, lieten een fles wijn achter, ik zette een fles Grand Marnier neer, een van Hermans favoriete likeurtjes, en ten slotte namen we een voor een afscheid en wandelden weg van het graf, richting de uitgang van de begraafplaats en de Amstel, die kalm en bedaard voortstroomde.

Ik liep niet mee, maar wachtte en werd zo vanzelf de laatste. Yolanda begreep mijn bedoeling en bleef naast me staan. Zo waren we nog heel even in gedachte dicht bij Herman, zonder hem daadwerkelijk te kunnen naderen.

Opeens draaide Yolanda zich om, liep met snelle passen naar een gedeelte van de begraafplaats opzij van ons, bukte en keek door de dunne heg.

'Wat zijn jullie aan het doen?!'

De heg bewoog.

'Zijn jullie gek geworden?' hoorde ik Yolanda zeggen. 'Jullie schamen je echt nergens voor, hè?'

Yolanda kwam opnieuw naast me staan.

'Hoorde je dat,' zei ze, 'die camera's? Er lagen fotografen achter de heg om alles vast te leggen, het verdriet van anderen. Hoe diep kun je zakken.'

De laatste restjes Jaren Zestig waren definitief dood en begraven. Niet dat ik daarover in tranen was. Ik stamde uit de punkgeneratie, 'No Future', en had nooit veel fiducie in Flower Power en bloemenkinderen gehad noch in de langetermijnhoudbaarheid van 'Make Love, Not War', hoe nobel an sich ook. Sorry John en Yoko. Exit vrolijke anarchie. Daarbij, lang haar stond me nooit.

Ook punk lag inmiddels ver achter ons. Gelukkig zat er genoeg punk in me om de rest van mijn leven mee toe te kunnen. En mocht ik wankelen, dan luisterde ik naar Johnny Cash, Nick Cave, Hank Williams of Robert Johnson. En naar de Sex Pistols en The Clash natuurlijk. Dat was genoeg om te weten hoe laat het was. Vijf voor twaalf.

Er stak een kille, bittere wind op, die over meerder continenten trok en niet van zins was snel te gaan liggen.

31

ENKELE MAANDEN LATER RAAKTE IK BIJ XANDRA THUIS IN gesprek met een oude vriend van Herman. Hij vertelde me dat Herman hem maanden voor de sprong had meegenomen naar het Hilton en hem de route naar het dak had gewezen.

'Je neemt de lift naar boven,' zei de vriend, 'dan de gang door naar de deur met "No Exit" erop en die openduwen. Die deur zit, anders dan je zou denken, niet op slot vanwege brandgevaar: zo kunnen hotelgasten op de hoger gelegen etages naar het dak ontsnappen als de weg naar beneden, via het trappenhuis, is afgesneden of versperd door rook of-wat-dan-ook. Dan ga je nog een deur door, die evenmin op slot zit, en dan ben je er, dan sta je op het dak, in de buitenlucht, fluitje van een cent.'

Hij leunde voorover naar de tafel en nam een slok van zijn drankje.

'We stonden op het dak,' vervolgde hij, 'Herman en ik, in de lentezon, hoewel het geen lente was, toen Herman voorstelde om samen te springen. "Op die manier word jij ook legendarisch. Spring je mee? Dan vergeten ze jou ook niet en blijf je in de herinnering." Dat ruimhartige aanbod sloeg ik vriendelijk doch beslist af. "Herman, hou op. Hou op met je malle gedoe. Doe niet zo idioot. Hoe verzin je het?"'

'Hoe reageerde Herman op je antwoord?' zei ik.

'Hij glimlachte, en daarmee was de kous af. Van mijn kant had ik weinig behoefte om op zijn suggestie terug te komen. Daar kun je je iets bij voorstellen, toch?'

Bedachtzaam staarde hij voor zich uit, alsof iets anders dan wat er in de kamer gaande was hem bezighield.

'Heeft Herman jou daar nooit mee naartoe genomen,' zei hij, 'naar het dak van het Hilton?'

Dat had ik me ook afgevraagd. Ik wist dat Herman een paar keer eerder op het dak van het Hilton had gestaan; dat had een ober me verteld. En bij een van zijn bezoekjes had Herman een cameraploeg van de lokale Amsterdamse televisiezender meegenomen. Maar dit uitstapje, met deze vriend, was nieuw voor me. Wat had Herman bewogen me het uitzicht vanaf het Hiltondak te onthouden?

'Nee, dat is niet het geval,' zei ik. 'Die toeristische attractie heeft Herman me bespaard.'

'Wat vreemd. Herman nam jou zo ongeveer overal mee naartoe, je kon het zo gek niet bedenken. Waarom zou hij je dan uitgerekend niet mee naar boven hebben genomen?'

'Goeie vraag,' zei ik. 'Nu het antwoord nog.'

'Wat denk je zelf?'

'Al sla je me dood, ik zou het bij god niet weten.'

'Nee?' zei hij.

—

Terug in Den Haag probeerde ik het antwoord op de door Hermans vriend gestelde vraag te vinden: kennelijk schatte hij in dat ik het antwoord zonder veel moeite kon achterhalen. Wat had Herman bewogen me niet naar een plek mee te nemen die een fraai zicht op Amsterdam bood?

Het duurde niet eens zo lang voordat ik op het antwoord stuitte. Maar het duurde aanzienlijk langer voordat ik aan het antwoord wilde.

Herman kende me van haver tot gort; in wezen al vanaf de middag dat we elkaar voor het eerst ontmoetten bij Dorien in Den Haag.

Hij achtte me tot iets onherroepelijks in staat. Daarom had hij me niet uitgenodigd hem te volgen naar het dak.

Wat zou ik hebben gedaan? vroeg ik me af. Dan kwam je via Hermans route boven, en dan vond je jezelf terug op het dak, negen verdiepingen hoog boven de Apollolaan, en dan liep je naar de rand en stapte je over de wirwar aan leidingen en buizen – als je niet oplette struikelde je nog voor je de dakrand had bereikt – en dan stond je voor de wering die tot je knieën reikte; en wat dan?, als de wind om je hoofd waaide en het een stuk kouder aanvoelde dan zo-even op de begane grond; en dan strekte je je hand uit en ontmoette je een andere hand, terwijl de wind in kracht toenam en de verkeersgeluiden van verder weg kwamen – zoals je de zee kon horen zonder aan zee te zijn – en dan deed je je ogen dicht, zodat je zonder zicht al een beetje van de wereld was en een steeds dunner wordend lijntje je van een andere wereld scheidde: een wereld die niet door de spoken die je een leven lang hadden achtervolgd kon worden betreden, terwijl de wind zachtjes aan je mouw trok – 'Kom maar, je hebt niks te vrezen, vertrouw maar op mij' – en zich over je leek te willen ontfermen. Wat dan?

Wat zou ik onder die omstandigheden hebben gedaan?

En terwijl je je ogen dichthield hoorde je het krijsen van een meeuw; dat duidde op een afgelegen verre kust, aan een onbekende zee; en je hoefde maar één been over de wering te tillen en dan je andere been erbij te trekken, een inspanning van niks; en dan – met een sprongetje het diepe in – was je van de planeet af.

Wat zou ik hebben gedaan? Ik kon niet voor mezelf instaan. Een vrije val, die slechts een paar seconden vergde, en ik was overal van af. Vooral van mezelf.

Ik dacht aan mijn gezin: Yolanda en onze vier zoons.

Wat had ik te verliezen?

Veel.

Nee, zoiets zou ik nooit kunnen doen, springen, dat wist ik honderd procent zeker, geen denken aan.

Maar honderdenéén procent zeker wist ik het niet.

Voor Herman lag het anders. Zijn geest was ongebroken, maar zijn lichaam was op. Hij had drie levens in een leven willen proppen en dat was hem tot op zekere hoogte ook gelukt. Voor hem kwam op enig moment een ober met de afrekening. Voor hem betekende de sprong een Grande Finale. Maar ik was nog niet eens halverwege de reis. Sterker, mijn reis was goedbeschouwd nog altijd niet van start gegaan.

Maar wat als de spoken uit het verleden me gezelschap bleven houden en me het leven dag in dag uit zuur maakten, terwijl ik in één klap voorgoed van ze af kon zijn?

Daarbij, wat was er mis mee om een legende te worden? Weinig. Niets eigenlijk.

Maar niet tot elke prijs. Je moest oppassen met zulke geintjes. Het was verleidelijk om op te gaan in de rock-'n-roll-mythologie, maar kapte je te vroeg de trossen los, dan kwam je nooit elders aan: een verliezersstrategie.

Nee, zelfs als de spoken uit het verleden me bleven achtervolgen zou ik het nog niet doen; ertussenuit knijpen zat er niet in, zelfs niet met Herman. Een dergelijke daad lag buiten mijn bestek en zou me terecht verweten worden. Er waren grenzen; en al deed ik liefst zo min mogelijk aan grenzen, toch zou ik over deze grens niet heen stappen.

Maar helemaal zeker van mijn zaak was ik niet.

Wat kon ik nog voor Herman betekenen?

Ik kon proberen hem tot leven te wekken. Met een pen en blauwe inkt – in alle bescheidenheid en met de moed der wanhoop voortploeterend: zou het lukken of niet en greep ik boven mijn macht? – en Herman oproepen om hem van tussen de nevels vandaan te schrijven, springlevend, al was het maar voor de duur van een boek. Dat was wat me te doen stond.

En dat is wat ik deed, dertien jaar lang onafgebroken werkend aan zijn biografie.

Herman kwam, als door een toverstaf of toverstokje aangeraakt, van het papier en zijn geest maakte zich los uit het boek: als hij aan je verscheen kon je met je hand door hem heen gaan. En soms, als ik op Zorgvlied was, trok een huivering door de aarde dicht onder de oppervlakte van de begraafplaats, alsof ver buiten onze landsgrenzen een aardbeving gaande was waarvan de schokken en trillingen tot bij ons voelbaar en meetbaar waren.

Toen pas, toen ik de pen neerlegde en de computer uitzette, dertien jaar na mijn eerste notities, drong het ten volle tot me door dat ik Herman voorgoed kwijt was.

En zijn haar stopte met groeien.

32

‘WEET JE,’ BEGIN IK. EN VAL PROMPT STIL.

Splinter en ik zitten op de aanlegsteiger, op de twee ligstoelen die we van de veranda hebben versleept. Al zijn we op vakantie, toch spreken we elkaar minder vaak dan je zou verwachten. Splinter heeft het druk; zijn telefoon staat niet stil. Er wordt aan hem getrokken. Misschien is het dat laatste wat me zorgen baart. Ik wil iets aan hem kwijt, maar hoe het te verwoorden?

‘Vertel pap,’ zegt Splinter en legt zijn mobiel weg. Alle gemiste oproepen zijn beantwoord.

Ik vertel Splinter over een voorval van zo’n elf, twaalf jaar geleden.

‘Weet je,’ zei Lee Towers, ‘wat mij vanmiddag overkwam?’

We bevonden ons in een anonieme kantoorruimte die als kleedkamer dienstdeed, kort voor aanvang van onze optredens, in verschillende zalen op een personeelsfeest. Op de schaatsbaan zou de Golden Earring de avond knallend besluiten. Het dak moest eraf en daartoe achtte ik – na jaren met de band te hebben opgetrokken – de Earring heel goed in staat. Als de Earring een beetje extra gas gaf, zagen ze de dakbedekking zelfs nooit meer terug en kon de eigenaar van het multifunctionele centrum een nieuw dak bestellen.

'Nee,' had Barry Hay gezegd, kort voordat de Earring opging, 'ik wil niet dat jij mijn biografie schrijft. Je bent er geknipt voor, dat is het punt niet, maar weet je wat het met jou is? Als jij over iemand schrijft... Zodra jij klaar bent, komt de betrokkene te overlijden. Nou, dank je de koekoek. Ik wilde nog een tijdje mee, als je er geen overwegende bezwaren tegen hebt. Even goeie vrienden hoor, maar... Neem je ouwe maat, Herman, die ging zelfs al dood toen jij nog niet eens klaar was met over hem te schrijven. Daarom, laat mij er lekker buiten.'

Splinter kijkt me vragend aan. Waar gaat dit heen?

Al was Barry's angst ongefundeerd, toch kon ik me er iets bij voorstellen. Niet lang nadat ik over een Elvisimitator had geschreven, kwam deze te overlijden. Misschien had Barry meer gelijk dan ik wilde geloven. Ik zou zelf ook op mijn tellen passen als ik met iemand als ik te maken zou krijgen.

'Luister je wel naar me?' hoorde ik Lee van ver zeggen. 'Hoor je wat ik zeg?'

Ik waande me een popster: de reis door de talloze gangen van het schaats- en sportcomplex aan de zuidkant van Den Haag had ik afgelegd onder begeleiding van vier beveiligingsmedewerkers met oortjes in, die me geen seconde uit het oog verloren. Mijn welzijn deed ertoe: een illusie die ik liefst zo lang mogelijk wilde laten voortduren. Met een beetje geluk hoefde ik nooit meer met beide benen op de grond terug te keren, maar kon ik voortaan in de ijlere en ijlste luchtlagen vertoeven, en misschien hoger nog, als een satelliet in een baan om de aarde, en op de koop toe in staat om het rondzwervende ruimteafval zwierig te ontwijken.

'Ben je er nog, Splint?'

'Ja hoor, pap,' zegt Splinter. 'Ik ben er nog. Vertel.'

'Lee trok me aan mijn jasje. "Bart, wat mij vanmiddag overkwam... Ik ga vanmiddag tanken en rij een benzinestation in, ik stap mijn wagen uit, komt er een man op me afgelopen, hij zegt: 'Sorry dat ik u lastigval, maar... Ik ken u ergens van.'

'Ach,' zei ik neutraal.

'Ja,' houdt die man vol, 'nee, echt, zonder dollen.' En hij doet nog een stap naar voren, en nog een, en brengt zijn gezicht vlak bij het mijne. 'Ja,' zegt-ie, 'ik kén u ergens van. Van de tv, of van... Ja, ik weet 't op zeker, honderd procent, ik kén jou.'

Ik twijfelde, Bart. Moest ik 'm zeggen wie ik was, of niet?

'Ja,' bezweert die man me, met wijd opengesperde ogen vlak voor me, 'ik heb het op het puntje van mijn tong liggen, jouw naam.'

Ik denk: vooruit, laat ik die man uit zijn lijden verlossen, en mezelf ook. Dus ik zeg: 'Nou, omdat u zo aandringt, zal ik het u maar vertellen... Ik ben Lee Towers.'

'O,' zegt die man aarzelend.

'Ja,' zeg ik, 'het spijt me, ik kan er ook niet meer van maken. Ik hoop dat u niet al te zeer teleurgesteld bent.'

Begint die man achteruit te lopen, met zijn blik strak op mij gericht, tussen de benzinepompen door, en over de slangen heen, terwijl-ie een aktetas stevig tegen zijn borst geklemd hield, alsof ik die van hem zou willen stelen.

'Lee Towers,' herhaalde hij toen hij op zo'n zes meter afstand van me was en zich veilig waande. 'Lee Towers. Ja ja. Lee Towers... En tóch ken ik jou ergens van.'"'

'Splint!' roepen Splinters broers vanuit de roeiboot op het meer.

'Lee,' vervolg ik, 'wilde er iets aan toevoegen, aan zijn verhaal, maar werd door een lid van de organisatie meegenomen. Hij moest op.'

'Splint, waar blijf je?!' De roeiboot komt onze kant op. 'Kom je?'

'Ben je dan klaar,' zeg ik, 'als je op een zaterdagse middag nietsvermoedend wil tanken? Lee liever dan ik.'

'Splint!' roepen zijn broers. 'Kom nou!'

Splint staat al in het water als hij zich omdraait. 'Geen zorgen, pap! Ik weet wat je zeggen wilt. Geen zorgen.'

Hij zwemt naar de boot. Hij heeft zijn bril opgehouden. 'Geen zorgen.'

Ik vraag me af of hij ten volle beseft wat er onder water op hem afkomt.

Splinter is door zijn broers aan boord gehesen. Storm roeit met krachtige slagen naar het dichtstbijzijnde eiland, terwijl Maurits achter de boot zwemt en deze af en toe een extra duw in de rug geeft. Die komen voorlopig niet terug. Een tijdje geleden overkwam me iets soortgelijks als Lee.

'Hé,' zei de vrouw achter de toonbank. 'Nee maar! Wie hebben we daar?'

Ik stond bij de bakker, laat op een donderdagmiddag. Het liep tegen zessen, de zaak ging bijna sluiten. Tot mijn opluchting waren er geen andere klanten: dat scheelde een hoop ongemakkelijk gedoe. De schappen waren nagenoeg leeg, veel te kiezen viel er niet.

De verkoopster keek me nog eens goed aan – was ik het wel echt? – en zei toen: 'Nou, ik moet zeggen, nu ik je zo zie... Ik vind je in het echt knapper dan op tv. Op tv kom je dikker over, en kleiner.'

Ze riep haar collega. 'Vind je ook niet, Gerda, dat-ie zo, in het echt, knapper is dan op tv, minder dik en klein?'

Nu was het Gerda's beurt om me uitgebreid te bekijken. Nog even en we zaten door de winkelsluitingstijd heen.

'Ja,' beaamde Gerda, 'nu ik 'm zo zie... Maar,' voegde ze eraan toe, 'je bent niet meer zo vaak op tv, hè, want ik zie je niet veel meer, kan dat?'

'Klopt,' zei ik, en ik glimlachte. 'Ik ben een aflopende zaak.'

—

Op een zaterdagochtend reed ik Den Haag uit met Splinter en Storm achter in de auto. We waren op weg naar de ontbijtpremière van een Disneyfilm.

Lange tijd bleef het stil in de auto. De jongens waren nog niet zo lang op en tot niet veel meer in staat dan stilzwijgend meehobbelen. In de buurt van Amsterdam sneeuwde het; sneeuw die weinig om het lijf had en niet wilde blijven liggen.

Nadat ik de auto in de parkeergarage had gezet liepen we naar de bioscoop op de Arena Boulevard. Terwijl we op weg naar de ingang de glazen pui van het bioscooptheater passeerden, ging er binnen een batterij flitslichten af.

'Pap,' zei Splinter terwijl hij naar enkele mensen achter een ruit zwaaide, 'daar heb je de fotografen.'

Dat kon zijn, maar de ingang van Pathé Arena, met een korte smalle rode loper ervoor, was toch echt een tiental meters verderop.

'In orde,' zei de beveiligingsbeambte voor de toegang nadat hij onze Strikt Persoonlijke Toegangsbewijzen had gecontroleerd. 'Jullie kunnen doorlopen, naar links.'

'Pap,' zei Splinter terwijl hij zachtjes aan mijn mouw trok, 'de fotografen zijn rechts.'

Inderdaad waren de fotografen van De Bladen in het met een

scherm aan het oog onttrokken rechtergedeelte van de foyer druk doende met het vereeuwigen van sterren als Georgina Verbaan, Carlo Boszhard en Chazia Mourali. Ik maakte daar niet langer deel van uit, van de hogere regionen van de roem. Driekwart jaar geleden nog wel, misschien. Maar nu hoorde ik daar niet meer bij. Ik was uit de wolken gevallen.

'Splint,' fluisterde Storm zijn broer toe, 'dat gaat niet lukken, joh, dat we op de foto gaan. Die man, bij de deur net, die man herkende papa helemaal niet.'

Ik deed of ik het niet hoorde. De wereld verging een beetje; maar meer dan een beetje verging de wereld niet.

'Pap,' vervolgde Storm tegen mij, 'je bent niet bekend meer.'

Hij keek me aan alsof ik eindelijk zijn vader was.

Laat in de middag keerden we terug naar Den Haag, ik in mijn hoedanigheid van gevallen coryfee. De jongens wezen elkaar op de vliegtuigen die op en boven Schiphol rondhingen. In de weilanden viel geen spoortje sneeuw te bekennen; integendeel, de zon scheen volop en vanuit de voortsnellende auto deed het landschap lenteachtig aan.

Ik zette de radio aan en zong even later – we waren het Brugrestaurant al gepasseerd – een song van U2 mee, 'Where The Streets Have No Name'. Al vlug vielen de jongens in, zij kenden het nummer vanbuiten.

Eigenlijk beviel het me uitstekend, dat ex-Bekende Nederlanderschap. Ik voelde me er buitengewoon ontspannen bij, merkte ik. Er leek een fors deel van het gewicht dat doorgaans op mijn schouders drukte weggenomen.

Waarom, vroeg ik me af, was ik daar niet veel eerder mee begonnen, met onbekend blijven? Zonder dat ik het in de gaten had was ik sluipenderwijs niemand geworden. Nu werd het zaak niemand te blijven. En op termijn op te lossen in de kleinst denkbare deeltjes die, niet te traceren, ongehinderd alle kanten op konden. Met wat geduld oefenen genoot ik straks meer bewegingsvrijheid dan de achterkant van de maan.

33

BRIL HEEFT LAST VAN HAAR HEUP EN TERWIJL YOLANDA EN DE jongens zwemmen blijf ik bij haar, ook omdat ik wat schrijfwerk wil doen. Ik ga altijd graag met mijn gezin mee op vakantie, feest, maar op vakantie ben ik nooit.

Ik aai Brils kop, moet aan Martin denken en krijg hem niet uit mijn gedachten. Bril was niet voor niks naar Bril vernoemd.

Van de veranda loop ik het huis in om koffie te zetten. Ik herinner me de enige keer dat Martin bij me thuis kwam. 'Nou ken ik je toch al jaren,' had Martin op een dag gezegd, 'en toch ben ik nog nooit bij je over de vloer geweest. Wat weerhoudt jou ervan me uit te nodigen?'

Op een dinsdagochtend ging de telefoon. Het liep tegen elven, ik had meer te doen en nam niet op. Bovendien stond het antwoordapparaat op de speaker. Getroostte de beller zich de kleine moeite een boodschap in te spreken, dan kon ik als diens bericht me in voldoende mate beviel alsnog opnemen.

'Chabot! De hoofdstad hier!'

De stem die de zit-eetkamer bijeen schalde hoorde onmiskenbaar toe aan Martin Bril.

'Opnemen, jongen! Sta je in de kamer te luisteren en te doen of je niet thuis bent? Of ben je in de keuken je achtste kop koffie aan het zetten? Of zit je The Strokes te luisteren? Bril hier! Opnemen, jongen!'

Ik nam aan; veel anders zat er niet op.

'Jongen, je bent dus thuis. Dacht-ik-het-niet. Ik ben vlak in de buurt en kom koffie bij je drinken. Is Yolanda thuis? Nee? Jammer. Ja, die moet natuurlijk werken, de kost verdienen. Goed, ik rij nu je straat in. Als je uit het raam kijkt, kun je me zien.'

Buiten verscheen Martins kanariegele Volvo in beeld, die hij pal naast de bushalte de stoep op knalde.

'Daar mag je niet parkeren, Martin.'

'Dat maken wij wel uit,' zei Martin en hing op.

We kenden elkaar al een tiental jaren. We hadden elkaar voor het eerst ontmoet op muziekfestival Noorderslag in Groningen, waar we in een forum zaten. Kurt Cobain leefde nog. Ter introductie vroeg de presentator de panelleden naar hun favoriete tijdschrift. *The New Yorker*, zei de een, daarin bijgevallen door de panelleden naast hem. Daar hoorde *The New Yorker* zelf waarschijnlijk ook nogal van op: zo goed verkocht het blad niet in ons land.

'En jullie?' vroeg de presentator aan ons.

'Na jou,' zei Martin. Hij rookte een sigaret uit een sigarettenpijpje.

'Wat ik het liefst lees,' antwoordde ik naar waarheid, 'is de *Donald Duck*.'

Die ontboezeming bracht een diepe stilte in de zaal teweeg.

'Dat meende je nog ook, hè?' zei Martin toen we na afloop van de paneldiscussie naar het dichtstbijzijnde café liepen.

'*Donald Duck*,' zei ik. 'Een Vrolijk Weekblad.'

Hij keek me indringend aan. We lagen elkaar, al zou het enige jaren duren voordat we elkaar terugvonden.

Toch was Martin inderdaad nooit bij me over de vloer geweest. Ik had één keer zijn kantoor in Amsterdam bezocht: een opgeknapte zolderverdieping op loopafstand van de Leidsestraat, waar drie klokken aan de muur hingen zodat je kon zien hoe laat het in New York was en in Tokio.

'Waarom,' had ik gezegd, 'zou je dat willen weten, Tokiotijd?'

Over zijn imposante bureau heen staarde hij me aan en zuchtte. Ik was een slechte leerling, die de toch niet bijster ingewikkelde lesstof maar niet wilde begrijpen. Dat werd niks zo.

Nu, een decennium later, zag ik hem zijn portier dichtgooien en de straat oversteken.

'Zo Martin,' begroette ik hem. 'En, wat verschaft me de eer?'

'Ik moet straks op het Binnenhof zijn, een afspraak, voor mijn column. Maar ik had nog wat tijd, dus ik dacht... Hoe ver ben je met die koffie?'

Hij trok zijn jas uit en nam plaats aan de pingpongtafel die bij ons als eetkamertafel dienstdeed.

'Vertel eens even,' zei Martin, 'first things first. Hoe is het met Yolanda?'

Ik zette juist twee dampende mokken koffie op de tafeltennistafel toen de telefoon opnieuw ging.

'Moet je niet aannemen?' zei Martin.

'Nee,' zei ik, 'jij bent er nu, eerst luisteren wie het is.'

'Ik vermoedde al dat het bij jou zo werkt. Daarom toeter ik als ik jou bel altijd net zo lang door tot je eindelijk eens opneemt.'

'Bart,' klonk het door de kamers, 'Ronald hier.'

'Giphart?' vroeg Martin.

'Ik zou niet weten wie anders. Zoveel Ronalds ken ik niet, die kan ik op de vingers van één hand tellen. Ken je 'm, Giph?'

'Ga je nou nog aannemen,' zei Martin, 'of hoe zit dat?!'

'Ronald,' zei ik, 'hoe is 't met jou?'

'Bart, even kort... Ik zit achter het stuur op de ringweg bij Amsterdam. Heb je een momentje?'

'Ik ben een en al oor,' zei ik. Op de achtergrond hoorde ik geruis dat op een snelweg kon duiden.

'Bart, je weet, ik heb een paar jaar getourd met Joost. Zwagerman. *Hamerliefde*. Terwijl jij er met Brood en Deelder in de theaters een puinhoop van maakte... Joost. Overal uitverkochte zalen, geweldige jaren. Nu wil ik opnieuw touren, maar Joost wil de komende tijd vooral schrijven. Die is niet beschikbaar, hoor ik net van hem. Dus ik zit in de auto, ik denk: wie zou dán... Toen moest ik onmiddellijk aan jou denken. Wat zeg je ervan? Lijkt het je iets, zie je dat zitten?'

Ik wist dat ik Ronalds voorstel, dat consequenties voor de komende twee, drie jaar – zijnde de duur van een tournee – zou hebben, in alle rust moest overdenken om tot een afgewogen beslissing te komen.

'Goed idee,' hoorde ik mezelf zeggen. 'Ik doe mee.'

Martin zette iets te hard zijn koffiemok terug op het tafeltennisblad. 'Zeg, waar hebben jullie het over?'

'Ogenblik, Ronald. Martin Bril is bij me op bezoek en wil graag weten wat we bespreken.'

In korte bewoordingen legde ik Ronalds voorstel uit.

'Kan ik me bij jullie aansluiten,' vroeg Martin zonder dat in zijn vraag een vraag doorklonk.

'Wat mij betreft wel,' zei ik. 'Alleen, daar ga ik niet in mijn eentje over. Dat hangt voor de helft van Ronald af.'

'Geef 'm maar even,' zei Martin. 'Ronald? Bril hier. Ik zit bij Chabot thuis en ik hoor van jullie plannen. Een theatertournee. Heb ik altijd willen doen. Als een bandje het land door trekken, maar dan zonder gitaren en drums. Is er nooit van gekomen. Vandaar mijn vraag: kan ik meedoen?'

Opnieuw vroeg Martin het niet zozeer, maar deelde hij iets mee, iets wat tegen een voldongen feit aan zat.

'Dat is voor jullie ook leuk,' vervolgde Martin. 'Als de helft van de trouwe lezers van mijn *Volkskrant*-column komt opdagen, trekken we die schouwburgen in een vloek en een zucht vol. Dat moeten jullie op eigen kracht nog maar afwachten. Toch? Bovendien, Chabot heeft zich dankzij zijn chaos met Brood en Deelder zo onmogelijk gemaakt in het theater' – terwijl hij sprak keek Martin me aan en grijnsde me vriendelijk toe –, 'die mag in zijn handen knijpen dat-ie zich dankzij ons kan revancheren. Een buitenkansje. Wat zeg je ervan?'

Even bleef het stil in de kamer: vanuit de auto was Ronald aan het woord. Het viel te hopen dat hij ondanks de beraadslagingen scherp op het verkeer en de weg bleef letten, anders ging die hele theatertournee alsnog niet door en konden Martin en ik straks met een opgetuigde fruitmand naar een of ander Utrechts noodhospitaal.

'Is goed,' hoorde ik Martin zeggen. 'Ik geef 'm je.'

'Bart,' zei Ronald, 'Bril wil mee, begrijp ik zojuist. Wat vind je ervan?'

'Wat zal ik je zeggen, Ronald?' zei ik. 'Je kent die columns van hem. Dan rijdt-ie 's ochtends naar een of ander dorp of gehucht, ergert zich aan een rotonde, beschrijft de ligging van de plaatselijke Kruidvat-vestiging, noteert twee schoolmeisjes die met hun tas op de rug voorbij peddelen,' – ik keek Martin aan; nu was het mijn beurt om hem allervriendelijkst toe te grijnzen – 'maakt melding van de vier verkeersdrempels in de hoofdstraat en de verlaten bushalte even buiten de bebouwde kom... timmert zijn stukje in elkaar, strooit er bij wijze van vulling voor de kerstkalkoen vier keer "Enfin" overheen, en eventueel een "Tja", noemt een vergeten groente en klaar is Kees. Vervolgens gaat-ie dan net een ietsje minder chagrijnig weer op huis aan. Job done. Hij zit me driftig instemmend toe te knikken, Martin, dus hij is het ermee eens.'

'Ik begrijp wat je bedoelt,' zei Ronald. 'En kan-ie voordragen, die Bril, blijft-ie overeind op de bühne?'

'Wat zal ik zeggen? Ik heb 'm een paar keer zien voorlezen – voordragen zou ik het niet durven noemen – en dat was niet best. Daar doet hij geen mens een plezier mee, al meent-ie zelf van wel.'

Martin maakte een geluid dat aan dierlijk gegrom deed denken, en ik knipoogde geruststellend.

'Je kent dat,' vervolgde ik, '"voorlezen". Eerst wordt er, goed hoorbaar via de microfoon, een rochel opgehoest en doorgeslikt, dan, neus-in-de-boeken, wordt alle aandacht gericht op de punten van de schoenen, die door de voorlezende auteur alvorens naar het optreden af te reizen inderdaad best eens gepoetst hadden mogen worden, onderwijl het publiek geen tel aankijkend, om vervolgens binnensmonds... Dat werk.'

Martin maakte met zijn vlakke rechterhand een gebaar alsof hij mijn keel wilde doorsnijden. Drie keer knipogen ging me niet redden. Ik tilde Martins lege mok op, vroeg 'm woordloos of-ie een tweede koffieronde bliefde, zette hem terug op het tafeltennistafelblad en wees richting de keuken, waar hij zich een refill kon inschenken. Martin stond bruusk op, voorzag zichzelf van koffie en nam daarna even bruusk weer aan tafel plaats. Van de weeromstuit golfde wat koffie over de rand van zijn mok. Uit de koektrommel op tafel pakte Martin vijf speculaasjes, en een zesde toen de eerste vijf in no time op waren. Hij moest beslist vaker bij mij op de koffie komen.

'Ja, ik ben er nog, Ronald,' zei ik. 'Dus of het een podiumdier is, Bril, dat zal de toekomst moeten uitwijzen. Van de andere kant... Je kent 'm.'

'Dat is het punt, Bart,' hoorde ik Ronald in mijn oor zeggen, 'ik ken hem niet of nauwelijks.'

Martin deed een nieuwe greep in de speculaastrommel.

'Ronald, waar het op neerkomt... Een onmogelijke gozer, Martin. Dat vind ik, en ik ben een van zijn beste vrienden. Kun je nagaan hoe ze, nog los van de buitenwereld, thuis over 'm denken, het gezin, zijn vrouw en hun twee bloedjes van kinderen. Die hebben geen leven met hem de hele dag in de buurt en zijn dolblij als-ie 's ochtends de deur uit gaat. Als zijn gele Volvo de straat uit rijdt, haalt het gezin opgelucht adem.'

Martin pakte nog een speculaasje, eentje maar, en hij had zijn tweede kop koffie op. Ik moest mijn hand niet overspelen.

'Kortom, als we hem mee on the road nemen, verrichten we een goeie daad. We houden hem van de straat; en saai... Nee, saai zal het niet worden.'

Die inschatting had Ronald ook gemaakt. Was het af en toe maar eens iets saaier geweest, dat zou ons aller gemoedstoestand aanzienlijk ten goede zijn gekomen.

'Doe je de hartelijke groeten aan Yolanda?' zei Martin bij zijn vertrek. 'Ik moet naar het Binnenhof, de politiek verslaan. Voor de krant.' Hij trok dunne, soepele leren handschoenen aan, hoewel de zon scheen. 'Niet vergeten, hè. Ik vraag me geregeld af wat ze toch in godsnaam in je ziet, Yolanda, die arme schat. En ik ben niet de enige die zich dat afvraagt.'

'Ik ben alleraardigst om mee samen te wonen.'

Martin slaakte een diepe zucht. 'Jij weet niet half wat voor een geluksvogel jij bent. Een bofkont. Duimen dat je geluk aanhoudt.'

'Moet ik Ronald bellen,' zei ik met een roomborstplaatzoete stem, 'en zeggen dat je bij nader inzien toch liever van die hele theatertournee afziet?'

Martin nam in stijl afscheid: in grote haast, zijn jas fladderde om hem heen. Eigenlijk had hij allang op het Binnenhof moeten zijn. Toen ik hem buiten wilde uitzwaaien was zijn auto uit het straatbeeld verdwenen en onverrichter zake liep ik het huis in.

Ik moest aan de slag. Leuk en aardig, dat plannen maken, maar ik kon beter een voorbeeld nemen aan Martin: die leverde dag in dag uit zonder haperen een column af.

Goedgemutst wilde ik naar mijn schrijfkamer doorlopen: een vertrek dat niet veel groter was dan een uitgebouwde kast; met een bordeauxrode vloerbedekking, al zag je de vloerbedekking niet. Sinds jaar en dag ging de vloer gebukt onder een dikke laag papier: tijdschriften waaraan ik een bijdrage had geleverd, kranteninterviews en de boeken die ik had geschreven, alles platgetrapt en stukgelopen. Zodra ik het eerste exemplaar van een nieuw boek binnenkreeg, verscheurde ik het en gooide de flarden op de grond. Het was niets, dat nieuwe boek; en het zou, zoals mijn vader me met niet-aflatende ijver voorspelde en inpeperde, nooit wat met me worden. Zo, wadend door de papiersnippers, dwong ik mezelf telkens van de grond af aan opnieuw te beginnen, met een horizon die naar alle kanten openlag.

Het werk vlotte aardig. Ik had weleens slechtere dagen beleefd.

Na een paar uur was ik toe aan koffie en waadde de kamer uit. Beneden gekomen wilde ik de hal ingaan die naar de keuken leidde. Ik stak goed in mijn vel; altijd een gevaarlijk stadium.

Maar ik bleef op de laatste traptreden stilstaan en betrad het parket niet; alsof ik door onbekende hand werd tegengehouden. Ik was te vroeg en werd nog niet verwacht.

Sebastiaan en Splinter hadden weleens gezegd dat ze soms bang waren in hun eentje in huis; dat hun het gevoel bekroop dat er afgezien van henzelf nog iets was. 'Pap, ik hoorde iets in het trappenhuis en toen ik ging kijken... Ik ben mijn kamer ingevlucht. Het was niet pluis daar.'

Dan stelde ik hen gerust – 'Jongens, niets aan de hand. Kabouters hebben we hier nog niet mogen begroeten, en ook geen elfjes of een fee. Behalve jullie moeder dan, wat de laatste categorie betreft' – en besteedde er verder geen noemenswaardige aandacht aan; de doodgewone doordeweekse dingen trokken aan mijn jasje en lieten zich lastiger negeren. Yolanda ervan verwittigen leek me evenmin nodig. Maar had ik daar goed aan gedaan? Misschien had ik hun kinderangst minder lichtzinnig moeten opnemen.

Er hield zich iets op in de hal, maar naar de aard ervan kon ik slechts gissen. Het leek zich te verplaatsen, al was er geen sprake van trek of van een tochtvlaag die op een verplaatsing wees, nog niet het geringste zuchtje. Toch wist ik dat er iets aan de hand was omdat Napoleon – onze eerste hond – op een dag zijn bench uit kwam, waarin hij even tevoren nog hoorbaar lag te slapen, door de keuken liep en de hal in wilde, naar mij toe, maar net als ik voor de drempel bleef staan en de hal afspeurde. Hij leek iets te ruiken, de hint van een geur die hem niet beviel. Hij begon te grommen. Napoleon, van nature allesbehalve bang uitgevallen, verkeerde in staat van paraatheid. Als hij iets bespeurde, hoe miniem ook, wat het gezin betrof en wat hem niet beviel, maakte hij zich nog groter dan hij van zichzelf al was en gingen zijn haren overeind staan. Dat alles was nu het geval.

Dankzij of ondanks Napoleons aanhoudend gegrom vervloog het ijle dat zich in de hal had opgehouden en waren we weer onder elkaar, de hond en ik. Dat leek Napoleon ook te beseffen, want hij liep alsnog de hal in en kwam naar me toe.

'Rustig maar, Napoleon,' zei ik op geruststellende toon. 'Rustig maar, het is goed.'

Daar leek Napoleon nog niet voor de volle honderd procent van overtuigd en ik aaide zijn kop.

Als zich 'iets' in de hal had gemanifesteerd, en daar had het alle schijn van, wat en waarom dan? Wat had het bij ons in huis te zoeken?

'Het is goed, Napoleon,' herhaalde ik. 'Het is goed.'

Napoleon kwam tegen me aan staan en wilde de hand waarmee ik hem streelde een liefkozende lik geven.

'Het is goed, Napoleon,' herhaalde ik opnieuw. 'Het is goed.'

Maar zo 'goed' was het niet. En dat wist Napoleon ook.

Wat waarde er in huis rond? Eens te meer besefte ik dat je eindigheid al vanaf je geboorte, op het moment dat je uit het donker het licht tegemoet trad, bij je was en bij je bleef. Een metgezel die vlak bij je was, op minder dan een halve meter afstand soms, schuin achter, naast of voor je, en soms mijlenver van je vandaan maar tegelijkertijd in je directe nabijheid. Trouw tot op het bot. Zo was je nooit alleen. Elk ogenblik kon je een hand op je schouder gewaarworden die je met zachte hand beduidde een eindje mee te lopen op een reis die niet naar één specifieke bestemming voerde. Van hem kon je op aan. Dankzij zijn hand kon je na een duwtje onbekende oevers tegemoet en zag je stervelingen door het landschap dwalen, zonder dat een voet de grond raakte.

Soms kwam je terug van zo'n reis, naar de aankomststeiger; dan betrof het een retourtje en ging je onopgemerkt opnieuw aan land.

Maar soms ook niet.

'Schipper, mag ik overvaren?'

Je kon jezelf heruitvinden. Je kon je van je huid ontdoen, en hetzelfde gold voor je binnenwerk: dat kon je van tussen je botten en botjes vandaan peuteren om het in de berm langs de weg achter te laten.

Er rinkelde geen voordeurbel of telefoon, maar toch schrok ik op uit mijn overpeinzing en riep mezelf tot de orde. Zo kwamen we nergens. Ik diende bij de les te blijven, maar dreigde me niet voor het eerst in allerhande fantasieën te verliezen. Ik moest de zinnen verzetten, een frisse neus halen, na wat zich zojuist in de hal had afgespeeld. Misschien knapten we daar beiden van op, de hond en ik.

'Napoleon,' zei ik, 'uit?'

Dat hoefde ik geen twee keer te zeggen en ik reed met Napoleon naar het strand. Ik nam geen bal mee, ook al keek hij me smekend aan. Het rulle zand was beproeving genoeg voor zijn heupen – altijd kwetsbaar bij grote honden –; die hoefden niet extra belast.

Toen we het strand op kwamen, ging Napoleon er op een drafje vandoor; maar niet voor lang. Het beste was er snel vanaf en vermoeid keerde hij bij me terug.

Na een tijdje wilde ik op huis aan, maar ik talmde en tuurde naar de Noordzee alsof ik met een ietsje meer geduld dichter bij de ontsluiering van een puzzelstukje kon komen, of bij een openbaring. Napoleon ging er gemakshalve bij liggen en gelijk had hij. Op het baasje kon je soms wachten tot je een ons woog.

'Je moet de groeten hebben,' zei ik tegen de zee. 'Maar niet van mij.'

Op zo'n goede voet stonden de zee en ik momenteel niet.

En dat laatste, mijn verstandhouding met de zee, brengt me met een schok terug in Zweden: en dan opnieuw terug naar Scheveningen, maar nu naar een lenteavond vorig jaar, toen ik met Bril aan zee stond. Ik had nog een appeltje te schillen met de zee. Twee appels.

Het water herbergde de as van mijn ouders, die een paar jaar eerder vanaf een vissersboot vijf, zes kilometer uit de kust over de golven was verstrooid. Die as zwierf nog ongehinderd in het water rond. Asrestjes die zich, als ik in zee zwom, aan me konden hechten om niet meer los te laten: een risico dat ik niet wilde lopen. Voor geen goud. Eenmaal op deze planeet ter wereld gekomen, kwam je niet meer van dit hemellichaam af. Draaien, altijd maar draaien. Je koesterde misschien de illusie dat je kon maken dat je wegkwam, maar er was geen ontsnappen aan, ook niet na je overlijden. Er restten altijd restjes jij, hoe klein of gering in aantal ook. Daarover had ik met de zee een hartig woordje te wisselen, en niet alleen met de zee.

Dat moest echter tot later wachten: toen ik me omdraaide om terug te lopen naar de auto, speet dat Bril niet.

Terugrijdend door Scheveningen en Den Haag leek de wereld gekrompen in de was.

34

'WEET JE WAT HET GEKKE IS?' ZEGT YOLANDA.

'Eerlijk gezegd, geen idee. Wat is het "gekke"?'

'Dat ik merk dat ik zelf de laatste dagen met een wijde boog om die dierenbegraafplaats heen loop.'

Ik kijk naar de boomstronk, een meter of twintig verderop in de tuin. De stronk en de stengels ogen onschuldig genoeg. Wat zou er loos mee kunnen zijn? Tot op heden heb ik de stronk niet op slaapwandelen betrapt.

'En weet je,' zegt Yolanda, 'sinds wanneer ik dat doe, die plek vermijden? Sinds ik merkte dat jij die plek mijdt.'

Ik nip van mijn koffie. Eergisteren snuffelde Bril met een voor haar doen ongewone inzet en volharding aan de tafel- en stoelpoten in ons vakantiehuis en aan drempels en deurposten en aan de schoenen onder het bankje in de hal. Wat was ze op het spoor?

'Nou jij weer,' zegt Yolanda.

We liepen over de Scheveningse boulevard, Martin en ik. Hij was de laatste tijd opvallend vaak in Den Haag, een stad die hij naar eigen zeggen zeer beminde. 'Een stad aan zee, jongen. De enige in ons land. Wat wil je nog meer?' Hij zou er graag willen wonen, zei hij, maar in zo'n move kreeg hij het thuisfront niet mee: zijn gezin bleef liever in Amsterdam en was niet erg voor een verhuizing te porren, waar hij begrip voor had.

'Het is goed dat je telkens naar Den Haag komt,' zei ik licht spottend. 'Je moet niet te veel met mij gezien worden. Ik sta er niet best op in Amsterdamse kringen; en die kringen bepalen grotendeels het literaire klimaat.'

'Vertel mij wat,' zei Martin. 'Daarom kom ik tegenwoordig naar Den Haag om je te spreken. Ik moet aan mijn reputatie denken en het helpt niet om al te zeer met jou geassocieerd te worden.'

Ik dacht dat Martin een geintje maakte, maar hij keek ernstig.

'Straks gaan we ook nog eens op tournee,' zei Martin. 'Dat komt er nog bij.'

Hij trok de kraag van zijn jas omhoog, alsof hij het koud kreeg.

'Men onderschat jou,' zei Martin. 'Bijna iedereen die ik ken maakt die fout. Niet zo verwonderlijk, daar maak je het zelf naar. Alleen trap ik er niet in. Ik onderschat jou niet.'

'Wat onderschat je niet in me, Martin, als ik vragen mag?'

'Bart, jongen, die vraag hoef ik niet voor je te beantwoorden, toch?'

—

'Hoe gaan we eigenlijk heten,' wilde Martin weten, 'de show?'

We beleefden ons derde gemeenschappelijke etentje: aan kameraadschap geen gebrek. Het dessert was op, de nota gevraagd.

'Giphart & Chabot, met bril,' zei Ronald. 'Want jij bent de enige zonder bril.'

Die logica ontging Martin niet en hij verklaarde zich akkoord.

'Jongens,' zei ik, 'dat zo zijnde... Ik denk dat ik eens op huis aan ga.'

Ik wilde mijn stoel naar achter schuiven toen Martin me beduidde te blijven zitten.

'We moeten iets met je bespreken, Ronald en ik,' zei Martin.

Hij keek er nogal somber bij. Wat hing me boven het hoofd? Ook Ronald zat opeens strakker in zijn stoel en leek liever in Utrecht, zijn woonplaats, te willen vertoeven.

'Blijf zitten,' zei Martin ten overvloede: ik maakte geen aanstalten om op te staan.

'Jullie kijken zo ernstig, jongens,' zei ik. 'Wat is er aan de hand? Hebben we een overledene in ons midden te betreuren?'

'Zeg jij het tegen hem,' zei Martin tegen Ronald, 'of moet ik het hem vertellen?'

'Zeg jij het maar,' zei Ronald. 'Jullie kennen elkaar het langst.'

'Is er een probleem?' zei ik.

'Ja,' zei Martin. 'Nogal.'

'Kijk aan. En dat is?'

'Je kleding,' zei Martin. 'Je kledingstijl, de manier waarop je je kleedt.'

Ik keek naar het wijdvallende gele hemd, de kaki broek en de Desert Storm-laarzen die ik aanhad: kledij die me comfortabel zat en die ik sinds mijn verblijf in Tanzania droeg. Ik zag niet in wat er mis aan was.

'Je ziet eruit,' zei Martin, 'alsof je deel uitmaakt van de Amerikaanse strijdkrachten en elk ogenblik in Irak kan worden ingezet om aan de grondgevechten aldaar deel te nemen.'

'In eerste instantie viel het me niet op,' zei Ronald, 'maar toen Martin me er opmerkzaam op maakte, dacht ik: verrek, ja, Bart oogt als een stormtrooper, eentje die in een woestijn is verdwaald.'

'Kort en goed, je ziet er niet uit,' zei Martin. 'Dat zou op zich geen probleem zijn, jij mag aantrekken wat je wil, maar nu we met z'n drieën op pad gaan en het podium delen en naast je staan, in het zicht van het publiek, straalt die kledij van je ook op ons af. En daar zit 'm de kneep: dat willen we niet, daar passen we voor.'

'Je bedoelt?'

'Als je met ons on the road bent, moet je een pak aan.'

Ik nam de restaurantruimte eens goed in me op, iets waar ik tot nu toe niet aan was toegekomen.

'Een pak aan?' zei ik.

'Een pak,' bevestigde Martin. 'Een kostuum. Jasje-dasje, hoe je het noemen wilt.'

De laatste die tegen me zei dat ik een pak aan moest, was mijn vader. En dan kreeg ik zulke teksten nu van Martin en Ronald te horen? Zo voortvarend als we uit de startblokken waren geschoten, zo vlot kwamen de tandraderen van de tournee tot stilstand. Ik kreeg zin het bijltje erbij neer te gooien nog voordat we goed en wel onderweg waren. Dan niet, dacht ik. Even goeie vrinden, maar dan ga ik net zo lief wat anders doen.

'Een pak,' herhaalde Martin. 'En wij, Ronald en ik, gaan dat pak met je uitzoeken. Laten we dat aan jou over, dan kom je geheid met een of ander achterlijk kostuum aangezet, en nog slecht zittend op de koop toe. Dus Ronald en ik...'

'Jongens,' zei ik terwijl ik van tafel opstond, 'het was me wederom zeer aangenaam, maar ik moest eens op huis aan. Het loopt tegen middernacht, morgen wacht een drukke dag. We spreken elkaar.'

Mooi, dacht ik terwijl ik naar mijn auto in de parkeergarage liep, daar ben ik vanaf, van dat geëmmer. Een pak. Kom nou.

Thuisgekomen trof ik Yolanda in bed aan, ze sliep nog niet, en ik vertelde haar wat zich tijdens het etentje had voorgedaan.

'Sorry lieverd,' zei Yolanda, 'maar luister eens naar ze, deze keer. Martin ziet er altijd pico bello uit. Ik zou hun raad niet in de wind slaan. Zij hebben het beste met je voor.'

'Morgenochtend,' bracht Martin me telefonisch op de hoogte, 'verzamelen bij Hans Ubbink, de modeontwerper, op het bedrijfsterrein van het Oude Schiphol.' Hij gaf me het adres. 'Niet te missen, de vliegtuigen stijgen naast zijn atelier op. Je mag in je handen knijpen als je elkaar kunt verstaan. Ik ken Hans. Hij is bereid om ons voor de show te kleden. Zelfs jou.'

'Daar is de spiegel, manshoog,' wees Hans nadat ik een creatie van hem had aangetrokken die wonderwel paste en met een vanzelfsprekendheid alsof ik er dagelijks in rondliep, 'dan kun je jezelf van top tot teen zien.'

'Maar willen we dat?' zei ik.

'Daar ga ik niet over,' zei Hans. 'Dat laat ik aan jou.'

Het leek of er in een handomdraai geen jongen maar een man tegenover me stond; een man die ik vaag kende.

'En,' zei Hans, 'wat vind je ervan?'

'Het is even wennen,' zei ik.

'Dat wil ik geloven,' zei Hans. 'Wen er maar aan, dit is je nieuwe "ik".'

Naarmate de dagen vorderden kwam ik tegemoet aan de eisen die het pak aan me stelde en veranderde geleidelijk in een man; met behoud van de jongen in me. Als ik een spiegel tegenkwam – in winkels en wc-ruimtes – keek ik er een tel in, in het voorbijgaan, iets wat ik tot dan toe altijd angstvallig had vermeden om mezelf een ontluistering te besparen. Wat ik zag viel mee.

We konden alsnog op tournee. Het land ging voor ons open.

Toch zou het nog even duren voordat mijn outfit compleet was.

We zaten in een hotel in Groningen toen Martin zei: 'Heb jij geen laarzen nodig, Bart? Cowboylaarzen? Ik weet een winkel, daar verkopen ze... Echt iets voor jou. Toplaarzen.'

'Waar wachten we nog op?' zei ik terwijl ik uit de hotelfoyerbank opstond.

'Goedkoop zijn ze niet,' waarschuwde Martin. 'Maar ze gaan eindeloos lang mee. Toen ik hier studeerde liep ik jaren rond op zulk schoeisel, cowboyboots. Ik wist niet beter.'

Ik trok ze aan en wandelde ermee door de winkel. Je moest eraan wennen. De hakken liepen naar binnen zodat je als je niet oppaste achteroverhelde en ruggelings kon vallen. Afgezien daarvan zaten ze prima. Weliswaar waren het geen Blue Suede Shoes, zoals door Elvis bezongen, maar je kon niet alles hebben.

Ronald was de stad ingegaan en toen hij in het hotel terugkwam toonde hij zich al even enthousiast. 'Waar heb je die laarzen vandaan? Geweldig. Die wil ik ook.'

Zodoende zaten Martin en ik korte tijd later voor de tweede keer in de cowboylaarzenshop, om Ronald naar tevredenheid aan een paar fraaie boots te helpen.

De volgende ochtend reed ik na het ontbijt terug naar Den Haag. Ik haalde de oversized schoenendoos uit de auto en droeg hem de keuken in.

'Jij wil niet weten waar ik mezelf op heb getrakteerd,' zei ik. 'Cowboyboots. Van het Groningse platteland.'

Ik deed de doos open. 'Met Martin en Ronald gekocht,' zei ik met gepaste trots. 'Hoe vind je ze?'

Yolanda draaide de laarzen om en om.

'Ik heb een zwak voor dit soort laarzen,' zei ze ten slotte. 'Ik vind ze echt iets voor mij.'

35

TER VOORBEREIDING OP ONZE TOURNEE KWAMEN WE BIJEEN in theater De Speeldoos in Baarn, samen met Paul, onze technicus. We hadden genoeg te bespreken. Welke teksten wel, welke niet; en hoe kregen we lijn in de voorstelling?

Tussen de middag op de eerste repetitiedag – Martin en Ronald hingen aan de telefoon; ik kon er straffeloos tussenuit knijpen – liep ik naar buiten om een luchtje te scheppen. Voor de artiesteningang stond een theatermedewerker te roken. Die had ook behoefte aan frisse lucht.

Naast het theater werd een fors terrein aan het zicht onttrokken door hoge heggen.

'Wat,' vroeg ik aan de receptioniste die deze landerige middag niet veel omhanden had, 'ligt er achter die haag? Een visvijver?'

'Nee, meneer Chabot,' zei ze met de suggestie van een glimlach, 'dat is de begraafplaats.'

Ik zag er geen voorteken in. Zo beging ik vaker haast achteloos vergissingen in mijn leven.

Drie jaar na onze eerste voorstelling keerden we terug naar Baarn om onze tweede show te monteren. De Speeldoos stond er nog en de begraafplaats achter de heggenmuur leek niet van plek verschoven.

Tijdens een spaarzame break die we onszelf gedurende de repetitieweek toestonden – Ronald had telefonisch overleg over de verfilming van een van zijn romans –, bleek Martin een ommetje over de begraafplaats te hebben gemaakt, terwijl het centrum van Baarn op loopafstand lag: een voor de hand liggender bestemming tijdens de lunchpauze.

'En?' informeerde ik belangstellend.

'Niks,' zei Martin. 'Niks bijzonders. Nee, daar heb je niets aan gemist.'

Hij zei het kortaf, zodat ik wist dat doorvragen niet op prijs werd gesteld.

Ook ik had een kijkje op de Baarnse begraafplaats willen nemen, maar het was er niet van gekomen. En het zou er ook niet van komen. Martin voelde zich geroepen; ik niet.

—

'Schat,' zei Yolanda toen ik na de eerste dag 's avonds thuiskwam, 'vertel, hoe was het?'

Ik vertelde hoe de repetitiedag was verlopen.

'Blij dat het zo voorspoedig gaat,' zei Yolanda. 'Iets anders is... Wat zijn je plannen voor morgen?'

'Morgen?' zei ik. 'Dan word ik om halftien in Baarn verwacht en gaan we verder. We zijn er nog lang niet.'

'En wat doe je met de kinderen, de jongste twee, Splinter en Storm?'

Het ontging me waar ze op doelde, al hadden we toen we kinderen kregen afgesproken dat ik, gelet op Yolanda's vaste baan, de dagelijkse zorg voor de kinderen op me zou nemen in mijn hoedanigheid van huisman.

'Splinter en Storm hebben morgen vrij,' zei Yolanda, 'vanwege Prinsjesdag. Was je dat vergeten? Vandaar mijn vraag, als jij morgen in Baarn zit, wat zullen we dan met de kleintjes doen? Die kunnen we niet alleen thuislaten.'

'Geen zorgen,' zei ik. 'Ik neem ze morgen mee naar Baarn, Splint en Storm.'

Ik richtte me tot de kleintjes. 'Lijkt jullie dat wat, om met me mee te gaan naar het theater, met Martin en Ronald?'

Daar hadden de kleintjes wel oren naar.

'Wat is dat, pap?' vroeg Splint toen we op het parkeerterrein achter het theater uitstapten. Hij wees naar de haag, die voor zijn broertje en hem nog veel hoger was dan voor mij en boven hen uittorende.

'Dat is de begraafplaats,' zei ik. 'Ga er maar niet heen, je weet het nooit met die luitjes. Voor hetzelfde geld wordt er eentje wakker, wil-ie een blokje om en lopen jullie opeens danig in de weg.'

'Wie hebben we daar?' zei Martin. 'Heb je je kinderschare meegenomen, Bart?'

'Splinter en Storm,' zei Ronald, 'welkom in het theater. Jullie vader gaat de hele dag gek doen en Martin en ik proberen hem daarbij een beetje in toom te houden. Hebben jullie er zin in? Loop maar mee, dan laat ik jullie de Grote Zaal zien.'

Aan de gezichten van Splinter en Storm kon ik aflezen dat ze

Prinsjesdag nu al geslaagd vonden. Met een beetje geluk zouden ze het toneel op mogen om de zaal toe te spreken.

Tegen twaalven stond het eerste halfuur van de voorstelling in de grondverf. We richtten ons op het kwartier voor de pauze; na Ronald en mij was Martin aan de beurt met een wat langer solostuk.

Martins verhaal speelde zich af in een bordeel in Assen, La Gare, op loopafstand van het station, zoals de naam van het huis-van-plezier aangaf. De prostituee waarmee de hoofdpersoon uit Martins verhaal zich afzonderde heette Mie, kregen we te horen.

Een Chinese. Prima. Wat zou er tussen de hoofdpersoon en Mie zijn voorgevallen? We waren er allen benieuwd naar, ook de lege stoelen in de Grote Zaal.

Martin vertelde dat Mie en de hoofdpersoon alvorens het bed te delen eerst in bad gingen; een badkuip met geparfumeerde badolie en een handvol rozenblaadjes. Niks mis mee. Ga zo door, Martin, dacht ik: we hangen aan je lippen.

Terwijl het bad volliep begon het vreemde bubbelgeluiden te maken. Er zat lucht in de buizen en pijpen van de waterleiding; lucht die uit het zoetgeurende water opborrelde, alsof het bad windjes en scheten liet, of, zoals Martin het verwoordde, alsof het bad aan flatulentie leed. Hij verhaalde zo beeldend dat het leek of je met Mie en hem in de kamer stond, naast de badkuip. Je kon de seringengeur haast opsnuiven als je je hand als waaier gebruikte en jezelf wat lucht toewuifde.

Splinter en Storm konden lang niet alles volgen, maar veel ook wel en ze moesten hartelijk lachen. Zoiets hadden ze nog nooit gehoord, ook van papa niet. Wat een verhaal. Die Martin.

Hun jongenslach klaterde fris en vrolijk op in de lege, gehorige zaal en Martin onderbrak zijn voordracht.

Klasse, dacht ik luisterend in de coulissen. Dit zou het goed doen op tournee, La Gare, Mie en een bad dat aan flatulentie leed.

Een killer story. Martin kon zich de lachers op zijn hand weten; aan deze vertelling ging hij straks een hoop plezier beleven.

Naast me stak Ronald zijn duim op. 'Kan niet beter, Martin, ideale tekst om de pauze mee in te gaan.'

Ons enthousiasme ontging Martin.

'Wat is dat?' zei hij tegen de donkere zaal waarin hij, zelf badend in het spotlightlicht, weinig kon onderscheiden op twee paar kinderknietjes op de voorste rij na.

'Zijn jullie dat, Splinter en Storm?'

Dat konden de kleintjes moeilijk ontkennen. Als zij het niet waren, wie dan wel?

'Paul, kan het zaallicht aan?' riep Martin.

'Komt-ie!' riep Paul vanachter de mengtafel. Het licht floepte aan en daar zaten Splinter en Storm, pontificaal op de eerste rij. Midden voor het podium. Ze hadden het overduidelijk zeer naar hun zin.

'Wat een leuk verhaal, Martin,' zei Splinter enthousiast.

'Maar,' wilde Storm weten, 'wat is flatulentie?'

'Winderigheid,' zei ik uit de coulissen naar voren tredend. 'Het bad had last van winderigheid.'

'En ga je zo het bad in, Martin,' vroeg Splinter, 'met Mie? En dat het water dan om jullie heen klotst, en onder jullie door; en worden jullie dan uit het water opgetild, zoals Abeltje met de lift door het dak schoot en kon vliegen? Ga je dat met Mie doen, vliegen? Dat zou echt gaaf zijn.'

Hij kon niet wachten op het vervolg en hetzelfde gold voor Storm. Waar wachtte Martin nog op? Beiden waren in één klap voor het theater gewonnen, constateerde ik. Dat had Martin toch maar mooi voor elkaar gekregen.

'Bart,' zei Martin, 'hoe oud zijn die twee?'

'Splinter is acht, en Storm is een jaar jonger, dus zeven. Je merkt, ze zijn helemaal in de ban van je verhaal.'

'Acht en zeven,' zei Martin. 'En dat zit hier op de voorste rij te luisteren naar een bordeelverhaal. Basisschooloortjes. Dat kan toch niet, Bart? Daar zijn die twee nog veel te jong voor, die moeten knikkeren, touwtje springen, dat begrijp je zelf toch ook?'

'Wat is er mis met een bordeelverhaal, Martin?'

'Jongen...' Hij zuchtte alsof hij door een plotselinge vermoeidheid werd overmand.

'Martin, ze kunnen het beter van jou horen dan via gefluister in de fietsenstalling na school.'

'Ronald,' zei Martin, 'zeg jij er eens iets van. Met Chabot valt niet te praten.'

Maar Ronald was aan de telefoon. Elders verliep iets niet geheel naar wens, begreep ik uit het weinige dat ik opving.

'Wat willen jullie drinken, jongens?' zei Martin.

Splinter hoefde niet lang na te denken. 'Chocomel graag, Martin.'

Storm twijfelde tussen Fanta en een flesje Cola. Coca-Cola kregen ze thuis niet vaak; limonadesiroop nemen mocht, maar van Cola werd je druk, en Splinter en hij waren thuis al druk genoeg.

'Dan neem jij Fanta, Storm,' besliste Martin.

Hij haalde een tientje uit zijn binnenzak.

'Jongens, let niet op jullie vader... Doe me een lol en ga lekker drop halen, een Bounty, een rol pepermunt, maakt-me-niet-uit-wat, een zak chips voor mijn part, en ga lekker buiten spelen met z'n tweeën, prachtig weer, niks geen dag om lang in een donkere theaterzaal te zitten. Wegwezen, jongens.'

Dat lieten de kleintjes met het bankbiljet veilig in Storms knuist geklemd zich geen twee keer zeggen.

'Bart, dit kan niet, hoor,' herhaalde Martin toen de kleintjes de deur uit waren. 'Bordeelverhalen. Daar zijn die twee echt nog te jong voor.'

We hervatten de repetities en Martin maakte zijn verhaal, dat een kwartier duurde maar nergens trok en tot inkorten noopte, af. Ook Paul toonde zich enthousiast. 'Top, Martin!' klonk het vanuit de donkerte van de zaal.

Tegen vieren pakten we in. De kleintjes hadden Martins gift goed besteed.

'Het is helemaal op, Martin,' zei Storm. 'We hebben allebei een Mars genomen, en een Twix, en...'

'Mooi zo, jongens,' zei Martin.

Tijdens de terugrit naar Den Haag werd het stil achterin: Splinter en Storm vielen in slaap; het was een drukke Prinsjesdag geweest, stukken drukker dan school. Tegen halfzeven kwam Yolanda van haar werk en een halfuurtje later zaten we allen aan de avondmaaltijd, ook Sebastiaan en Maurits, die bij klasgenootjes hadden gespeeld.

'En, hoe was jullie dag?' vroeg Yolanda aan de kleintjes.

'Geweldig!' vonden Splinter en Storm unaniem.

'Vertel,' zei Yolanda, 'wat hebben jullie allemaal beleefd met Martin, Ronald en papa dat het zo'n geweldige dag was?'

De jongens vertelden dat ze een tientje van Martin hadden gekregen. Dat ze daar zoveel snoep en frisdrank van hadden mogen kopen als ze maar wilden en dat Martin geen kleingeld terug had gehoeven: alles mocht op. En Martin had een verhaal voorgelezen over een badkuip die winden kon laten. 'En scheten,' voegde Storm er enthousiast aan toe. De jongens schoten opnieuw in de lach bij de herinnering aan Martins verhaal. Ja, met Martin kon je lachen.

'Een badkuip die winden laat?' zei Yolanda. 'Dat begrijp ik niet helemaal, dat moeten jullie me even uitleggen, hoor.'

'Nou, het zit zo... Martin wilde in bad met een vrouw...'

'O,' zei Yolanda. 'Met wie?'

'Met Mie.'

Napoleon lag in zijn bench en snurkte.

'Mie?'

'Ja, met Mie,' bevestigden de jongens. Dat hun moeder dat nou niet begreep. Hoe moeilijk kon het zijn?

'Wie is Mie?' informeerde Yolanda belangstellend.

'Een Chinese,' zeiden de jongens eensgezind. 'In Assen.'

'Assen?' zei Yolanda verbaasd.

'Ja, Assen, dat begrijp je toch wel, mam?'

'Wat heeft die "Mie" met Martin te maken? En wat is dat met die badkuip?'

'Nou, daar wilde Martin met Mie in,' zei Splinter, 'in bad. Maar dat ging dus niet, mam, want dat bad liet scheten en winden, de hele tijd door, bubbel-de-bubbel. We hebben zo gelachen!'

'Bubbeldebubbel-de-blub-blub-blub,' vulde Storm zijn broer aan.

Yolanda keek me vragend aan. 'Waar gáát dit over, Bart?'

Het was duidelijk dat er van mij enige uitleg werd verwacht en zulks op korte termijn. Anders kon het nog raar lopen. In heldere bewoordingen vertelde ik hoe de vork in de steel zat. Ter geruststelling voegde ik eraan toe dat Martin de repetitie had stilgelegd toen hij merkte dat Splinter en Storm in de zaal zaten.

'Het leek Martin geen goed idee dat de kleintjes alle ins en outs...'

'Nee, daar kan ik me iets bij voorstellen,' zei Yolanda.

'Blubbeldeblubbelde-bloeb,' oefende Storm op het geluid dat het bad had gefabriceerd, tot genoegen van zijn oudere broers.

'Dat heb ik ook direct tegen Martin gezegd, hoor: "dit verhaal is misschien iets te hoog gegrepen voor twee jongens van acht en zeven, dus..."'

'En hébben jullie buiten gespeeld?' vroeg Yolanda.

Tot mijn verrassing hadden de jongens na het verlaten van de

Grote Zaal geen stap buiten het theater gezet. Ze keken wel linker uit. Martin vertelde iets wat kennelijk niet voor hun oren was bestemd, dus daar wilden ze natuurlijk alles van weten, het naadje van de kous.

Het was een verhaal dat het morgen goed zou doen op het schoolplein. 'Wat hebben jullie gedaan met Prinsjesdag?' 'Wij zijn een dagje met papa mee geweest, het theater in, met Martin, een goeie vriend van papa, en die zat in een bordeel, met een Chinese, in een bad dat winden liet...' Daar zouden ze morgen geheid goede sier mee maken bij hun klasgenoten. Zelden hadden ze zo naar school verlangd. Konden ze de wijzers van de klok maar vooruit draaien.

'Zo hoor je nog eens wat,' zei Yolanda. 'Goed, jullie gingen niet buiten spelen met al die snoepwaar. Wat deden jullie dan wel?'

'Wij?' zei Splinter. 'Wij hebben alles meegenomen, ook de flesjes frisdrank, en zijn de trap naar boven op gelopen, waar ook een deur zat, naar het balkon. We slopen langs de balkonrand naar de middelste stoelen helemaal vooraan in het aardedonker. In het begin zagen we niks... En toen hebben we naar Martin geluisterd, naar het einde van zijn verhaal.'

'Hoe eindigde het verhaal?' zei Yolanda. 'Daar ben ik reuze benieuwd naar.'

'Blubber-de-bloeb,' zei Storm.

'Jongens,' zei ik tegen alle vier de kinderen aan tafel, 'voor de goeie orde... Het verhaal gaat niet over Martin, hè. Ik zeg het er maar even bij voordat er onverhoopt misverstanden ontstaan. De man die zich met Mie afzonderde, is niet Martin, begrijpen jullie?'

'Splinter, Storm... hoe liep Martins-verhaal-dat-niet-over-Martin-ging af?' zei Yolanda.

'Wat is het toetje vanavond?' vroeg Storm.

'Dat toetje komt zo,' zei Yolanda. 'Eet eerst je bord maar eens leeg. Ik zie nog van alles liggen, broccoli en... Splinter, wat wilde je vertellen?'

'Bloeb,' zei Storm.

'En misschien,' zei Yolanda vriendelijk, 'kun je heel even ophouden met dat geblub en gebloeb, dan kunnen we allemaal verstaan wat Splinter... Splint?'

'Nou, Martin wilde dus met Mie in bad, en dat gingen ze ook, en toen... Mie wilde Martin met een washandje wassen voordat ze in bad gingen. Dat moest van haar. Waarom weet ik niet. Maar op het laatst schrok Martin ergens van. Hij schrok heel erg, en toen kwam hij uit bad en zette het op een lopen, de stad uit, een donker bos in, een woud, het begon al avond te worden, en hij rende en holde maar door, en toen... Toen kwam hij zichzelf tegen. Nog een Martin, een tweede Martin, die ook geen kleren aanhad en die ook rende... Maar die tweede Martin herkende Martin niet, ook al waren ze dezelfde.'

'Blurb,' deed Storm.

'Storm,' zei ik, 'je mag geen boeren laten aan tafel. En áls je een boertje laat, zeg dan op z'n minst "pardon". Dat weet je best.'

'Ik liet geen boer, pap,' zei Storm. 'Ik deed het bad na.'

'Hoe het precies afliep weet ik niet,' vervolgde Splinter, 'omdat ik Storm moest helpen met zijn chocomel. Maar op het laatst holden er dus twee Martins door het bos, in hun blootje, zonder Mie.'

'Twee Martins,' herhaalde Yolanda. 'Al begrijp ik van jullie vader dat ze allebei niet Martin waren.'

'Zoiets,' zei Splinter. 'Het was onwijs lekkere chocomel.'

'Het bad zat achter ze aan,' wist Storm. 'Die badkuip zat ze op de hielen. Tenminste, dat denk ik, want waarom zouden ze anders in hun nakie door het bos hollen?'

'Jongens,' zei ik en ik keek de pingpongtafel rond, 'er zijn nog een paar aardappelen over en er is een restje broccoli... Wie wil er nog wat?'

'Klinkt goed, pap,' vonden Sebastiaan en Maurits eensgezind. 'Mogen wij de volgende keer mee?'

Het was reuze geslaagd, de kleintjes mee op sleeptouw nemen tijdens een tournee. Dat moest ik beslist vaker doen, daar kon ik nog een hoop plezier aan beleven.

Toch was het Martins uitstapje naar de begraafplaats naast theater De Speeldoos wat me het meest zou bijblijven van onze eerste repetitiedagen. Ik had me voorgenomen om er een kijkje te nemen, maar daar was het niet van gekomen. Wat had Martin er gezocht? Of wat had hij gehoopt er te vinden?

36

'MARTIN, BART,' ZEI RONALD HALVERWEGE DE REPETITIEweek, 'onze tweede voorstelling zou zich toch in Huizen afspelen?' Hij liet het *Algemeen Dagblad* dat hij las iets zakken. 'Of vergis ik me?'

Huizen was me bijgebleven uit het tourschema. Voorafgaand aan onze komst vond er een driedaagse konijnenbeurs in het theater plaats, die pas vlak voor ons optreden zou zijn opgeruimd. Of één middag volstond om op te bouwen, had de organisatie ons vooraf gevraagd.

'De lucht van die konijnen,' had Paul geantwoord, 'krijg je niet in een middagje de zaal uit.'

'Je zegt "zou", Ronald?' zei Martin.

'Huizen gaat niet door. Die kunnen we schrappen. Het theater is vannacht door nog onbekende oorzaak tot de grond toe afgebrand.'

Ze keken me aan alsof ik er meer van wist.

Ik herbeleefde mijn vroegste herinnering.

Ik ben twee, zou mijn moeder me later vertellen, en zit achter in een Volkswagen Kever die aan de toenmalige vriend van mijn oma in Scheveningen toebehoort. 'Een Kever met een bril,' vertelde mijn moeder. 'Door de achterruit liep een raamsponning, die de ruit in tweeën deelde. Vandaar dat "bril".'

Ik zit bij mijn moeder op schoot. Van veiligheidsgordels heeft nog niemand gehoord.

'Wat is dát?!' hoor ik mijn moeder zeggen.

Ik kijk naar buiten. We rijden op een brede weg. Veel verkeer is er niet, wel zie ik zwaailichten en klinken er sirenes. Een rode brandweerwagen jaagt langs, eentje die ik herken van de plaatjes uit een Gouden Boekje dat mijn moeder me 's avonds bij het slapengaan weleens voorleest als ze in een goede bui steekt.

Ik zie vlammen aan een hoge toren likken. De Kever komt tot stilstand: oma's vriend tuurt belangstellend uit het raam. Dan stort de toren in. Een tovenaarshoed die kapseist, breekt en langzaam door de knieën gaat. Vlammen dansen op en om de muren van het gebouw en steken hun tong uit de ramen.

'Rij maar door, Henk,' zegt mijn moeder. 'Anders ben ik straks nog te laat bij mijn kapper.'

Wat gebeurde er daarna? Henk liet mijn oma in de steek. Maar zulke akkefietjes overkwamen oma vaker, zou mijn vader later zeggen. Alles moest vernietigd, dan pas kon je bouwen: een uitgangspunt dat me een leven lang zou vergezellen.

'Hé Bartus,' zei Ronald. 'Zag je zo tegen Huizen op dat je dacht: Kom, ik leg het in de as?'

—

Al snel ontwikkelden we onze eigen rituelen. De eerste voorstellingen zaten Ronald en ik in de kleedkamer toen we een luid 'Bárt!!' hoorden, Martins stem, nog voordat ik kon antwoorden gevolgd door een nog luider: 'Báártt!!'

'Martin!' brulde ik terug en ik stond op en liep de gang in – 'Bááárttt!!' – om Martin tegemoet te gaan die zoekende was en op het geluid afging om te lokaliseren waar we uithingen.

Had hij ons gevonden, dan liep Martin Ronalds of mijn kleedkamer in, zette zijn spullen neer, brandende sigaret in een mondhoek geplakt, liep naar de wastafel, ritste zijn broek open en plaste. Was hij uitgeplast, dan dumpte hij zijn peuk bij wijze van afronding in de wastafel en ging op zoek naar zijn eigen kleedkamer. Elke middag kwamen Ronald en ik aan de beurt. De kraan opendraaien om de boel weg te spoelen, daar deed Martin niet aan, dat kwam niet bij hem op. Waarom zou-ie?

Aanvankelijk vroegen we hem naar het waarom van zijn gewoonte, maar dat leverde weinig op. Martin moest plassen, dus deed hij dat in onze wastafels. Een kniesoor die daarop lette. Het witte emaille leefde ervan op. Al snel protesteerden we niet meer tegen deze gang van zaken. Daarbij, we kenden niemand die er zo charmant en ontwapenend bij kon grijnzen als Martin. Speelden we ergens meerdere dagen achtereen, dan kleurde de wastafel bij ons vertrek zomergeel.

Toen we het op een middag even zat waren en hem met zijn gedrag confronteerden – 'Zeg Martin,' zei Ronald, 'het is je wellicht ontgaan, maar... Wc's genoeg, hoor, in de theaters. Kijk, hier in de gang bijvoorbeeld, om de hoek van je eigenste kleedkamer, bevindt zich een herentoilet. Is dat niet iets voor jou? En zijn die bordjes Verboden te Roken die overal in het gebouw hangen, om de drie meter, je niet opgevallen?' – keek hij ons stomverwonderd aan. Waar hadden we het over?

Al mocht je in schouwburg en theater niet roken, Martin rookte stug door. Knappe jongen die hem ervan weerhield. Lang ging het goed – toneelmedewerkers knepen een oogje dicht of keken weg; Martin was Martin Bril tenslotte – tot het een keer misging, in Wormer. Het theater was recent gerenoveerd en had een spiksplinternieuwe houten toneelvloer gekregen, die je van verre tegemoet glansde.

'Martin,' waarschuwde Ronald, 'ik zou je peuken in dat halfvolle bierglas van je doen, anders komt er geheid gedonder van.'

Het was aan dovemansoren gezegd.

Tussen de coulissen rookte Martin vrolijk door, gooide zijn peuken op de peperdure vloer en drukte ze met zijn schoen uit. Tot de toneelmeester het in de gaten kreeg. We hadden de grootste moeite de man ervan te weerhouden Martin aan te vliegen en te voorkomen dat onze dierbare vriend door de theatercrew ter plekke werd gelyncht.

Voor aanvang had Martin te kennen gegeven het parochiehuis in Wormer te willen kopen om zich in elk geval voor een gedeelte van het jaar daar te vestigen – hij zou zijn makelaar morgenochtend vroeg bellen –, maar we konden hem ervan overtuigen dat de gemeenschap na het vloerincident wellicht niet op zijn komst naar het dorp zat te wachten, laat staan hem een warm welkom zou bereiden.

Ten slotte legden we ons bij Martins kleine onhebbelijkheden neer. Het was niet anders; en daarbij ging ikzelf niet geheel vrij van schuld. Tien minuten voor aanvang van de voorstelling moest ik doorgaans nodig naar de wc, voor het grotere werk. Remco en Jan, en Herman en Jules, hadden zich er nooit over beklaagd.

Ruim voor aanvang kwam Paul de kleedkamer in om ons de headsets te geven. 'De zaal gaat zo open, heren.' En kort voor het begin van de voorstelling kwam hij nogmaals langs. 'Aanvang over tien minuten. De zaal is open, ik ga naar voren. Fijne wedstrijd, heren.'

'Goeiemorgen!' hoorde ik Paul op een avond zeggen terwijl hij het toilet passeerde dat ik bezet hield. 'Wat is híér gebeurd?'

De door mij ruimhartig gehanteerde luchtverfrisser bleek tekort te schieten.

'Bart,' zei Martin terwijl hij op de wc-deur bonsde, 'dit is niet te harden, jongen! Wat heb je gisteren gegeten?'

Mijn stoelgang werd een graadmeter voor wat ons te doen stond voordat we naar de coulissen liepen, het geroezemoes van de zaal tegemoet.

'Martin!' riep Ronald vanuit de gang. 'Over tien minuten aanvang!'

'Hè?' riep Martin. 'Hoe weet je dat?'

'Bart gaat schijten.'

'Jongen,' zei Martin na afloop van onze vierde voorstelling, 'moet je horen, Bart, even tussen jou en mij...'

Wat is er aan de hand? vroeg ik me af. Normaal gesproken kwam Martin vlotter ter zake.

'Kijk, jij doet de show uit het blote hoofd, je teksten. Maar wij, Ronald en ik, hebben geen tijd om onze bijdragen, al die columns en stukjes, vanbuiten te leren, geen denken aan. Dus wij zijn gedoemd om voor te lezen.'

Ronald was niet in de kleedkamer, die moest zich elders in het theater bevinden. Sprak Martin ook namens hem? Dat kon ik me nauwelijks voorstellen.

'Wat wil je kwijt?' zei ik. 'Wat heb je op je lever?'

'Luister, wij steken wat bleekjes af, voorlezend, vergeleken bij jou. Kortom, kun jij voortaan ook je bijdrage voorlezen, of doen alsof je voorleest? Dan komen wij wat beter uit de verf en dat komt de show als geheel ten goede.'

Het werd tijd om de noodrem in werking te stellen.

'Martin, we staan in het theater. Grote zalen. Dat jullie je teksten niet vanbuiten kennen geeft niet, maar... We zijn geen literaire voorleesavond. Statisch gedoe. Daarbij, dat ik mijn tekst ken is deels mijn kracht. Dat wapen geef ik niet uit handen omdat jij jezelf niet de moeite gunt om... Theater maken doe je niet tussen de bedrijven door.'

Zwijgend pakte Martin zijn twee in- en uitklapbare blauwe Albert Heijn-kratten uit waarin hij zijn benodigdheden vervoerde: een strijkijzer voor zijn shirts – 'Paul! Waar is de strijkplank? Of hebben ze die hier niet, in deze ballentent?' –, een waterkoker, een waaier aan theezakjes, medicijnen, twee sloffen sigaretten, keelpastilles en een hoeveelheid crackers die toereikend was om een scheepsramp te overleven.

'Het is geen herculeskarwei,' zei ik, 'je teksten leren. Elke avond je set twee uur hardop voorlezen en na een week zul je zien...'

Na een maand kende Martin, evenals Ronald, flarden tekst uit het hoofd en halverwege de tournee hoefde hij zijn papieren nog slechts sporadisch te raadplegen.

Een andere teleurstelling konden we Martin niet besparen. Hij gaf te kennen een showballet te willen: tien danseressen à la Le Moulin Rouge, die met ons op tournee zouden gaan. Of ons dat iets leek.

'Hoe leg je dat thuis uit, Martin,' zei Ronald, 'dat je elke avond op pad bent met tien schaars geklede danseressen, die op gezette tijden de beentjes hoog de lucht in gooien? En mocht jij dat thuis uitgelegd krijgen, wat ik ernstig betwijfel, Bart en ik zeker niet, dat geef ik je op een briefje. Bovendien, een kleinigheidje, zoiets valt helaas buiten het beschikbare budget. Het is niet anders.'

Dan wilde Martin graag een rookmachine. Kon dat geregeld? Drie stuks liefst, voor elk van ons één.

Dat kon bruintje velen. Na de pauze hoestten de walmende machines een rookgordijn op dat de bühne vrijwel volledig aan het oog onttrok. Je zag geen hand voor ogen. De Bloemendaalse bossen en het spoorwegstation waren plotseling terug van weggeweest; en we traden omringd door mist en nevels het publiek tegemoet, als vleesgeworden schimmen uit het schimmenrijk.

De geest moest waaien. En dat deed-ie.

Maar een van ons bleef goeddeels een schim uit de schimmenwereld en wilde maar geen gestalte worden. En zijn naam luidde niet Martin Bril.

37

GAANDEWEG HET SEIZOEN BEGONNEN RONALD EN IK ONS zorgen te maken over Martins welbevinden. Die zorg betrof niet zozeer zijn gezondheid, als wel zijn rijstijl. In te hard rijden zagen Ronald en ik geen been als we 's nachts uit het oosten van het land terugkeerden via zo goed als lege snelwegen die speciaal voor ons leken aangelegd – bovendien baadde het Nederlandse wegennet grotendeels in het licht; pas jaren later doofde de verlichting langs een deel van de snelwegen uit milieuoverwegingen of brandde op halve kracht – en we het gaspedaal konden indrukken. Wij wilden ook weleens op huis aan. Maar Martin maakte het bonter dan Ronald en ik samen. Een stuk bonter.

Aanvankelijk viel het ons niet op.

Na afloop van een voorstelling doken we de theaterfoyer in om ons publiek te ontmoeten onder het genot van bier en bitterballen. Na gedane zaken stapten we in de auto en reden richting de Randstad. Easy does it, zoals Martin zei.

We ontdekten de snelheden die hij kon ontwikkelen doordat ik toentertijd geen tomtom had. Ik vond mijn weg door stad en land dankzij een kaart of stadsplattegrond, of door mijn autoraam omlaag te draaien en een willekeurige voorbijganger aan te spreken. Om te voorkomen dat ik 's nachts nodeloos door een mij onbekende stad zou dwalen, besloten Ronald en Martin dat ze me zouden begeleiden tot we bij de snelweg waren. 'Daarna kun je het alleen, Bart.'

We reden in konvooi. Ronald voorop, in het midden mijn Chrysler omdat ik volgens mijn kameraden het handigst was in 'het spoor bijster raken' en Martin dekte de achterhoede. Zijn auto haalde wel tweehonderdveertig kilometer per uur, claimde hij. We gingen ervan uit dat Martin die snelheid niet zelf voor elkaar had gebokst, maar in de brochure die bij de auto hoorde had gelezen.

'Neem ook een tomtom, Bart,' adviseerde Ronald me. 'Zo'n uitgave is dat niet.' Maar ook om mijzelf onbekende reden stelde ik de aanschaf van een navigatiesysteem almaar uit, ondanks het feit dat Jules en ik een dergelijk systeem ooit hadden ingesproken:

'Bestemming bereikt,' kwam mijn stem uit de autospeakers.

'O ja?' hoorde je als bestuurder Jules dan zeggen. 'Dat zullen we nog weleens eventjes zien! Eerder bereikte bestemmingen zijn geen enkele garantie voor de toekomst.'

Naarmate de tournee vorderde nam Martins ongeduld om 's nachts achter ons aan te sukkelen toe. Soms knipperden zijn koplampen om ons tot spoed te manen als we nog in de bebouwde kom rondreden.

Op een nacht hield hij het niet meer en op een recht stuk

tweebaansweg haalde hij ons als een coureur in. Aan twee kanten van de weg, op korte afstand van het asfalt, prijkten herfstbomen. Het ene ogenblik zat-ie ver achter ons, iets anders te doen dan op de weg te letten naar de slingerende bewegingen van zijn Volvo te oordelen – te bellen of op zijn autoradio het programma *Met het oog op morgen* te zoeken –, en het volgende ogenblik zag je opeens vier koplampen in je achteruitkijkspiegel opdoemen, verstralers, en kogelde Martin ons luid toeterend voorbij, met extra lichtsignalen bij wijze van afscheidsgroet.

Ik was verzot op de Formule 1, maar we bevonden ons op een provinciale weg in de buurt van Emmen en niet op Silverstone, Monza, Hockenheim of het circuit van Spa-Francorchamps.

We wisten dat Martin voor aanvang, tijdens de pauze en na afloop van de voorstelling had gedronken.

Mijn mobiel ging. Ronald. 'Wat was dát?!'

'Martin,' zei ik.

'Levensgevaarlijk,' zei Ronald. 'Dit kan niet, hoor. We moeten met hem praten.'

Dat deden we ook, maar die gesprekken leverden hoegenaamd niets op.

'Je zult zien,' zei Ronald toen Martin ons weer eens woest had ingehaald, 'dat op een nacht, jij en ik zijn net thuis, dat... De bel gaat. We doen open. Politie. Of we iemand kennen met een gele Volvo... Op de doorgaande weg ter hoogte van... de macht over het stuur verloren en met hoge snelheid op een wilg langs de Westerstronkvaart geklapt... Dat gaan we op een kwade dag meemaken met onze vrind, Bartus. Bereid je er maar vast op voor.'

Martin lachte onze waarschuwingen weg, 'Kijk niet zo bezorgd, jongens!', en trok zich niets van onze goedbedoelde raad aan. 'Waar hébben jullie het over?!'

Hem kon niks overkomen, want daar was-ie altijd zelf nog bij, toevallig. Wat kon hem gebeuren?

38

'O, VOOR IK HET VERGEET...' ZEI MIJN MOEDER.

We zaten aan de ontbijttafel; mijn vader was naar kantoor in het city center. Vier dagen eerder was ik geland om een paar zomervakantieweken bij mijn ouders in Vancouver door te brengen. Een paar jaar geleden was ik ook overgevlogen, wellicht dat de logeerpartij dit keer beter zou uitpakken.

'... we zijn een paar uurtjes weg vanavond,' vervolgde ze. 'Naar een cocktailparty, in de ambtswoning van de consul-generaal van Italië, Giovanni en Lynn. Zulke aardige mensen, vooral zij. Ze wonen schitterend, werkelijk waar, met een tuin waar geen einde aan komt; daar kun je in verdwalen. Nee, je kunt niet mee helaas. Het is voor een select gezelschap, strikt privé. Maar jij redt je wel, hè?'

Met het oog op hun avondafspraak kwam mijn vader tegen vieren thuis. Terwijl hij een smoking uit de kast trok, schoot mijn moeder iets te binnen dat ze hem al eerder had willen vragen.

Hij negeerde haar vraag en ging stug door met waar hij mee bezig was: zijn smoking, shirt, strik en sokken klaarleggen; daarna ging hij zich verkleden. Als mijn moeder dan ook eens zover was, konden ze eindelijk weg, naar de cocktailparty. Straks kwamen ze nog te laat.

'Hóór je me?' zei mijn moeder.

Nu kon hij haar niet langer negeren. Ze moesten er in goede harmonie samen op uit, indachtig hun representatieve functie. Van chagrijn of onderling gekissebis zouden de consul-generaal en zijn vrouw niet zijn gediend en bovendien viel dat slecht te rijmen met de behartiging van de 'Nederlandse belangen'.

'Ja, ik hoor je,' zei hij. 'We hebben het er straks over, in de auto.'

Mijn moeder begreep dat ze niet moest aandringen – wie weet had hij een beroerde dag beleefd – en wendde zich tot mij.

'We zijn niet laat terug,' zei ze.

Mijn vader beende al richting de voordeur.

'Ik heb Lynn ingefluisterd dat jij over bent, zodat we eerder weg kunnen. Dat begreep ze, Lynn is zelf moeder.'

We hoorden de Buick al starten. Die had mijn vader bij terugkeer van het consulaat vast gekeerd en op de oprijlaan gezet, met de neus de goeie kant op om mogelijk tijdverlies tot een minimum te beperken.

'Ga maar, mam,' zei ik.

Ze was koud de deur uit toen mijn vader ongeduldig toeterde, kort, zodat het wel mijn moeder maar niet de buurt zou opvallen.

Toen ze in de loop van de avond thuiskwamen, zeiden ze geen woord. Alsof ik, tot hun ontzetting, weer eens iets had uitgehaald.

'Alles goed gegaan hier?' informeerde mijn vader. 'Geen bijzonderheden die je me moet melden?'

Nee, antwoordde ik naar waarheid. De avond was rustig verlopen.

'Dat mag dan in de krant,' zei mijn vader.

Vier dagen later kreeg ik opnieuw een vrije avond in de schoot geworpen. Dit keer betrof het een walking dinner op het Venezolaanse consulaat, waar zij niet omheen konden, maar waar ik tot mijn moeders spijt eveneens niet mee naartoe mocht.

Ik zei dat ik deze onverkwikkelijke gang van zaken ernstig betreurde en knipoogde naar mijn moeder.

'Jij redt je wel, hè? Je kunt nemen wat je wilt, kijk maar in de ijskast of er iets van je gading is. Doe me alleen een genoegen en laat je vaders drankvoorraad met rust, wil je? Hij was van de week not amused dat alle gin en bitter lemon op was; en van de fles rum op de dranktafel was ook niet zo heel veel over, dus... Anders hebben we de poppen weer aan het dansen straks. Nou, tot vanavond dan, hè?'

Het was een frisse dag geweest en het zou naarmate de avond vorderde nog een stuk frisser worden.

'Het gekke is,' had mijn moeder gezegd, 'Vancouver heeft een zeeklimaat. Maar 's avonds kan de temperatuur opeens scherp dalen, zomaar. Dan kan het gemeen koud worden.'

Ik vroeg waar de thermostaat zat, zodat ik de verwarming indien nodig kon aanzetten.

'Doe me een plezier,' had mijn moeder me bezworen, 'en kom daar maar niet aan. Dat kreng ging tig keer kapot en is al twee keer vervangen, ellendeding. Mocht je het koud krijgen, doe dan de open haard aan. De houtblokken liggen in de berging en in de garage. Je vindt 't wel, hè.'

Lang twijfelde ik of ik conform mijn moeders wens de open

haard al dan niet zou aanmaken. Het was kil geworden in huis. Maar inmiddels ook een paar uur later: straks kwamen ze thuis en brandde de haard voor niets.

Tot de kou en de kilte me te gek werd – logeerde je bij een consul, zat je te koukleumen bij hem thuis – en ik besloot de haard aan te maken, zeeklimaat of niet.

Uit de garage versleepte ik een stapel houtblokken; ik diepte een doos extra lange lucifers op uit een keukenla, verfrommelde een lokaal reclamekrantje tot proppen en stak de boel aan.

Het krantenpapier schoot voortvarend uit de startblokken; de vlammen hadden er zin in. Maar al snel doofde dat enthousiasme; en van het vlam vatten van de houtblokken was geen sprake. Dat schoot niet op zo, het kon en moest beter. Waren er niet meer kranten ter beschikking? Jazeker, in de berging trof ik een fikse stapel exemplaren van de *Vancouver Sun* aan, kranten waarvan mijn moeder had gezegd dat ze weg moesten; maar daar was het tot dusver niet van gekomen. Kwam dat even goed uit. Ik was van harte bereid een bijdrage te leveren aan het doen slinken van de papierstapel en sjouwde een stel dagbladen de zitkamer in, tot bij de open haard, die ziekjes nasmeulde.

Ik was er klaar voor om het Vancouverse kacheltje eens op te porren en aan het werk te zetten.

Dat lukte wonderwel. De kranten vlogen in lichterlaaie en de houtblokken sloegen aan; eerst wat bleekjes en beverig, haast onwennig, maar al vrij snel nam hun geestdrift zienderogen toe. Het ging zo vlot in zijn werk dat je als buitenstaander kon menen dat fikkie stoken een specialiteit van me was.

Wat ik niet wist, en beter wel had kunnen weten, was dat mijn vader de houtblokken vrij recent had aangeschaft. Het hout was vochtig door de groothandel aangeleverd en had bij lange na niet lang genoeg gelegen om voldoende te drogen. Al snel begonnen de houtblokken vrolijk te knisperen en te knetteren; alsof het hout er zelf ook schik in kreeg, in een vreugdevuur. Was dit geen buitenkansje?

Toch kon het nog een stuk beter en ik verfrommelde een stel nieuwe exemplaren van de *Vancouver Sun*, wierp de proppen in de open haard en pookte de boel flink op. Nu kwamen we ergens; zo diende je een haard aan te maken. Mij kon je om een boodschap sturen.

Het vuur greep doortastend om zich heen; een enkele vlam likte zelfs aan de onderkant van de stenen schoorsteenmantel. Dat beloofde wat: maar een driester vuur was niet gewenst, hoger hoefden de vlammen niet op te laaien. Ik begon zelfs te vrezen dat ik wellicht iets te geestdriftig te werk was gegaan; en ik liet de pook rusten, trok een fauteuil bij de haard en tuurde in de vlammenzee waarin je, net als bij wolken, van alles kon zien.

Het werd aangenaam warm in de zitkamer. Van kilte of koude was geen sprake meer. Ik zat er warmpjes bij, te warmpjes misschien. Het lag niet in de bedoeling om in het woonhuis van mijn ouders een sauna of een zonnestudio te exploiteren.

'Wees blij dat je hier bent,' had mijn moeder vanochtend gezegd. 'Ik keek naar de tv, voordat jij uit je bed kwam, een Nederlandse zender, en... In Nederland is het al dagen ongewoon koud voor de tijd van het jaar. Je mag in je handjes knijpen dat je in Vancouver zit. Op de televisie droomden ze bij wijze van spreken al openlijk van een Elfstedentocht. Ik hoop dat die nooit doorgaat. Dan mis je Nederland opeens zo, hè.'

En dat is wat ik deed, in de fauteuil voor de opflakkerende open haard, in mijn beide handjes knijpen.

Het vuur in de haard kreeg gaandeweg iets van het brandende braambos uit de Bijbel: de in vlammen opgaande struik waarin God verscheen. Maar naar diens verschijning kon ik fluiten, eens te meer kwam het op mezelf aan.

In eerste instantie wilde ik er niet aan – alles was onder controle –, maar in tweede instantie diende ik de waarheid onder ogen te zien. Het vuur liep uit de hand, en uit de haard.

Van mijn periode in militaire dienst wist ik dat je in geval van nood nooit in paniek moest raken – dat verergerde de zaak alleen maar – en dat je tijdens een dreigende crisis of calamiteit juist je kalmte moest bewaren om in alle rust je opties na te gaan. Een dergelijk moment leek nu aangebroken.

Wat te doen? Ik moest iets verzinnen, vlotjes graag, anders nam mijn logeerpartij een ongewenste wending.

Het vuur wist van geen ophouden en loeide met bravoure verder. Daar bleef het niet bij. Terwijl ik vanwege de toenemende hitte zo ver mogelijk naar achteren schoof in de fauteuil, knapte er iets in de kleine vuurzee. Enkele vlammen deden herhaaldelijk de schoorsteenmantel aan, en er spoot iets uit het vuur vandaan: vonken en brandende stukjes hout, die langs en over het haardscherm vlogen en voorbij de tegels die ter bescherming voor de open haard waren gemetseld, en zacht landden op de vaste vloerbedekking. Eenmaal daar beland gingen ze onverdroten verder met doen waar ze goed in waren: gloeien. Nee, er viel de vlammetjes niets te verwijten. Die deden braaf hun best. Dat ging lekker zo.

Was ingrijpen geboden? vroeg ik me opnieuw af.

Ja, luidde het antwoord. Deed ik dat niet, dan werd ik de kapitein van een onbestuurbaar schip.

Ik moest het vuurtje als de wiedeweerga doven om verdere schade te voorkomen. Waar haalde ik zo snel mogelijk het benodigde bluswater vandaan? Uit de keuken, om de hoek, aan het einde van de gang. En hoe kreeg ik het water de zitkamer in? Met een emmer of emmers. Een onverslijtbare plastic emmer zoals die in mijn jeugd in Den Haag onder in het keukenkastje naast het afdruiprek stonden opgestapeld: een witte, een gele, een blauwe en een rode; de bovenste emmer vol schuursponsjes, een zeem, vaatdoeken, een paar groene rubber afwashandschoenen en een pak Biotex en Driehoekzeep.

Ik riep mezelf tot de orde. Drong de ernst van de situatie wel voldoende tot me door, dat mijn gedachten ondanks het uit de hand lopende vuur in een Canadese haard afdwaalden naar de kleur en inhoud van de keukenemmers in mijn voormalige ouderlijk huis, hier een slordige achtduizend kilometers ver vandaan? 'Doe wat je gezegd wordt,' hoorde ik mijn vader zeggen. 'En gauw een beetje. Anders neem ik andere maatregelen, héél andere maatregelen, en ben je voorlopig nog niet jarig.'

Wat zei dat over mij? Een niet al te gunstige conclusie drong zich op. Hoe ver ik ook gekomen was, nog altijd had ik me niet van alle ketenen en kluisters ontdaan.

Bewaarde mijn moeder een emmer onder in het keukenkastje in Vancouver, in haar hoedanigheid van echtgenote van de Nederlandse consul, die op stand woonde en een rozenkrans aan lunches, recepties, ontvangsten en diners gaf en bijwoonde, en daarnaast druk doende was met fundraising voor een waaier aan liefdadigheidsprojecten? Daar hield ze zich tegenwoordig vast niet meer mee bezig, met iets triviaals als een plastic keukenemmer, ook al omdat ze twee dagen in de week een huishoudelijke hulp had die uitsluitend bij diplomaten schoonmaakte. En kennelijk naar volle tevredenheid: gedurende mijn verblijf had mijn moeder met geen woord over keukenaangelegenheden gerept.

Daarbij, zelfs al bewaarde ze een emmer in het keukenkastje, dan nog werd het een hels karwei om eerst te wachten tot een emmer zich vulde, die dan naar de zitkamer te dragen en het water over de vijf, zes brandhaardjes te verdelen. Nee, met emmertjes water halen gingen we het tapijt niet redden.

Het werd niet alleen benauwd in de kamer, het begon inmiddels ook knap branderig te ruiken. De gloeiende houtrestjes hadden zich eerst wat onwennig gevoeld, maar wierpen die schroom nu van zich af. Mijn moeders vloerbedekking smaakte naar meer.

Stram kwam ik uit de fauteuil overeind en inspecteerde het tapijt.

Dat was niet van wol, want het gebruikte materiaal vertraagde de gestaag op gang komende brand niet. Het ging om een tapijtsoort waar kunststof in verwerkt zat, en dat wilde wel branden. Nog bleef het bij enkele verspreide stukjes vloerbedekking die vlam vatten, maar lang zou het niet duren voordat het hele kleed eraan moest geloven. Twee vlammetjes kropen al laag over de grond naar elkaar toe, gezellig, om zich te koesteren in elkaars licht en warmte: een genoeglijk samenzijn dat wat hen betreft niet lang genoeg kon duren; die zaten niet te wachten op een koude douche of een paar rake meppen met een opgerolde krant.

Er zat maar één ding op. Stampvoeten.

Geluk bij een ongeluk was dat mijn ouders geen onderburen hadden. Ik kon stampvoeten wat ik wilde: daar was ik niemand mee tot last. En dat was waar ik toe besloot: stampvoeten. De kopjes in mijn moeders servieskast rammelden in het door mijn voeten gedicteerde punky ritme. Met een beetje pech kletterde straks een antiek porseleinen bordje dat nog aan mijn overgrootmoeder zaliger had toebehoord van een kastplank.

Het vergde een uiterste krachtsinspanning, maar ten slotte kreeg ik het vuur eronder.

De vonkenregen nam af, de vlammen laaiden minder hoog op en kwamen zelfs niet meer in de buurt van de schoorsteenmantel. Het nablussen kon beginnen.

De zitkamer stond blauw van de rook en ik zette de buitendeuren open om te luchten: daarmee zou de brandlucht die de kamer domineerde grotendeels wegtrekken. Op een enkele plek smeulde de vloerbedekking nog wat na, maar er was nu voldoende tijd om op zoek te gaan naar een emmer of teil.

De hardnekkigste plekjes in het tapijt sputterden wat tegen

toen ik het water over ze uitgoot, maar hun verzet was snel gebroken en ik kon het sein 'brand meester' geven.

Ik schonk mezelf een limonadeglas wodka-jus in – de wodka was, anders dan de gin en rum, ruim voorradig in mijn vaders drankkabinet – en nam plaats in de fauteuil voor de open haard om op adem te komen en het slagveld in ogenschouw te nemen.

Het viel mee, en het viel niet mee: het lag er maar aan vanuit welk perspectief je het bekeek.

De mintgroene vloerbedekking had ontegenzeggelijk schade opgelopen, dat viel met geen mogelijkheid te ontkennen. Een stuk stof van zo'n één bij anderhalve meter vertoonde de duidelijke sporen van wat de vonken en rondvliegende stukjes brandend openhaardhout hadden aangericht: in de gauwigheid telde ik nogal wat gaten en gaatjes en ik besloot te stoppen met tellen want waar leidde dat toe? Als je het zo bekeek was een niet onaanzienlijk deel van het tapijt grondig verpest. Van de andere kant: hoe groot was zo'n reep stof van – naar boven afgerond – één bij anderhalf helemaal, zeker in het licht van het totale oppervlak aan vloerbedekking, die tot aan de raampartij in de eetkamer doorliep. Zo beschouwd was er weinig aan de hand: een nieuw lapje stof van één bij anderhalf erin leggen, mintgroen, en je zag er bijna niks meer van, hooguit een naadje. Nee, er was weinig reden tot klagen: het had heel anders kunnen aflopen, een lopend vuurtje, en aan die optimistische zienswijze moest je je vasthouden. Wat kostte het helemaal, zo'n lap. Met een beetje geluk had mijn moeder er nog wat van in reserve, voor-het-geval-dat.

Dat zo zijnde schonk ik mezelf nog eens in. Terwijl ik van mijn glas nipte merkte ik dat ik steeds meer ontspande. Na de derde wodka-jus begon ik de zaken al wat rooskleuriger te zien. Mintgroen zou nooit mijn favoriete kleur worden, dat bleef zwart, maar ik kon het steeds beter verdragen, dat nikserige pasteltintje. Wat bezielde iemand om zo'n tapijtkleur te laten leggen? En als ik mijn ogen samenkneep en door mijn oogharen heen naar de aangetaste vloerbedekking tuurde, vielen de schroei- en brandplekken je niet of nauwelijks op en leek het zelfs maar de vraag of je de beschadigde stof hoefde te vervangen.

In zekere zin mochten mijn ouders me straks, bij terugkeer, best dankbaar zijn. Het incident was toch met een sisser afgelopen? Terwijl het zoveel erger had kunnen zijn. Dankzij doortastend ingrijpen had ik veel schade weten te voorkomen. Voor dat kordate handelen mocht best waardering worden opgebracht. Voor hetzelfde geld was het huis, met zijn houten vloeren, in vlammen opgegaan en daarmee mogelijk de huizen van de naaste buren, met wie mijn ouders, sinds ze wisten welke functie mijn vader in Vancouver bekleedde, op goede voet verkeerden. Op de keper beschouwd had ik een huzarenstukje verricht en de naaste omgeving voor een potentiële catastrofe behoed. Bovendien, in hoeverre viel mij de gang van zaken aan te rekenen? Had die thermostaat naar behoren gewerkt, dat 'ellendeding', dan was er sowieso niets voorgevallen.

Naarmate de tijd verstreek begon het toch weer kouder in het vertrek te worden. De buitendeuren sluiten was geen optie; de brandlucht was nog niet uit de kamer verdwenen. Ik had ervoor kunnen kiezen om een deken van mijn logeerbed te halen en over mijn knieën te leggen, maar ik was mijn oma niet en liet de deken liggen waar-ie lag. Ten slotte zat ik nog niet te klappertanden.

Tegen halftwaalf hoorde ik de Buick de oprijlaan opdraaien en korte tijd later de sleutel in het voordeurslot knarsen; een geluid dat niet veel afweek van mijn ouders' thuiskomst vroeger in Den Haag.

Tot mijn verbazing waren mijn ouders niet erg dankbaar voor mijn reddende engelwerk. De voordeur week en vrijwel ogenblikkelijk zaten we in Alarmfase Eén.

'Wat ruik ik?!' riep mijn moeder uit, die voorop liep. 'Wat is híer gebeurd?!'

'Godallemachtig!' hoorde ik mijn vader zeggen. Hij maakte een slaande beweging om zich van de weinige rook die nog in huis hing en het naar zijn idee op hem had voorzien, te ontdoen.

'Vertel,' zei ik opgewekt, 'hoe was jullie avond?' Ook de vierde wodka-jus was goed gevallen en het glas was nog niet eens leeg.

'Wat is dít?!' riep mijn moeder, wijzend op de beschadigde vloerbedekking voor de open haard. 'Gé, moet je eens even komen kijken!'

'En waarom staan de tuindeuren open,' riep ze naar mij, 'en alle ramen?!'

'Wat is hier in godsnaam aan de hand?!' wilde mijn vader weten en zulks liefst met gezwinde spoed.

Ik legde uit wat zich eerder op de avond had voorgedaan en hoe ik tegen de verdrukking in de zaken toch in goede banen had weten te leiden.

Maar daarmee won ik het pleit niet. Te zeggen dat mijn vader buiten zichzelf en door het dolle heen raakte, zou overdreven zijn; maar zo heel veel scheelde het niet. Hij stak een tirade af die de urenlange toespraken van wijlen Fidel Castro op Cuba in herinnering riep. Zijn spreektempo lag zo hoog dat het ondoenlijk was om het met de pen bij te houden, gesteld dat je dat zou willen. Samengevat zag hij zijn kwalificatie 'stuk verdriet' als een rode draad door mijn leven lopen. Ook was ik zijns inziens een geboren mislukkeling. Kwalificaties die ik me scherp herinnerde uit mijn jeugd toen ik nog bij hen woonde. Al jaren woonde ik op kamers, maar ik was er 'geen sikkepit' op vooruitgegaan in zijn visie, integendeel.

Terwijl mijn moeder met de haardroger uit de badkamer het nat geworden tapijt trachtte droog te blazen – dat ik daar niet zelf op gekomen was, om een föhn te hanteren –, graaide mijn vader zonder iets te zeggen mijn longdrinkglas van de theetafel – een zeventiende-eeuwse 'collapsible table' had mijn moeder me toevertrouwd alsof het een geheim betrof dat met geen ziel mocht gedeeld –, beende naar de keuken en kwam terug de kamer in, zonder glas.

'Zolang jij hier nog bij ons onder dak bent,' beet hij me toe, 'krijg jij geen druppel meer, goed begrepen? Geen druppel. Ben ik duidelijk genoeg, of moet ik het voor je spellen? Je zegt het maar.'

Allengs werd het stiller in de zitkamer, op het geraas van de haardroger na, die overuren maakte.

'Mam,' opperde ik, 'het valt allemaal toch best mee, ergens?'

'Meevallen?' zei mijn moeder, zich bijna verslikkend in het woord. 'God allejezus, voor hetzelfde geld was het hele huis in vlammen opgegaan!'

'Dat kan zijn, mam,' gaf ik toe, 'maar dankzij koelbloedig optreden heb ik dat weten te verhinderen, waar of niet?'

Mijn moeder liet de haardroger tijdelijk de haardroger en liep naar de achterkamer om de tuindeuren dicht te doen.

'Zeg jongeman,' zei mijn vader op afgemeten toon. 'Moet jij eens even goed naar me luisteren. Niet om het een of ander, hoor... Niet dat ik je weg wil hebben, allerminst, zo moet je het niet opvatten, we genieten met volle teugen van je plezierige aanwezigheid, je moeder en ik, voel je vooral niet te veel, maar... Wanneer ga jij weer eens op huis aan, terug naar Nederland en Den Haag? Welke datum vloog je ook alweer terug, dat is me even ontschoten. Een dezer dagen toch, mag ik hopen?'

39

'JONGENS,' ZEI GEORGE, 'HET GAAT ZO GOED, DE PUBLIEKSopkomst, de kaartverkoop... Jullie show kan volgend seizoen geprolongeerd.'

We zaten in bodega De Posthoorn aan het Lange Voorhout in Den Haag. De tijd tikte traag.

'Elk theater wil jullie hebben, jullie zijn een hot ticket. De vraag is, willen jullie dat, een prolongatie?'

We keken elkaar aan: twijfelde een van ons aan de wenselijkheid van een voortzetting?

'We hebben zoveel plezier on the road,' zei Martin, 'we zouden gek zijn als we niet doorgingen.'

'Blij te horen,' zei onze impresario, 'want ik heb al veertig shows geboekt, zonder er zelfs mijn best voor te hoeven doen, en ik had weinig trek die weer te moeten afblazen.'

'Jullie beginnen het nieuwe seizoen in Den Bosch,' had George gezegd, 'twee avonden, om op te starten en weer in het ritme te komen.'

Daar waren we nu, in Den Bosch. Dat wil zeggen, we zaten aan het ontbijt in Hotel Central aan de Grote Markt. We hadden onze eerste voorstelling gespeeld.

'Jullie hoeven je geen zorgen te maken,' had de directeur van het Koningstheater na afloop gezegd. 'Appeltje-eitje. Jullie gaan fluitend het seizoen door.'

'Wat gaan we doen?' zei Ronald. 'We hoeven vanmiddag pas om vier uur in het theater te zijn, wat zullen we...'

'We gaan de binnenstad verkennen,' zei Martin gedecideerd. 'Ik moet voor vieren mijn column voor *de Volkskrant* inleveren, ik heb nog niks, dus...'

We liepen langs de viskraam op de markt.

'Een visje zou er best in gaan,' zei Martin en hij meende het nog ook.

'Hou op,' zei ik. 'Gebakken sliptong? We hebben goddomme net het ontbijt achter de kiezen.'

Een paar winkelstraten verderop kocht Martin nieuwe schoenen, van Prada. 'Niet dat ik ze nodig heb,' zei Martin, 'allesbehalve, maar deze zijn zo mooi, die kun je toch niet laten lopen?'

Verderop in de winkelstraat kocht Ronald een fraaie vulpen, en vervolgens kocht Martin 'm ook. De heren spaarden exclusieve pennen. 'Moet jij er geen, Chabot?' zei Martin. Nee, ik verzamelde geen pennen. Sinds jaar en dag schreef ik met een Bic-ballpoint, de doorzichtige variant; daar zwoer ik bij. Aan het eind van de middag kon je aan de teruggelopen inktstand aflezen of je die dag goed bezig was geweest; of niet, en 's avonds door moest.

In een smalle winkelstraat passeerden we een winkel in modelvliegtuigbouw. Ronald en Martin wilden al doorlopen, maar ik staarde naar de etalage.

'Geen getreuzel, Bart,' zei Ronald. 'We zijn op zoek naar Martins column. Die heeft-ie nog steeds niet gevonden. Het is nu halfeen, straks moeten wij 'm nog voor hem schrijven.'

'Wacht,' zei ik. 'Ik loop even naar binnen, kijken of er wat bij zit.'

'Heb jij dan wat met modelvliegtuigbouw?' vroeg Ronald.

'Wat heet, ik heb zelf een zweefvliegtuig gebouwd, van balsahout, toen ik twaalf was. De "Bartje" heette die.'

'Ja,' zei Martin, 'maar die was geen lang leven beschoren. Die vloog heel even, de testvlucht, kwam toen uit de lucht gevallen en was binnen de kortste keren gecrasht.'

'Hoe weet jij dat, Martin?' zei ik verbaasd.

'Jongen, alles wat jij aanraakt verandert vroeg of laat in puin en gruzelementen en in stof en as.' Hij knipoogde. 'Daarom is het goed dat je ons hebt. Wij kunnen je voor de ergste rampen behoeden. Zo komt er met de nodige mazzel wie-weet toch nog iets van je terecht.'

De winkelbel rinkelde.

'Goeiemiddag,' zei een jongeman die aan zijn ingevallen wangen en holle ogen te oordelen meer aan vliegtuiglijm snoof dan dat-ie ermee lijmde. 'Waarmee kan ik u van dienst zijn?'

'Ik wil een zweefvliegtuig bouwen, een hele eenvoudige. Ik zit in een hotel verderop, maar morgenochtend verlaat ik de stad, dus... Heb je dat, iets simpels?'

Hij haalde een langwerpige doos van achter tevoorschijn: het moest om een knap groot vliegtuig gaan.

'Weet je zeker dat ik 'm zo in elkaar zet?' vroeg ik zekerheidshalve. 'In een mum van tijd?'

Ja, met een beetje goeie wil was het toestel over anderhalf, twee uur luchtwaardig.

'Tube vliegtuiglijm erbij?' vroeg hij.

Ik rekende af. 'Veel succes ermee.' Ronald en Martin wachtten buiten. 'En een prettige dag verder. Houdoe.'

Toen we de hoek omsloegen belandden we in een nog smallere zijstraat, waar menige hippe winkel was gevestigd. We liepen langs een pas geopende schoenenzaak. Martin wilde de etalage bekijken – schoenendoos onder de arm geklemd – en daarom bleven Ronald en ik staan, samen uit, samen thuis.

Vanwege het zonnige weer stond de winkeldeur open en een man kwam de zaak uit gerend, die de eigenaar bleek. Ik werd met groot enthousiasme begroet.

'Hé Bart! Wat jij op tv uithaalt! Zit je net lekker in zo'n kwisstoel, met een plastic palmboompje naast je, laat jij je weer uit je stoel vallen. Ik lach me altijd rot. Je schrijft ook boeken, hè? Daar ben ik niet zo van, van de boeken. Behalve die boeken van je over die gek van een Herman Brood. Wat een mafketel. Die is écht stapelgek, hè. Een mafkees eerste klas. Verder ben ik niet zo'n lezert, ik zeg het eerlijk. Maar jij op de tv? Dan kun je me wegdragen.'

Ik bedankte hem voor zijn vurig uitgesproken compliment en vroeg hem wat ik voor hem kon betekenen: daar kwam het meestal op neer, op het laatste.

'Bart, voel je nergens toe verplicht, maar je zou mij en mijn vrouw, die ook fan is, een enorm plezier doen door met mij, met ons, op de foto te gaan. Die hang ik dan in de winkel aan de muur, opgeblazen tot groot formaat, geen klant kan eromheen. Voor de goeie orde, je hoeft niet, hè, je hoeft niks, begrijp me goed. Dat je dat niet denkt, je wordt natuurlijk de godganse dag bestookt met verzoekjes, dat begrijp ik als geen ander, maar... En als je het doet heb ik, los van mijn eeuwige dank, een verrassing voor je in petto. Nieuwe schoenen. En niet zomaar schoenen, nee, een paar zeer exclusieve schoenen van een Parijse schoendesigner. Daar is er maar één paar van in Nederland. Bij mij. Zelfs in Amsterdam kun je er niet aankomen. Die zijn voor jou. Ik raak ze hier toch aan de straatstenen niet kwijt, aan het Bossche publiek. Ze deden dienst als blikvanger in de etalage. Maar jij kunt er goeie sier mee maken op de televisie. Hoef je mijn zaak niet eens te noemen als de presentator vraagt hoe je aan je spectaculaire schoeisel komt. Nou, wat zeg je ervan?'

Ik liep met hem naar binnen. Uit een ooghoek zag ik Martin ongeduldig zijn horloge raadplegen. Hoe lang ging dit duren?

Bereidwillig liet ik me fotograferen, eerst alleen, met als decor een bakstenen muur in de zaak – 'Ja, die heb ik zo gelaten,' zei de eigenaar, 'bij de verbouwing. Dat geeft de zaak net dat industriële tintje' –, toen met de eigenaar, en ten slotte met Madeleine, zijn vrouw.

'Man, dat zijn schitterende schoenen!' zei Martin toen ik de zaak verliet met een schoenendoos onder de arm, die ik op zijn verzoek opende.

'Zoiets overkomt mij nou nooit,' zei Martin, 'terwijl ik nota bene elke dag in *de Volkskrant* sta, op een prominente plaats. Hoe krijg je het voor elkaar?'

'Simpel,' zei Ronald. 'Omdat Bart een Bekende Nederlander is.'

'Werkt dat zo?' zei Martin.

'Zo werkt dat,' zei ik.

We vervolgden onze wandeling door de binnenstad – Ronald en Martin schaften goedgehumeurd nog een paar schoenen aan, en een tweede kostbare vulpen – en liepen terug naar ons hotel. Het middaguur was verstreken. In de lobby namen we afscheid, Ronald moest bellen, Martin wilde schrijven, de deadline naderde, de krant had al een paar keer gebeld met de vraag waar zijn bijdrage bleef, time was running out.

'Bart,' zei Martin toen Ronald in de lift was verdwenen,

'waarom plak je dat vliegtuig niet bij mij op de kamer in elkaar terwijl ik werk? We zitten vijfhoog. Als je klaar bent, gooien we dat vliegtuig bij mij uit het raam, boven de Markt, en zweeft het boven Den Bosch. We waren al uitverkocht vanavond, maar dan helemaal. Zag je die viskraam op de Markt? Een beetje goed mikken en jouw vliegtuig zweeft zo die kraam binnen. Eens kijken wat er dan gebeurt.'

Daar viel ik best voor te porren.

Martin schreef aan zijn column en ik zette het vliegtuig in elkaar. Althans, dat probeerde ik. Anders dan de verkoper me had voorgespiegeld bestond het toestel uit talloze kleine en nog kleinere onderdelen en betrof het een ingewikkelde constructie. Dat zei ik ook tegen Martin, maar die ging te zeer in zijn werk op om te reageren.

Er werd op de deur geklopt; zacht geklopt, en, toen we verdiept in ons werk niet ogenblikkelijk reageerden, hard geklopt.

'Ja!' riep Martin met een vleug ergernis in zijn stem.

De deur ging op een kier. 'Jongens!' zegt Ronald. 'Waar blijven jullie? We hadden er al moeten zijn!'

Hij duwde de deur verder open, stapte de kamer in en zag het vliegtuig-in-wording. 'Wat dóén jullie?'

Ik vertelde hem van ons voornemen met de viskraam.

'Als je uit het raam vooroverleunt, zie je 'm,' zei ik. 'Haringen, makreel, kibbeling, heilbot.'

Ronald liep naar het raam en spotte een stel wachtenden voor de viskraam.

'Godsamme,' zei Ronald. 'Met wie ben ik in godsnaam op pad gegaan? En nu meekomen jullie twee. Het speelkwartier is voorbij. Op naar het theater. Wat zijn jullie toch een stel kleuters, vind je zelf ook niet? Godsamme. En daar moet ik dan mee het land door.'

Vier dagen later traden we op in Gorkum, in theater De Nieuwe Doelen.

Het was tien voor halfvijf; we moesten vroeg eten om te voorkomen dat we op het toneel last zouden krijgen van onze maag. 'Gaan jullie maar vast,' had Paul geroepen, die met de theatertechnici de laatste hand legde aan licht en geluid. 'Als jullie iets gevonden hebben, bel me dan, dan kom ik eraan.'

De betere restaurants die Ronald en Martin thuis na bestudering van diverse eetgidsen hadden geselecteerd waren alle nog dicht. Bij de zoveelste eetgelegenheid was Martin het zoeken beu en hij bonsde met zijn gehandschoende hand op het raam toen hij binnen enige beweging zag. Er verscheen een vrouw in koksklediij aan het raam.

'Nou, het zal mij benieuwen,' zei Ronald, die weinig fiducie in de onderneming had. Waarom bezochten we Nieuw Azië niet of een snackbar?

Martin zwaaide ongeduldig. Waarom deed ze niet open?

'Dit,' riep Martin door het vensterglas, 'is Bart Chabot, je-weet-wel, en dat...' – hij wees naar Ronald die schuin achter hem stond – '... is Giphart. Beroemd schrijver. Wij staan vanavond in het theater. Kunnen we een hapje eten?'

Het raam bleef dicht, maar de voordeur ging open. We konden mee-eten met de keukenbrigade en het personeel. Het kwam nooit voor dat we ergens niet konden mee-eten, en er begon Martin iets te dagen.

Misschien was dat het, de voordelen van het Bekende Nederlanderschap, waardoor Martin toch besloot me te vergezellen naar een zondagochtendprogramma op een van de commerciële televisiezenders.

'Ben je betoeterd,' zei Martin. 'Waarom zou ik dat doen?'

'Vraag een van je dochters mee,' zei ik, 'of allebei, die vinden dat vast leuk. Zelf neem ik Splinter mee.'

Hij zou erover nadenken, beloofde Martin; maar de kans dat hij daadwerkelijk naar de studio's in Aalsmeer zou afreizen, achtte hij nihil.

Na afloop van de opname toonde hij zich niet ontevreden.

'Eitje, jongen,' zei hij na de opname.

Het zou niet lang duren voordat Martin aanschoof bij *De Wereld Draait Door*, een Bekende Nederlander werd en zich door het gehele land geliefd mocht weten.

Op een donderdagavond traden we op in Het Klooster in Woerden.

'Goeiemiddag. Zal ik me even voorstellen? Ik ben Hilde. Ik ben jullie gastvrouw vanavond.'

'Tot hoe laat duurt de voorstelling?' wilde ze weten. 'O, mooi,' zei ze opgelucht. 'Dan ben ik op een christelijk tijdstip thuis. En wat willen de heren drinken tijdens de pauze? Een kopje koffie, thee? Frisdranken vind je in het ijskastje in de kleedkamer hiernaast.'

'Ecrlijk gczcgd,' zci ik balorig, 'willcn wc in dc pauzc graag aan de coke. Dat komt het tweede bedrijf meestal ten goede, de vaart erin, power, pit. En, bijvangst, de voorstelling duurt korter. Vooral Martin kikkert er erg van op. Hilde, we hebben avonden beleefd, acht uur aanvang, dan stond het publiek om kwart voor negen alweer op straat, in verbijstering. Als jij wat spul weet te regelen, ben je straks om kwart over negen thuis.'

Ronald stapte de kleedkamer in, zette zijn valies op tafel en hing zijn kledingzak aan het chromen kledingrek.

'Jullie kunnen alles aan me vragen,' zei Hilde. Ze keek met een schuin oog naar mij. 'Bijna alles. Als je iets weten wilt, kom gerust naar me toe, ik ben elders in het gebouw. Jullie weten me te vinden, hè?'

'Weet je nog, laatst,' zei Ronald, 'in Doetinchem, die gastheer? De eerste vraag bij binnenkomst in het theater was: "Hoe laat is de voorstelling afgelopen?" 's Middags om kwart voor twee. Koud binnen.'

'Is je niet opgevallen,' zei ik, 'dat we een theaterdirecteur sowieso hoogstzelden zien? Dat zijn managers geworden, die runnen net zo lief een hotel.'

'De hamvraag,' zei Ronald, '"Hoe laat bent u afgelopen?" Ze bibberen bij het idee dat het nachtwerk wordt.'

Toen we na een korte doorloop besloten om Hilde op te zoeken was ze nergens te vinden.

'Nee,' zei de receptionist, 'jullie maken het niet zo laat, begreep ze, dus is ze tegen zessen naar huis gegaan. Kan ik jullie ergens mee van dienst zijn?'

's Avonds was de zaal zoals gewoonlijk uitverkocht. Het begon te wennen.

'Jongen,' zei Martin, 'ik word om de haverklap herkend op straat. Wie kijkt er nou op zondagochtend naar zo'n flutprogramma. Geen hond, zou je denken. Nou, hele volksstammen. Ik mag op allerhande belangstelling rekenen en krijg waar-ik-ook-verschijn wat te drinken aangeboden.'

'Nog even zo doorgaan, Martin,' zei ik, 'en je verwerft je een paar gratis schoenen.'

'Daar was het me ook om te doen,' zei Martin. 'Gratis schoenen. Daar was het me in het leven om begonnen.'

—

Een week later staan we in de Achterhoek, in een theater in een genoeglijke provincieplaats. Ik bel Paul, 'Ik ben er, hoor', die de deur naar laadruimte en toneel voor me openmaakt. Ik ben net in de kleedkamer als ik een klop op de deur hoor.

'Dag, meneer Chabot. Ik ben Ada, jullie gastvrouw vanavond.

De heren Bril en Giphart zijn nog onderweg?'

Ze klinkt alsof ze vindt dat Bril en Giphart er hadden moeten zijn, al is het kort na drieën en hebben we pas om acht uur aanvang.

'Mag ik u vragen hoe laat u vanavond afgelopen bent?'

'Ver na middernacht,' zeg ik.

We staan, anders dan vorige week in de ABN-Amro-zaal, vanavond in de Rabo-zaal: de middelgrote zaal, maar belanden per abuis op het toneel van de Grote Zaal, waar De Vliegende Panters zullen aantreden. Zij hebben net hun soundcheck achter de rug en drentelen wat over de bühne: hier en daar dient een attribuut een centimeter verschoven of een monitor een tikje bijgesteld.

Voor hun avondeten hebben de Panters een eigen kok, die met ze meereist en in de artiestenfoyer voor het gezelschap kookt. We zijn welkom, er blijft toch van alles over en dat hoeft dan niet weggegooid. Voor het eerst in lange tijd maken we wat drukte mee in de foyer. Ronald, Martin en ik zijn gewend dat er behoudens ons alleen een koffieautomaat en een magnetron in de artiestenfoyer te bewonderen zijn: de medewerkers vallen meestal ten prooi aan efficiencyoverwegingen.

Aardige jongens zijn het, die Panters. Toch lijkt de fut er bij het cabaretgezelschap wat uit. Ze hebben hun voorstelling al dik tweehonderd keer gespeeld. 'Kun je nagaan,' zegt een van hen.

'En hoe vaak mogen jullie nog?' vraagt Ronald.

Nou, 'mogen' is het woord niet; er lijkt eerder sprake van een moetje. Bovendien reizen de cabaretiers gezamenlijk in een busje van en naar de optredens, op elkaars lip, dat komt er nog bij.

'Dan veranderen jullie toch iets in je programma?' zegt Ronald. 'Dat doen wij ook vaak, zodat de spanning erin blijft en om het voor onszelf leuk te houden.'

Maar van dat idee gruwen de Panters. Nee zeg, stel je voor, de voorstelling is uitgekristalliseerd, maatwerk, op de seconde, met een licht- en geluidsplan dat tot in de kleinste details... Als een lid iets onverwachts doet, een stap opzij zet, dan staat-ie uit het licht. Veranderen? Ze moeten er niet aan denken. Dit werkt.

'En hoe vaak...?' herhaalt Ronald.

'Nog honderdzeventien keer.'

'Is me dat wat?' zegt Martin terwijl we door de gangen onze zaal zoeken. 'Je zal zo door het land moeten. Ben je dan spekkoper. Nee, die houden niet meer van elkaar. Zeg, waar is onze gastvrouw, die heb ik nog niet gezien.'

'Die is dood,' zeg ik.

Een jaar later, aan het eind van hun tournee, gaan De Vliegende Panters uit elkaar.

Zij wel.

40

'JONGEN,' ZEI MARTIN DOOR DE TELEFOON, 'MORGEN STAAN we in Leeuwarden. 's Nachts terugrijden is geen doen. Beter nog, we gaan na afloop de bloemetjes buitenzetten, wat jij. Daarom heb ik een hotel geboekt, voor Ronald, jou en mij. En niet zomaar een hotel, nee, het Stadhouderlijk Hof. Ken je dat? Jongen, dat was ooit een paleis van Wilhelmina. Later werd het een luxebordeel. Griekse zuilen, hemelbedden, the works. Ik zat er vorig jaar. Op de kamers hangt een spiegel aan het plafond boven het bed, zodat je kunt zien wat je uitspookt. Lijkt het je wat, ja?'

Ronald en ik waren vroeg in Leeuwarden, zetten onze spullen in de kleedkamer van theater De Harmonie en reden door naar het hotel om in te checken. De ingang lag in voetgangersgebied: je diende je auto in een van de zijstraten te parkeren.

We waren in Ronalds kamer – het raam wagenwijd open; er waaide een frisse Friese bries – toen we een klap beneden hoorden, gevolgd door een dichtslaand autoportier en opstijgend gevloek. Martin. Dat niet alleen; hij had met zijn Volvo tot aan de hotelingang willen rijden, wat hem ook bijna was gelukt, tot hij met een daverende knal op een van de drie betonnen bloembakken stuitte die ter verfraaiing van de entree op de stoep waren geplaatst.

'Gaat-ie goed, Martin?' riep ik uit het raam.

Nee, dat ging het niet. Een stuk bumper hing op halfzeven en een wielkast was zo ver ingedeukt dat de auto nog vanmiddag ter reparatie naar de garage moest. Doorrijden was geen optie. We traden morgenavond op in Apeldoorn: dat end ging Martins auto in de verste verte niet redden. Aan de geraakte bloembak mankeerde niets.

We liepen naar beneden om hem te verwelkomen.

'Godverdomme,' zei Martin. 'Welke idioot zet daar nou ook een fucking bloembak neer?'

'Martin,' zei ik, 'dat die bloemenweelde je niet opviel. Je vertelde dat je hier vorig jaar had gelogeerd. Stonden die bloembakken er toen nog niet?'

'Chabot?' zei Martin. 'Jij moet oppassen.'

Hij pakte zijn mobiel om een garage te bellen waar hij op de kortst mogelijke termijn terechtkon. Liefst nu. Hij kon best even zonder ons.

'Het lag aan die bloembak,' zei Ronald terwijl we naar de lift liepen. 'Of aan de krankzinnige die de bakken ter verhoging van de feestvreugde voor de ingang liet plaatsen. Het idee dat het aan hemzelf zou kunnen liggen? Nee, dat komt niet bij Martin op.'

Ronald gaf me een por.

'Dat je dat nou niet begrijpt, Bart.'

Toen we tegen vijven soundcheckten stond de Volvo ergens in de binnenstad op een garagebrug.

'Morgenochtend is 't gefikst,' zei Martin. 'Na het ontbijt.'

'Is dat boffen?' zei ik. 'Wat een service. Martin, als jij morgen je auto ophaalt, mag je wel een bloemetje voor die garagehouder meenemen. Ik weet een bak waar je ze gratis en voor niks...'

Martin verkeerde in opperbeste stemming en kon het hebben.

'Ik heb er zin in, in vanavond, de voorstelling. Ronald, waar gaan we eten?'

Opgewekt wandelden we na afloop van de voorstelling van De Harmonie terug naar het hotel. Ik wilde de lobby al in lopen, toen de jongens me tegenhielden.

'Ga je mee, Bart, het Leeuwardense nachtleven in? Cafeetje hier en daar, kijken of er wat te beleven valt?'

Ik was voor vandaag genoeg onder de mensen geweest.

'Jongens,' zei ik, 'ik wens jullie alle succes. Ik ken alle kroegen, ook die van Leeuwarden. Leef je uit. Ik hoor morgenochtend aan het ontbijt graag hoe het afgelopen is, alle wederwaardigheden.'

Om tien over halfeen was ik terug op mijn kamer. Om elf voor twee werd er op mijn deur gebonsd. Dat konden er maar twee zijn.

'En?' zei ik. 'Hoe was 't?'

Het bleef stil in de kamer. De tv stond aan met het geluid uit.

'Jullie zijn vroeg terug,' zei ik. 'Hebben jullie het naar je zin gehad?'

'Je hebt niks gemist,' zei Martin.

Ik zette de tv uit.

'Jij hebt ook zo'n kingsize jacuzzi in je kamer,' zei Ronald. 'Daar ben ik hard aan toe, aan ontspannen. Wat jij, Martin?'

'Ik stond op het punt,' zei ik, 'om het bad te laten vollopen. Als we toch alle drie in de jacuzzi willen, kunnen we net zo goed met z'n allen in één... Dat scheelt een berg water. En zo zijn we op de koop toe nog aardig bezig voor het milieu ook.'

'Ik wist niet,' zei Ronald, 'dat jij van GroenLinks was.'

'Ik ook niet,' zei ik.

'Houen zo,' klonk het aan de andere kant van de kamer, waar Martin door een van mijn rock-'n-rolltijdschriften bladerde, een *Uncut* of een *Mojo*.

En zo gebeurde het dat we twintig minuten later in een bubbelend bubbelbad lagen. Martin had kans gezien bij de nachtportier een fles champagne te regelen en welgemoed hieven we de glazen en proostten op de toekomst, onze toekomst, die welhaast van bladgoud moest zijn, dat kon bijna niet anders.

'Beter wordt het niet,' zei Martin, en Ronald en ik vielen hem daarin bij. Dat het maar eeuwig duren mocht. Wat het natuurlijk niet deed.

Beter zou het niet worden, nee. Dat had Martin messcherp in de gaten.

'Jongensachtig gelukkig waren we,' zou Ronald later zeggen, 'daar, in dat Friese bubbelbad, champagneglazen in de hand, nog onwetend van wat ons te wachten stond. Jongensachtig gelukkig. Het was voorbij eer we er erg in hadden.'

41

'JE LAG ZO LEKKER TE SLAPEN,' ZEGT YOLANDA ALS IK TEGEN tienen opsta en de slaapkamer uit kom, 'dat ik je niet wilde wakker maken. De jongens zijn al uren op. Ga je mee zwemmen? Ik heb op je gewacht. Of wil je eerst koffie? De jongens zijn bij het meer, die liggen al in het water.'

Ik kijk naar de schommelbank, die vreemd genoeg niet schommelt, ook al waait er een stevige bries.

Geen haast,' zeg ik. 'Het is vakantie tenslotte.'

Augustus zit er bijna op. In universiteitsstad Lund hebben we de studenten uit het station zien stromen, de eerstejaars onwennig om zich heen spiedend. De camping en het zandstrand aan het meer zijn verlaten: afgelopen zaterdagmiddag pakten de meeste vakantiegangers hun plunje in, de laatste Zweden vertrokken in de loop van zondag en lieten, naast hun afval, stilte achter.

De Zweedse herfst begint vroeg. De eerste bladeren vlinderen door de lucht; als de wind aanzet vallen er zoveel bladeren af dat het onmogelijk is ze te tellen. Eikels en kastanjes tikken op het dak – welke dakpan is de zwakste schakel? – en rollen de dakgoot in. De jongens lopen van het strand de steiger op, vanaf nu hebben we het meer voor ons alleen, en duiken het water in; maar ik ben opeens terug in Scheveningen.

Het water ziet me van verre naderen en komt me tegemoet; en als ik het water inga, zwemmen de golven om me heen. Zelf merendeels van water ben ik een van hen en maak zo, ondanks mijn eerdere twijfels, toch deel uit van een groter geheel.

Maar een meeuw hoor ik niet, en misschien is dat het wat me terughaalt naar het hier en nu. De weinige vogels in het Zweedse luchtruim lijken op de vlucht. Storm heeft de enorme knalroze flamingo die we uit Nederland meenamen, vastgemaakt aan de roeiboot en trekt Splinter voort, die vorstelijk op de vogel zit. Sebas en Mau zwemmen dicht in de buurt voor het geval hun jongere broer onverhoeds van de opblaasvogel kukelt. Splint wuift naar het verlaten strand bij de camping alsof zich daar honderden toeschouwers hebben verzameld en hij de nieuwe koning van Zweden is.

'Vraag jij je weleens af,' zegt Yolanda als we uit het water komen, 'hoeveel mensen er in dit uitgestrekte weidse meer op de bodem rusten? Daar denk ik altijd aan als ik zwem: wat ligt er allemaal onder me.'

'Je bedoelt, wie hier verdronken zijn?' zeg ik. 'Nee, dat vraag ik me liever niet af. Laten we hopen dat ze niet de geest krijgen en op een nacht uit het water oprijzen om bij ons aan het raam te verschijnen. Ons huis ligt er dichtbij genoeg voor. Dan hebben we de poppen aan het dansen.'

De jongens komen uit het water en spreiden hun handdoeken op ons kleine zandstrand uit.

'Mam,' zegt Splinter, 'vorige week, voordat ik naar jullie vertrok, op een zondagmiddag, kwam een vriendin bij me op bezoek. Gemakshalve zette ik de ramen open, dan kon ik haar zien aan komen fietsen. Stonden er twee fotografen bij de bomen op het pleintje. Ik herkende ze, twee van De Bladen.'

'Wat heb je gedaan?'

'Vriendelijk naar ze gezwaaid. Ze fotografeerden me, zwaaiden vriendelijk terug en vertrokken. Maar het is even wennen, mam, dat er fotografen bij mijn huisje rondhangen.'

Het gaat hard met Splint.

'Wat een leuk joch is het toch,' zei een vrouw laatst in een rij wachtenden voor de kassa, 'die zoon van u. O, we genieten zo van hem.'

'Zo vader zo zoon,' zei ik.

'Ja,' beaamde ze, maar ik zag aan haar blik dat haar voorkeur toch vooral naar de zoon uitging en minder naar diens vader.

'Je mag wel oppassen,' vervolgde ze. 'Hij gaat je niet inhalen, hij heeft je al ingehaald. Hij kleedt zich ook zo leuk, hè.'

Om me heen werd instemmend geknikt.

'Ik zie,' zei de kassière bij het afrekenen, 'dat u door deze en gene wordt aangesproken. Bent u ergens bekend van?'

Nog dezelfde week was het opnieuw raak geweest.

'Wat een schat,' zei een verkoopster, 'uw zoon.'

'Een heerlijk kind,' beaamde ik, 'net als zijn drie broers. Al blijft het gajes, hoor.'

De verkoopster staarde me aan – maakte ik een geintje of niet? – en ging wat anders in de winkel doen.

Ik diende plaats te maken, iets waartoe ik van harte bereid was. Mij wachtten de coulissen, vanwaar ik een prima zicht had op de toneelvloer.

—

’s Nachts kan ik de slaap niet vatten, ook al slaapt Yolanda, slapen de jongens en snurkt Bril pal voor onze slaapkamerdeur – je moet over haar heen stappen, wil je de kamer verlaten – en is er niets wat me zorgen baart en tot slapeloosheid aanleiding geeft.

Het is doodstil in huis, en doodstil buiten. Zelfs de nachtdieren, meestal nadrukkelijk aanwezig, houden zich in. Als ik naar de wc loop en het brede voorkamerraam passeer, zie ik in het eerste ochtendlicht het meer tussen de bomen schemeren. Het meer dat deze vakantie zo’n dominante rol opeist. Dan open ik de verandadeur en volg het pad naar het water.

Wat valt me op?

Dat ik niet zozeer naar het meer kijk, maar het meer naar mij. Wat wil het van me? Het water ligt biljartlakenstrak, zonder rimpel of rimpeling. Het wacht geduldig mijn komst af en is er zeker van dat ik de oversteek wil wagen.

Het meer wacht.

Nader ik het meer en treed ik op haar toe, dan zal het water voor me opzijgaan en me omhelzen en zich boven me sluiten zonder dat het vanaf de oever te zien is. Ik zak dieper het water in, tientallen meters van ons strand vandaan, waar ik de vissen om me heen weet; en de vissen zijn op de hoogte van mijn komst, terwijl ik dieper en dieper wegzink zonder dat mijn voeten de bodem raken, en ze zullen zich over me ontfermen. Ik hoef alleen maar los te laten en mee te drijven met de ondergrondse stroming: dan komt het goed.

Yolanda ligt op haar zij en is diep in slaap.

Lang kijk ik naar haar rustende gestalte. Dan valt mijn blik op het lege hoofdkussen naast haar, mijn kussen.

Ik herken het kussen, en het kussen herkent mij. We hebben

elkaar eerder ontmoet, op Martins sterfbed, en niet tot ons beider genoegen.

Martin lag uitgemergeld op bed. Zo-even was hij onrustig geweest, alsof hij iets zag in de verre verte wat op hem afstevende en hem grote angst inboezemde, maar de rust was weergekeerd: hij sliep.

We waren alleen in de slaapkamer: Martins slapende gestalte, het kussen en ik. Martin was er zeer slecht aan toe en zijn situatie verslechterde nog. Als het al een martelgang was om hem naast zijn bed zittend gade te slaan, hoe moest het dan voor hemzelf zijn?

Wie van ons tweeën nam het initiatief en verloste Martin uit zijn lijden, het hoofdkussen of ik? De stilte in de slaapkamer verdiepte zich nog; alsof we ons niet in de binnenstad van Amsterdam bevonden maar in een uithoek op het platteland, mijlenver van de bewoonde wereld vandaan.

Ik kijk naar Yolanda's slapende gestalte, die grotendeels schuilgaat onder een zomers luchtig dekbed. Vanaf zijn vaste plek naast haar loert mijn kussen me aan.

We hadden elkaars nieren geproefd, in Martins slaapkamer, het kussen en ik. Op een nadere kennismaking zat ik niet te wachten.

Naast me beweegt Yolanda in haar slaap, maar ze wordt niet wakker. Ik wil zacht en teder met mijn hand over haar haren strijken, maar beheers me en laat een dergelijk liefkozend gebaar achterwege.

Dan zouden het kussen en ik het risico lopen haar te wekken.

En dat willen we niet.

42

MET HET GEZIN ZAT IK AAN HET ONTBIJT. ERG VAAK GEBEURDE dat niet tegenwoordig, dankzij het on the road zijn. Ik leefde in twee parallelle werelden – die van het gezin en die van de tournee – en naarmate het touren langer duurde lieten die werelden zich lastiger combineren.

Morgenavond stonden we in Enschede om, zoals Martin het uitdrukte, 'de mensen troost te bieden', maar zover was het nu nog niet. Voor de verandering hoefde ik er vandaag, een doordeweekse dag, eens niet met Martin en Ronald op uit om een publiek elders in het land te vermaken of 'troost te bieden'.

'Splinter en Storm,' zei Yolanda, 'vergeten jullie je boterhammen voor school niet?'

Ze liep de gang in naar de keuken.

Ik pakte een van de plastic boterhamzakjes en trok het open. Splinter en Storm keken me verwachtingsvol aan. Zou papa het doen of deed-ie het niet? Het ging erom spannen.

Ik haalde diep adem, legde mijn hoofd in mijn nek, hield de opening van het zakje vlak boven mijn mond en blies lucht in het zakje, tot het, opbollend, bijna gevuld was, gaf het een laatste ademstoot mee en liet het zakje los.

Het boterhamzakje, ook niet op z'n achterhoofd gevallen, wist wat er van hem verwacht werd. Bijna loodrecht steeg het boven de eetkamertafel op en klom omhoog, en klom hoger, tot het in de buurt van het plafond kwam.

Van de gang hoorden we voetstappen naderen. De kinderen staarden me aan. Ik had dit vroeger vaker gedaan, een boterhamzakje naar het hagelwitte plafond blazen. Kwam het daar aan en bleef het hangen, dan zei ik tegen de jongens: 'Kijk, een luchtballon.' Tot Yolanda zag wat ik deed. 'Schat, dat is niet fris, je adem in zo'n zakje blazen en er vervolgens de boterhammen voor de kinderen in doen, onhygiënisch. Ik vind het net als jullie ook hartstikke leuk, daar niet van, maar...'

Yolanda verscheen in de deuropening.

We staarden strak voor ons uit en keken niet omhoog, wie weet ging het dan vanzelf over.

Tot ik over de bovenrand van mijn brilmontuur omhoogblikte. Alle zegen kwam van boven: de kust was veilig. Het boterhamzakje bleef plichtsgetrouw vlak onder het plafond hangen: je was een luchtballon of niet.

Opgelucht keek ik voor me, en keek recht in de ogen van de vier jongens die op hun beurt mij aanstaarden. Toen dwarrelde er iets naar beneden, met grillige bochten, en landde tussen de ontbijtspullen op tafel, tussen de kuip boter, de plakken jonge kaas en de hagelslag, waar het als een gebruikt condoom bleef liggen.

'Voor alle zekerheid,' zei ik tegen Yolanda, 'laat ik de jongens nog eens zien hoe het vooral níét moet.'

—

'Bart,' zei Martin, 'wij, Ronald en ik, hebben grote plannen met je.'

Daar hoorde ik van op.

We zaten in een schaakcafé in hartje Enschede. Over luttele uren traden we op in Concordia, een bonbonnièreachtige theaterzaal.

Martin schoof een van zijn witte pionnen vooruit en wilde uiteenzetten wat die grote plannen behelsden, toen Ronalds mobiel oplichtte.

'En?' informeerde Martin, altijd benieuwd naar berichten uit de buitenwereld.

'Eefje en Hans,' zei Ronald met merkbare tegenzin.

Martin zuchtte. 'Dat hebben wij weer.'

Eefje en Hans waren twee fans die ons overal volgden, al vanaf het begin van onze eerste tournee, en de show vanaf de voorste rij zo vaak hadden bijgewoond dat Martin na afloop eens had opgemerkt: 'Jullie kennen de show onderhand uit je hoofd. Willen jullie het niet van me overnemen, dan kan ik wat anders doen.'

'Ze zijn in Enschede,' zei Ronald. 'En ze komen vanavond. Ook dat nog.'

'Ja, natuurlijk komen ze,' zei Martin, 'nogal wiedes. Wat hebben ze hier anders te zoeken, niks toch?'

Ronalds mobiel lichtte opnieuw op.

'Dit geloof je toch niet?' zei Ronald. '"Wie van jullie," schrijven ze, "staat er het beste voor met schaken?"'

Martin keek om zich heen, maar ze zaten niet in het café en ook op straat zagen we hen niet.

'We worden scherp in de gaten gehouden,' zei ik. 'Er wordt op ons gelet.'

Voor de derde keer lichtte Ronalds scherm op.

'Godsamme,' zei hij. 'Moet je horen, "Hoe waren de kroketten daarnet, uit de automatiek op de Markt?"'

Voordat we het schaakcafé betraden hadden we op de Markt kroketten getrokken. En twee gehaktballen. Het wachten was op een melding over het laatste.

'Ziekelijk,' zei Martin. 'Zet dat ding uit of berg 'm op, Ronald. Dit lijkt op stalken, als het dat niet is.'

Terwijl Ronald zijn mobiel in zijn jas stopte schoof Martin met één vloeiende beweging de schaakstukken van het bord.

'Wat doe je, Martin?' zei Ronald. 'Ik stond er juist zo goed voor!'

'Luister,' zei Martin tegen mij. 'We hebben het over je gehad, over hoe het met jou verder moet. Kijk, we kunnen niet eeuwig met jou op tournee blijven en je op die manier van de straat houden. Daar komt een keer een eind aan, begrijp je. Wij hebben ook ons werk.'

Ik zei dat ik het begreep, hoewel ik geen idee had waar ze heen wilden.

'En wat we bedacht hebben...' zei Ronald.

'... dat is,' nam Martin het stokje over, 'jij gaat een roman schrijven. Laten we eerlijk wezen, leuk die gedichten van je, vooral volhouden die hobby, maar het zet geen zoden aan de dijk. Jij moet verder. En wij ook. Wij hebben carrières. Terwijl jij, jij doet maar wat.'

'We hebben het erover gehad, Martin en ik... Jij gaat aan de roman.'

'Over je doldwaze, knotsgekke avonturen in televisieland,' zei Martin. 'Daar willen de mensen alles van weten, het naadje van de kous, een blik achter de schermen, Hilversum, het Mediapark, de Gooise matras, daar smullen ze van. Vooral het laatste, die Gooise matras. Kun je me nog volgen? Jij schrijft een roman over wat je meemaakte bij de televisie, de *Waku Waku*-jaren, *Dancing With The Stars*, *Sterrenflat*, *Wie Het Weet Mag Het Zeggen*, het *Groot Dictee der Nederlandse Taal*, *Koken Met Sterren*, *Koken met Cas*, noem maar op, sappige details, maar niet te veel, geen gekkigheid. *Ik Hou van Holland*, de *Surprise Show*... Is er eigenlijk een tv-programma dat je níet hebt gedaan? Enfin. De mensen zullen ervan versteld staan, en jij loopt binnen. Zo maak je die televisiewaanzin van je te gelde en heb je er zowaar nog wat aan ook.'

'Lijkt het je iets?' zei Ronald. 'Eerlijk zeggen, hoor.'

'Een titel hebben we ook al,' zei Martin. '*Bekende Nederlander*, zo gaat je roman heten. Goud. Wat zeg je me daarvan?'

'Of *BN'er*,' zei Ronald. 'Daar zijn we nog niet uit.'

'Nee, "Bekende Nederlander",' zei Martin.

'De beste titel voor een boek,' zei Ronald, 'is natuurlijk *Hartelijk Gefeliciteerd Met Je Verjaardag En Nog Vele Jaren In Voorspoed En Geluk*. Maar die titel is al vergeven. Je kunt niet alles hebben.'

'Laat het even indalen,' zei Martin. Hij wenkte de ober en bestelde een Westmalle.

'Het is zelfs zo'n goeie titel, *Bekende Nederlander*,' zei Ronald, 'dat als jij dat boek niet schrijft, dan doe ik het onder die titel.'

'Kassa,' zei Martin.

'Wat zeg je ervan?' zei Ronald. 'Je klinkt nog niet helemaal overtuigd. Wij hebben het beste met je voor, Bartus, dat weet je.'

'Ik zal er zeker over nadenken,' zei ik.

'Ja,' zei Martin, 'maar dat leidt in jouw geval tot niks, en zodoende hebben we nog iets bedacht opdat jij je loopbaan met enig succes kan voortzetten.'

'Hou je van carnaval?' zei Ronald.

'Daar ben ik geen groot fan van, moet ik toegeven.'

'Vanaf nu wel,' zei Martin. 'Een enorme fan. In Brabant, hossen, in polonaise de dorpen door in je geruite kiel, achter de praalwagens aan, bier hijsend, je doet niets liever. Misschien deed je dat wél, maar van nu af aan niet meer. Carnaval. Hopsasa. Waar is je feestneus. Jij houdt het dagen aan één stuk vol met om de paar uur een flinke snuif en een handvol pillen achter de kiezen.'

'Jij wilde toch altijd zo graag het land in,' zei Ronald, 'optreden in het kleinste boerengehucht, naar de mensen toe? Daarom. Kijk, wij zijn je vrienden, Bartus, wij bekommeren ons om jouw lot en...'

'... wat hebben wij gedaan?' nam Martin het over. 'Een carnavalskraker voor je geschreven. *Zit De Stekker Er Wel In?* zo heetie. "Pè-pe-de-pè-pè-pè-pèèèèèèèèèè". Want van die roman komt natuurlijk niets terecht, dat weten we nu al. Vandaar deze carnavalsschlager. Een geheide hit. Hebben wij belangeloos voor je geschreven. Bijna belangeloos.'

'Hij is op een haar na af,' zei Ronald. 'Het refrein hebben we, alleen de coupletten nog. Daarin ga jij steeds op pad naar eenzame huisvrouwen, van wie de heer des huizes de deur uit is, naar zijn werk, die komt pas tegen etenstijd terug, alle tijd, en nou wil het geval... een huishoudelijk apparaat doet het niet. Een strijkbout, een broodrooster, de droogtrommel, een elektrische melkklopper... En dan word jij gebeld en gaat eropaf, met een plastic stekker op je hoofd, een rooie, als een kroon, met twee tanden recht omhoog... Jij aanbellen op het opgegeven adres, deur open, Sabrine, of Sharon of Brittany, die vragen – voordat je je ter inspectie over hun apparaat ontfermt – of je misschien eerst een kopje koffie blieft. Jij stapt in één keer de drempel over, de woonkamer in en zegt: "Zit de stekker d'r wel in?"... Vier, vijf coupletten lang... Sherry drinkende huisvrouwen in Monnickendam of Putten-Nijkerk, weet-ik-veel, en dan kom jij over de vloer, redder in nood, met die rooie stekker op je hoofd. Voordat je er erg in hebt sta je bij ze in de slaapkamer zonder stekker op je hoofd. Die heb je eventjes afgezet. In de slaapkamer, met teruggeslagen dekbed, want daar bevindt zich het elektrieke apparaat dat dringend aan de praat moet worden gebracht. Dan ga je aan de slag, Marloes wijst je waar je precies moet zijn. "Nee, niet daar... dáár." Zie je het voor je? Wij wel, Martin en ik.'

'Je reist het land door,' zei Martin, 'met die stekker op je hoofd. Dat is je handelsmerk. In een bestelwagen, zodat je met die stekker op je hoofd achter het stuur kunt zitten, goed zichtbaar voor het overige wegverkeer.'

'Je hoort het goed, gabber,' vulde Ronald aan. 'Jij gaat op tournee, van de ene feesttent naar de andere. Hoem papa. Biergrotten en -spelonken, bloemencorso's, táá-dááááá, optochten en discotheken. Vooral die laatste, disco's. Goud geld. Daarvan doe je er drie per avond. Je zingt twee nummers, je optreden duurt alles bij elkaar een kwartier – de song duurt drie minuten, maar in de studio rekken we dat op tot acht, negen minuten – en dan ben je foetsie, op weg naar het volgende evenement om je hit ten gehore te brengen ten overstaan van een uitzinnige massa. Dat doet Lee Towers ook, zingen met een bandje waar de muziek op staat, overal en nergens, op de gekste momenten van de dag, en heb je die ooit horen klagen?'

'Wij doen het voor jou, Bart,' zei Martin. 'Een vriendendienst. Op ons kun je bouwen, dat blijkt maar weer eens. Jongen, je scoort een gigahit en vervolgens ga je binnenlopen. Gouden bergen. Het houdt niet op, volle tribunes, voetbalstadions, heel het land zingt het refrein uit volle borst mee, slipjes op de bühne, iedereen wil zien hoe jij je aubade ten gehore brengt te midden van een horde woest hossende Brabanders, alaaf, met die stekker op je hoofd. Move the product.'

'Allemaal voor jou, gabber,' zei Ronald. 'Daar zijn vrienden voor; een dienst zonder wederdienst te verlangen. Jij vult je zakken in het land, diepe zakken, en wij... Voor al onze inspanningen om jou als carnavalszanger in de markt te zetten vragen wij bijna niets. Jij je gage, wij de royalty's. Is dat een werelddeal of niet? Een béétje artiest zou er een moord voor doen, Bartus.'

'Schathemeltje rijk word je er niet van,' zei Martin, 'maar wat scheelt het?'

'Mooi,' besloot Ronald. 'Dat is dan afgesproken.'

Ik telde mijn knopen. Twee jaar eerder had ik deelgenomen aan *Dancing With The Stars*, tot genoegen van Splinter en Storm, die me vergezelden naar de tv-studio in Baarn. Ze werden vlot opgemerkt door de publieksopwarmer en mochten hem assisteren voor aanvang van de show, tot groot enthousiasme van het aanwezige publiek.

Yolanda had mijn strapatsen in de amusementsindustrie met lede ogen aangezien. Tot de maat vol was.

'Als jij aan *Sterren Dansen op Het IJs* meedoet,' zei ze toen ik een uitnodiging tot deelname ontving, 'dan scheid ik van je. Dat betekent het einde van ons huwelijk. Ik waarschuw je.'

Ik glimlachte, en keek haar aan.

Yolanda glimlachte niet. Ze meende het.

Ik vroeg me af wat ze van *Zit De Stekker Er Wel In?* zou vinden en van de plannen om met een carnavalssingle op tournee te gaan. Ik zag haar na mijn thuiskomst uit Enschede niet juichend uit bed opveren bij het vernemen van het heugelijke nieuws.

'Het tweede nummer,' zei Martin, 'hebben we ook al. De B-kant, zeg maar. Dat gaat over het stadium dat jij je werk naar volle tevredenheid van de opdrachtgever hebt uitgevoerd en op de drempel afscheid neemt, met dat ding weer op je kneiter, om op weg te gaan naar je volgende klus. *Trek De Stekker D'r Maar Uit*, of *Haal De Stekker D'r Maar Uit*, daar zijn we nog niet helemaal uit, Ronald en ik.'

'Jongens,' zei Ronald terwijl hij opstond, 'we moeten gaan. Paul wacht, en de schouwburgmedewerkers. We hadden allang in het theater moeten zijn, soundchecken.'

43

'WAT LEUK JULLIE WEER TE ZIEN,' ZEGGEN WE ONVAST IN koor, als we na afloop van de voorstelling Eefje en Hans in de foyer treffen. Ronald bestelt een bittergarnituur, dat Hans in hoog tempo wegwerkt.

Dat vinden zij ook, en ze hebben als vanouds weer genoten vanavond. Ze kunnen niet lang blijven, helaas; ze zijn met de trein, hun auto is onlangs door Eefje een sloot in gereden: die zijn ze voorlopig kwijt, waarschijnlijk voorgoed.

Dat ze de voorstelling voor de zevenendertigste keer wilden bezoeken, is niet de enige reden voor hun komst. Ze willen ons iets vertellen, iets belangrijks, en ons iets vragen.

'Steek van wal,' zegt Martin. 'Maar maak het niet te lang, ik moet nog terug naar Amsterdam en had al weg willen zijn. Hou het kort.'

'Het grote nieuws is...' zegt Eefje, '... we gaan trouwen!'

'Nou já, zeg!' roept Ronald verheugd uit; en ook Martin toont zich blij verrast, en hij geeft me een por in de zij.

'Hoe bestaat het?' zeg ik. 'En dat terwijl ik dacht dat jullie al jaren getrouwd wáren.'

'Dat is nog niet alles,' neemt Hans het van Eefje over, die, nu ze het zichzelf opnieuw hoort uitspreken, ontroerd en sprakeloos is van de ophanden zijnde mijlpaal. 'We gaan trouwen in... dat raden jullie nooit... in een huifkar! Niet zo eentje met een open bak, nee, een échte huifkar, met een huif! Die wordt getrokken door twee koeien, twee Groninger blaarkoppen... op de snelweg! Zien jullie het voor je?'

'In dit land,' zegt Ronald, 'is echt alles mogelijk, hè? De zotste dingen. Je kunt het zo gek niet verzinnen of... Waar haal je het vandaan? Twee koeien en een huifkar... Op de snelweg?'

'Ja, dat komt,' legt Hans uit, 'Eefje kent een hoge pief bij de verkeerspolitie, een oude vlam, en zodoende... Wat zeggen jullie ervan?!'

'Gekkenwerk,' zegt Martin. 'Waanzin.' Hij drinkt zijn glas leeg. Dit moet niet veel langer duren, hij wil op huis aan.

'Wat een feest,' zeg ik. 'Ik weet wel, als ik zoiets had voorgesteld voor mijn huwelijk was ik meteen opgesloten, op water en brood, tot ik weer afgekoeld en voldoende bij zinnen was.'

'Maar,' zegt Ronald, 'jullie wilden ons ook iets vragen, toch?'

Nou en of. Daarvoor zijn ze speciaal uit Noord-Limburg naar Enschede gekomen, een knappe afstand.

'Vooruit met de geit,' zegt Martin. Aan alles kun je merken dat hij er schoon genoeg van heeft en op het punt van vertrekken staat. Hij zit al met één been in de Volvo; waar is het wachten op?

'We wilden jullie vragen,' zegt Eefje, 'gelet op onze bijzondere band, of jullie onze getuigen willen zijn.'

'Godsamme!' zegt Ronald. 'Wat een... eer...'

'Het moet verdorie niet gekker worden,' zegt Martin. 'Maar dat wordt het meestal wel, is mijn ervaring.'

'Hoe gaaf is dat?' zegt Eefje, die zichzelf heeft hervonden.

'Nou, jullie horen het,' zeg ik tegen Eefje en Hans, 'Ronald en Martin zijn graag van de partij. Zelf ben ik helaas verhinderd, maar... Hoe laat en waar moeten ze verschijnen, in feestkledij?'

'Wacht even,' zegt Ronald. 'Bart loopt een tikkeltje op de zaken vooruit.' Hij richt zich tot mij. 'Hoe weet je dat je die dag verhinderd bent? Ze hebben nog geen datum genoemd, Eefje en Hans.'

'Helaas, wij kunnen niet,' vervolgt Ronald tegen het aanstaande huwelijkspaar. 'We waren graag gekomen, Martin en ik, maar... Uitpuilende agenda's. Bart daarentegen... Die brengt binnenkort een carnavalssingle uit, *Zit De Stekker Er Wel In?* en hij komt met alle plezier op jullie bruiloftsfeest optreden 's avonds. Dat wordt een knalpartij. 's Nachts kan-ie eventueel ook. Een uitgelezen kans om zijn single te promoten. Met een beetje mazzel kan hij 's middags nog getuige zijn, mede namens Martin en mij. Toch, Bartus?'

'Sterker,' vulde Martin aan, 'Bart kan de bruiloftspartij 's nachts besluiten met zijn tweede nummer, de B-kant, ook een geheide kraker, *Trek De Stekker D'r Maar Uit*, voor een zacht prijsje.'

'Zoiets kan niet elke dag,' zegt Ronald, 'maar voor jullie maken we graag een uitzondering, hè Bart?'

'Vraag het 'm zelf even,' zegt Martin, 'aan Bart, of-ie dat voor zich ziet. Hij staat er tenslotte in levenden lijve bij.'

'Fantastisch!' vinden Eefje en Hans. 'We wísten dat we op jullie konden rekenen, blindelings. Ten slotte zijn jullie onze beste vrienden.'

'Sterker, Bart kan voor de huifkar uit lopen,' zegt Martin, 'op de snelweg, als de tambour-maître van een majorettekorps, voor die twee blaarkoppen uit en met een fanfareknuppel in zijn hand, die hij op gezette tijden de lucht in gooit en tot verbijstering van alles en iedereen nog opvangt ook.'

'Zou je dat voor ons willen doen?' vraagt Eefje me.

'Bart is overal voor in,' zegt Ronald, 'zolang er een cameraploeg in de buurt is. Waar speelt het festijn zich af?'

'In Tegelen,' zegt Hans.

'Tegelen?' zegt Martin. 'Dat is praktisch naast de deur vanuit Den Haag, krap drie uurtjes karren. Jij rijdt toch zo graag, Bart? Komt dat even goed uit.'

Dan moeten Eefje en Hans er echt vandoor, ze zijn al danig verlaat, straks missen ze hun trein nog. Een groet, een toegeworpen handkus, en weg is het aanstaande echtpaar, op een holletje naar het station.

'Die zijn opgerot,' zegt Martin. 'Nou wij nog.'

'Godsamme,' zegt Ronald als we de automatische schuifdeuren van de foyeruitgang achter hen dicht zien gaan.

'En,' zegt Ronald, 'wat vind jij ervan, Bart?'

'Duimen dat ze zo snel mogelijk in het huwelijksbootje stappen, die twee.'

'We hadden ook niet anders van je verwacht,' zegt Ronald. 'Weet je wat het met jou is, Bart? Jij stelt de mensen nooit teleur.'

'Godverdomme,' zegt Martin. 'Leuk en aardig dat ze steeds naar de show komen, onze fans, maar dit gaat te ver. Hier moeten we paal en perk aan stellen.'

'We moeten ze laten weten,' zegt Ronald, 'dat we het waarderen, de uitnodiging, maar dat we...'

'... geen vrienden van ze zijn,' zegt Martin. 'Zal ik dat op me nemen? Ik poeier ze wel af. Heb je hun telefoonnummer, Ronald? Ik bel ze en leg het ze klip-en-klaar uit. "Onze beste vrienden". Me hoela. Ik leg ze uit dat wij niet hun vrienden zijn en dat ze in eigen kring... Komt goed.'

'Ik heb ze gebeld, hoor,' vertelde Martin twee dagen later.

'En,' zei ik, 'leven ze nog?'

'Jongen, met een beetje pech staan ze overmorgen vier uur voor aanvang weer te trappelen voor de schouwburgpoort.'

Hij stak een sigaret op. 'De auto die die chick de sloot in heeft gereden, weet je nog? Die is total loss verklaard. Of ze op een kleine financiële bijdrage van onze kant kunnen rekenen. Zonder auto zijn ze nogal onthand, en ze hebben die Panda, een rijdende schroothoop, vooral gebruikt om ons in den lande te bezoeken.'

'Wat heb je daarop geantwoord?'

'Dat we met alle plezier een flink deel van onze gage aan ze overmaken. Nou goed?'

Bij ons eerstvolgende optreden lag een brief van Eefje en Hans in het theater voor ons klaar.

Ze waren vanaf nu fan van Stef Bos geworden. Tino Martin gingen ze ook op de voet volgen. Ze wensten ons verder het beste.

'Dat was dan dat,' zei Martin. 'Die zijn we kwijt, de twee grootste en trouwste fans die we de afgelopen jaren hadden. Weg, up in smoke. Weliswaar zaten ze op zwart zaad en moesten wij om de haverklap hun toegangsbewijzen regelen, maar toch. We staan er alleen voor. Zij zijn nu, schat ik,' – Martin raadpleegde zijn horloge – 'onderweg naar Tino Martin. Ik had nog nooit van die zanger gehoord.'

'Stank voor dank,' zei Ronald. 'Wat een honden, hè.'

'Ach,' mompelde Martin – hij keek via de openstaande deur naar het witte wit van de gang en leek minder in de kleedkamer aanwezig dan zo-even –, 'het kan altijd erger.'

Hij had het niet tegen ons.

44

VER NA MIDDERNACHT KWAM IK THUIS. IN WINTERSWIJK hadden we de pannen van het dak gespeeld. Weliswaar zouden die pannen morgenavond als gebruikelijk weer op hun vaste plek liggen, maar dat deed er niet toe. We konden niet kapot.

Ik liep de slaapkamer van Splinter en Storm in om hun een voorzichtig kusje te geven.

De gordijnen hingen op een kier.

Waren de jongens stiekem uit bed gekomen om naar buiten te kijken? Zoiets kon ik alleszins billijken. Ik wilde hun gordijnen stilletjes dichtdoen en zou er morgen met geen woord over reppen.

Bij de balkondeuren gekomen deed ik de slaapkamergordijnen verder open en tuurde naar de nachthemel. Al kon ik geen planeet zien, toch zag ik de planeten. Saturnus, de ijdelste van het stel, keek niet op of om: die had het druk met zichzelf en speelde met de buitenste ringen.

Achter me hoorde ik een geruis alsof een dekbed verschoof, of een jongenslijf onder het dekbed. Waren de kleintjes wakker, of een van hen?

Jupiter, zag ik, de grootste van het stel, had het tamelijk hoog in de bol en waande zich verheven boven het grut dichter bij de zon.

Opnieuw klonk er geritsel achter me en ik draaide me om; maar het was te donker in de kamer om iets te kunnen onderscheiden.

'Jongens, zijn jullie wakker?'

Er volgde geen antwoord en ik herhaalde mijn vraag niet, uit angst een van hen alsnog te zullen wekken, maar keek met een vaag schuldgevoel naar buiten; alsof ik het uitspansel, hoe kort ook, in de steek had gelaten.

Pluto, hekkensluiter, hing er zo'n beetje bij. Die dekte de achterhoede en telde niet echt mee. Aan hem hadden de anderen een broertje dood.

'Zie je, jongens,' zei ik tegen Splinter en Storm, 'wat zich buiten afspeelt?'

Best mogelijk dat ze me uit het raam hadden zien koekeloeren – Wat zag papa toch in dat heelal? Wilde hij er soms in opgaan? –, maar inmiddels waren ze weer diep in slaap. Morgen moesten ze vroeg op en weer naar school. Begrijpelijk dat de lotgevallen van Venus en Uranus je 's nachts dan minder bezighielden.

Ik trok de gordijnen dicht, sloop naar onze slaapkamer en schoof zo stil mogelijk in bed in de hoop dat Yolanda sliep en zou blijven slapen.

Er kwam enige beweging in het dekbed naast me. 'Hoe ging 't?' klonk het fluisterend.

Ik hield mijn adem in. Met een beetje geluk sliep ze door.

'Hoe was 't vanavond, jullie voorstelling?'

'Een uitverkocht huis,' fluisterde ik, 'met een ovatie tot besluit, en bloemen toe.'

'Wat fijn voor jullie.'

'Ik heb de bloemen meegenomen. Ook het boeket van Martin. Die geeft niks om bloemen, zei hij, en gaf ze aan me mee. Ik heb beneden alles in het water gezet, in een vaas.'

Ik nam bijna nooit boeketten mee naar huis. Die bloemen gooide ik tijdens een staande ovatie met een zwaai de zaal in. Tot we op een avond ten overstaan van het publiek een fles wijn kregen uitgereikt.

'Is de vaas nog heel?' hoorde ik naast me fluisteren.

Ik boog me over haar heen. Ze lag op haar zij en ik kuste haar zacht op haar slaap.

Die vaas leeft nog, dacht ik.

De vaas wel.

Vroeg in de ochtend schrok ik wakker van de meeuwen. Die waren weer eens in alle staten, de druktemakers. Wat deden die jongens eigenlijk voor de kost?

Het bed naast me was leeg. Yolanda stond iedere werkdag om halfzeven op om te ontbijten en op tijd de deur uit te gaan. Ik had haar niet horen vertrekken, noch de jongens naar school horen gaan.

Waarom was het zo laat geworden vannacht? O ja, ik was op kousenvoeten de kamer van de kleintjes binnengelopen om naar de nachthemel te turen. En wat had dat opgeleverd? Er was iets met de planeten geweest, maar ik kon er niet op komen wat. Al met al maakte ik me heel wat drukker om het heelal dan dat het heelal zich bekommerde om mij. Moest ik overwegen om een stapje terug te doen? Je diende wel een beetje je plaats te weten. Was je als maan geboren, dan werd je nooit een ster.

Eenmaal beneden gekomen, in de keuken, dacht ik lange tijd dat ik nog sliep.

Straks, om kwart voor drie, ging de basisschool uit en kon ik de kinderen van het schoolplein ophalen. Was het maar vast zover.

—

We zaten in een landgoedhotel niet ver van Zutphen, al moest je de afstand tot de stadskern niet hoeven lopen. Na het optreden parkeerden we tegen halftwaalf tussen de eeuwenoude eiken voor de hotelgevel.

'Kom,' zei Martin, ' we gaan naar de bar. Met een beetje mazzel is-ie nog open, voordat ze 'm dichtgooien. Kinderbedtijd.'

'Ik kom eraan,' zei ik.

'Prima,' zei Ronald, 'maar doe je dat dan ook?'

In de avondkoelte luisterde ik naar wat de vogels die nog wakker waren te vertellen hadden. Dat was nogal wat: ze raakten niet uitgepraat.

Toen ik de hotelbar in liep stapten Ronald en Martin juist op. 'Waar bleef je nou? Ze gaan sluiten.'

Het duurde lang voordat ik insliep en bij het eerste prille licht werd ik wakker. De vogels gingen door met waar ze gebleven waren. Ondanks het vroege uur kleedde ik me aan, liep het bijgebouw uit waar we sliepen en stapte het gazon op. Verreweg het meeste ontging me van wat de vogels bedoelden en toch bleef ik geboeid staan luisteren. Wie weet werd het nog eens wat tussen de vogels en mij.

Tegen zeven uur, volop licht, vielen ze als op afroep plotseling stil. Toch bleef ik op het gazon staan, benieuwd naar wat er in ze gevaren was of wat ze met stomheid had geslagen.

Om halfacht zwaaide op de eerste verdieping een raam open.

'Waar blijf je?' riep Martin. 'We gaan zo ontbijten. Straks mis je dat ook nog, na ons afzakkertje gisteravond aan de bar.'

Het gezamenlijke ontbijt duurde maar kort.

'Jongens, als jullie het niet erg vinden,' zei Ronald, 'rij ik vast weg. Apeldoorn vanavond. Paul is er om halfelf, die doet de deur open zodra ik hem bel dat ik er ben. Ik moet een script afmaken, televisiewerk.' Hij lag nog op schema, maar om dat zo te houden moest-ie subiet aan de slag. 'Goed, zie ik jullie daar, jongens.'

Kort daarop vertrok ook Martin. 'Ik rij wat rond door de omgeving, voor de column morgen. Die schrijf ik straks in de kleedkamer. Jij redt je wel, hè? Zie ik je vanmiddag in De Gigant.'

Hij vouwde *De Telegraaf* dicht die hij had zitten lezen en schoof 'm opzij.

'Staat er wat in?' zei ik.

'Nee,' zei Martin. 'Niks.'

En weg was-ie.

Ik haalde koffie bij de automaat, schoof *De Telegraaf* naar me toe, grasduinde erdoorheen en stond oog in oog met mezelf, dat wil zeggen: een foto van me die zowat de halve pagina in beslag nam. Ik mocht me geregeld verheugen in de gunst van het ochtendblad, maar dit neigde naar overdrijving. Zou de niet te missen portretfoto aan Martins aandacht zijn ontsnapt? Het kon, maar erg waarschijnlijk leek het niet. Die Martin. Daar moest ik het in Apeldoorn toch eens met hem over hebben. Of niet.

Een halfuurtje later checkte ik uit, borg mijn koffer in de achterbak en bewoog het kofferdeksel omlaag, dat met een droge klik sloot. Apeldoorn wenkte.

Bleef de vraag waarom de vogels plotseling waren stilgevallen.

45

ALLE JAREN DAT WE GEDRIEËN LANGS DE THEATERS TROKKEN was het pais en vree tussen ons, en dientengevolge feest. Zelden viel er een onvertogen woord.

Op een hoogst enkele uitzondering na.

In Wormerveer traden we bij gebrek aan een theater op in de protestantse kerk. Martin en Ronald vanaf de kerkplavuizen; ik vanaf de kansel, zo'n drie meter boven de bezoekers, wat me uitstekend beviel.

'Bart, jongen, je doet jezelf tekort,' zei Ronald in de pauze op gedempte toon tegen me. Dankzij een brede kerkpilaar bleven we uit het zicht van het publiek. 'Je moet zachter praten. Dit is een kerk, hè, je reinste galmbak. Je helpt je eigen teksten om zeep, de mensen kunnen je haast niet verstaan. Zelfs wij niet, en wij kennen je teksten inmiddels heel aardig. Word jij ziek, nemen wij het van je over. Ik heb al op je geoefend en zet volgens Martin een hele overtuigende "Bart Chabot" neer. Leuk om te doen ook. Nog even oefenen en we hebben je niet meer nodig. Dus de tweede helft, na de pauze... Zacht. Geloof me, dat komt je bijdrage ten goede. Als jij denkt dat je fluistert, zit je een end in de goeie richting. Goed, we moeten op. Dus? Zacht.'

Na afloop bleek mijn fluistercampagne niet helemaal naar wens te zijn verlopen.

'Godsamme! Wat zei ik je nou?! Záchter! En wat doe jij? Je zet een tandje bij en loeit en brult en toetert door dat godvergeten kerkgebouw als een misthoorn van een schip in nood, op volle zee. Begrijp jij het, Martin?'

Martin schudde van nee. Wat bezielde me? Kon ik dat eens uitleggen?

'Ik geloof,' zei Ronald, 'dat ik weet hoe het bij Bart werkt, Martin. Als je iets van hem wilt, moet je het tegenovergestelde aan hem vragen. Dus wil je dat-ie zacht spreekt, dan moet je zeggen: "Wat harder joh, het publiek kan je zo onmogelijk verstaan. Hárder!" Dan weet je zeker dat-ie gaat fluisteren. Zo werkt dat bij hem.'

'Je hoort het, Bart,' zei Martin. 'Doe er je voordeel mee.'

'Nee,' zei Ronald, 'als je dat wilt, Martin, moet je juist tegen 'm zeggen: "Laat maar waaien, Bart." Alleen dan heb je een kans dat-ie... Begrijp je?'

Een kerkelijke stilte maakte haar rentree in het godshuis.

'Dus als we na afloop van een voorstelling onverwachts weer eens een fles wijn krijgen,' zei Ronald, 'dan betekent dat voor jou, Bart, dat je 'm onverwijld de zaal in slingert. Levensgevaarlijk? Welnee. Er zit altijd wel iemand in het publiek die jaren rugby heeft gespeeld en die fles *hatss* uit de lucht plukt, just like that.'

'Appeltje-eitje,' zei Martin.

'Vat je 'm, Bart? Goed onthouden. Als we tijdens het slotapplaus een fles beaujolais krijgen uitgereikt of een plaatselijk gestookte kruidenlikeur, jij en ik, dan houden we die. Wat in jouw geval wil zeggen, Bart, dat jij je fles met een sierlijke boog de zaal in werpt. Heb je dat?'

'En Martin dan?'

'Martin blijft gewoon doen wat-ie altijd doet, of het nou een boeket bloemen is of wijn. Die loopt onder daverend applaus naar voren en overhandigt de bloemen of de fles aan de aantrekkelijkste bezoekster op de eerste of tweede rij.'

'Vinden jullie het heel erg,' zei Martin, 'dat ik vast naar huis rijd, jongens? Ik heb hier even geen geduld meer voor.'

46

IN DEN HELDER KWAM ER EEN KLEINE KINK IN DE KABEL.

‘Welkom,’ begroette de gastvrouw-van-dienst ons. ‘Leuk jullie te mogen ontvangen, voor het laatst.’

‘Voor het laatst?’

‘Dit theater gaat tegen de grond. Zeg nou zelf, het kán toch niet meer, deze ouwe meuk. We krijgen een gloednieuw theater, aan de haven. Het gaat even duren, maar... Als jullie terugkomen, komen jullie niet hier terug.’

Ze keek ongerust op haar horloge, alsof de voorgenomen sloop elk moment ter hand kon worden genomen.

‘Fijne voorstelling,’ zei ze, en weg was ze.

Na afloop zouden we signeren in de foyer.

'Pap,' zei Maurits, die mee was, 'heb je geen zin in signeren, dat je zo zit te treuzelen? Weet je wat, ik ga even kijken hoe de vlag erbij hangt.'

In een ommezien was Maurits terug in de kleedkamer.

'Ronald en Martin signeren het ene na het andere boek. Ook van jou. Maar daar krijgen ze genoeg van. Je moet nu echt komen, pap. Hun geduld raakt op.'

In het trappenhuis liep ik Martin tegen het lijf.

'Ja, het is goed met je. Je laat ons gewoon stikken, voor de zoveelste keer. Ronald en ik hebben je zelfs een peperdure vulpen cadeau gedaan, in de hoop dat je dan misschien wél genegen zou zijn om... Maar nee, hoor. Meneer verdomt het gewoon. Sodemieter op, zeg. Jij maakt overal een potje van. En dat terwijl we zelfs je zoon op je afsturen om je tevoorschijn te toveren.'

'Ach,' zei Ronald, die ik in de foyer aantrof, 'Martin trekt wel bij. Maar dit moet je ons niet nog eens flikken. We doen deze show met z'n drieën en daar hoort het signeren-na-afloop bij. Lever ons dit geintje niet nog eens. Martin is het zat, en ik ook.'

Ronald keek Mau aan. 'En jij, Maurits, als je vader het weer eens op zijn heupen krijgt... Jij bent mijn getuige, hè?'

'Ach jongen,' zei Martin de volgende ochtend, 'het is goed. Mijn pech is, ik kan nooit lang boos op je blijven. Dat komt door het kind in je dat me levensgroot aanstaart. Maar de grens is bereikt. Nog een keer zo'n streek en het houdt op. Lopen wij na afloop de bühne af, dan loop jij met ons mee. Sterker, jij loopt voortaan voorop, voor ons uit. Kunnen wij je in de gaten houden.

En dan te bedenken... Jij hebt geen idee hoeveel publiek zich voor je meldt. En wij maar pappen en nathouden. "Ja, Bart, ja, leuk hè, ja. Hij komt er zo aan, hoor. Hij moet alleen zijn schoenveters nog strikken. Dat lukt hem sinds kort zelf. En hij kan ook al eten zonder op zijn slabber te morsen. Laatst was een van zijn zoons mee, Maurits, van veertien. Bart was verreweg het grootste kind."'

Maar bij die kleine kink in de kabel in Den Helder bleef het.

Afgezien dan van het krasje dat we opliepen in Hardenberg, tegen de Duitse grens.

'Heren,' zei Paul in de kleedkamer, 'is u er klaar voor? We gaan beginnen. Sloop ze, hè, het publiek. Ze zijn er rijp voor. Goed, ga ik vast naar voren. Toitoitoi.'

Ik had mijn avond. Dat noopte me om eens extra uit te pakken.

'Wat hadden we nou afgesproken laatst,' zei Ronald tijdens de pauze in de kleedkamer. 'Je zou je aan je tekst houden, net als wij, en niet over van alles en nog wat uitweiden, al dan niet daartoe aangespoord door het enthousiasme van het publiek. Sorry dat ik het zeg, maar je duurde veel te lang.'

Ronald wierp een blik op de kleedkamerklok boven de wastafel. Martin zei niets en rommelde door zijn spullen zonder te vinden wat hij zocht.

'Toegegeven, het publiek eet uit je hand,' vervolgde Ronald, 'en dat is je van harte gegund, maar de zaal heeft een houten kont van het langdurig zitten.'

Ik zei niks. Wat Martin kon, kon ik ook, daarvoor hoefde ik niet eens door mijn spullen te gaan.

'Dus ik duurde te lang,' zei ik. 'Vind jij.'

'Dat vind ik niet alleen, hoor. Maar voor het gemak, Bartus... Ja, dat vind ik. Twintig minuten te lang.'

'Voor de pauze,' zei ik, 'heb jij dat stuk over de euthanasie van je moeder.'

Het was een aangrijpend fragment waarmee Ronald de zalen muisstil kreeg.

'Dat duurt ook een kwartier,' zei ik. 'Dan gooi je dat er toch uit? Dan zijn we er ook.'

Zonder iets te zeggen staarde Ronald me luttele ogenblikken aan, draaide zich toen om en verliet de kleedkamer.

Nu zei Martin wel iets. Het betrof geen ode aan mijn adres.

'We hebben het er na afloop over,' zei Martin. 'Maar vanaf nu hou je je aan je tekst en je weidt niet uit. Helder? Laat ik het niet merken of ik doe je wat, Chabot.'

Na een stormachtig slotapplaus wandelde ik terug naar de kleedkamers. Haast had ik niet; ik bleef in een hotel overnachten. Toen ik bij de kleedruimtes kwam, stond Martin op het punt te vertrekken. Zijn gelaatsuitdrukking herinnerde in niets aan het applaus dat ons zo-even ten deel was gevallen.

'Ik ben ervandoor,' zei hij. 'Ik bel je nog.'

'Waar is Ronald?'

'Tja, waar zou die zijn? Die is al naar huis. Ik bel je zo, als ik op de grote weg zit. Doe me één lol en neem aan, ja? Wij hebben wat te bespreken, jij en ik, dus neem vooral aan. Niet vergeten. Daar doe je jezelf ook een groot plezier mee. O jongen, jij weet het aardig te verpesten, hè.'

Met die woorden verliet hij de kleedkamer. Ik luisterde naar zijn wegstervende voetstappen. Nee, hij bedacht zich niet, en keerde niet terug.

Terwijl ik mijn spullen inpakte liep Paul de kleedkamer in. 'Ik ga zo. Ik sla de nazit over, if you don't mind. Het was jouw avond, hè. Ze vraten je op. Maar vergis ik me of waren de twee heren danig uit hun hum? Als je straks op je hotelkamer bent zou ik ze even bellen, dat helpt allicht. Goed, waar staan we overmorgen? Terneuzen. Zie je in Terneuzen. En bel de heren, hè. Er vallen een paar plooien glad te strijken.'

Ik zat op de rand van het bed toen mijn mobiel ging.

'Wat denk jij wel niet?' zei Martin. 'Terecht zegt Ronald in de pauze dat je weer eens veel te lang duurde door alle zijpaden die je insloeg, en wat is jouw reactie?'

Ik was het niet helemaal met Martin oneens en dat zei ik hem ook.

'Godzijdank. Je hebt het zelf niet in de gaten, maar je brengt onze tournee in gevaar met zulk gedrag en daar pas ik voor. Stapt Ronald eruit, dan stap ik er ook uit.'

Gelet op Martins stemming leek het me verstandig mijn reactie kort en praktisch te houden.

'Dus?'

'Luister goed. Ronald is pislink, al laat-ie niks merken. Ik heb 'm net gebeld vanuit de auto. "Ach, je kent Bart toch?" probeerde ik je wangedrag te vergoelijken. "Je weet toch hoe-ie in elkaar zit, krom als een hoepel?" Nou, voor een dergelijk argument bleek Ronald niet gevoelig. Je hebt je hand danig overspeeld. Ik acht de kans niet uitgesloten dat Ronald morgenmiddag George belt met de mededeling dat hij het voor gezien houdt, de tournee. In dat stadium zitten we, vrees ik, dankzij jouw gewaardeerde bijdrage. Lang verhaal kort: jij belt nu Ronald. In zijn auto. Nu.'

'En wat ga ik hem zeggen? Zo te horen heb je daar ook enig idee over.'

'Wat jij gaat doen, Chabot... Door het stof. Zo indringend verwoord dat Ronald zich zowaar bedenkt. Nogmaals, haakt Ronald af, dan haak ik ook af. Is de bühne helemaal voor jou. Kun je je gang gaan en je lekker uitleven, non-stop, zonder dat een van ons jou onderbreekt. Niet dat er dan nog een hond komt opdagen, maar... The floor is yours. Eens kijken hoe lang George je daartoe in de gelegenheid stelt. Ik schat een week of twee.'

'Nooit geweten dat jij zo aan touren hechtte, Martin.'

'Als je wilt kan ik nog een paar voorbeelden oplepelen van wat jou tijdens de tournee is ontgaan. Ter zake. Ik leg je nu neer en jij belt Ronald. Ik geef je twintig minuten. Dan bel ik Ronald om te horen hoe het bij hem is overgekomen.'

Ik wachtte vijf minuten en toetste toen Ronalds nummer in.

'Ronaldo, met mij.'

'Kijk eens aan. En wat verschaft me de eer?'

'Wat een avond, hè,' zei ik, 'Hardenberg.'

'Op welk specifiek deel van de avond doel je precies?' zei Ronald.

Ik kon Martin horen meeluisteren. Als ik niet vlot 'ter zake' kwam, greep-ie in.

'Over je moeder...' zei ik.

'Wat wilde je over mijn moeder aan me kwijt?'

'Dat had ik niet mogen zeggen, "Gooi dat stuk over je moeder eruit, dan zijn we er ook, qua tijd".'

Het bleef stil in Ronalds auto. Ik luisterde naar het snelweggeruis op de achtergrond.

'Kortom, mijn excuses. Ik begrijp zelf niet waar het vandaan kwam. Het was onder de gordel. Sorry.'

'Ach,' zei Ronald na een korte adempauze die lang duurde, 'ik laat me ook weleens iets ontvallen wat ik achteraf betreur.'

'Ja?' zei ik.

Er gloorde hoop. Wie weet stonden we straks weer op goede voet.

'Zeker,' zei Ronald. 'Alleen overkomt me dat iets minder vaak dan jou.'

Opnieuw wilde ik zeggen dat het me speet, maar Ronald onderbrak me.

'Het is goed, Bartus. We hebben het er nog wel over. En nu ga ik je hangen. Ik draai mijn straat in en ben bijna thuis.'

'En?' vroeg Martin een kwartiertje later.

'We leven nog,' zei ik.

'Dat was je geraden ook. Soms, heel soms, begrijp ik die ouders van je ergens wel.'

Bij die kleine kink en dat krasje bleef het.

Als je jaren met elkaar op tournee was hoorden dergelijke alledaagse ergernissen erbij. Zulke barstjes in het houtwerk lieten zich gemakkelijk overschilderen. We leerden leven met elkaar en met elkaars kleine onhebbelijkheden. Wekenlang zagen we elkaar soms vaker dan ons eigen gezin. Hadden we überhaupt gezinnen? Dankzij het intensieve touren kon je zomaar menen van niet. Een 'helletocht' zou Ronald onze rondgang achteraf noemen.

Terwijl de gezichten in de zaal al vervaagden bij het verlaten van schouwburg en theater, trok de karavaan verder, door stad en land, als een rock-'n-rollband die het zonder gitaar, bas en drums kon stellen. Eén voor allen, allen voor één. En mocht een van ons van het rechte pad raken, dan hield Ronald ons bij de les. Hij hield het schip op koers en stuurde waar nodig bij om klippen en zandbanken te omzeilen. Het succes dat we oogstten vergrootte het plezier nog. We snelden een glorieuze toekomst tegemoet, ook al lag deze grotendeels achter ons.

'Jongens,' zei Martin op een avond, 'dat optreden hoeft voor mij niet eens. Die teksten kan ik dromen en hoe het publiek erop reageert ook. Maar dit, met jullie on the road, reizen... Kunnen we niet virtueel touren? We zeggen thuis dat we aan een nieuwe tournee beginnen, en we gaan ook naar de theaters, om halfvijf, even "Hallo" zeggen, en daarna gaan we uit eten in het beste restaurant van de stad. Wat zeggen jullie ervan?'

Een uitstekend idee. De tournees hadden onze vriendschap gestaald. We waren onverbrekelijk met elkaar verbonden. Daar kon niets tussenkomen, zelfs niet als het uur zou aanbreken dat een scheur in het houtwerk zich minder makkelijk liet overschilderen en het erom spande.

Wij overleefden alles.

Kwam de dag dat we in Gorredijk optraden.

47

DE TRIP BEGON PLEZIERIG GENOEG.

'Luister,' had Martin aangekondigd, 'Gorredijk komt eraan. Een Fries dorp. Daar heb ik als kind ooit een blauwe maandag in de buurt gewoond. Ik ging er ook naar school. Je hebt er een landgoedhotel, Lauswolt, daar heb ik kamers voor jou en mij geboekt. Ronald rijdt 's avonds terug naar huis. Een landgoed. Met een eigen golfcourse.'

'Ik golf niet.'

'Nee, natuurlijk niet. Ik ook niet. Maar de luxe daar, die mogen we onszelf best eens gunnen. Het hotel heeft een zwembad. Of doe je dat ook niet, zwemmen?'

'Ik woon al mijn hele leven aan zee.'

'Dat bedoel ik,' zei Martin. 'Zwembroek mee. Eentje zonder gaten.'

Toen we halverwege de middag incheckten, nadat ik mijn gebutste Chrysler Voyager tussen een witte Ferrari en een smetteloos lichtgrijze Bentley had geparkeerd, werd ons verzocht het gastenboek te tekenen – 'Wat een plezier u beiden te mogen ontvangen, heren. We hadden al gehoopt dat het om u ging toen we de achternamen lazen. Komt u verder, heren' – en kregen we thee op het gazon aangeboden. De zwembroeken bleven vooralsnog in de koffer.

We zaten in de schaduw van een appelboom. Om ons heen werd met net iets te luide stem gesproken over beursgenoteerde bedrijven en tegenvallende koerswinsten. Het was windstil en de vlaggen op de golfbaan hingen slap. Er lagen appeltjes in het gras, dus we zaten hier echt.

Het bleef lange tijd stil tussen Martin en mij zonder dat die stilte ons bezwaarde.

Ooit was in dit hotel een kabinet in elkaar geknutseld, eentje van paarse signatuur, maar daar merkte je niets meer van en het kabinet leefde zo goed als vergeten voort.

Een briesje stak op, maar de hitte werd er niet minder om. De stilte tussen Martin en mij verdiepte zich nog. Zo weinig spraakzaam had ik Martin zelden meegemaakt. Ik vroeg me af of ons hoteluitje een vergissing was. Waarom had hij me meegetroond, en kreeg hij daar nu soms spijt van?

Martin wenkte een serveerster en vroeg om een glas wijn.

De schaduwen werden langer.

'Kijk,' zei Martin, 'zie je dat?' Hij wees naar een vogel die boven de golfbaan een trage bocht beschreef.

'Een ooievaar,' zei Martin. 'Nieuw leven.'

Het deed me aan mijn kinderen denken, die ik plotseling miste. Volgens hen was ik een stuk ouder geworden de laatste tijd.

'Kom,' zei Martin toch nog onverwachts. 'We moeten gaan. We kunnen Ronald niet op ons laten wachten.'

'Alles naar wens geweest?' vroeg de serveerster.

We traden uit de schaduw van de appelboom, maar het werd niet veel lichter om ons heen.

We liepen de hal van het hotel in. 'Alles naar wens, heren?' informeerde een receptiemedewerker.

'Ik wilde graag afrekenen,' zei Martin.

'U zat aan het tafeltje onder de appelboom?'

Dat waren wij.

Tegen zessen kwamen we in Gorredijk en stopten voor theater De Skâns, een gebouw dat ook werd gebruikt voor sportdoeleinden en waarin een huisartsenpost was gevestigd.

Verderop sleutelden jongens aan een scooter, dronken blikjes bier en rookten.

Martin pakte zijn krat en kledingzak en liep naar binnen.

Voor de ramen hingen gordijnen die niet goed sloten en door een spleet kon ik de zaal zien. Of het zaaltje. Twee kroonluchters prijkten boven het toneel. Vanaf het podium hield je zicht op een klok boven de uitgang die aangaf hoe lang je optreden duurde terwijl je bezig was.

We aten in café De Roos, tegenover het theater. We leefden als de pest. Maar leefden we ook?

Een halfuur voor aanvang zat de zaal mudvol en was er een tekort aan stoelen. De laatkomers moesten staan. Het was Martins avond; het publiek kwam voor hem. Na afloop toonde hij zich opgelucht dat de voorstelling achter de rug was.

Buiten scharrelde het donker rond. De groep jongens rond de scooter was gegroeid. Twee meisjes kwamen aangeslenterd. Ze kregen een sigaret en een blik bier. De minst populaire van de jongens moest patat halen.

'Heb je je zwembroek bij je?' vroeg Martin in de hotelbar. Hij nam zijn glas mee naar buiten en stak een sigaar op. Maar al na een paar trekken wierp hij de sigaar tussen de struiken voor de gevel. In de hal gaf hij te kennen moe te zijn en te willen slapen.

'Morgenochtend. Halfacht. Zwemmen. Ik bel je, anders slaap je door de wekker heen.'

Ik lag lang wakker. Waarom deze trip? Daar moest ik Martin aan het ontbijt toch eens naar vragen.

'Bart?' klonk Martins stem 's ochtends door de telefoon. 'Kwart over zeven. Zie je zo, bij het zwembad.'

Je kon van binnen naar buiten zwemmen, de open lucht tegemoet, en weer terug. Ik kon er geen genoeg van krijgen. Lang dreef ik op mijn rug, starend naar de Friese lucht. Na een tijdje oordeelde Martin dat het mooi was geweest. We dienden te ontbijten; hij moest zijn column voor morgen straks schrijven en hij had nog niks.

'Jij leeft voor die tournee,' zei Martin terwijl hij roomboter op zijn roombotercroissant smeerde. 'Ronald en ik doen die tournee tussen alle andere bedrijven door. Dat is het verschil.'

'Zou het, Martin?'

'Ja. Jij treedt overal op en daarnaast doe je ook nog tv-werk... Leuk en aardig, maar... Jij schrijft te weinig.'

'Zou je denken?'

'Ik heb het er opnieuw met Ronald over gehad. Jij denkt dat je overal mee wegkomt. Daar vergis je je in. Jij houdt je van de domme. Maar daar trappen wij niet in.'

Hij ging er eens goed voor zitten.

'Je moet aan het proza. Nu verschuil je je nog achter je gedichten. Poëzie, dat leest niemand, dus kun je ongebreideld je gang gaan. Proza. Dat lezen de mensen; en dat begrijpt iedereen, proza. Je mag je niet langer verschuilen. Jij denkt overal tussenuit te kunnen knijpen. En dat is ook zo; maar tot op zekere hoogte.

Het wordt hoog tijd dat je eens echt aan het werk gaat. Straks is het te laat. Je gaat me toch niet wijsmaken dat je de geschiedenis in wil als "de biograaf van Herman Brood", is 't wel? Dat dacht ik ook. Aan de slag.'

Oh, by the way,' zei Martin. 'Van de week sprak ik De Bezige Bij. Ze willen je terug. Of ze je kunnen bellen.'

'Heb je me daarvoor mee naar dit hotel genomen, om me dat te vertellen?'

'Nee,' zei Martin.

'Waarom dan wel?'

—

We hadden gezwommen en ontbeten, alles naar tevredenheid; nu stonden we bij onze auto's op de oprijlaan.

'Bart, rij achter me aan,' zei Martin en stapte in. 'Ik wil je iets laten zien.'

Hij zei niet wat hij me wilde laten zien en ik kon hem er niet naar vragen: zijn autoportier sloeg dicht. Martin had geen tijd voor gebbegeintjes. Ik kon maar beter opschieten, hij reed al achteruit.

Aan het einde van de lommerrijke oprijlaan sloeg Martin rechts af, de provinciale weg op. Het was stil op de weg, alsof autoverkeer deze weg meed. We passeerden de villa's Vianen en De Horsten: de laatste stond te koop. Wat kilometers verderop, bij Olterterp, gaf Martin aan dat we linksaf gingen. De bomen weken iets opzij om ruimte te maken en we reden een smal, onverhard pad op dat Martin tegen zijn natuur in dwong tot stapvoets rijden.

Verderop in het bos sloeg het pad scherp links af. Niet lang daarna stopte Martin. Midden in het bos stonden we oog in oog met een kerkje en een kerkhof. Het hek was open. Een houten bruggetje leidde over een drooggevallen sloot. We liepen over de brug het kerkje en de grijze zerken tegemoet. Tussen twee rijen zerken lag een rij die minder druk werd bevolkt: met twee grafstenen was het bekeken.

'Hier kom ik te liggen,' zei Martin.

Ik luisterde naar de vogels en misschien deed Martin dat ook.

'Dat moet lukken, Martin,' zei ik. 'Aan ruimte geen gebrek.'

De eiken, essen en beuken stonden hoog en dicht op elkaar in een kring: als je van het bestaan van het kerkje niet wist lieten kerk en kerkhof zich lastig vinden.

We namen plaats op het enige bankje dat er was. Je kon menen dat het lang geleden was dat er iemand op had gezeten.

De zon legde een hand op de kerkmuur en beroerde de zerken; maar die bewogen niet en de doden lieten zich niet tot een vreugde- of rondedansje verleiden. Daar was meer voor nodig dan aangeraakt te worden door de zon.

Vooralsnog hadden Martin en ik hier weinig te zoeken en dat vertelde ik hem ook, in de hoop dat hij me alsnog duidelijkheid omtrent onze trip zou verschaffen.

'Jij misschien niet, nee,' zei Martin.

Ik wachtte op een toelichting, maar die bleef achterwege. Wat ging er in hem om?

'Hoe bedoel je, "Hier kom ik te liggen"?'

'Mijn vader heeft hier een concessie genomen. De familie Bril gaat hier de grond in, althans wie van ons dat wil; en vooropgesteld dat mijn vader zich niet bedenkt. Je moet zo'n concessie om de zoveel jaar verlengen, en bijbetalen. Vind je het geen fraaie plek? Veel beter dan dit wordt het niet.'

Daar liet hij het bij. Het was aan de natuur om iets aan de stilte te doen.

De bomen kenden het ondergrondse deel van het kerkhof dankzij hun wortels op hun duimpje. Tegelijkertijd kenden ze hun plaats en lieten degenen die rustten ongemoeid.

Martin was net zo weinig spraakzaam als een dag eerder op het gazon van Lauswolt. Toch maakte hij geen aanstalten om op te stappen. Als we hier maar lang genoeg bleven zitten, vergroeiden we vanzelf met de bank en wie weet waar dat toe leidde.

Ik wilde hem niet vragen waarom hij me liet zien waar hij begraven zou worden en op welke plek hij kwam te liggen. Voorvoelde hij iets? En zo ja, wat? Wat bevroedde Martin, waarvan hij me hier en nu geen deelgenoot wenste te maken? Maar ik oordeelde het te bruusk om hem ernaar te vragen. Wilde hij meer aan me kwijt, dan had hij daartoe geen aansporing nodig.

'Je kunt het slechter treffen,' zei ik, 'dan hier terechtkomen. Je hebt er die het met minder moeten doen.'

Martin grijnsde, dus hij had me verstaan.

Ten slotte, na zo'n drie kwartier, stonden we op. Martin trok zijn handschoenen aan. Toen we wegliepen knarste het grind op het kerkhofpaadje vervaarlijk onder onze schoenen, alsof de kerk en de begraafplaats ons met tegenzin lieten gaan en hoopten dat we ons zouden bedenken.

We namen afscheid. Martin, gehaast plotseling; hij wilde terug naar Amsterdam, zijn column riep. Pas in de auto herinnerde ik me dat Martin in Baarn, anderhalf jaar eerder, een lunchpauze op de begraafplaats naast het theater had doorgebracht. En nu bij Olterterp...

In plaats van in mijn auto te stappen, Martins voorbeeld te volgen en te vertrekken, stapte ik uit, sloeg het portier dicht, wandelde terug naar het kerkje en nam opnieuw plaats op de bank.

Het was stil, erg stil op het kerkhof. Ik vroeg me af of Martin deze zelfde kerkhofstilte had ervaren tijdens zijn bezoekje aan de Baarnse begraafplaats. Martin voorvoelde iets; misschien had hij me daarom meegetroond. Maar tegen wat hij voorvoelde kon ik hem niet beschermen.

Na een poosje kwam de zon me gedag zeggen.

—

De volgende dag belt Martin. 'Hoe is het?' Hij klinkt een stuk enthousiaster. 'Zaterdag Sittard. Heb je d'r een beetje zin in?'

Ik vertel hem dat ik gisteren na ons kerkhofbezoekje naar Moskou ben gereden, en in Amerika was, en dat binnen de twee uur.

'Wat?!'

'Moskou,' zeg ik, 'is een weg aan een vaart, die door bos en langs weiland loopt, de Moskouwei, hemelsbreed niet ver van Olterterp, waar jij komt te rusten. Ik verzin het niet, ik stuitte op het straatnaambordje Moskou. Ertegenover heb je Petersburg: zo heet de weg aan de andere kant van de vaart. Amerika ligt een stukje verderop, richting Roden. Een lange rechte weg met af en toe een hoeve die verdwaald lijkt in het landschap. Voorts maisvelden, aardappelteelt, paarden, schapen en koeien. Veel koeien. Na een kilometer of twee slaat Amerika plotseling links af...'

'En dat vertel je me nu pas?!' zegt Martin.

'... op gezette tijden, om jou een plezier te doen, voorzien van een overbodige rotonde waar jij je ongenadig aan kunt ergeren.'

'Waarom heb je me niet gebeld?'

'Ik had ook nog naar Egypte gewild, iets zuidelijker in Drenthe, maar dat heb ik niet gehaald, daar was geen tijd meer voor.'

48

DE PROLONGATIES VAN ONZE VOORSTELLING WAREN BIJNA voorbij, toen het Literatuurmuseum contact met ons zocht. Of we een tentoonstelling over onze show wilden samenstellen.

Martin en ik zagen er de lol van; Ronald toonde zich gereserveerder.

'En wat gaan we dan tentoonstellen?' zei hij. 'Onszelf?'

We kregen de vrije hand. Zo werden onze kleedkamers nagebouwd, inclusief de wastafels met geel uitgeslagen plekken in het emaille en uitgedrukte sigarettenpeuken.

'Wat zeg je ervan, Ronaldo?' zei ik na afloop van de drukbezochte opening van *Giphart & Chabot, met bril – de Expo*.

Ronald hield zich op de vlakte over wat hij ervan vond.

'Brighten up, jongen,' zei ik. 'Normaal gesproken moet je eerst overlijden voordat je in een museum komt te hangen.'

'Dat bedoel ik,' zei Ronald. 'Nou, we merken vanzelf wie van ons dit hoogtepunt zal moeten bezuren.'

Ons tweede programma liep nog beter dan gedacht. We waren vrijwel overal uitverkocht en geen optreden eindigde zonder een staande ovatie, die vaak onwerkelijk lang aanhield.

We werden graag geziene gasten op de televisie en gaven het ene na het andere kranteninterview.

'Jongens,' zei George, 'ik boek in één moeite door de prolongaties voor volgend seizoen, met jullie goedvinden. Ik schat dat ik jullie zeker honderdvijftig keer kan wegzetten, als het niet vaker is.'

Maar die prolongaties zouden we nooit halen.

Het begon in theater De Kampanje in Den Helder. Beter gezegd: na Den Helder. Na afloop en na ons foyerbezoek stapten we in de auto en reden in konvooi de stad uit. Martin toonde zich nog ongeduldiger dan gebruikelijk: al vrij snel gaf hij een dot gas en kogelde ons toeterend voorbij.

Mijn mobiel ging.

'Godsamme,' zei Ronald.

Ik wierp een snelle blik op de bomenhaag langs beide kanten van de provinciale weg. Het kostte geen moeite te begrijpen waar hij op doelde.

'Dit kan zo niet langer,' zei Ronald. 'Nu is het afgelopen. Bel je me zo als je thuis bent? Dan hebben we het erover.'

Tegen enen was ik in Den Haag en belde Ronald. We werden het vlot eens. Dat Martin kettingrookte, oké; dat hij dronk, oké; maar dit roekeloze rijgedrag kon niet: niet zozeer in ons, maar in Martins belang. Hij moest tegen zichzelf worden beschermd.

'Martin,' zei Ronald een paar dagen later in de zoveelste kleedkamer, 'je moet een chauffeur nemen. Een student of... weet-ik-veel-wat, maar... Een chauffeur. De maat is vol. We hebben genoeg van je snelheidsduivelkunsten. En als je dat verdomt, je voortaan laten rijden, dan nemen we je niet meer mee op tournee. Einde oefening. Bedenk, we doen het voor je eigen bestwil, Martin. Een chauffeur. Bart denkt er ook zo over. We zitten op één lijn.'

Martin knikte ten teken dat hij de boodschap begreep. Toch zou het nog even duren voordat hij een chauffeur in de arm nam. Toen hij op een nacht op weg naar Amsterdam een greppel in reed en de daarachter gelegen sloot op een haar na miste, was dat het laatste zetje dat hij nodig had. Martin reed zelf naar de theaters, maar in de loop van de avond meldde zich een verlegen student, Philip, die Martin voortaan in zijn Volvo naar huis bracht. Dat was één zorg minder. Maar daarmee waren niet alle zorgen van de baan. Die begonnen juist.

—

Het eerste wat me opviel omdat het afweek van wat gebruikelijk was, was dat Martin later in het theater arriveerde dan de jaren ervoor, en stilletjes. Het luidkeelse 'Báártt!' was verleden tijd. Martins stem schalde nooit meer door een achterafgangetje in een theaterlabyrint. Ook het opgewekt de kleedkamer binnenlopen om zijn blaas te legen en zijn peuk uit te drukken, behoorde tot het verleden.

'Martin,' zei ik weleens, 'vergeet je niet iets? Moet jij de wastafel niet vergelen?'

Martin keek me dan aan alsof hij geen benul had waar ik op doelde. Je zou ze bijna missen, Martins gewoontes.

Na afloop wilde hij liever direct terug naar het hotel, en liefst terug naar Amsterdam.

'Ik wil maar één ding,' zei hij, 'en dat is naar bed. Liggen.'

'Martin, doe niet zo ongezellig. Eén afzakkertje en een rondje bitterballen, dat kan je de kop niet kosten.'

Maar ook dat ritueel liep af.

'Jongens, sorry maar...'

'Flauw, hoor,' zeiden wij. 'Spelbreker.'

Martin viel niet te vermurwen.

'Ik ben moe, jongens. Ik ga naar huis als jullie het niet erg vinden. Ik geef toe, het is ongezellig, maar... Ik ben bekaf, jongens. Ik wil naar huis, naar bed.'

En hij vertrok.

Dat was jammer, maar er viel met Martins wens te leven. Voortaan namen Ronald en ik de honneurs in de foyers waar; tot ook ons gedrag veranderde. Na een tijdje geloofden we het wel, de nazit. We hadden in genoeg foyers vertoefd, gesigneerd en bier, bitterballen en vlammetjes voorbij zien komen. En waren vaak genoeg met onze fans op de foto gegaan. We konden best een tijdje zonder.

Was het maar bij die veranderde gewoontes gebleven. Maar de ellende begon nu pas echt.

—

Op een avond, ergens in het land, klaagde Martin over pijn.

We hoorden hem beleefd aan. Martin klaagde wel vaker over een pijntje, of over een flitspaal die hij op hoge snelheid over het hoofd had gezien, of over een rotonde op een plattelandsweggetje, en zodoende vatten we Martins klachten niet al te ernstig op. Dat kon altijd nog.

'Kom op, jongen,' zei ik, 'we moeten zo op, de mensen wachten, voor geneuzel hebben we even geen tijd. Zoals een vroegere manager van me opmerkte toen ik bij een brommerongeluk een knie had verdraaid: "Ziek zijn doe je maar in je eigen tijd", en hij hielp me de laadruimte van zijn stationcar in, zodat mijn gewonde been languit kon liggen, en reed op een zondagmiddag naar een Leids café waar ik geacht werd op te treden, in De Uyl van Hoogland. Kortom, come on, Bril.'

Op zich was het niet verwonderlijk dat we na een zwaar tourschema vatbaar werden voor klachten en pijntjes. Maar daar kon je geen aandacht aan schenken; dan stortte alles in. Er diende te worden aangepakt.

Martin hees zich uit zijn kleedkamerstoel overeind en begaf zich onvast richting de coulissen.

'Zijn jullie er klaar voor?' vroeg de toneelmeester. 'Aanvang één minuut.'

Het gordijn ging open. Een warm applaus klaterde op toen we het toneel betraden en nam nog in volume toe toen Martin naar de rand van het podium liep. Ons publiek zat er helemaal klaar voor.

Het was de eerste keer dat Martin klaagde over pijn in zijn borst en schouders, en over pijn in zijn handen.

Daar zou het niet bij blijven. Een maand later, in de Arnhemse schouwburg, lag Martin toen ik de kleedkamer binnenstapte languit over een stoel gedrapeerd.

'Wat scheelt eraan, Martin?' vroeg ik.

'Ik heb zo'n pijn, jongen.'

'Waar, Martin?'

'In mijn schouders en borst. En in mijn vingers, ik kan ze nauwelijks bewegen. Zo'n pijn, het is haast niet te harden.'

Hij lag er uitgeteld bij en wekte niet de indruk binnen tien tellen weer op de been te zullen zijn om zijn partij op de bühne mee te blazen.

'Martin,' zei ik, 'je moet naar een dokter, verdomme.' Ronald, die de kleedkamer binnenkwam, viel me bij. 'Dóé dat nou,

Bril. Dit klopt niet. Je werkt je zes slagen in de rondte. Straks krijg je nog een hartinfarct.'

Martin knikte. Ja, hij was het roerend met ons eens, we hadden gelijk; dit kon zo niet langer, hij zou naar zijn huisarts gaan.

Maar dat deed hij natuurlijk niet.

Ik reed op de ringweg toen mijn mobiel ging.

'Wat vond je ervan,' vroeg Ronald, 'van Martin?'

'Wat vond jíj ervan, Ronald, van onze kameraad?'

Het bleef een ogenblik stil in beide auto's.

'Hetzelfde als jij, Bart.'

—

Een optreden in theater De Veste in Delft zou onze laatste voorstelling worden: daarmee zat onze tournee er vooralsnog op. De decorstukken verhuisden na afloop met Paul mee naar Spijkenisse, waar ze voor onbepaalde tijd in de opslag gingen.

'Je ziet er niet goed uit, jongen,' zeiden we toen Martin de kleedkamer binnenkwam.

'Zo voel ik me ook,' zei Martin. 'Kut.'

Een droge klop op de deur kondigde de entree van de theaterdirecteur aan. Hij had geen goed nieuws. Of we wisten dat er een groot gebouw van de Technische Universiteit in brand stond, niet ver van het theater vandaan. 'Bouwkunde. Het is zeer de vraag of het gebouw gespaard blijft.'

'Ik hoorde al zoiets,' zei Martin, 'onderweg op de radio.'

We keken uit het raam. Donkere rook stapelde zich op, wolkte omhoog en verspreidde zich over de stad. Van dichtbij klonken sirenes.

'Maar het goeie nieuws is...' zei de directeur, '... het gaat door vanavond, de voorstelling. We gaan "gewoon" van start.'

'Zo zijn we ooit ook begonnen, jongens,' zei ik toen de directeur weg was. 'Met een uitslaande brand. Huizen, de konijnenbeurs, weten jullie nog? We zijn terug bij af.'

49

’S NACHTS WORD IK WAKKER, ZONDER TE WETEN WAARVAN.

Loopt er soms een beest door de tuin?

Ik sluip de slaapkamer uit – Yolanda slaapt; zij is niet gewekt door gerucht van buitenaf –, open de tochtdeur, loop de veranda op en knip de buitenverlichting aan. Er knarst en piept iets. Een knarsend piepen, als een scharnier dat te lang van kruipolie verstoken is gebleven, en ik kijk in de richting waar het geluid vandaan komt.

De schommelbank schommelt.

Dat is wat een schommelbank hoort te doen, daartoe schaf je zo’n tuinmeubelstuk aan: dat valt de bank moeilijk te verwijten.

Hij gaat lichtjes heen en weer, uitdagend bijna, van voor naar achter en van achter naar voor; alsof er zo-even iemand op zat die de bank net voordat ik op de veranda verscheen verlaten heeft.

De kussens liggen nog op de bank en zijn niet uit voorzorg naar de veranda versleept, waar ze onder de overkapping niet nat kunnen regenen. Maar aan de kussens ligt het niet, het knarsend en piepend heen en weer bewegen.

Terwijl ik naar de bank kijk neemt hij geleidelijk in vaart af – vanwege mijn plotselinge komst? –, schommelt uit en komt tot stilstand. Het geknars houdt op.

Dat is plezierig om vast te stellen, maar hoe is die bank in beweging gekomen? Het is windstil. Bladstil. Dagen geleden waaide het stevig: een wind die de bank onberoerd had gelaten. En zelfs al had het vannacht hard gewaaid: het betreft een schommelbank die net als het huis nog door Lisa's vader is ontworpen en gemaakt: solide, oerdegelijk en opgewassen tegen de elementen. Er zou behoorlijk wat wind voor nodig zijn om de bank in beweging te krijgen: daar kwamen heel andere krachten aan te pas.

Even vraag ik me af of ik Yolanda moet vertellen wat ik heb aangetroffen, maar zij meldt zich niet bij de verandadeur zodat die vraag niet hoeft beantwoord.

Ik kijk nog eens goed naar de schommelbank, die zich, verlegen met de situatie, kleiner lijkt te maken en desnoods bereid lijkt om in zichzelf te verdwijnen. De kussens zijn ook niet helemaal zeker van hun zaak.

Op de achtergrond blikken de struiken en eiken- en beukenbomen belangstellend toe: hoe neem ik dit op? Op de tast zoek ik naar de schakelaar bij de deurpost achter me en knip de buitenverlichting uit zodat de bomen en het struikgewas evenals ik tijdelijk in het duister tasten; totdat we voldoende aan het donker zijn gewend om in het karige licht van de sterren iets te onderscheiden.

De Bloemendaalse bossen zijn opnieuw terug-van-weggeweest, evenals de schimmen die me indertijd vergezelden naar het spoorwegstation. De bomen kijken vuil.

Dankzij mijn fantasie overleefde ik mijn jeugd. Indien nodig kon ik uit mezelf weg, alle windstreken op schieten en een andere wereld in vluchten, of andere werelden, waar mijn vaders hand niet bij kon. Hij had geen notie waar het slot zat of waar de sleutels lagen, al hoorde ik in de verte zijn continue luid gebons. Maar die fantasie lijkt vanavond het heft in handen te hebben genomen en naar eigen inzicht te handelen. Daar kom ik niet meer aan te pas.

Het wordt al lichter tussen de bomen. Ik heb het koud gekregen en uit praktische overwegingen besluit ik het voorval te negeren en naar bed te gaan. De natuur en die schommelbank kunnen me wat.

Yolanda is nog altijd in diepe rust en ik wil haar niet wakker maken voor iets wat in haar nuchtere optiek waarschijnlijk niet meer behelst dan een schommelbank die schommelde.

'Maak je me daar wakker voor?' kan ik haar horen zeggen. 'Lieverd, ga alsjeblieft slapen. Laat die bank lekker schommelen. Je kunt je rust goed gebruiken. We zijn op vakantie.'

Toch lig ik urenlang wakker en staar naar het plafond, tot de boodschap eindelijk tot me doordringt. De uit zichzelf op en neer gaande schommelbank en de ritmisch heen en weer wiegende verjaardagskalender decennia geleden in Cesars huis; diezelfde slingerbeweging...

Kennelijk ben ik niet de enige die zich dat herinnert.

Wie gaf de schommelbank een zetje, en wie de verjaarskalender? Kwam daar misschien een en dezelfde hand aan te pas?

En wie of wat geeft straks het beslissende laatste duwtje, waarop vanaf nu het wachten is? De tijd tikt weg. De winter nadert.

50

DELFT WAS ONZE LAATSTE GIG; EN TOCH WERD DELFT DAT niet. Aan het begin van het seizoen stonden we geboekt in het Chassé Theater in Breda; maar ik werd ziek, moest me afmelden en de voorstelling werd verplaatst naar een kalenderdatum zo'n anderhalve maand na Delft. Onze decorstukken mochten de donkerte van de opslag verlaten en nog één keer dit seizoen het daglicht in.

'Na de prolongaties,' had Ronald gezegd, 'mag je ermee doen wat je wil, Paul. Wij hebben die spullen dan niet meer nodig.'

Voor aanvang in het Chassé wisten we dat er meer aan de hand was met Martin dan een toevallige kwaal; dat er meer aan scheelde. Hij kwam met een grauw en grijs gezicht de kleedkamer in – alsof hij het optreden net achter de rug had in plaats van voor de boeg –, dumpte zijn blauwe krat en zijn kledingzak op tafel en liet zich languit in een fauteuil vallen. Hij leek magerder geworden. De fauteuil vouwde zich nog net niet om hem heen.

Paul, die binnenkwam, viel het ook op. 'Alles goed, Martin? Weet je 't zeker?'

'Waar is de wijn,' bracht Martin na een poosje uit, 'de rode wijn?'

'Die staat op de ijskast in de artiestenfoyer,' zei Paul. 'Zal ik 'm voor je halen?'

'Graag,' zei Martin. 'Wil je dat doen? Graag.'

'Glas erbij?'

'Nee,' zei Martin, 'niet nodig.'

'What's up, jongen?' zei ik. 'Je ziet er bar slecht uit. Wat is er aan de hand?'

'Ach jongens, ik heb zo'n verrekte pijn.'

'Waar?'

'In mijn nek, en in mijn borst.'

'Waarom die wijn?' wilde ik weten. 'Je drinkt de laatste tijd steeds vaker wijn voor de voorstelling, en in de pauze.'

'Om de pijn te verdoven,' zei Martin. 'Die fucking pijn.'

Hij kreunde.

Met een van pijn vertrokken gezicht wreef hij met een hand in zijn nek, zakte nog verder onderuit en lag meer in zijn stoel dan dat-ie erin zat.

'Martin,' zei Ronald, 'jij kán helemaal niet optreden vanavond.'

'Jawel,' zei Martin, 'jawel. Als ik die wijn maar heb. Waar blijft Paul? Hij hoeft de Vierdaagse toch niet af te leggen voor die fles?'

Hij wreef opnieuw in zijn nek.

'O, die fucking pijn.'

Paul kwam de kleedkamer in en reikte hem de wijn aan. Martin draaide de schroefdop los en zette de fles aan zijn mond.

'O, dat is iets beter zo,' bracht hij uit. 'Die fucking pijn.'

Ronald en ik keken elkaar aan. 'Weet je zeker,' zei Ronald, 'dat je straks op kunt? Die indruk wek je niet. Voor hetzelfde geld zeggen we de show af, hoor, net zo makkelijk. Liever niet, maar wat moet dat moet; je gezondheid gaat voor.'

Daar wilde Martin niks van weten. Dat was overdreven, cancelen, met wat slokken wijn was de pijn draaglijk en het optreden te doen.

'Waar in je borst heb je pijn?' vroeg ik.

'In de hartstreek,' antwoordde Martin.

'Jongen,' zei ik, 'je doet ook veel te veel. Al dat gejaag en gejacht door het land, zes slagen in de rondte... Om nog maar te zwijgen van de talloze akkefietjes waar Ronald en ik niet eens weet van hebben. Je werkt jezelf nog het graf in zo. En dat hebben we je al eens gezegd. Daar willen Ronald en ik onder geen beding getuige van zijn. Streep je agenda leeg, of in elk geval leger. Dit gaat niet goed zo.'

Ronald viel me bij, zodat Martin onze zorgen niet kon negeren. Bij wijze van antwoord zette hij de fles aan zijn mond.

In de pauze kwam Yolanda de kleedkamer in; ze was na haar werk met de trein naar Breda gekomen.

'En jongens, hoe is het hier?'

Ronald wees naar Martin, die opnieuw languit in zijn fauteuil lag en een nog uitgeputtere indruk maakte dan eerder op de dag. Yolanda vroeg hem wat de klachten waren en schudde bezorgd haar hoofd.

'Martin, dit is ernstig. Ik weet niet precies wat er met je aan de hand is, dat kan ik zo niet beoordelen. Maar je moet zo snel mogelijk naar een dokter. Ik zal je voor nu pijnstilling geven, maar bel morgen je huisarts. Beloof je dat je dat zult doen?'

Martin knikte. Hij zou morgen zijn huisarts bellen voor een afspraak. Beloofd.

'Nee,' zei Yolanda, 'niks te "afspraak"... Je moet bij je huisarts langs, morgen nog.'

Martin zei dat hij dat zou doen, bellen en langsgaan; morgen nog.

'Kan ik daarvan op aan?'

'Beloofd.'

Paul kwam binnen. 'Heren, nog vijf minuten voor aanvang.'

Zijn blik viel op Martin. 'Gaat het, Martin? Ga je dat redden, de tweede helft? Als ik je zo zie heb ik daar een hard hoofd in.'

'Wel als ik wijn krijg,' zei Martin. 'Deze fles is leeg.'

Breda liep ten einde. Dankbaar namen we de bloemen in ontvangst, opgelucht dat het erop zat zonder dat Martin voor de ogen van het publiek was ingestort. Na de staande ovatie strompelde hij het trapje van de bühne af en liep naar de kleedkamer. Philip was gearriveerd en zou Martin terugrijden naar Amsterdam.

We namen afscheid. Het was het laatste optreden, half mei, van het seizoen. In het nieuwe seizoen zouden we de prolongaties doen: een lange sliert optredens wachtte ons.

Het zou er niet meer van komen. Het Chassé was ons laatste gezamenlijke optreden. We zouden nooit meer met z'n drieën op de bühne staan.

'We gaan elkaar zien,' zeiden Ronald en ik vlak voordat we op het parkeerterrein in onze auto's stapten, onwetend van wat ons boven het hoofd hing.

Martin was al weg.

In plaats van Ronalds voorbeeld te volgen en weg te rijden, leunde ik op het dak van mijn auto en keek Martin in gedachte na. Hij was een loner, Martin, een lone wolf. Er kleefde een hoop outlaw aan hem: eentje die zijn paard had ingeruild voor een Volvo, en zijn lasso en revolver voor pen en papier. Bovendien, niet onbelangrijk, Martin kon de trekker overhalen als de situatie erom vroeg, zonder met zijn ogen te knipperen. Hoe hij waakzaam, notitieblok in de aanslag, een dommelend stadje naderde, om zich heen spiedend de hoofdstraat in reed, de zijstraten met adelaarsblik opnam en vervolgens stilhield voor de saloon en uitstapte, immer op zijn qui-vive, om aan de bar zijn bestelling te plaatsen en aan een tafeltje wat te noteren; om in de loop van de avond met onbekende bestemming weer uit het stadje te vertrekken. Geen inwoner kon je vertellen waar-ie heen was, ook de bartender niet; dat had Martin niet verteld, dat ging geen mens wat aan.

Een outlaw, Martin, verwikkeld in zijn hoogstpersoonlijke Outlaw Blues, met een grimmige en soms verbeten trek op het gelaat. Er viel best wat te lachen in het leven; maar zo heel veel te lachen in het leven viel er per saldo niet. Nare bijkomstigheid was dat het met outlaws doorgaans weinig florissant afliep.

Ik zag Martin bij leven en welzijn niet heel vaak at ease, op zijn gemak, ontspannen. Martin was altijd onderweg, ook als hij zojuist ergens was aangekomen. Dan was-ie in gedachte al lang en breed weer onderweg naar het volgende tussenstation, om eenmaal daar aanbeland... Dat werk.

Nee, ik zag Martin niet vaak at ease helaas.

Maar toen wel, out there, in the backlands, gedrieën, in Zutphen en in Havelte, van Terneuzen tot Delfzijl, in de steden, de provinciestadjes en de dorpen die het Koninkrijk telt, in onze hoedanigheid van musketiers van het gesproken woord: Martin, en een state of being die op gelukzaligheid hintte.

Tot het doek viel voor Martin.

‘Wat vond je van Martins toestand?’ vroeg ik Yolanda op de terugweg.

'Zorgwekkend.'

Dat had ze juist ingeschat. De volgende dag bezocht Martin het spreekuur van zijn huisarts, die hem meteen doorverwees naar het ziekenhuis voor nader onderzoek.

'Wanneer kun je er terecht?' vroeg Yolanda.

'Nog deze week,' zei Martin die haar nadat hij thuiskwam had gebeld. 'Wat denk je?' had hij gevraagd.

'Daar durf ik niets over te zeggen,' zei Yolanda. 'Maar ik maak me serieus zorgen. Je moet de uitslagen van de onderzoeken afwachten, dan pas weten we wat. Vertel, hoe is het met de pijn?'

'Ik heb een wijnkeldertje,' zei Martin.

Het was het begin van het einde, maar dat beseften we nog niet. De dagen van Giphart, Chabot en Bril waren definitief voorbij.

Ik moest denken aan hoe voortvarend we ooit van start waren gegaan.

Met Herman en Jules was ik gewend om in de kleedkamers een arsenaal lepels, plukken watten, injectiespuiten en naalden op tafel te zien liggen; een aanblik die me niet de geringste zorg inboezemde. Het had alles weg van een mobiel veldhospitaal. Zo werkte dat met Herman en Jules, niks aan de hand. Dat het grootste deel van onze veertien koppen tellende crew 's middags stoned of beneveld in de theaterruimtes rondhing, hoorde erbij. Daar keek ik evenmin van op.

Martin en Ronald pakten de zaken anders aan. Na aankomst in een theater liepen ze meestal rechtstreeks door naar de kleedkamers en plugden hun laptops in. Martin werkte aan zijn column, die voor vieren – uiterlijk vijf uur – 'door moest'; Ronald schreef aan een scenario voor een televisieserie waarvan de opnames al waren gestart. Er viel geen tijd te vermorsen, ze lagen achter op schema. Het ging erom spannen of ze hun deadlines zouden halen.

Geen injectienaalden.

Laptops.

Zo waren we begonnen; maar Martin zou de komende maanden voor heel andere uitdagingen komen te staan.

Toen de uitslagen van de eerste onderzoeken binnen waren, kon de wijn open; maar te vieren viel er niets. Aan Martins hart lag het niet. Was het maar een hartprobleem geweest. Hij had kanker. Uitzaaiingen. Zelf was hij over zijn kans op genezing optimistisch gestemd. Hij zou aan de chemo gaan en met een beetje mazzel... Het was 'm al eens overkomen, darmkanker, en daar was-ie toentertijd succesvol voor behandeld. Nee, dat kwam wel goed allemaal, 'Let op mijn woorden'.

Ik was geneigd om in zijn optimisme mee te gaan. Jaren voordat onze tournee van start ging, had Martin me uitgenodigd om te lunchen in Hotel Des Indes. Hij moest in de stad zijn, op het Binnenhof, voor zijn column. Yolanda was bij wijze van verrassing meegekomen en zulks niet tot Martins verdriet. Toen de lunch kwam, viel het Yolanda op dat hij bijna geen hap nam van het bestelde; en ze informeerde naar de reden. Daarop spraken ze met elkaar als bevriende patiënt en arts. Yolanda raadde hem met klem aan zich te laten onderzoeken. 'Doen Martin,' zei ze. 'Niet uitstellen. Doen.'

Ik herinnerde me de lunch ook omdat Martin bij vertrek lang treuzelde met het aantrekken van zijn jas. Toen ik daar een opmerking over maakte, zei hij: 'Bart, waarom sta ik te hannesen, denk je? Hans Wiegel zat met iemand te praten aan dat tafeltje. Ik probeerde hem af te luisteren. Met een beetje mazzel had ik daar een column aan overgehouden. Maar dankzij jou dus niet.'

'Het is niet goed, hoor,' had Yolanda gezegd toen we naar huis fietsten. 'Ik maak me zorgen over hem.'

Een paar maanden later was hij na allerlei onderzoeken opgenomen in het Onze Lieve Vrouwe Gasthuis in Amsterdam, waar Yolanda en ik hem opzochten op de avond van het Boekenbal. De volgende ochtend zou hij worden geopereerd.

'Maar het is Boekenbal vanavond,' sputterde ik tegen toen Yolanda te kennen gaf hem diezelfde avond nog te willen opzoeken. 'Morgenavond kan toch ook?'

'Geen sprake van,' zei Yolanda. 'Wat er ook gebeurt, we gaan naar Martin. Anders ga je maar alleen naar dat Boekenbal.'

We troffen hem aan op bed, fully dressed. Hij lag te schrijven op een laptop, maar legde deze nu weg.

'Wat?!' zei hij stomverbaasd. 'Bart, het is Boekenbal vanavond! Daar wil jij toch altijd per se heen?'

'Martin,' zei ik, 'eerst kom jij. Dan komt er een tijdje niks, en daarna komt pas het Boekenbal.'

Ik bewonderde zijn eenpersoonskamer. Yolanda vroeg hoe het met hem ging.

Het kon niet beter, bij wijze van spreken.

'Jongens,' zei Martin, 'het is een goudmijn, zo'n ziekenhuis. Je ziet de gekste mensen. De ene column na de andere. Heb ik het nog niet eens over Heidi, de verpleegster die hier de scepter zwaait.'

De volgende ochtend werd een stuk darm bij Martin verwijderd; later zou hij officieel 'genezen' worden verklaard.

Sinds die Boekenbalavond waren we vrienden voor het leven, and beyond.

Dat kon zijn, dat ik ook ditmaal Martins optimisme deelde, maar het zou – anders dan toen – dit keer niet goed komen. De dagen van wederopstanding en succes waren geteld.

Het eerste wat we deden was de prolongaties voor het nieuwe seizoen heroverwegen. Martin protesteerde zwakjes tegen dat besluit. 'Jongens, jullie maken je zorgen om niks. Ik ben in de beste handen, het komt goed. Geloof mij nou, het komt goed. De shows gaan door, die gaan we gewoon doen. Hoeveel zijn het er? Tweeënveertig? Jongens, ik heb er nu al zin in. On the road, opnieuw.' Maar zijn protest was te zwakjes om George te overtuigen en de voorstellingen werden alle tot nader order uitgesteld.

Martin begon aan een lange weg van onderzoeken, behandelingen, nieuwe onderzoeken, nog meer nieuwe onderzoeken, nieuwe behandelingen, en zag zich genoodzaakt zijn column in *de Volkskrant*, waar hij met hart en ziel aan had gewerkt en soms zelfs voor leek te leven, tijdelijk stop te zetten. Ronald nam het stokje van hem over.

'Ronald,' zei Martin, 'kan dat. Bovendien is hij betrouwbaar en komt zijn afspraken na. He delivers. Op Ronald kun je rekenen. En hij zaagt de poten van je stoel niet onder je vandaan; dat ook.'

In de maanden die volgden ging het soms wat beter met Martin en soms wat minder. Maar als je van een afstandje naar de ontwikkelingen keek, zag je een dalende lijn en geen stijgende.

51

BEGIN OKTOBER BELDE MARTIN ME EN LIET ZIJN MET-MIJ-IS-betrekkelijk-weinig-aan-de-hand-houding varen.

'Jongen,' zei hij, 'ik heb mijn eigen doodslucht geroken gisteren.'

De bezoekjes aan Den Haag werden allengs schaarser. Daar kwam een intensief mailverkeer voor in de plaats; of we belden. Ook belde hij geregeld met Yolanda, die, als arts, als een klankbord voor hem fungeerde.

'Bart?' belde Ronald op een dag. 'Hou je vast, we gaan morgen, maandagavond, met Martin uit eten. In Amsterdam; hij mag niet autorijden. Kun je? Ja, toch? Anders maak je maar tijd.'

Een kwartier voor het met Martin afgesproken tijdstip zaten

we aan een tafel voor het raam van café-restaurant Dauphine, met zicht op het verkeersplein voor het etablissement, zodat we hem zouden zien aankomen.

Martin kwam, onkarakteristiek voor zijn doen, te laat.

'Godsamme,' riep Ronald midden in ons gesprek geschrokken uit. 'Dat zal 'm toch niet zijn, Martin? Dat is hem toch niet?' Ingespannen keek hij naar buiten. 'Daar is-ie, Martin. Niet schrikken.'

Ik volgde zijn blik, en schrok toch. In de man die naar de ingang onderweg was, viel met enige moeite Martin te herkennen. Hij had een verwilderde baard. Zijn haren – hij was opeens grijs geworden – kwamen slordig en sliertig onder een baseballcap vandaan en hij had een witte kraag om zijn nek, die kennelijk tot taak had zijn hoofd te ondersteunen zodat zijn nek werd ontlast. Hij liep alsof hij gedronken had, met onzekere pas, terwijl Ronald en ik wisten dat in combinatie met zijn medicijngebruik alcohol taboe was. Hij oogde opgezwollen; alsof zijn lichaam buiten zijn oevers was getreden en het vertikte om zich achter die oevers te laten terugdringen. Kortweg gezegd, he looked like a mess.

'Als Martin zo binnenkomt,' zei Ronald, 'kijk dan niet geschrokken, maar doe alsof je niets bijzonders aan hem opvalt. Het is zo al erg genoeg voor hem. Als hij merkt dat we schrikken van de aanblik die hij biedt... Daar wordt-ie niet vrolijker van.'

Martin kwam door de draaideur binnen, speurde de ruimte af, spotte onze wuivende handen en kwam onze kant op. Zijn tred was traag; lopen kostte hem moeite. Toen hij aan onze tafel verscheen – menige bezoeker keek hem na; belangstelling waar hij heel goed buiten kon –, stonden Ronald en ik zonder iets te zeggen op.

'Jongens, het is druk hier binnen,' zei Martin. 'Laten we buiten gaan zitten, op het terras. Dan zijn we onder elkaar.'

Zag hij hoe het publiek op hem reageerde, of op zijn verschijning – conform de zegeningen van het Bekende Nederlanderschap – en wilde hij daarom naar buiten, naar het lege terras, om gevrijwaard te zijn van alle blikken? De zon was aan de afdaling bezig.

Eenmaal buiten werd het hem algauw te koud – 'Hebben jullie het dan niet koud?' vroeg hij ongelovig – en verhuisden we weer naar binnen, Ronald en ik achter Martin aan, zodat hij het tempo kon dicteren en het hem niet opviel hoe langzaam hij liep, waar we ondanks de grote drukte een tafeltje uit het zicht kregen, achter in de ruimte: Martin kende een van de serveersters.

'Jongen,' zei ik toen we zaten, 'hoe gaat het, hoe is het met je?'

'Uitstekend,' zei Martin. 'Kan niet beter. Niets aan de hand. Easy does it. Hoezo?'

Ronald en ik verkozen stilzwijgend om Martins 'Hoezo?' onbeantwoord te laten.

Hij zat bijna overdreven rechtop, met een rechter dan rechte rug, en bewoog zijn hoofd houterig als hij naar ons keek, van de een naar de ander, met een robotachtige motoriek; alsof we met een van de leden van Kraftwerk aan tafel zaten. Maar de tijd dat we gedrieën 'Fun auf der Autobahn' hadden beleefd keerde niet weer.

De serveerster kwam vragen wat we wilden drinken.

'Een sjuutje?' vroeg Ronald aan Martin. 'Of mineraalwater? Thee?'

De serveerster keek nog eens goed naar Martin. Het was Martin, zonder enige twijfel, maar het was een heel andere Martin dan degene die ze had gekend. De oude versie sprak haar meer aan.

'Wijn,' zei Martin tegen de serveerster. 'Wit.'

Aan de tafels om ons heen waren de gesprekken verstomd. Er werd op ons gelet.

'Jongen,' opperde ik, 'is dat een goed idee, wijn? Lijkt me niet.'

'Witte wijn,' zei Martin tegen de serveerster. 'Een fles. Geen glas wijn, een fles. Jij doet toch mee, Ronald?'

'Zit je op medicijnen, Martin?' vroeg Ronald toen de serveerster was vertrokken.

Ja, nou en of, godzijdank wel ja, wat dachten we dan? Anders was de pijn in zijn rug niet te harden.

'Met mij is niks aan de hand, hoor. Nog niet. Er wordt een nieuw behandelplan opgesteld, ik heb een team van uitstekende artsen om me heen verzameld, en er zijn een aantal mogelijkheden om... Nee, jullie hoeven je over mij geen zorgen te maken. Laat dat maar aan mij over.'

Hij hoestte, en het duurde een poosje voordat hij de hoestbui onder controle had.

'Vanwaar die kraag om je nek, Martin?' zei ik.

Die diende om zijn hoofd te ondersteunen. De kanker had zich meester gemaakt van een paar nekwervels, vandaar. Die wervels leken van nat karton, wist Martin, dus hij was blij met die kraag.

'Ziet het er een beetje uit, jongens?'

'Indrukwekkend,' zei ik.

'Je gaat niet onopgemerkt in het straatbeeld voorbij,' zei Ronald. 'Dat heb je binnen.'

Terwijl we aten vroeg Ronald of Martin met zijn medicijnen mocht autorijden.

'Nee, natuurlijk niet,' zei Martin. 'Als ik voor een stoplicht sta en een of andere koekenbakker rijdt me van achter aan, schiet mijn hoofd eraf.'

'Hoe ben je hier dan?'

'Met de auto, wat dacht je,' zei Martin.

'Maar dat mag je dus niet, officieel, autorijden?'

'Hoe had je dan gewild dat ik hier kwam? Met de fiets? Zelfde verhaal. Als ik met het voorwiel in een stuk tramrails haak... De onthoofding. Of had je liever gewild dat ik was komen lopen?'

Tot nu toe had hij zijn bestelde vis onaangeroerd gelaten, maar nu nam hij een hap.

'Lekker visje,' zei Martin en schoof het bord van zich af.

'Kijk niet zo zorgelijk, jongens. Ik ben in uitstekende handen. Topdokters. Kan niet beter. Het komt allemaal goed, niks aan de hand.'

'Dat nemen we graag van je aan.'

'Tuurlijk, jongens. Nogmaals, geen zorgen maken. Dat doe ik zelf wel.'

Hij pakte de fles wijn uit de koeler en schonk zichzelf nog eens in. Kort daarop schoof hij zijn stoel naar achter, stond op – 'Even naar de wc, jongens' – en liep onvast naar de restrooms.

Sommige gasten aan de andere tafels staarden hem na.

Martin was nog niet uit zicht of een jonge vrouw meldde zich bij ons aan tafel die zei dat ze Martin goed kende.

'Dat was 'm toch, Martin, die zo-even bij jullie aan tafel zat?'

'Nou, "was"...' zei Ronald. 'Het is hem nog steeds, hè.'

'Wat ziet-ie eruit, bijna onherkenbaar. Wat is er met hem aan de hand?'

Ronald en ik wisselden een blik van verstandhouding. Als we vertelden wat er loos was, kon het nieuws overmorgen in De Bladen staan en dan waren de rapen gaar.

'O, niks bijzonders, hoor,' zei Ronald. 'Dat valt reuze mee.'

'Straks is-ie weer de oude,' zei ik. 'Hij heeft alweer praatjes voor tien.'

'Ik ben Esther. We hebben elkaar ontmoet toen we beiden...'

'Je hoeft ons niets uit te leggen, hoor.'

Van een afstandje kwam Martin aangelopen.

'Daar zul je 'm hebben,' zei Ronald.

Esther draaide zich om en spreidde haar armen ter verwelkoming. 'Martin! Wat leuk je te zien, en wat zie je er goed uit! Hoe is 't met je?'

'Dank je, schat,' zei Martin terwijl hij opnieuw plaatsnam. 'Wil je een glas wijn?'

'Nou,' zei Esther terwijl ze Martin aankeek en taxeerde hoe hij eraan toe was, 'jullie hebben van alles te bespreken, hè. Ik wil jullie niet storen. Ik zie je later, Martin.'

En weg was ze, Esther.

De serveerster kwam om de borden af te ruimen – 'Was alles naar wens, Martin, of mankeerde er iets aan je zeewolf?' – en vroeg of we een nagerecht bliefden.

'Doe mij een glaasje wijn, wil je,' zei Martin.

Het werd tijd, vond Martin, dat we ter zake kwamen. Het nieuwe seizoen, de prolongaties. Niks uitstellen of cancelen; hoe kwamen we erbij. Ging Martin dat halen dan? Tuurlijk ging-ie dat. Dat we daaraan twijfelden. Kom nou, zeg. Hij moest aan de chemo, vervelend genoeg, maar met een paar maanden... Hoe lang had-ie nog tot het nieuwe seizoen, enkele maanden? Geen enkel probleem. Over een maand of wat gingen we on the road, de prolongaties, en hij was erbij, zeker en gewis. Hij kon niet wachten.

Toen Ronald de rekening vroeg, verdween Martin wederom naar het toilet.

'Als-ie straks terugkomt,' zei Ronald, 'geven we Martin een voorsprong. Kunnen wij nog even nakaarten.'

'Jongens,' zei Martin toen hij terug was, 'als jullie het niet erg vinden...'

Hij nam niet opnieuw plaats aan tafel en liet zijn wijn onaangeroerd.

'Ik ben moe, doodmoe, ik ga naar huis. Ik wil naar bed, slapen.'

'Kun je autorijden, Martin, is dat verantwoord, of zullen we een taxi bellen?'

Maar dat aanbod wimpelde Martin af.

'Waar staat je auto, ergens in de buurt?'

'Nee, dat is in orde, no worries, die staat vlakbij, in de parkeergarage onder dit gebouw, piece of cake.'

We namen afscheid.

'We bellen,' zei Martin. 'Komt goed.'

Het restaurant was een stuk leger nu en hij werd minder aangegaapt dan bij binnenkomst.

We wenkten de serveerster en bestelden koffie.

'Gaat het goed met Martin?' zei ze. 'Hij ziet er nogal toegetakeld uit.'

'Wat vind je ervan?' vroeg Ronald toen we alleen waren.

'Dit gaat niet goed komen, vrees ik. Wat vond jij van onze grote vriend?'

Daar was Ronald het tot zijn grote spijt hartgrondig mee eens.

'Hij heeft krap anderhalf uur bij ons aan tafel gezeten, Bartus, en toch was-ie doodmoe. En dan wil hij mee op een slopende tournee?'

We moesten Martin tegen zichzelf in bescherming nemen. Eerst zijn gezondheid, dan pas...

'Die prolongaties, Ronald, kunnen we beter afzeggen.'

'Lijkt me ook. Bel jij George morgen met het heuglijke nieuws?'

De serveerster kwam met de rekening. Ja, verzekerden we haar, alles was naar wens geweest.

We stonden van tafel op en pakten onze jassen.

'Waar sta jij?'

'Ook in de parkeergarage, net als Martin.'

'Komt dat even goed uit,' zei Ronald, 'ik ook. Dan lopen we samen op.'

'Hoe oud is Martin eigenlijk,' zei Ronald in de lift naar beneden, 'weet je dat toevallig?'

'Negenenveertig.'

'Godsamme,' zei Ronald.

We stonden bij zijn auto, de mijne stond een eindje verderop. Zijn portier was al open en Ronald wilde instappen.

'Met twee jonge dochters.'

'Godsamme,' zei Ronald.

Hij nam plaats achter het stuur, maar trok het portier niet dicht.

'We zullen doen wat we kunnen,' zei Ronald. 'Meer kunnen we niet voor hem doen.'

Terwijl ik doorliep naar mijn auto hoorde ik zijn motor starten. Zijn koplampen zwierden door de garage; toen was ook hij weg.

Een uurtje later reed ik Den Haag in.

'En, vertel,' zei Yolanda, 'hoe was het, hoe ging het met Martin?'

Ze keek me aan en wist dat ik een boodschap had waar ze niet erg blij van ging worden.

'Hoe is het met hem?'

'Ga zitten,' zei ik. 'Dan pak ik de wijn en de glazen.'

De volgende ochtend belde ik George.

'Godverdomme,' zei George.

'Meer kan ik er niet van maken,' zei ik. 'Het is niet anders.'

'Hoe erg is-ie eraan toe?'

'Lastig te zeggen, George. Niet best, is mijn inschatting.'

'Hou me op de hoogte, wil je.'

'Dat zal ik zeker doen, George.'

Daarna belde ik Ronald om te bevestigen dat onze tournee was gecanceld.

'We bellen,' zei Ronald.

'We bellen.'

Daarmee waren wij als trio officieel voorbij.

52

ALS ME ÉÉN DING NA AL DIE JAREN TOUREN IS BIJGEBLEVEN, één opmerking van Martin, dan is het deze:

'Geven.'

Het was op een avond in Vlaardingen of Sliedrecht of noem-eens-een-dwarsstraat.

Luttele minuten voor aanvang liepen Martin en ik de trap op naar het podium. Ronald stond stand-by in de coulissen, het publiek roezemoesde verwachtingsvol. We moesten op. Ik had er dit keer geen zin in, in de voorstelling. Dat overkwam me uiterst zelden, 'geen zin', maar vanavond was het zover. Wat had ik hier te zoeken, in Zaanstad of Kerkrade; waar was ik en wat deed ik met mijn leven? Vergooide ik geen kostbare tijd met al dat reizen en trekken en kon ik niet beter plaatsnemen aan de schrijftafel, om wondertjes te schrijven die van het papier konden loskomen en opstijgen: was dat niet wat me te doen stond in plaats van te gaan voor snel en tastbaar succes? Was het me daar niet ooit om begonnen, om wondertjes? Succes was zo ongeveer het minst interessant om te oogsten.

Opeens kon weinig me nog wat schelen en ik kreeg zin om weg te kruipen achter een forse steen, of in de diepte van een verre grot of spelonk en dan een rotsblok voor de uitgang te rollen. Die ontsnappingsroute kwam me plotseling aanlokkelijk voor.

Martin maakte korte metten met mijn winterdip.

'Bart, het motto is "geven". Géven. Géven. Géven. Dat is wat ons te doen staat als artiest. Niet nemen, niet iets terugverlangen van het publiek; nee, geven. Dat hoef ik jou toch niet te vertellen, collega, dát weet je toch wel? We moeten de mensen geven, dat is onze taak. Jezus, Chabot, ik had niet gedacht dat ik je dát nog eens zou hoeven uit te leggen.'

Het was een motto, 'Geven!', dat niet zou misstaan op een spandoek of tegeltje.

'Geven dus,' rondde Martin zijn peptalk af. In het halfduister stommelden we naar de coulissen en Ronalds gestalte, die omkeek: waar bleven we?

'Onthou dat, Chabot. Het gaat er niet om hoe jij je voelt, het gaat om de mensen. Géven.'

Sindsdien hield ik me aan Brils motto als onverhoeds een zwart gat dreigde. Geven. Een motto dat Martin zelf tot op het bot zou waarmaken. Hij bleef geven. Martin bleef geven, ook tijdens zijn laatste dagen op deze planeet; tot hij er bijna letterlijk bij neerviel.

—

Ik stond voor de toegangsdeuren van J.J. Car Service in de Sumatrastraat samen met Johnny, de garagehouder.

Er was iets met de aandrijfstang van mijn auto. Niet echt iets ernstigs, niets om je het hoofd over te breken; maar wel iets om je énige zorgen over te maken: de boel diende om erger te voorkomen binnen afzienbare termijn gerepareerd, dat wel. Een stadsritje kon, verduidelijkte Johnny, maar ik moest niet met mijn auto de snelweg op willen om Winschoten aan te doen.

Terwijl we praatten moest ik aan Martin denken. Ik moest knap vaak aan Martin denken dezer dagen.

'Ik ben goed ziek, jongen,' had Martin vanochtend gemaild, 'dat is een ding dat zeker is. Ik voel de dagen tikken, en het is niet altijd makkelijk om moed te houden. Gelukkig heb ik in Frankrijk nog een mooie Winchester staan. Dubbelloops.

Voor de dood ben ik niet bang, maar voor het sterven wel.

Het liefst zou ik als een stervende indiaan de bergen of de wouden in trekken, en het rustig in mijn eentje afhandelen.

Maar ja...'

Een stel jongens van een jaar of acht, negen stoof de straat in.

'Hé!' riep een jongetje met bleekblond piekhaar, terwijl zijn vriendjes in een doorgang tussen de huizen verdwenen, 'jou ken ik, van de tv. Jij bent vaak op tv, toch?'

'Ach,' zei ik neutraal.

'Jij bent toch Bart?' hield hij aan.

Dat kon ik niet ontkennen, al betrapte ik mezelf erop dat ik die mogelijkheid wel overwoog.

Even bleef het stil. Toen zei-ie: 'Mijn moeder vindt jou leuk.' En weg was-ie.

Kort daarna groette ik Johnny en de monteurs en liep met lichte tred richting de Bankastraat. Ergens in de Archipelbuurt huisde een moeder die me leuk vond.

Opnieuw moest ik aan Martin denken. Er waren heel veel moeders die Martin leuk vonden, erg leuk. En ik stelde me voor hoe wij stad en land afreisden om bij al die moeders op de koffie te komen, als hun man en kinderen niet thuis waren, om hun een blij gezicht te bezorgen.

Maar lang duurde die dagdroom niet.

Twee woedende automobilisten ruzieden om een parkeerplek recht voor de ingang van Albert Heijn, en ik was terug in de werkelijkheid.

En terug bij Martins lot.

—

De regen achtervolgde de weinige wandelaars die zich deze eindnovembermiddag op de Scheveningse boulevard waagden. De regen liet zijn tanden zien en dat gebit loog er allerminst om.

Onlangs had ik hier met Martin gelopen, kort voor de aankomst van Sinterklaas. Een wandeling die, Martins conditie in aanmerking nemend, niet snel zou worden herhaald.

Later in de middag sloeg de regen nog genadelozer toe en ik vluchtte een Schevenings café in om op te drogen en op temperatuur te komen. Het was stil in de visserskroeg. Lang staarde ik door het caféraam naar buiten, naar de Scheveningse wolken die te hoop liepen boven het vissersdorp. Ten slotte rekende ik af en liep de regen in. Het was nu zaak ervoor te waken dat ik mezelf niet kwijtraakte, want dat gevaar lag wel degelijk op de loer.

Martin zou nog één keer naar Den Haag komen, op een van de eerste dagen van december.

'Morgen, om halfeen,' liet Martin me telefonisch weten. Zijn stem was een stuk zachter dan gewoonlijk; alsof praten hem moeite kostte. Hij noemde de naam van een restaurant. 'Daar kom ik graag, lunchen, na gedane zaken.'

Hij wilde al ophangen, toen hij zich bedacht.

'Zorg dat je op tijd bent. Laat me niet op je hoeven wachten. Daar ben ik te moe voor, dat trek ik niet meer.'

'Kom,' zei Martin, 'ik moet gaan.'

We hadden het nodige besproken. Over hoe het met hem ging, iets waar hij me haast elke dag over mailde, maar meestal niet over wilde praten. 'Met mij? Goed. Ik heb een team van topartsen om me heen. Zullen we het over iets anders hebben?'

Verschil met deze middag was dat hij toegaf dat het minder goed met hem ging. Eigenlijk ronduit bedroevend. Hij stierf van de pijn, ondanks de pijnstillers. Daarom was er besloten tot een ingreep die met de kerst zou worden uitgevoerd. Hij zou een kooi op zijn hoofd en schouders krijgen gemonteerd, om zo zijn nekwervels te ontlasten. 'Met de kerst, ja,' zei hij. 'Het is niet anders.' Het betrof een pijnlijke operatie, het vastschroeven en wat daarop volgde; dat had zijn behandelend arts hem op voorhand laten weten. 'Nou, als zo'n witte jas dat ruim van tevoren aankondigt...'

'... kun je je borst natmaken,' zei ik. 'Daar komt geen goede fee of elfje aan te pas. Wat een feest, jongen.'

'Ruilen?'

'Jij liever dan ik, Martin. Dit hoogtepunt gun ik je graag. Hang je zelf de slingers en guirlandes vast op of wil je dat ik het voor je doe?'

Toen ik Yolanda bij thuiskomst ernaar vroeg, schrok ze bij het horen van de voorgestelde operatie.

'Is het zo erg, die kooi?' zei ik.

'Dat wil je niet weten,' zei ze, 'en dat ga ik je ook niet vertellen. Arme, arme Martin.'

Ze leek, in gedachten verzonken, de kamer te hebben verlaten. Toen zei ze, terug in de Haagse woonkamerwerkelijkheid: 'Er blijft hem ook niets bespaard.'

'Wat zijn je plannen?' had Martin gevraagd. Hij begreep dat de prolongaties van onze show van de baan waren. Ik had verteld dat ik nog één keer met Remco en Jan op tournee zou gaan – *Tot zoens* heette de voorstelling –, twintig jaar nadat we te vroeg uit elkaar waren gegaan. Straks was de cirkel rond.

'Ik doe mee,' zei Martin.

'Tuurlijk, jongen,' zei ik. 'Dat is goed.'

Er gloeide iets van het oude vuur in zijn ogen, een sprankje.

'Ik zal je wens aan de heren doorgeven. Tuurlijk doe je mee. Ik kan me niet voorstellen dat Remco en Jan er anders over denken dan ik.'

Dat antwoord beviel hem en hij keek naar buiten, naar de haven en de vissersboten die aan de kade lagen en naar de meeuwen boven de havenhoofden. Daar zaten twee, drie columns in. Hij hoefde ze alleen nog maar te schrijven.

Hij griste zijn spullen van tafel – sigaretten, een aansteker, zijn pen en notitieblokje – en stond van tafel op. Om een voor mij onduidelijke reden had hij opeens geen minuut te verliezen. Het was alle hens aan dek.

We verlieten het visrestaurant, dat achter ons de deuren sloot: we waren deze middag de enige klanten.

Hoewel Martin zojuist te kennen had gegeven haast te hebben, bleef hij staan, op de Vissershavenweg, en tuurde naar een grijs schip dat aan de kade lag. Ik kon er niet veel bijzonders aan ontdekken, maar ongetwijfeld behelsde het schip een vierde column. Dat schoot vlot op zo.

Het was koud, en Martin haalde een muts uit zijn jaszak en zette hem op. Over drie weken was het Kerstmis.

'Kijk,' zei Martin, 'zie je dat, die nevel die van zee komt, zeenevels, en hoe die grijze mist langzaam opschuift, Scheveningen in, en bezit neemt van het vissersdorp?'

Terwijl we toekeken hoe de lucht boven de Eerste Binnenhaven dichtslibde, herinnerde ik me een andere keer dat ik met Martin op Scheveningen had vertoefd, achttien jaar geleden. Het was lente toen, en flaneerweer – 'rokjesdag', zou Martin later muntten; maar dat woord moest hij toentertijd nog verzinnen –, en we wandelden via de boulevard naar havenrestaurant Weduwe Van Der Toorn. De toekomst was aan ons, al voorspelde dat 'weduwe' niet veel heilzaams.

'Je weet, ik had hier graag gewoond,' zei Martin, 'in Den Haag. Een stad aan zee, de enige. Maar ja. Het gezin is verknocht aan Amsterdam.'

Het 'had' hier graag gewoond gaf aan dat hij zich erbij had neergelegd dat het er niet meer van zou komen, van een verhuizing naar Den Haag, ook niet als zijn gezin een dergelijke stap alsnog zou omarmen.

'Ik moet weg,' herhaalde Martin meer tegen zichzelf dan tegen mij. 'Ik moet nu echt weg.'

Hij trok zijn wollen muts diep over zijn oren, stapte in zijn Volvo – een zwarte; de gele had hij ingeruild –, toeterde ten afscheid, als de scheepshoorn van een vaartuig dat in dichte mist in moeilijkheden verkeerde, en spoot weg, de Vissershavenweg af.

De grijze mist verdichtte zich nog en het werd snel donker. Alsof achter de zeemist het nieuwe jaar wachtte, dat er nu spoedig aan kwam. Een jaar dat veel goeds beloofde, maar ook heel veel minder goeds.

Ik sloeg de hoek om, liep naar de straat achter het restaurant waar mijn auto stond en passeerde de brede hoge garagedeuren die, toen ik vanmiddag parkeerde, gesloten waren.

Nu stonden ze open. Het betrof de garage van een uitvaartonderneming, zag ik. De chauffeurs rookten een sigaretje bij hun auto's. En ik begreep waarom Martin ondanks zijn haast had getreuzeld bij zijn vertrek, want het zou vanmiddag de laatste keer zijn dat hij Den Haag had aangedaan.

53

SINTERKLAAS REISDE TERUG NAAR SPANJE, HET WERD KERST en Martin ging het ziekenhuis in om zijn 'gouden kooi' te krijgen uitgereikt. Toen Martin uit het ziekenhuis gekomen weer enigszins aanspreekbaar was, belde ik hem op.

'Hoe gaat het met je, jongen?' zei ik monter, in de veronderstelling dat hij er niet al te best aan toe was en enige vrolijkheid wel zou waarderen.

Martin begon te huilen.

De behandeling bood weinig of geen soelaas en de kooi zou weer worden verwijderd.

'Die arme Martin,' zei Yolanda. 'Arme jongen. En zijn arme gezin, laten we hen vooral niet vergeten.'

Uit haar blik maakte ik op dat aan Martins lijdensweg voorlopig geen einde kwam.

De eerste keer dat ik bij Martin op bezoek kwam sinds zijn ziekte zich openbaarde, ging ik de deur uit met een stapeltje cadeaus onder de arm.

'Hier, pak aan,' zei hij en gaf me een box met alle tracks die Jerry Lee Lewis in de beginjaren van de rock-'n-roll in de legendarische Sun-studio in Memphis, Tennessee had opgenomen. Het was een lijvige box, zeer lijvig. Je kon een hoop van The Killer zeggen en hem verwijten dat-ie ooit met zijn veertienjarige nichtje in het huwelijk was getreden, en je kon je afvragen waar The Killer zijn bijnaam 'The Killer' aan te danken had, maar lui? Nee, lui was Jerry Lee niet.

We waren bewonderaars van Jerry Lee Lewis: een real wild child, die de piano net zo lief met de hakken van zijn laarzen bespeelde, of tijdens een optreden op zijn vleugel ging staan om daar met metalen stem verder te zingen. Een zekere mate van verscheurdheid was Jerry Lee niet vreemd, wat mij aansprak en Martin tot op zekere hoogte ook.

Niet verwonderlijk dat Martin en ik elkaar pas echt goed leerden kennen toen The Killer naar Paradiso kwam, jaren eerder.

'Bart?' schalde Martins stem op een avond door de woonkamer.

'Neem je niet op?' zei Yolanda verbaasd.

Ik liep naar de telefoon en nam de hoorn van de haak. Martin had twee kaartjes voor The Killer, overmorgen. Of ik zin had mee te gaan. Daar hoefde ik niet lang over na te denken. Dan moesten we elkaar om twee uur treffen in een café op een Amsterdamse gracht: van daaruit werd een radio-uitzending verzorgd, live, waarin Martin te gast was om zijn licht over Lewis te laten schijnen.

'Daar moet je bij zijn,' zei Martin. 'Voor het geval ik stilval.'

'Ben je gek,' zei ik, 'dat overkomt jou niet.'

Maar ik moest en zou mee zodat ik als de nood aan de man kwam het van hem kon overnemen.

De uitzending verliep vlekkeloos. Waarom Lewis zo vaak dezelfde nummers zong, wilde de presentator die weinig met The Killer ophad weten.

'Move the product,' zei Martin, iets wat ik hem in de jaren die volgden vaker zou horen zeggen.

Wat me van het concert bijbleef, was dat Jerry Lee Lewis regelmatig een song onderbrak om, terwijl de band doorswingde, zijn haar te kammen. Ook trapte hij vrij vlot na aanvang zijn pianokruk weg om staand verder te spelen. Zijn hakken namen het af en toe van zijn vingers over. Je prees je gelukkig dat je niet een van de pianotoetsen was.

Via Jerry Lee Lewis hadden Martin en ik elkaar gevonden, jaren eerder, maar nu was Martin opeens klaar met Jerry Lee. Sterker, The Killer zat hem dwars.

'Weet je het zeker, Martin?' zei ik met de box in mijn hand alsof ik deze nog niet tot mijn bezit rekende en hem zo kon teruggeven.

'Ik hoef die stem niet meer om me heen,' zei Martin, 'dat metalige.'

'Maar...' Straks kreeg hij er spijt van, van zijn gift en zou het tegenover derden lijken alsof ik me de box had toegeëigend.

'Ik wil die stem niet meer in huis.'

Toen ik vertrok viel me op hoe moe hij was, terwijl ik toch niet langer dan een uur op bezoek was geweest.

De keer daarop vertelde Martin me welke Amerikaanse columnisten ik beslist moest lezen, en wie vooral niet.

Toen ik na een uurtje zag dat hij moe werd, stapte ik op. Dit keer kreeg ik wat boeken van zijn favoriete schrijvers en een cd van countrylegende Hank Williams mee naar huis.

‘Van mijn verzameling antieke typemachines krijg je er niet één. Die gaan naar een ander. Bij jou thuis is het al erg genoeg. Je reinste pakhuis. Als je daar een typemachine van me bij zet, breekt een van jullie geheid zijn nek. Dat kunnen we niet hebben.’

‘Ik ga ervandoor, jongen. Jij moet rusten. Nee, me niet tegenspreken, ik zie het aan je.’

‘Doe je de groeten aan Yolanda?’ zei hij. ‘Niet vergeten, hè?’

Dat riep Martin naar me terwijl ik met de klink van de voordeur in mijn hand stond. Hij was te moe, zei hij, om met me mee te lopen naar de deur.

‘Dat komt volgende keer weer,’ zei hij.

Maar de keer daarop deed een van zijn dochters open.

‘Kom verder!’ Martin lag in een soort rieten mand, bij een kast met zijn favoriete boeken en cd’s. De tuindeur stond open en hoewel het een achtertuin betrof in hartje Amsterdam kon je de vogels horen.

‘Ik luister graag naar ze,’ zei hij. ‘Eigenlijk heb ik daar genoeg aan.’

Er hing geen klok aan de wand, in tegenstelling tot zijn vroegere kantoor met drie klokken aan de muur.

‘Moet je niet weten hoe laat het elders is,’ zei ik, ‘Tokiotijd?’

‘Ik weet hoe laat het is,’ zei Martin. ‘Vertel mij wat.’

Toen ik een uurtje later weer vertrok, kwam hij niet overeind.

‘Je vindt het hoop ik toch niet erg als ik niet opsta, hè?’

Het werd maart, de Boekenweek naderde en Martin en ik werden uitgenodigd, met vele collega’s, om bij De Bijenkorf ons werk te komen signeren.

‘Nou jongen,’ zei ik, ‘dat ga jij vanzelfsprekend niet doen, gelet op de staat waarin je je bevindt. Daar ga je niet heen, toch?'

Misschien had ik dat 'toch?' niet achter mijn zin moeten plakken. Nu bood ik Martin een achterdeurtje om te kunnen ontsnappen.

'Natuurlijk ga ik dat doen, wat dacht jij dan? Zo'n opgave is dat toch niet?'

'Hoe wilde je er komen, Martin, op een drukke zaterdagmiddag op de Dam?'

'Anneke brengt me en zet me voor de deur af.'

Dat kon zijn, maar toen ik Anneke ernaar vroeg wist ze niet van Martins voornemen af, en het leek haar een verre van geslaagd idee. 'Je zag hoe Martin eraan toe is, dat kan hij helemaal niet. En ik kan 'm wel brengen, dat doe ik met alle liefde, maar dan moet hij daar een uur zitten en signeren; dat kan ik niet voor hem doen, dat zal hij toch echt zelf moeten doen.'

Nee, dat ging niet, het was een zot plan, daar waren we het beiden roerend over eens; maar de bewuste zaterdagmiddag, op het aangegeven tijdstip, stapte Martin De Bijenkorf binnen, met zijn baseballcap zo diep over zijn ogen getrokken dat ik ze niet kon zien. Anneke ondersteunde hem en begeleidde hem naar zijn plek, een barkruk achter een tafeltje waarop een forse stapel boeken van hem lag: aan te signeren boeken geen gebrek.

Martin deed zijn jas open, pakte een pen en begon vast, hoewel het startschot van de manifestatie nog niet had geklonken: de laatste auteurs druppelden binnen en namen hun plaatsen in.

'Voorbereidend werk, jongen,' zei Martin. 'Ik ben doodmoe en heb geen zin om hier te moeten zitten wachten tot er eens een lezer opduikt.'

'Jongen, ik hou je niet tegen. Ga je gang. Hoe eerder je weer thuis bent hoe beter.'

'Waar zit jij?'

Ik wees hem de tafel een eind verderop, waar ik werd geacht

plaats te nemen, liefst met enige spoed. We gingen zo beginnen; degene die de officiële opening verzorgde beduidde me om mijn plek op te zoeken, en een beetje vlot graag. Het publiek dromde samen achter het lint dat hij elk ogenblik met een reuzenschaar kon doorknippen en op vertraging of onnodig uitstel zat hij zeker niet te wachten, maakte ik uit zijn blik op.

'Jammer,' zei Martin, 'dat we niet naast elkaar zitten, hadden we nog kunnen lachen. Als ik door die stapel boeken heen ben, ben ik weg. Dan weet je dat vast. En als het me niet bevalt, ga ik er nog eerder vandoor.'

'Bart,' zei Anneke, 'ik sta voor de deur geparkeerd, op de stoep, maar daar kan ik niet blijven. Nog even treuzelen en ik heb een bon. Hou een oogje in het zeil en let een beetje op Martin, goed? Zodra hij klaar is, of het zat is of niet meer kan, bel dan een taxi, of vraag de organisatie om een taxi te bellen. Hij heeft genoeg geld bij zich en weet dat we het zo hebben afgesproken; dat dát de voorwaarde was waarop ik wilde meewerken aan deze exercitie. Want het blijft van de zotte. Hij is doodziek, dat weet hij zelf ook donders goed, en dan toch... Wat je ook tegen hem zegt... dan toch...'

Er klonk iets van wanhoop in haar stem.

'En nog iets... Wil je je er persoonlijk van overtuigen dat Martin ook daadwerkelijk in de taxi stapt, en dat die taxi met hem naar huis rijdt? Dat hij niet hier de deur uit loopt en niemand weet waar hij uithangt. Dat kunnen we niet hebben. Of hij ziet zijn kans schoon en loopt een café in. Bovendien, hij ziet er zo ziek uit, daar hoeven we geen foto's van. Kan ik daarvan op aan? Daar reken ik dan op, hè? Alvast dank.'

Ik begaf me naar de mij toegewezen signeertafel.

'Goed,' zei degene die over het startschot en het lint ging, 'als de heer Chabot dan eindelijk ook eens zover is, en is uitgebabbeld en zowaar zijn plaats heeft ingenomen zonder ons allen nog langer te laten wachten... dan kunnen we eindelijk van start.'

De signeersessie was nog niet zo lang onderweg, een halfuurtje hooguit, toen ik Martin mijn kant op zag schuifelen. Ja, er stond nog een rij wachtenden voor zijn tafel – hij mocht zich in een aanzienlijke belangstelling verheugen –, maar hij zat erdoorheen. Dat had hij zijn publiek ook gezegd en hij kon op hun begrip rekenen, ze zagen aan hem dat hij betere tijden had gekend.

'Moet jij niet je bed in, Martin?' had een vrouw tegen hem gezegd.

Dat advies kon hij maar beter ter harte nemen; op was op, dat zag hijzelf nu ook in.

Ik verontschuldigde me bij het publiek dat voor mijn tafeltje wachtte en schoot iemand van de organisatie aan, die prompt een taxi belde. 'Hij komt eraan, hoor! Momentje. Loop maar vast naar de uitgang. Hij komt van om de hoek, Krasnapolsky, hij is er zo.'

Dat deden we, naar de uitgang lopen; dat wil zeggen: schuifelen, waarbij hij zwaar op me leunde.

Ik kon wel janken toen ik Martin achter in de Mercedes zag zitten, met een vrijwel onherkenbaar gezicht; hij, man van de wereld, op wie ik dol was, en die nu, in zijn nadagen, door een taxichauffeur als een kind thuis diende te worden afgeleverd.

'Dat is Martin Bril, toch?' zei de chauffeur, die was uitgestapt en het portier achter Martin dichtdeed.

'Het gaat niet goed met 'm, hè, zo te zien.'

Dat kon ik kwalijk ontkennen.

'Waar moet-ie heen, Martin? Schiphol?'

Ik gaf het huisadres op. 'Let op 'm, als je wilt, en zet hem voor de deur thuis af en laat hem niet onderweg uitstappen, watie ook tegen je zegt, ook niet als hij beweert dat hij voor zijn medicijnen per se bij die en die apotheek moet zijn.'

'Komt voor mekaar,' zei de chauffeur. 'Dat ziet er niet best uit, daar hoef je geen dokter voor te wezen. Die jongen is doodziek.'

Hij trok zijn portier open. 'Wat heeft-ie gedaan, Martin?'

'Gesigneerd, bij De Bijenkorf.'

'Nou, die moeite had-ie zich beter kunnen besparen.'

Hij groette, nam plaats achter het stuur en trok het portier dicht. Het raam zoemde omhoog en de auto mengde zich in het drukke zaterdagmiddagverkeer.

Al die tijd had Martin strak voor zich uit gekeken. In de wereld die hij binnenging was voor mij vooralsnog geen plaats.

Via de draaideur kwam ik het warenhuis voor de tweede keer binnen vandaag, op mijn onderlip bijtend om de emoties te beteugelen, wat lukte: niemand die iets aan me zag of vermoedde, en ik nam mijn plek in aan tafel en signeerde een boek van een klant die naar eigen zeggen lang op me had gewacht.

'De heer Bril,' zei een oudere dame, 'die is er niet meer, hè? Zo vroeg al vertrokken.'

'Hij voelde zich niet zo lekker, Martin. Vandaar.'

'Mooi is dat. Had ik me daar nog wel zo op verheugd, is de vogel gevlogen.'

Ze had bijna een halfuur op Martin gewacht.

'Ach,' zei ze, 'zou u me een plezier willen doen en dit boek van Bril voor me signeren?'

Enkele omstanders vingen haar woorden op en niet veel later signeerde ik het ene na het andere boek van de rij Brilliefhebbers voor mijn tafel. Ik signeerde die Bijenkorfmiddag meer boeken van Martin dan van mezelf, iets wat me diep vanbinnen grote voldoening schonk.

Het scherm van mijn mobiel lichtte op. Anneke meldde dat Martin goed was thuisgekomen, en al sliep. 'Nogmaals dank.'

De manifestatie was al een poos afgelopen, maar ik behoorde tot de signeerders die vlijtig door signeerden; totdat degene die het startschot had gelost omriep dat de zitting werd opgeheven, en wel nu.

Ik groette mijn laatste klant, pakte mijn spullen en liep naar de lift: boven was een borrel voor de deelnemende schrijvers gaande. Terwijl ik op de lift wachtte, werden achter me de tafels en barkrukken al opgeruimd, evenals enkele stapeltjes overgebleven boeken. Een 'pingg' klonk, en de liftdeuren schoven open.

Het laatste openbare optreden van Martin was achter de rug.

54

'PAP,' ZEGT SPLINTER, 'ALS JE 'S OCHTENDS UIT BED KOMT reageert Bril bijna niet meer. Soms vraag ik me af of ze nog leeft, zo stil ligt ze erbij.'

Hij buigt zich over Bril, die een oog opent en weer sluit.

Dan gaan ze, de vier broers, joggen om het meer; die blijven voorlopig nog wel even weg.

'De jongens krijgen niet zozeer een eigen leven,' zeg ik tegen Yolanda, 'ze hébben een eigen leven.'

'Al een tijdje hoor, schat.'

Als we de jongens hebben uitgezwaaid en ze om een bocht in de weg tussen de bomen zijn verdwenen, keert de rust terug en dwalen mijn gedachten opnieuw af naar Martin en diens lot, en kortstondig naar Herman en Jules.

Ik zie Herman voor me staan. Hij kijkt op een van de drie polshorloges die hij om heeft.

'Waar blijft-ie nou?' zegt hij ongeduldig tegen Jules. Ze bevinden zich in een tuin, maar het is niet de tuin waarin Yolanda en ik vakantie vieren.

'Wie?' zegt Jules, die cool and collected door de platen in zijn platenkoffer gaat, op zoek naar dat éne jazzalbum.

'Bart,' zegt Herman. 'Hij had er allang zullen zijn.'

Op een middag trof ik Martin thuis in een sombere bui aan; niet zo vreemd gelet op hoe hij eraan toe was.

'Ik heb alles verpest,' zei hij. 'Mijn gezin, mijn schrijversloopbaan... Een zee aan losse stukjes, maar nooit een roman. I blew it all.'

Ik zag me genoodzaakt hem tegen te spreken.

'Wacht even,' zei ik, 'je hebt laatst toch een novelle geschreven?'

Mismoedig schudde hij zijn hoofd.

'Nee jongen, die hing van aan elkaar geknoopte en geplakte flarden en fragmenten aan elkaar, en dat dan herschreven, bits and pieces.'

Ik begreep dat mijn argument hem niet van zijn somberte ging verlossen; er diende zwaarder geschut in stelling gebracht.

'Martin, hou op, je velt een te hard oordeel over jezelf. Je schreef niet één roman, maar drie... in duizend-en-enige stukjes, in splinters, scherven en brokstukken... Over Amsterdam, over ons land, en een kleine roman over Frankrijk. Alles, zoals gezegd, in duizend-en-een stukjes, als een mozaïek, of een wandtapijt zo je wilt, of een gebrandschilderd kerkraam. Kom op, jongen, wat zullen we nou krijgen, dat hoef ik je toch niet te vertellen?'

Dat monterde hem wat op, al besefte ik terdege dat zijn

opgewektheid niet lang stand zou houden. Bovendien, de mate waarin hij al dan niet was tekortgeschoten ten opzichte van zijn gezin kon ik met geen mogelijkheid wegpoetsen, hoe graag ik dat ook voor hem zou hebben gedaan. Met sommige demonen moest hij zelf in het reine zien te komen, daar hielp geen moedertjelief aan.

Op een ochtend belde Martin onverwachts op. Naar de telefoon grijpen om me te spreken, deed hij tegenwoordig nog maar hoogstzelden.

'Bart? Bril hier.' Het was maandag. Ik was alleen thuis. 'Neem eens op.'

Ik snelde de kamer door, ik kon hem niet laten wachten. Bovendien, als hij nu opeens wel belde, moest er iets aan de hand zijn.

'Jongen,' zei hij. 'Eindelijk. Wat duurde dat lang. Waar moest je vandaan komen? Of zat je plaatjes te draaien, de nieuwe van de Foo Fighters?'

Martin klonk opgeruimder dan hij in tijden had gedaan. Wat was de reden van zijn plotselinge blijmoedigheid?

'Luister, jongen,' zei hij.

'Tot nu toe heb ik niet anders gedaan, Martin.'

'Jongen, je kent ons tweede huis in Frankrijk, hè?'

Ik antwoordde bevestigend. Een aantal jaar geleden hadden Yolanda en ik er de zomervakantie doorgebracht, met de vier jongens.

Twee losstaande huizen, beter gezegd, en een schuur; en een caravan waarin Maurits had geslapen. Yolanda en ik sliepen in het kleinere huis, op de eerste verdieping, die tevens dienstdeed als Martins werkkamer en waar hij schreef, een ruimte waarin ik me senang had gevoeld. Sebas en de kleintjes sliepen in het grotere huis; 's avonds laat in gezelschap van de kat waarop we pasten, die overdag buiten rondzwierf. Martin was met zijn gezin op vakantie in Andalusië; gedurende hun aanwezigheid pasten we ook een beetje op het huis. Als het onweerde kropen de kleintjes bij Sebastiaan in het tweepersoonsbed tot het noodweer luwde; en de kat voegde zich dan bij hen.

Door een Franse zomerfile waren we pas met de nodige vertraging ter plaatse. De welkomstbarbecue brandde al; de vlammen laaiden hoog op, we konden meteen aan tafel. Je kon zelfs beweren dat de vlammen een tikkeltje te geestdriftig om zich heen woekerden. Straks vatte het droge gras vlam. Maar daar wilde Martin niet van weten. Het was hem een keer overkomen dat een flink stuk van het veld in brand stond, maar dat oordeelde hij zo erg niet. Als we maar zorgden dat het bos, een paar honderd meter verderop, waar de weide ophield, niet in de hens vloog.

Dit alles tot vreugde van onze zoons – 'Zo Martin, wát een vuur! Gaaf, zeg!' –, zodat ik me genoodzaakt zag het enthousiasme van de vier jongens iets te temperen.

'Ja jongens, Martin kan het mooi vertellen, als geen ander. Maar dat gaan we dus niet doen, fikkie stoken met het risico dat het veld... We gaan de boel heel houden.'

Martin had Maurits op tournee eens een briefje van honderd in de hand gedrukt met de woorden: 'Jongen, haal jij eens even een sigaar in de tabakszaak aan de overkant van het plein. Vraag om de beste sigaar die ze verkopen, kan niet schelen wat het kost'; waarna Mau bij terugkeer mocht meeroken van de vorstelijke Cubaanse bolknak. En ik herinnerde me hoe, terwijl Ronald en ik soundcheckten in het plaatselijke theater, Maurits – een broekie nog – dankzij Martin met alcohol kennismaakte in een Brabants biljartcafé. Bofkonten waren we, zonder het ten volle te beseffen.

Na het eten namen we afscheid van Anneke en de kinderen. Martin zou in zijn nieuwe, supersnelle Volvo voor ons uit rijden naar het hotel dat hij voor ons had geboekt. 'Anders vinden Yolanda en jij dat hotel nooit in het Franse plattelandse pikkedonker.'

'Oké, jongens,' zei hij tegen onze kinderen, 'stap in. Of rijden jullie liever met je pa en ma mee, nee toch zeker?'

Dat ons 'voorgaan' pakte uit als een verkapte nachtelijke race. Na het verlaten van het erf gaf Martin gas, en bleef gas geven. Enkele ogenblikken zagen we het schijnsel van Martins koplampen door het woud priemen; toen was-ie weg.

'We hadden de jongens,' zei Yolanda bezorgd, 'nooit aan Martin moeten meegeven.'

'O, dat valt reuze mee,' zei ik goedgemutst terwijl ik me de snelheden herinnerde die Martin kon ontwikkelen na afloop van een theatervoorstelling. 'Geen zorgen, Martin weet wat-ie doet.'

'O ja?' zei Yolanda. 'Zag je wat Martin dronk? Daar zat geen mineraalwater bij.'

Dat kon ik lastig tegenspreken. Ergens begreep ik haar ongerustheid wel.

'Nog een geluk dat ik het adres heb,' zei Yolanda.

Martin zat aan de bar op ons te wachten; hij kende de vrouw van de eigenaar en was van wijn voorzien.

'Waar wás jij?' zei Yolanda. 'Laat ik nou toch begrepen hebben dat je voor ons uit zou rijden?'

Later hoorden we van de jongens dat Martin tot hun grote vreugde het gaspedaal diep had ingetrapt. 'Pap, niet te geloven zo hard Martin reed! Geweldig! In de bochten schoven we van de ene naar de andere kant op de achterbank, supergaaf!' De bomen zoefden aan hen voorbij en in een ommezien waren ze ter plekke, waarna het wachten op ons begon.

'Waar bléven jullie?' zei Maurits. 'We zijn al uren hier en begonnen ons al zorgen te maken.' Maurits zat niet aan de wijn.

Onze jongens waren dol op Martin. Hij kon niet stuk bij hen.

Ten slotte, toen Martins wijn op was, namen we afscheid.

'Veel plezier in Andalusië,' zeiden we.

'Doe me een plezier, wil je, Martin,' zei Yolanda, 'en rij straks niet zo hard terug. Het zou wel zo prettig zijn als jullie Andalusië morgen halen.'

Met z'n zessen zwaaiden we hem uit, wat weinig tijd in beslag nam.

We bewaarden de beste herinneringen aan die vakantie; we mochten altijd terugkomen, maar daar was het niet meer van gekomen.

'Ben je daar nog, Bart, of-hoe-zit-'t?' hoorde ik Martin ongedurig zeggen en ik schudde de herinneringen van me af.

'Jongen,' zei Martin, 'wat zeg je ervan als wij er eens een weekje tussenuit knijpen, jij en ik, weg uit Den Haag en Amsterdam, weg van alle gedoe, de hele hassle. Jij rijdt, dat kan ik niet meer. In een dag kunnen we er zijn, in mijn Franse huis, vooropgesteld dat jij je voet in de buurt van het gaspedaal houdt. Wat denk je ervan?'

Terwijl hij zijn plan uit de doeken deed hoorde je zijn stem in kracht afnemen, en in volume. Hij was verre van in goeden doen.

Martins voorstel klonk te aantrekkelijk om waar te zijn, en dat was het ook.

Terwijl ik luisterde ging een alarmbel af, eentje die zich niet liet negeren maar luid van zijn aanwezigheid blijk gaf. Niet zonder reden.

Martin had Yolanda en mij indertijd door het vakantieverblijf rondgeleid. Waar zat de kraan van de waterleiding, waar bevond zich de stoppenkast en waar lagen de stoppen; hoe werkte het fornuis, waar zat de knop van de buitenverlichting: de gebruikelijke dingen.

Tot Martin ons meetroonde naar de schuur. Daar wachtte een verrassing.

Hij liet ons zien waar het gereedschap lag voor-het-gevaldat, de zaag om hout te zagen voor de open haard – 'Maar het is warm zat, dus dat hoeven jullie niet te doen' –, de bijl, de hamers, schroevendraaiers en nijptang, en de doosjes schroeven en spijkers. 'Meer hebben jullie niet nodig, en anders bel je maar.'

'Kom,' zei hij en wenkte ons dichterbij te komen. 'Kom even kijken, ik wil dat jullie dit weten.'

Achter in het donkerder gedeelte van de schuur verschoof Martin enkele platen hout, wat losse planken en haalde een langwerpig voorwerp tevoorschijn dat ik in eerste instantie in het halfduister niet herkende.

In tweede instantie wel. Een jachtgeweer.

'Ken je dit, Bart? Jij hebt in militaire dienst gezeten, dit moet jou aanspreken. Weet je wat dit is?'

'Ik geloof van niet, jongen.'

'Een Winchester.'

'Dan begrijp ik dat ik het niet herken. In dienst schoot ik met een pistoolmitrailleur, de uzi. En met een revolver, een Walther.'

'Waarom heb je dat hier, Martin?' zei Yolanda. 'Wat moet je ermee, met een geweer?'

'Wild schieten.'

'Doe je dat dan?'

Nee, daar was het nog niet echt van gekomen, al schoot hij er soms mee, als hij buiten de vakanties voor een paar dagen hier in Frankrijk zat, even ertussenuit.

'Ik laat het jullie zien,' zei Martin, 'vanwege de jongens. Die moeten het niet in handen krijgen, daar komen de grootste ongelukken van. Ze zullen ongetwijfeld op een regenachtige middag in deze schuur rommelen, uitstekend, dat mag, geen enkel bezwaar, maar... Dit is een wapen, echter dan dit maken ze het niet. En daarom...'

Martin legde het geweer terug, plaatste de houtplaten ervoor en de losse planken en liep met ons mee naar het lichtere voorste gedeelte van de schuur.

'... en daarom bewaar ik de patronen ergens anders, in huis. Lopen jullie mee? Dan wijs ik je aan waar de doos patronen ligt, zodat...'

In het grotere huis ging hij ons voor naar de kamer waarin een bureau stond, met een boekenkast tegen de muur. Hij trok een bureaula open, voelde met zijn hand tussen de spullen tot hij vond wat hij zocht en toonde ons een doos patronen.

'Begrijpen jullie? Dat bewaar ik met opzet gescheiden zodat, mocht een van de kinderen onverhoopt op de Winchester stuiten, ze er nog niks mee kunnen. En de kans dat ze én het geweer én de patronen vinden, die kans is nihil. Maar dan weten jullie dat, ja?'

De bureaula leek een allesbehalve veilige plek. Allicht dat een van de jongens eens door de lades zou gaan: dat zou ik in zijn geval ook hebben gedaan. Waar lag de doos patronen wel veilig?

Toen we de volgende morgen uit het hotel terugkwamen bij ons vakantieverblijf – Martin en zijn gezin waren al op het vliegveld – speurden we, terwijl de jongens hun slaapplek inrichtten en buiten speelden, de werkkamer rond. Op een van de boekenkastplanken stond een aardige rij Franstalige romans; die zag ik niet zo gauw door een van de jongens geestdriftig ter hand worden genomen.

De kans dat een van hen uit nieuwsgierigheid achter die boekenrij zou koekeloeren, was nihil.

De vakantie verliep rimpelloos en zonder dat een deel van het perceel in vlammen opging. Ook ik bleef van de lucifers af en de kat overwon zijn schroom en meldde zich 's avonds opgewekt aan tafel. De jongens hadden de schuur verkend, maar bij de vondst van een voetbal en twee badmintonrackets zonder shuttle was het gebleven. De Winchester en de doos patronen-achter-de-boekenrij waren nooit ontdekt.

'Wat staat je voor ogen, Martin,' zei ik, 'bij zo'n trip naar Frankrijk?'

Niet zoveel bijzonders, suggereerde zijn antwoord; maar ik verstond hem maar half, of eigenlijk niet, zo binnensmonds sprak hij.

Het kwam erop neer dat hij zijn tweede huis graag nog een keer terugzag, nu dat nog kon. Met het gezin ging dat niet lukken, zijn dochters moesten naar school, leerplichtig, maar wij... Wat lette ons?

Weinig, gaf ik toe. Niets eigenlijk. Ik kon thuis best een paar dagen worden gemist: daar zouden de gezinsleden niet huilend van in de gordijnen hangen met het dreigement pas naar beneden te zullen komen als papa terug was.

Tegelijkertijd denderde Martins recente mail door mijn hoofd. 'Het liefst zou ik als een stervende indiaan de wouden in trekken, en het rustig in mijn eentje afhandelen.'

Dat mocht Martin willen, die keus was geheel en al aan hem; maar in de tenuitvoerbrenging van die wens of behoefte ging ik niet mee. Een dergelijke trip had ik een jaar eerder graag met hem ondernomen; maar nu niet.

Stel je voor dat ik op een ochtend boodschappen deed en goedgeluimd van de Super Marché terugkeerde, op het erf parkeerde, Martins naam riep, een reactie uitbleef en ik hem uiteindelijk, na een lange en steeds wanhopiger zoektocht, zou terugvinden in het bos met de Winchester naast hem in het gras.

Of dat ik een huishoudelijk klusje deed, opruimen, de vaatwasser legen, en opeens een schot hoorde, in de bossen vlakbij, zodat je een fractie van een seconde kon geloven dat het om een jager ging, de jacht, geschoten wild. Tot het tot me doordrong dat het jachtseizoen weliswaar nog open was, maar dat het geweerschot te dichtbij had geklonken en niet per se door een jager hoefde te zijn gelost. En wie mocht er in dat geval naar Martins gezin in Amsterdam bellen met het droeve nieuws? En zou ik een dag verder kunnen leven zonder mezelf het verwijt te maken – Martins precaire situatie kennend – niet goed genoeg op hem te hebben gelet en hem op een onbewaakt ogenblik uit het oog te zijn verloren zodat ik hem niet tegen zichzelf kon beschermen?

Nee, daar ging ik niet op in, op Martins suggestie, aan-me-nooit-niet; maar dat kon ik niet tegen hem zeggen. Hij zou zijn voornemen ontkennen en zeggen dat het 'gewoon' een laatste bezoek aan zijn geliefde Franse verblijf behelsde. Dat er verder niets achter zat en er geen sprake was van een dubbele agenda.

'Jongen,' zei ik, 'dat is een goed plan. Een heel goed plan zelfs. En dat moeten we ook zeker doen, samen naar Frankrijk afreizen, met alle plezier, maar... Eerst moet je in een iets betere conditie zijn, een behoorlijk stuk opknappen. Nu ben je voor zo'n inspannende reis nog te zwak. Maar ben je eenmaal iets opgeknapt, dan, jongen, houdt niets ons nog tegen en gaan jij en ik naar je tweede huis; en dat hopelijk niet voor het laatst, integendeel. Dan kun je ook op me rekenen, beloofd. Op mijn padvinderseer. Niet dat ik ooit bij de padvinderij heb gezeten, maar toch. Dan trekken we erop uit, naar je Franse cottage, en verder nog, zuidelijker, dan zoeken we de zon op, naar Nice en de Côte d'Azur, de Middellandse Zee, zonnig Madeira, en komen we misschien wel nooit meer terug. Beloofd.'

Daar liet ik het bij: ging ik langer door, dan zou het lijken alsof ik mezelf van de mogelijkheid van een dergelijke reis probeerde te overtuigen: een poging die Martin niet zou ontgaan.

Ik moest me verbijten om niet alsnog aan zijn wens tegemoet te komen en hem de waardigheid te gunnen om zich als een indiaan in het bos terug te trekken en het heft in eigen hand te nemen.

'Oké, jongen,' zei hij. Zijn stem klonk plotseling een kwarteeuw ouder.

'Ik kom gauw langs,' zei ik.

'Doe dat,' zei Martin. 'Ik wil je een paar dingen meegeven.'

Toen Yolanda 's avonds van haar werk thuiskwam vertelde ik haar van Martins voorstel.

'Geen sprake van,' zei ze; en het leek me raadzaam om het daarbij te laten.

'Wat er ook gebeurt, jij rijdt hem daar niet heen, hoezeer ik het Martin op zich ook gun. Een onverantwoord grote inspanning, die reis. Dan kun je bij aankomst door naar een Frans ziekenhuis. Hebben we het maar niet over dat geweer en de doos patronen.'

Daarmee was de kous af.

'Als je het niet erg vindt,' zei Yolanda na het eten, 'ga ik vanavond vroeg naar bed. Ik ben bekaf. Kom je ook mee naar boven?'

Korte tijd later hoorde ik haar de trap opgaan.

'Kom je?'

'Ja, ik kom eraan,' zei ik; maar via de keuken liep ik de achtertuin in en nam plaats op het terras.

Het zou niet lang meer duren voor het donker was. Dan zag ik de sterren weer, ook al zagen de sterren mij niet.

Martin was de tweede dierbaarste vriend die me zou ontvallen, afgezien van de dierbare vrienden die ik onderweg was kwijtgeraakt. Dat moest geen gewoonte worden. Na Hermans dood was de vriendschap met Martin hechter geworden, alsof Martin met zijn rock-'n-roll-levensstijl de leegte die Herman naliet vulde. Een kinderopdracht van vroeger schoot me te binnen: Zoek de Zeven Verschillen. Herman had met een sprong van het hoteldak zijn lot bezegeld. Martin klampte zich aan de dakrand vast en wilde niets liever dan het dak op klimmen, terug; maar hij was in de rug en van binnenuit aangevallen.

Boven me ging een balkondeur open.

'Lieverd,' hoorde ik Yolanda's stem van ver, 'waar blijf je? Kom je?'

Ik wierp een laatste blik op de nachthemel boven de daken. Maar het heelal gaf niet thuis.

55

OP EEN MIDDAG, ZO'N TWEE WEKEN LATER, BELDE RONALD.

'Bartus, hoe gaat het ermee?'

Hij klonk vrolijk; ongetwijfeld bracht hij goed nieuws. Zouden we het op de valreep dan toch nog mogen beleven, de wonderbaarlijke wederopstanding van Martin? Het leek me sterk.

'Martin heeft me gebeld,' zei Ronald.

'Hoe is het met hem, vandaag?'

'Het houdt niet over. Maar dat is niet de reden dat hij me belde.'

'Want hij belde je omdat...?'

'Martin stelde voor om naar zijn huis in Frankrijk te rijden en daar een paar dagen door te brengen. Daar voel ik wel wat voor.

Ik ben er nooit geweest en wil het weleens zien, nog daargelaten dat ik er Martin een plezier mee doe. Heeft Martin je niet met dit voorstel benaderd? Of heeft-ie dat gedaan, maar had je er om wat voor reden dan ook geen zin in?'

Ik haalde diep adem. Moest ik Ronald waarschuwen voor Martins mogelijke intentie en hem vertellen van het geweer; of pleegde ik op die manier verraad en bemoeide ik me met zaken waar ik me niet mee te bemoeien had?

'Ben je d'r nog, Bartus?'

'Ja,' zei ik, 'ik ben er nog, ik luisterde. Gaf Martin ook aan wanneer hij wilde vertrekken, binnenkort of op langere termijn?'

'Nee, een dezer dagen, geen uitstel. Op z'n laatst volgende week.'

Zei ik het, of zei ik het niet?

'Bartus?'

Ik vertelde Ronald van de Winchester en de doos patronen, en van Martins mail die ik had ontvangen.

Ronald hoorde ervan op, zwak uitgedrukt.

'Weet je,' zei ik, 'misschien zie ik spoken, best mogelijk. Sterker, laten we vooral hopen dat dat het geval is. Als er één is die het leven omhelst dan is het Martin, daarover geen twijfel. Maar intussen... Op dit punt kun je je geen risico permitteren, uit voorzorg. Je weet niet wat-ie zich in zijn hoofd haalt, hoezeer hij ook aan het leven hangt. Laat ik het zo zeggen: ik heb Martin duidelijk gemaakt dat ik er niet aan begon, aan dat reisje, met als argument dat hij er lichamelijk niet aan toe was en het hem zelfs kon terugwerpen, een dergelijke trip.'

'Bedankt,' zei Ronald. 'Ik weet genoeg.'

—

Niet zo heel lang daarna belde Martin me vanuit Ronalds auto. Het was een maand voor Martins dood.

'Waar zit je?' zei ik.

'We zijn net over de grens,' zei Martin opgetogen. 'We hebben koffie gedronken in een tentje dat ik hier ken.'

'Welke grens?'

'We zitten in Frankrijk.'

'Mag ik Ronald even spreken?' wilde ik zeggen, maar ik wist die aanvechting te bedwingen.

'Vertel, jongen,' zei ik, 'waar voert de reis heen?'

'We zijn onderweg naar Normandië, naar Ronalds tweede huis; of juister gezegd: naar het vakantiehuis van zijn schoonouders.'

Er viel een last van mijn schouders en ik herademde.

'Bart, ben je d'r nog?'

'Jazeker,' zei ik. 'Ik luister.'

'Je weet, ik lees veel romans van Simenon de laatste tijd. Een veelschrijver. Veel vrouwen gehad ook.'

'Daar heb ik bij gerucht weleens iets over vernomen, ja.'

'Een paar romans spelen in de buurt van Ronalds vakantiehuis, dat dus zijn vakantiehuis niet is. Evengoed... Vier, vijf dagen, we kijken hoe het loopt. Rondneuzen op de locaties waar die verhalen zich afspelen. Normandië. Vissersdorpen, haventjes, kliffen, een pronte... Nou, wat zeg je d'r van?'

'Top,' zei ik. 'En je voelt je goed?'

'Dat niet, maar ik heb een reiskoffer met pillen en poeders bij me, maak je geen zorgen.'

'Klinkt goed, jongen,' zei ik. 'Houen zo. Mag ik Ronald nog even?'

'Tuurlijk, hier komt-ie.'

'Bartus, ik ben aan het rijden, dus ik moet het kort houden, ik kan niet lang praten.'

'Hij zit naast je, dus we kunnen niet echt praten. Je hoeft alleen maar ja of nee te zeggen.'

'Ja?'

'Jullie zijn, zoals Martin zegt, op weg naar...'

'Ja.'

'Normandië?'

'Ja.'

'Doe me één lol, wil je?'

'En dat is?'

'Laat je niet verleiden om alsnog... Wat Martin ook zegt en hoe hij ook probeert je over te halen... Normandië, of Bretagne voor mijn part, de Bretonse kust, Mont-Saint-Michel, de Elzas of de Provence, oké. Maar niet...'

'Wat denk je zelf, Bartus?'

'Laat je niet verleiden.'

'Geen sprake van. Ik bel je vanavond, oké? Na het eten, als deze mijnheer naast me, die zijn stoel zojuist in de slaapstand heeft gezet, in bed ligt.'

's Avonds belde Ronald.

'Hij ligt in bed. Moe. Om niet te zeggen: uitgeput. Wat denk je? Hij heeft verreweg het grootste deel van de reis liggen pitten. Bartus, geen haar op mijn hoofd die er zelfs maar over peinst om naar zuidelijker oorden af te reizen. Als Martin voortijdig naar de eeuwige jachtvelden wil, allemaal prima, dat moet-ie zelf weten, die keus is aan hem, maar daar ga ik hem niet bij helpen. Wat dénk je. Je kunt rustig gaan slapen, Bartus.'

We spraken af elke avond na het eten te bellen om de stand van zaken door te spreken.

'Daar ben ik zelf ook blij mee, weet je?' zei Ronald de volgende dag. 'De dag doorlichten, ruggespraak. Het klinkt als een uitje, wat we doen, maar dat is het niet. Hij is doodmoe, Martin, en zwak. Desondanks moet je voortdurend opletten. Gistermiddag wachtten we voor een rood stoplicht. Hij sliep, dacht ik. Mooi niet. Hij schiet overeind en zegt: "Wat sta je nou te treuzelen? Schiet op, doorrijden!"

"Martin, het is róód."

"So what? Er komt geen kip aan, de weg is leeg."

Nou, dat had je gedacht, "de weg is leeg". Op het moment dat ik overwoog om voor Martins plezier dan toch maar het gas in te trappen, dook er een vrachtwagen met oplegger op, van rechts. Daar hadden we dan keurig onder gelegen, op die "lege weg".

Bovendien let ik op of hij zijn medicijnen neemt. Doet-ie dat niet, of slikt-ie maar wat, dan kan dat het grootste gedonder opleveren.

Vanmiddag,' vervolgde Ronald, 'wilde hij zelf een stukje rijden in mijn auto. "Martin, dat gaan we niet doen." "Ja, jawel, vertrouw mij nou maar, dat gaat echt goed, kind-kan-de-was-doen..." Nou, dat hebben we geweten. We staan voor een stoplicht, het wordt groen... Niks. Geen centimeter vooruit. Ik kijk opzij, is-ie op dat kruispunt in slaap gevallen. Hij schrikt wakker, wat denk je? Geeft-ie geen gas, maar begint-ie te toeteren terwijl er geen auto voor 'm staat. Dus ik heb gezegd: "Zet 'm maar even aan de kant, Martin. Dan kunnen we van plek wisselen."

Kortom, daar is hij helemaal niet meer toe in staat, autorijden. Vergeet 't maar. Aan mij de ondankbare taak om die boodschap aan hem over te brengen.

Verder redden we ons wel, hoor. We rijden wat rond, lunchen, dan rijden we weer, sightseeën, waarbij Martin meestal in slaap valt... Af en toe bladert hij in een van zijn Simenons. Zo komen we de dagen wel door. En ik doe hem er een plezier mee, dat scheelt ook.'

De derde avond belde Ronald wat langer.

'Hij is diep in slaap. Met dank aan de van huis meegenomen morfinepleisters, die hij in groten getale plakt. Als het in dit tempo doorgaat, houden we geen pleister over voor op de terugweg... Heb je even, Bartus? Vanmiddag was het zover. Het door jou voorspelde moment. Of ik er voor voelde een omweg te maken. "Waarnaartoe, Martin?" Of ik wist dat hij ook een mooi huisje op het platteland had, en of ik hem ernaartoe wilde rijden, naar zijn Franse stulpje, zodat hij het nog één keer kon zien, een laatste keer. "Zullen we daar morgen heen rijden?"

"En waar ligt dat huis, Martin, hoe ver is het rijden hiervandaan?"

Hij schatte het op een uur of vijf. De omweg. Het leek me een optimistische schatting, vijf uur, en dat vertelde ik hem ook.

"Je bedoelt," zei ik, "het huisje waar je een jachtgeweer in de schuur hebt liggen, dat huis?"

Hij nam een slok van zijn wijn, zuinigjes.

"O," zei Martin. '"De heren hebben over mij gesproken."

"Dat hebben de heren inderdaad gedaan, over je spreken. Daar was alle reden toe. En de heren vinden het een buitengewoon slecht idee."

"Daar was ik al bang voor, dat de heren dat zouden vinden."

"Hoe had je het voor je gezien, Martin? Dat ik 's middags ergens zou gaan lunchen, om bij terugkeer te ontdekken dat jij het bos was ingelopen en de hand aan jezelf had geslagen? En dan moest ik Anneke bellen met de mededeling: 'De lunch is een beetje uit de hand gelopen'?"

Daar zei hij niet veel op terug. Logisch, wat viel daar tegen in te brengen? Verder is het heel gezellig, hoor. Als hij niet slaapt.'

Een dag eerder dan gepland keerden ze terug naar Nederland. Martin was te zwak, vertelde Ronald, om een langer verblijf te rechtvaardigen, ook met het oog op de lange terugrit.

Toen Ronald had voorgesteld om hun verblijf met een dagje te bekorten, had Martin niet geprotesteerd.

'Het gaat snel met 'm,' zei Ronald. 'Bergafwaarts.'

'Hij gaat het niet redden, hè? End of the road. Wat we van het begin af aan al vreesden.'

'Het gaat niet best,' bevestigde Ronald, 'met onze grote vriend. Een tijdje terug heb ik hem geholpen bij het aanvragen van de formulieren voor vrijwillige euthanasie. Ik had eerder met dat bijltje gehakt toen mijn moeder niet verder wilde. Dat betekent bij Martin nog niet dat hij ze ook heeft verstuurd, ondertekend en wel, maar evenzogoed. Het ogenblik nadert om afscheid van hem te nemen, bereid je daar vast op voor. Ik hoop dat dat moment nog lang uitblijft, maar ik vrees met grote vreze.'

56

IK WAS EERDER WAKKER DAN DE MEEUWEN.

Het eerste licht prikte door de gordijnen. Was Martin wakker en luisterde hij naar de vogels in zijn Amsterdamse achtertuin die er opgewekt op los floten?

In de loop van de ochtend belde hij me op om te gaan lunchen. Afgaande op hoe ik hem laatst had aangetroffen, had ik een hard hoofd in een dergelijke onderneming.

'Ben je daartoe in staat, jongen, om de deur uit te gaan?'

Martin wuifde mijn bezwaren weg. Anneke zou ons met de auto een eind op weg helpen; het laatste stukje over de gracht liepen we zelf, 'Easy does it'.

Ze zette ons aan het begin van de Looiersgracht af. 'Zal ik

jullie vanmiddag ophalen?' zei ze. 'Zeg maar hoe laat; of anders bel je me, Martin.'

Maar dat aanbod wimpelde Martin af; we kwamen zelf thuis, op eigen kracht, dat redden we wel, en samen wandelden we naar Foodware: een van zijn favoriete restaurants. 'Hier gaan we straks eten,' zei Martin. Het was droog, we konden buiten zitten. 'Niet nu,' voegde hij eraan toe. 'Eerst gaan we bloemen kopen, voor Anneke.'

We vervolgden onze weg, maar het tempo lag beduidend lager nu, ofschoon we een geringe afstand hadden afgelegd. Na een meter of vijftig kwamen we bij een pittoresk bruggetje over de gracht waar toeristen doorgaans van in katzwijm vallen. De straat liep iets op. Hoewel er weinig auto's en fietsers reden, wilde Martin pauzeren alvorens we overstaken: hij was buiten adem.

'Kun je me een arm geven?' zei Martin.

'Met alle plezier, jongen.'

'Nee, geen hand... Je arm.'

Hij haakte zijn arm in de mijne en leunde tegen me aan. De gracht was vrij van verkeer; in de verte kwam een auto aan.

'Zullen we?' zei ik en wilde al een stap naar voren doen toen Martin me met een ruk van zijn arm tot staan bracht.

'Nog niet, even wachten. Zo snel ben ik niet.'

'Dan wachten we tot de kust veilig is, jongen. Zeg maar als je zover bent.'

Toen we halverwege de brug waren, op het hoogste punt, gaf Martin te kennen te willen rusten.

'Het was jouw idee, jongen, bloemen kopen. Voor hetzelfde geld hadden we al aan de lunch gezeten.'

'Ja,' zei Martin, 'maar we moeten wat aan de meisjes doen.'

We kwamen bij de stoeprand en pauzeerden opnieuw. Schuin voor ons stopte een wagen van de gemeentereiniging. Twee mannen wierpen een stel vuilniszakken achter in de wagen, maar ze onderbraken hun werk en staarden ons aan.

'We lijken godverdomme wel een echtpaar,' zei Martin.

'En wat is daar mis mee, jongen? Een echtpaar. So be it. Daar lig ik geen seconde wakker van. Jij wel?'

Nee, hij ook niet, moest hij toegeven, en zijn arm drukte zwaarder op de mijne.

De vuilniswagen trok op, om een eindje verder weer te stoppen; de weg was vrij, we staken de Prinsengracht over en slenterden de Runstraat in.

'Waar lopen we eigenlijk heen, jongen?' vroeg ik. Tot heel veel verder slenteren achtte ik Martin niet in staat nu hij steeds zwaarder op me steunde en hijgde van de gepleegde inspanning die voor een Martin-in-goeie-doen geen noemenswaardige inspanning zou zijn geweest. 'Ik bedoel,' zei ik, 'is het nog ver?'

'We zijn er bijna,' zei Martin. 'Bijna. Nog een klein stukje. Het ergste hebben we gehad.'

We kwamen bij een zaak die Gerda's Bloemen en Planten heette.

'Hier hebben mijn dochters gewerkt,' zei Martin, 'en soms, tijdens de vakanties, doen ze dat nog, of zaterdags.'

Ik moest hem loslaten, met z'n tweeën tegelijk door de deuropening kon niet, en moeizaam ging hij me voor naar binnen, waar hij hartelijk werd verwelkomd. 'Wie hebben we daar? Martin!'

Toen, op zorgelijker toon: 'Hoe is het met je, jongen?'

'Kan niet beter,' zei Martin, baseballcap diep over zijn ogen.

'Mooi, Martin. Dat is goed om te horen. En thuis?'

Thuis was ook alles goed, al voegde Martin er geen 'kan niet beter' aan toe.

Martin kwam ter zake; we moesten verder, verduidelijkte hij, maar moe van de wandeling nam hij plaats op een stoel.

'Begrijp ik, Martin, begrijp ik. Bloemen... Waar gaan je gedachten naar uit? Is het voor Anneke? Dan pakken we het extra feestelijk in, wat zeg je daarvan, Martin?'

Daarmee waren we er nog niet. Pasen zat eraan te komen en dus wilde hij er paastakken bij. Even later prijkte er een stel paastakken op de toonbank. 'Dat was 'm zo, Martin?' Nee, dat was 'm nog niet. Moest ik niet iets voor Yolanda meenemen? En zonder mijn antwoord af te wachten zei Martin: 'Doe nog een stuk of wat takken erbij, voor Bart. Als ik er niet aan denk, vergeet-ie zijn vrouw.'

'Ja, dat mag natuurlijk niet gebeuren, Martin. Dat kunnen we niet hebben.'

Met Annekes boeket in de hand, en de twee bossen paastakken, manoeuvreerde ik me door de deuropening de winkel uit.

'Dag jongens. Dag Martin, alle goeds, hè. En doe de groetjes thuis, hè, aan Anneke en je dochters. Wanneer zien we ze weer?'

Buiten gekomen wilde Martin opnieuw een arm. Hij liep zwaar, alsof hij de bloemen en takken torste en niet ik. We kwamen wel heel erg langzaam vooruit nu. Voetgangers die ons tegemoetkwamen weken uit en liepen, ook vanwege de ver uitstekende takkenbossen, met een wijde boog om ons heen, alsof we iets onder de leden hadden waar je je maar beter verre van kon houden.

We kwamen bij de brug naar de Looiersgracht.

'Daar komt-ie weer, Martin. De hellingproef.'

'Ja, lach er maar om. Maar ik zit ermee.'

Ten slotte, na zo'n honderdvijftig meter te hebben gesjokt in wat een eeuwigheid leek te duren, waren we bij Foodware.

We waren de enigen in de zaak. Dat kwam goed uit; onze verschijning wekte niet de indruk dat we bijster gezond van lijf en leden waren.

'Willen jullie niet buiten zitten, Martin?' Zoals we eruitzagen, met takkenbossen en al, waren we misschien geen reclame voor de zaak, maar dat deerde de eigenaar niet. 'Het is er het weer voor.'

Nee, dat wilde Martin niet; hij wilde een tafeltje binnen. En bestelde in één moeite door twee gerechten die we zouden delen.

'Het toetje,' zei Martin, 'dat eten we straks buiten.'

Terwijl we aten zeiden we niet zoveel; voor praten was Martin te moe en in luisteren had hij, schatte ik in, niet zo heel veel zin: hij had genoeg aan zijn eigen gedachten. Daarbij, we kenden elkaar zo lang, stilte ging ons even goed af als een gesprek.

Ten slotte hadden we het eten op, de borden waren leeg.

'Zo, dat heeft gesmaakt, hè jongens?' zei de eigenaar alsof hij zijn conclusie toch graag bevestigd hoorde.

Martin bestelde ons dessert: iets met citroen erin dat ik móést proeven, zo lekker was het. Daarop besloot hij overeenkomstig zijn aankondiging buiten plaats te nemen op het verder lege terras. De situatie werd zorgelijk. Waren we niet al te lang op pad, vroeg ik me af.

'Gaat 't een beetje, jongen? Of moet ik de ambulance bellen?'

'Nee, het gaat. Het gaat. Een ambulance... Jij bent een mooie. Ik geef je wel een seintje als het zover is.'

Ik nam een hap van mijn dessert, dat inderdaad verre van tegenviel.

'Dus dit is een van je favoriete hang-outs, Martin.'

'Ja, dit tentje, en dat cafeetje op de hoek bij de brug...' Hij wees zonder achterom te kijken naar een café achter hem. '... dat is een goeie plek voor vroeg in de ochtend, de ochtendkranten, koffie... daar kom ik graag, en... dan heb je een café wat verderop, ook in de Jordaan, dat is er een voor later op de middag, als ik niet op zoek ben maar mijn column al heb ingeleverd en alvast wat voorbereidend werk voor de volgende dag doe... En café Toussaint, achter mijn huis, dat ken je. Daar ga ik soms drie keer op een ochtend naartoe, met Tootsie, walking the dog, in de hoop dat het een stukje oplevert. Als je ergens met je hond ten tonele verschijnt, spreken mensen je makkelijker aan.'

'En dan heb je nog je favoriete stekkies in het land, hebben Ronald en ik gemerkt. Hotels, motels...'

'Ja,' zei Martin, 'vooral als ik wat verder weg zit en een paar dagen van huis blijf.'

Hij noemde een paar van zijn hotspots waar de keuken deugde en hij graag overnachtte.

'Vanwaar die favoriete plekken, Martin?'

Tot dan toe had hij ogenschijnlijk gedachteloos met zijn vork in zijn toetje geprikt zonder er een hap van te nemen, maar nu richtte hij zich iets op en keek me scherp aan.

'Troost,' zei Martin.

'Sorry?' zei ik in de veronderstelling dat ik hem niet goed had verstaan of begrepen.

'Troost.'

Hij keek me langer aan dan hij eerder vandaag had gedaan, alsof hij zich ervan wilde vergewissen dat ik hem begreep.

'Troost,' herhaalde hij voor alle zekerheid.

En opeens zag ik een glimp van zijn eenzaamheid; de eenzaamheid die je als desperado moest aankunnen, gedurende the long and lonely road, anders vrat het je aan en holde het je vanbinnen uit. En ik zag ook de grotere eenzaamheid die op hem wachtte en al half en half uit de coulissen naar voren trad en op hem toe kwam; een eenzaamheid die Martin nog niet tot in de finesses kende – maar daar zou spoedig verandering in komen.

'Ik heb alles verpest,' zei hij toonloos.

'Martin...'

'Alles verpest.'

'Martin, je velt een veel te hard oordeel over jezelf,' – Martins blik dwaalde over de gracht – 'en dat had ik je al eens gezegd.'

Een kano peddelde voorbij.

'Alles verpest,' herhaalde hij.

'Jongen, je doet jezelf ernstig tekort.'

'Alles verpest,' herhaalde hij nogmaals. Hij had het niet meer tegen mij, maar tegen een geest die zich langs en boven de gracht bewoog.

'Alles verpest.'

'Martin, kom op. Je weet dat dat niet waar is.'

'Alles verkankerd en verpest.'

'Daar ga ik niet met je in mee,' zei ik. 'Hou op. Je weet dat dat ver bezijden de waarheid is, jongen.'

De zon schakelde een tandje bij en bescheen de gracht en sloeg ons terras niet over. Ik wenste dat we altijd zo zouden blijven zitten, op het terras aan de Looiersgracht. Dat de tijd stokte, als de naald die in een groef van een grammofoonplaat bleef hangen, en dat we af en toe een hap van de citroentaart zouden nemen zonder dat de taart kleiner werd.

'Ik begin het koud te krijgen,' zei Martin. 'Jij niet?'

Zijn aandacht werd getrokken door een jonge moeder die een buggy met een peuter voortduwde. Ze kreeg het vehikel met moeite vooruit, ook omdat ze een paar volle boodschappentassen meetorste en haar zoontje flink zijn best deed haar het leven – door afwisselend te schreeuwen, te gillen en hard in de buggy heen en weer te schudden – zo zuur mogelijk te maken. Dat lukte hem aardig. Opzij van de moeder met haar wandelwagen dreef een kapotte paraplu op het water in de gracht. Je zag Martins column voor je ogen gestalte krijgen. Hij hoefde 'm straks alleen nog op te schrijven.

Het herinnerde me aan de keer dat we op tournee Roermond aandeden. Daartoe door Martin uitgenodigd slenterden we door de binnenstad op zoek naar zijn column. Het liep tegen vieren, de deadline naderde, maar de column hield zich schuil.

We besloten Martin een handje te helpen. Dat hadden Ronald en ik vaker geoefend. 'Martinbrillen' noemden we dat. Dan liepen we in pakweg Stadskanaal, en aan het einde van een straat zei Martin: 'Hebben jullie de column gezien?' Nee, dat hadden we niet; er viel aan die straat niets maar dan ook helemaal niets opmerkelijks te bespeuren. De volgende dag prijkte er dan een strakke column in de krant over het straatje in Stadskanaal en lazen we terug wat ons met open ogen was ontgaan.

Terwijl Martin een stel Roermondse gevels monsterde, liepen wij naar de kaderand en keken naar de Roer waaraan Roermond zijn naam dankte. We stootten elkaar aan. Op het water dreef een blauwe, opengeklapte paraplu, zwaanachtig.

'Martin!' riepen we.

Martin stond met zijn rug naar ons toe, maar draaide zich nu om.

'We hebben 'm, hoor, je column!'

Met bedachtzame pas kwam Martin aangelopen. 'Hm,' zei hij. Daar bleef het bij.

De volgende morgen stond er een column in *de Volkskrant* waarin een blauwe paraplu door de Roermondse binnenstad dreef. Ronald en ik kwamen in het stuk niet voor, iets waar we beiden uitstekend mee uit de voeten konden. We hadden een hoop van hem geleerd, dankzij al het touren; maar er kon er maar één de onbetwiste maestro van de column zijn.

'Ik bel Anneke zo,' zei Martin, 'of ze ons wil ophalen. Dat hele eind naar huis, dat red ik niet, dat is te hoog gegrepen.'

Martin wenkte de eigenaar en bestelde een Italiaans likeurtje dat hij nergens anders dronk, alleen hier.

'Deze zijn van het huis, Martin,' zei de eigenaar terwijl hij Martin een tweede keer bijschonk.

'Mag je drinken, jongen?' zei ik toen de uitbater naar binnen was verdwenen. 'Gelet op je medicijngebruik?'

'Jongen,' zei Martin, 'doe me een lol.'

Terwijl hij zich tegoed deed aan het derde likeurtje belde hij Anneke.

'Ze komt eraan, ze kan zo hier zijn. Kom, laten we vast naar de hoek lopen. Het is makkelijker voor haar om ons daar op te pikken, dan hoeft ze de gracht niet op.'

We schuifelden naar de hoek. Anneke was ons voor en wachtte al met de auto. Martin overhandigde haar de bos bloemen en de paastakken. 'Dank je, Martin,' zei Anneke. 'Mooi. Leg je ze zolang achterin, wil je? Dan liggen ze niet in de weg. En voor wie is die tweede bos takken?'

'Voor Yolanda.'

Martin keek opzij, naar Anneke. 'Als ik niks had gezegd, wasie glad vergeten iets voor haar mee te nemen. Hoe vind je dat?'

Voor Martins huis stapten we uit. Anneke reed door; verderop in de straat zag ze parkeerruimte. De gevels kwamen over ons heen hangen.

Het zou de laatste keer zijn dat Martin buiten de deur at, maar dat wisten we toen nog niet.

'Troost,' zei ik, ons uitstapje samenvattend.

'Troost,' zei Martin.

Toen ik bij de hoek van de straat omkeek was Martin al naar binnen.

Bij thuiskomst gaf ik Yolanda de bos paastakken.

'Hoe vind je ze?' zei ik.

'Wat lief van Martin.'

'Je hebt ze van mij gekregen, hoor,' zei ik. 'Ik heb ze afgerekend.'

'Dat geloof ik graag, maar dat vind ik nou niks voor jou om paastakken voor me mee te nemen, en dan ook nog uit Amsterdam. Zonder Martin was je niet op het idee gekomen.'

'Zijn ze mooi of niet?'

'Prachtig. Ze zijn prachtig. Ik ga een vaas zoeken waar ze goed in uitkomen. Hou jij de takken even vast? Vertel, hoe was het met Martin? God, ik heb zo met hem te doen, die arme jongen.'

57

MIJN MOBIEL LICHTTE OP.

Joost, las ik op het scherm, Zwagerman.

Hij belde om me te herinneren aan de voorgenomen tv-uitzending van *De Wereld Draait Door*, ter nagedachtenis aan Martin, en benadrukte dat ik dan aan tafel diende te verschijnen.

Joost kon een paar potten bij me breken. Zo had hij me eens in Den Haag opgezocht voor een boek dat hij schreef over zelfmoordenaars. Het onderwerp ging hem nogal aan het hart.

Hij wilde alles weten van Hermans zelfmoord, tot in detail. En hoe ik diens daad beoordeelde; of ik Hermans sprong van het Hiltondak niet onbedoeld verheerlijkte. Ik vertelde Joost dat Herman lichamelijk op was ten tijde van zijn sprong: aan het eind van zijn Latijn. Zijn organen deden het niet, of hielden ermee op... Voordat Herman sprong, was-ie bij wijze van spreken al nagenoeg overleden. Daarbij koesterde Herman niet de ambitie om zijn laatste maanden in verpleeghuis Avondrood door te brengen. 'Zuster, mag ik een wodkaatje-jus?' 'Nee, meneer Brood, dat mag u niet. En dat weet u heel goed.' Zoiets was geen optie. In de jaren voor zijn dood had Herman zich verdiept in de mythologie van de rock-'n-roll, en daar hoorde de dood bij. De sprong. Van het Hilton, een hotel dat van zichzelf al legendarisch was dankzij John en Yoko.

'Het duurde effe voor-ie de grond raakte,' had Jules opgemerkt. 'Kon-ie dus toch vliegen, Herman.'

'Begrijp je, Joost?' zei ik. 'Het was geen zwaktebod, zijn zelfdoding. Met zijn sprong zette Herman een uitroepteken achter zijn leven. Begrijp je?'

Joost knikte en zei het te begrijpen.

—

Toen ik een paar dagen na onze lunch bij hem langsging, deed niet Martin de deur open maar een van zijn dochters.

Hij lag comfortabel in de rieten mand waarin ik hem eerder had aangetroffen.

'Je ziet er patent uit, jongen. Hollands welvaren.'

Hij was een schim van zijn oude zelf en zijn stem klonk broos en breekbaar.

Martin vertelde dat zijn vader onverwachts op bezoek was geweest.

'O,' zei ik. 'En?'

Het was geen succes, vertelde Martin. Zijn vader had hem allerlei verwijten gemaakt en ten slotte had hij zijn vader vriendelijk doch dringend moeten verzoeken het huis te verlaten.

'Ik heb hem de deur gewezen,' zei Martin. 'Die komt er niet meer in.'

Ik dacht aan mijn eigen vader, maar zei iets neutraals om geen olie op het vuur te gooien. Vergeleken met mijn vader kon die van Martin alleen maar meevallen.

'Nee,' zei Martin beslist en zonder dat zijn stem hem in de steek liet, 'die wil ik hier niet meer over de vloer hebben.'

'Het is genoteerd, Martin,' zei ik en veranderde van gespreksonderwerp om hem wat vrolijker te stemmen.

We haalden herinneringen op aan onze tournees. Hoe ik in een hotel in Roermond verbleef, terwijl Ronald en hij er de voorkeur aan hadden gegeven terug naar huis te rijden, een bloedeind, maar daar pas na sluitingstijd van de hotelbar aan toekwamen, aan de terugrit, en hun auto's na veel gezoek in de Roermondse binnenstad tegen halfdrie terugvonden, met dit verschil dat het terrein na middernacht was afgesloten met een fors stalen hek. 'Aan het hek hing een bordje,' vertelde Ronald later, '"Hek dicht? Gelieve...", met een 06-nummer erbij. Wij bellen, werd er niet opgenomen.'

Tegen halfvier hadden ze de beheerder van het terrein eindelijk uit zijn bed gekregen en tegen zessen kwamen ze 's ochtends thuis, in Amsterdam en Utrecht.

'Ja, jongen,' zei ik, 'dat waren zo de mindere kanten, die waren er ook. Het was niet altíjd feest.'

'Ik wou dat ik het mocht overdoen,' zei Martin, 'met hekwerk en al. Dat zou me een lief ding waard zijn.'

Na zo'n drie kwartier zag ik hem vermoeid raken en nam afscheid.

'Nee blijf, jongen,' sputterde Martin tegen; maar het beste was er bij hem vanaf. Hij moest rusten, en dat zei ik hem ook.

De keer daarop, vroeg in de avond, toen Yolanda en ik naar een première gingen in de Nieuwe De La Mar, gingen we eerst bij Martin langs om bloemen af te geven.

'Hij wil per se niemand zien,' zei Anneke, die opendeed.

'Bart?' hoorden we vanuit de verte. 'Ben jij dat?'

'Ja,' riep Anneke terug, 'en Yolanda.'

We moesten binnenkomen, en geen gemaar.

Hij keek, half liggend, naar de bos zonnebloemen die we voor hem hadden meegenomen. Nog wist Martin zich dankzij een forse krachtsinspanning vast te klampen aan de dakrand. Maar hoe lang nog? Hoe lang hield hij dit nog vol?

Martin leek zich echter momenteel meer zorgen te maken over zijn literaire nalatenschap.

'Martin,' zei Yolanda, 'waar heb je het over? Je staat in elke huiskamer in de boekenkast.'

Van buiten drongen stadsgeluiden door tot in het vertrek.

Zulke bloemen, dacht ik, zonnebloemen, legden Yolanda en ik in Hermans kist vlak voordat Xandra, Lola en wij het deksel dichtdeden. Vanwege alle geel, licht.

Maar het was niet het moment om deze herinnering hardop uit te spreken.

'Ik hou helemaal niet van bloemen,' zei Martin. 'Maar voor deze bloemen maak ik een uitzondering.'

58

BIJ WAT MARTIN HAD GEDAAN, ZIJN VADER WIJZEN WAAR ZICH het gat van de deur bevond, kon ik me maar al te goed iets voorstellen. In zekere zin was me hetzelfde overkomen, al verschilden de details.

Op een ochtend zou mijn vader langskomen. Huisbezoek. Dat deed hij hoogstzelden, vandaar dat de afspraak me was bijgebleven en ik mijn agenda niet hoefde te raadplegen om te weten wie er voor de deur stond toen de bel ging.

Nadat ik de voordeur had opengedrukt – die naar mijn indruk met tegenzin openging –, beende hij de trap naar boven op. De zwaarte van mijn vaders tred deed vermoeden dat hijzelf ook tegen het bezoek opzag en spijt had dat hij met me had afgesproken. Kon hij met goed fatsoen nog terug?

Boven aan de trap deed hij zijn shawl af en zijn jas uit, die ik beleefdheidshalve wilde aannemen: een gebaar dat hij weigerde; zo oud was hij toch nog niet dat hij niet zelf zijn jas aan de kapstok kon ophangen, of wel soms? Had ik het aan hem overgelaten om zijn jas op te hangen, dan had hij me die nalatigheid verweten. De sfeer werd er met de seconde gezelliger op. Waarom deden we het nog, afspreken om elkaar te zien; konden we elkaar een dergelijke exercitie niet beter besparen?

Ik vroeg of hij koffie bliefde, dan zette ik die met plezier.

'Zou je niet eerst eens vragen,' zei hij, 'hoe het met je moeder gaat, of was die vraag nog niet bij je opgekomen?'

'Zo, ik moet zeggen,' zei hij terwijl hij de huiskamer in ogenschouw nam, 'dat is aardig opgeruimd, voor jullie doen.'

Hij wees naar een stapel tijdschriften die ik zolang op een van de stoelen had gelegd. 'En waar mag ik gaan zitten?'

'Wil je er wat bij, bij je koffie?' riep ik vanuit de keuken.

'Nee,' hoorde ik hem zeggen, 'laat maar. Ik had wat willen meenemen voor bij de koffie, maar je moeder was vergeten iets te halen.'

Voordat ik met de koffie de kamer in liep luisterde ik onder aan de trap of ik Sebastiaan hoorde. Ik had de deur van zijn kamer opengezet zodat ik het beneden kon horen als er iets was. Maar Sebas sliep, en zou voor de duur van mijn vaders bezoek doorslapen. Ook al was hij pas twee, toch begreep hij – vraag-me-niet-hoe – sommige grotemensenzaken maar al te goed.

Ik zette zijn koffie voor hem neer en vroeg hoe het met hem ging, en met ma.

'Jongen, zo leuk, morgen gaan we lunchen bij de oud-directeur van de grootste bank in Amerongen en overmorgen hebben we een diner bij een voormalige fabrieksdirecteur van Stork, in

Leusden. Je moeder en ik, wij komen onze tijd wel door, hoor.'

'Kijk eens aan,' zei mijn vader toen hij zijn koffie op had. 'Wat hebben we hier?'

Hij pakte een gedichtenbundel van mijn hand van tafel. Waarom had ik dat boekje bij het opruimen vanochtend over het hoofd gezien en niet in de kast teruggezet?

'Laat ik die nou uitgerekend van de week eens hebben doorgebladerd.'

'Wat een toeval, pap. "Doorgebladerd", zeg je. Nou, dan hoeven we het daar niet uitvoerig over te hebben. Dat scheelt.'

'Dit,' zei ik terwijl ik een boek van tussen de tijdschriftenstapel vandaan plukte, 'is een exemplaar van mijn nieuwe bundel, net uit. Misschien bevalt die je beter, wie weet.'

Ik overhandigde hem de bundel, die hij van me aanpakte. Begon de ochtend toch nog in pais en vree. Heel even kon ik de illusie koesteren dat de dreigende ramkoers was afgewend.

Maar zo makkelijk kwam ik er niet van af. Nog was er geen onvertogen woord gevallen, maar de spanning liep al aardig op. Jammer dat Sebastiaan boven zo vast sliep. Ik kon hem moeilijk wekken, uit zijn bedje halen – 'Weet je wie er is beneden? Opa!' – en hem mee naar beneden nemen omdat zijn aanwezigheid de stemming in huis aanzienlijk ten goede zou komen.

Mijn vader keek me goedgehumeurd aan; althans, zo leek het. Niet voor het eerst schatte ik hem hopeloos verkeerd in.

'Dus jij vindt jezelf heel wat,' begon hij, met mijn bundeltje in de hand, zijn aanloop naar een tirade. '"Meneer de Dichter". Laat me niet lachen. Ach, ze geven tegenwoordig alles uit, hè. Als een aap drie, vier woorden in de juiste volgorde achter elkaar weet te zetten, krijgt de aap een contract onder zijn neus geschoven. Zo gaat dat vandaag de dag, hè.'

Ik ging op in de muur.

'En kun je werkelijk helemaal niks,' vervolgde hij, 'dan kom je op de televisie, toch? Daar weet jij alles van. En jij verwacht van mij dat ik die oprispingen van je een blik waardig keur? Het is toch ook om te huilen, hè.'

De verwijten die hij me maakte waren niet nieuw. Ik had ze eerder vernomen, woordelijk, uit de mond van mijn moeder en mijn Scheveningse oma, toen we bij de laatste op visite waren.

'Weet jij wie hier de echte dichter is?' had mijn moeder gezegd toen mijn vader naar de wc op de gang was. 'Je vader. Díe kon dat, dichten.'

Mijn oma knikte instemmend; zij was het van harte met mijn moeder eens. Goed dat de waarheid eindelijk hardop uitgesproken werd. Dat had veel eerder moeten gebeuren.

'Maar jij,' deed mijn oma een duit in het zakje, 'jij hebt alles achter je kont aan gedragen gekregen, jouw generatie.'

Ze wilde er iets aan toevoegen en ook mijn moeder popelde om iets te zeggen nu het onderwerp eenmaal was aangeroerd, maar mijn vader kwam van de wc de kamer in. 'Zo,' zei hij, 'en hoe is 't hier?'

'En alles en iedereen,' vervolgde mijn vader, 'trapt er maar in, in die praatjes van jou. Met open ogen. Hoe is het in godsnaam mogelijk?'

Al zou hij met wat geluk spoedig opstappen, toch dreigde het een bijzonder lange zit te worden. Waar trok ik de grens?

Hij legde de bundel terug op tafel en schoof hem ver van zich af, vast van plan hem nooit meer aan te raken; alsof hij vies van het boek was en meende dat het boek vies was van hem.

'Begrijp me goed, jongen. Er is hier maar één dichter in huis, wees daar goed van doordrongen. Ik. Niet jij. Je vader. Maar ik kwam uit de oorlog, de chaos en de vernieling. Mijn generatie moest de boel van de grond af opbouwen. Ik had geen tijd om gedichtjes te schrijven. Wij moesten de handen uit de mouwen steken. Werken. De kost verdienen. Maar jij...'

Mijn bestaansrecht stond weer eens ter discussie.

'Laat ik je er dit over zeggen, jongeman. Jouw moeder heeft nooit buiten de deur hoeven werken. Nooit ofte nimmer, niet één dag. Maar jij... jij...'

Hij keek me met weerzin aan. Mijn boek was vies, maar ik was viezer.

'... Jij laat je eigen vrouw werken, zodat meneer in alle rust zijn gedichtjes kan pennen. Want zo ben jij, hè. Jij laat je vrouw voor je werken. Zo ben jij wel, hè? Ja, zo ben jij, je eigen vrouw dag in dag uit naar haar werk laten vertrekken, terwijl jij op je dooie akkertje... Zo'n vent ben jij. Mevrouw moet 's ochtends vroeg de deur uit om de kost te verdienen en zo het gezin draaiende te houden, terwijl meneer hier, de "dichter", die laat het zich allemaal lekker aanleunen. En ze trappen er stuk voor stuk in, in die flauwekul van je, met je flutbundels.

Vertel eens, jongen... Laat je haar 's avonds als ze moe van haar werk thuiskomt nog voor je koken ook? Daar acht ik jou toe in staat. Nee? Weet je dat heel zeker? Steek jij een poot uit en breng je zowaar zelf een pannetje water aan de kook? En dat terwijl je zo druk aan het dichten was? Laat ik altijd gedacht hebben dat jij helemaal niet kón koken. Ik moet zeggen, ik hoor ervan op, van de opofferingen die jij je getroost. Dat mag in de krant, zeg.'

Hij laste een korte adempauze in om een nieuwe aanloop voor te bereiden. Wat belette me hem de deur te wijzen? Sebastiaan die boven sliep. Ik diende een scène te vermijden.

'Laat ik je dit erover zeggen, jongeman, en dan hou ik er verder over op. Jouw moeder heeft nooit van haar leven een baantje hoeven zoeken en niet één dag hoeven werken om de kost te verdienen. Niet één dag.'

Hij viel in herhaling, maar het leek me wijs om hem daar niet op te wijzen. Met een beetje mazzel stapte hij zo op.

'Hoor je wat ik zeg? Jouw moeder. Nog nooit een stuiver, niet één cent. Nooit heeft ze zich in dienstverband buitenshuis... Ik zou me de ogen uit mijn kop hebben geschaamd als het anders zou zijn geweest. En dat terwijl wij aan de bak moesten in heel wat moeilijkere tijden.

Maar jij? Jij wel, hè. Want zo zit jij in elkaar, zo ben jij, hè. Jij laat je vrouw met droge ogen voor je werken, hè.'

De grensovergang kwam nu angstwekkend dichtbij, als we deze al niet waren gepasseerd.

'En de goegemeente trapt er nog in ook, in die schrijfsels van je. Ja, jij kunt de mensen van alles wijsmaken, dankzij je handige babbel. Je moet vooral zo doorgaan, met die vieze junkievrienden van je, die Brood en die Deelder. Uitschot. Maar laat één ding goed tot die hersens van je doordringen, jongen... Daar trapt jouw vader niet in.'

Het herinnerde me aan zijn uitvallen tijdens mijn middelbareschooltijd, toen hij vaak 'Laat dat goed tot je botte hersens doordringen' zei. Mijn botte hersens waren hersens geworden. We gingen vooruit.

'Je moeder en ik,' begon mijn vader aan de afronding van het 'gesprek', 'zijn diep, diep in je teleurgesteld, dat kan ik je wel vertellen. Ontgoocheld. Neem een voorbeeld aan je zus. Die steekt de handen uit de mouwen en laat ze wapperen. Die kómt ergens. Maar jij... Weet je wat het met jou is? Je was niks, je bent niks en je zult ook nooit wat worden. Het was altijd huilen-met-de-pet-op met jou, vanaf het eerste prille begin. En zo zal het altijd blijven.'

Hij zuchtte en leek plotseling vermoeid. Had hij zijn zegje gedaan? Ik zou, als ik in zijn schoenen had gestaan, niet heel veel meer tegen mezelf hebben weten in te brengen dan wat hij zojuist te berde had gebracht. Kortom, was hij klaar? Nee, natuurlijk niet. Het was nooit klaar.

'Eén ding moet ik je nageven. Na het afbreken van je studie

heb je nooit bij ons aangeklopt om financiële steun. Je dopte je eigen boontjes. Je hebt ons om nog geen stuiver gevraagd. Nog geen cent, eerlijk is eerlijk. Daarmee is je grootste verdienste dan ook meteen opgesomd.'

'Niet om het een of ander,' zei ik, 'maar het is al laat, de ochtend is zowat voorbij. Ik heb nog een hoop te doen. Als je het niet erg vindt, wilde ik zo langzamerhand eens... Ik bedoel, je hebt ruimschoots de gelegenheid gehad om te zeggen wat je op je lever had, toch?'

Hij zweeg tevreden. Hij had me toch maar mooi de oren gewassen.

'Zullen we de zitting opheffen?' zei ik.

Hij stond op, trok in de gang zijn jas aan en deed zijn shawl om.

'Bel je zus een dezer dagen. Laat eens iets van je horen. Die heeft, begreep ik, in geen tijden meer iets van je mogen vernemen. Het staat je fraai. Zo'n moeite is dat toch niet? Van haar kun je nog heel wat opsteken, ook al ben je wat jaartjes ouder.'

'Je hoeft het boek niet mee?' zei ik. 'Dat ligt nog op de zitkamertafel.'

'Kun je het voor me pakken? Anders moet ik weer naar binnen, en ik heb mijn jas al aan.'

Hij deed de deur open en liet zichzelf uit. Ik hoefde mijn vrouw, die ik zo hard voor me liet werken, niet de groeten te doen, want over Yolanda, met wier lot hij zich zo begaan had getoond, repte hij met geen woord.

Opgelucht drukte ik de voordeur achter hem in het slot. Minutenlang bleef ik luisteren of ik zijn voetstappen hoorde terugkomen, maar terugkeren deed mijn vader niet. Ik kon vrijuit ademen.

Het was de laatste keer dat hij bij mij thuis op bezoek was geweest.

Niet lang na zijn abrupte vertrek klaarde het niet erg zomerse zomerweer wat op, al weigerde ik daar de symboliek van in te zien. Wel zette ik de balkondeuren en de ramen open. Wat frisse lucht was welkom. Er klaterden vrolijke kinderstemmen van buiten op. De warmte kroop tegen de muren omhoog en door de ramen heen naar binnen.

Hoeveel was ik nog bereid van mijn vader te accepteren? Ik wilde niets meer met hem te maken hebben, en met mijn moeder evenmin. Genoeg was genoeg. Ik hoefde niet aan te kondigen dat de grensovergang blijvend gesloten was, evenals de smokkelpaadjes. Dat merkten ze vanzelf wel.

De knoop diende doorgehakt. Ik had weinig trek om de rest van mijn leven voor hun tribunaal te moeten verschijnen om me te verantwoorden. Zij hadden hun leven, ik leidde het mijne, en dat verdroeg elkaar niet, dat was genoegzaam gebleken. Ik weigerde om nog een keer de loopgraven in te gaan.

Vaarwel.

Even overwoog ik Yolanda te bellen, maar daar zag ik van af. Ze hoorde straks, als ze van haar werk kwam, vanzelf wat er was voorgevallen. Dat was vroeg genoeg.

Ik had buiten Yolanda gerekend, die me tijdens haar lunchpauze belde.

'Ik was even de deur uit, een boodschap doen, en ben nu terug op mijn werk. Vertel, hoe was het?'

Ik gunde haar een middag zonder mijn familiekopzorgen.

'O,' zei ik, 'gezellig.'

'En hoe vond-ie je boek?'

'Dat heeft-ie mee naar huis genomen om het op zijn gemak te lezen. "Zonde om er even doorheen te bladeren," zei-ie.'

'Blij te horen dat het zo plezierig is verlopen,' zei Yolanda. 'Ik had er een hard hoofd in, maar... Schat, ik moet ophangen, ik moet aan de slag. Zie je straks. Fijn dat het zo harmonieus is gegaan.'

Er klonk enig gerucht in Sebastiaans kamer en ik haalde hem uit bed, zette hem in de kinderstoel in de keuken en voerde hem zijn fruithapje. Ik was zijn papa, en papa was goed. Opgetogen zwaaide hij naar de duif die op de balkonrand was neergestreken en geen aanstalten maakte te verkassen.

'Een vrije vogel, Sebas,' zei ik, 'dat wil je worden. Daar gaan we voor, wat jij?'

Bij wijze van antwoord deed Sebas zijn mond open. Hij was klaar voor het volgende hapje, en we hadden wonder boven wonder nog niets op zijn slabber gemorst.

59

OP EEN GRIJZE DOORDEWEEKSE MIDDAG RUIMDE IK DE vaatwasser uit. Dat was een van de mij toebedeelde huishoudelijke taken, de vaatwasser bijhouden. Stofzuigen hoorde daar ook bij. Een klusje dat ik zonder bezwaar of tegensputteren uitvoerde, eens per halfjaar.

De slakom kwam tevoorschijn, onhandig groot. Ik hield hem omhoog alsof ik een door mij gewonnen bokaal nog eens goed wilde bekijken alvorens hem in de keukenkast terug te zetten tussen de overige trofeeën om hem voorlopig niet meer tevoorschijn te halen.

'Wat zullen we ermee doen?' zei ik. 'Weggooien?'

Op binnen- en buitenkant prijkte ooit een sierlijk bloemmotief, maar dat had de afwasmachine er overeenkomstig mijn stille wens af gekregen. Restte de slakom zelf nog.

'Die schaal?' zei Yolanda. 'Die hebben we van je moeder gekregen.'

Dat klopte, maar mijn moeder was ruim drie jaar geleden overleden.

'Dat bedoel ik,' zei ik. 'Daarom juist, wat moeten we ermee? Waarom zou ik haar indirecte aanwezigheid bij ons in een kast in de keuken nog langer moeten dulden, waarom zou ik?'

Ik zag mijn moeder in levenden lijve in de keuken staan. Ze staarde me aan alsof ze, zelf ongebroken, de schaal opeiste, en leek niet erg blij met me, zwak uitgedrukt; terwijl ik er allesbehalve om had gevraagd om uit het water op het droge te worden getild, het levenslicht tegemoet.

'Hoor je me wel?' zei Yolanda, die niet wist dat mijn moeder zich in onze keuken ophield en de schaal opeiste. 'Een cadeau van je moeder, hè.'

'Nou en?' zei ik en liet de schaal uit mijn handen vallen.

De schaal, zich bewust van wat 'm boven het hoofd hing, hield zich kranig en bleef op eigen kracht een korte wijle in de lucht – die dacht er het zijne van; door mijn toedoen werd het nu een loyaliteitskwestie –, tot hij onder invloed van de zwaartekracht aan een baan omlaag begon; maar vertraagd, alsof de schaal zich verzette tegen wat hem omlaagtrok, maar misschien nog heviger verzet bood aan de kracht die hem terug naar mijn moeders hand zou voeren; om ten slotte op de keukenvloer te belanden, waar hij op de marmeren tegels in scherven uiteenspatte.

Bril keek geschrokken op.

Die scherven mocht mijn moeder houden, met alle soorten van genoegen, dat vond de schaal zelf ook; maar kennelijk had Bril haar belangstelling voor de slakom verloren want ze was uit de keuken verdwenen. Te lijmen viel er niets; geen scherf die met enig passen en meten op een andere scherf zou passen, daar moest ik mijn moeder gelijk in geven: de schaal of slakom was gezien.

Het wachten was op mijn vader, die zeker verhaal zou komen halen.

'Had me dan niet verwekt,' kon ik straks tegen hem zeggen, 'dan had je tenminste die slakom nog gehad.'

'Schat, wat zonde,' zei Yolanda ironisch.

Ik wist wat ik deed, de schaal opheffen, maar wat ik deed viel lastig uit te leggen.

—

Het was vijf dagen voor Martins dood.

Ik nam plaats in de rieten stoel naast Martins bed.

Zo mager was hij geworden, zo dun, uitgemergeld, alsof iets vanbinnen aan hem knaagde en zich aan hem tegoed deed, dat zijn polshorloge, dat ik hem zo vaak had zien raadplegen – Martin verkeerde vrijwel altijd in tijdnood; hoe lang had-ie nog? –, als een ziek vogeltje om zijn pols fladderde, wat zijn magerte nog accentueerde.

Hij leed. De pijnstiller die hij kreeg hielp wel iets, maar niet afdoende. Was hij wakker, dan hoorde je aan zijn uitroepen hoezeer hij leed. Gelukkig was hij steeds minder vaak wakker. Hij trad langzaam op de nevels toe; en het omgekeerde was ook waar: de nevels die hem omringden traden op hun beurt nader tot hem toe. Het was zaak, vertelde Anneke, dat Martin, mocht hij onverhoopt wakker worden, niet schrok en onrustig werd. Dat werd nu, los van de pijnbestrijding, van het grootste belang: dat hij rustig zou wegglijden, en niet in onrust.

Nee, zei Anneke, ik zat haar niet in de weg met mijn komst en aanwezigheid. Als ik bij Martin bleef, kon ze even de deur uit, een boodschap doen; ze moest nog langs de apotheek, Martins medicijnen ophalen, dat ging in één moeite door. Ik kon rustig naast zijn bed blijven zitten.

En dat deed ik, naast Martin blijven zitten. Hij sliep zo diep dat je met een gerust hart een boek naast hem zou kunnen lezen; maar dat deed ik niet. Ik zat niet zozeer naast hem, besefte ik gaandeweg de vroege middag, ik waakte bij en over hem.

Het lag in de bedoeling dat ik vanmiddag voor het laatst bij hem zou zijn om afscheid van hem te nemen.

Terwijl Martin sliep keek ik de slaapkamer rond, en naar buiten, naar de achterkant van de Amsterdamse huizen en naar de boomtakken die je hier en daar kon zien. Maar ik kwam niet uit mijn stoel om naar het raam te lopen en mezelf een beter uitzicht te gunnen. Dat zou voelen alsof ik hem, hoe kortstondig ook, in de steek zou laten en hem zo verried.

De uren slopen in tijgersluipgang voorbij. Soms hoorde ik iets in het benedenhuis, voetstappen, een deur die dichtsloeg, maar verder bleef het stil, op het geluid van een toevallige vogel na dat via het op een kier staande raam de slaapkamer bereikte.

Zijn dochters zouden pas in de loop van de middag uit school thuiskomen. Op het lege bed naast Martin, Annekes kant, lag Tootsie, die het voorbeeld van haar baasje volgde en sliep, al deed ze af en toe één oog open om vast te stellen of er aan de status quo in de kamer iets veranderd was. Dat bleek niet het geval. Na een tijdje deed Tootsie beide ogen open en besloot dat het voor even mooi was geweest zo – de baas sliep nog steeds, spelen zat er vooralsnog niet in; wat mankeerde hem toch? –, sprong van het bed, snuffelde aan mijn schoenen en broekspijpen en dribbelde de kamer uit, de gang op; andere zaken eisten haar aandacht op. Straks keerde ze terug bij het baasje, en dan zag ze wel: met de baas viel de laatste tijd sowieso niet veel te beleven; voor nieuwe avonturen was ze op zichzelf aangewezen. Het viel te hopen dat daar snel verandering in kwam.

Het was later in de middag nu; buiten vergrijsde het licht. In de kamer rukten de schaduwen op.

Beneden sloeg de voordeur dicht. Werd Tootsie uitgelaten?

Ik keek naar Martin, die nog altijd sliep en ver weg was. Maar was hij ver genoeg weg, de nevels tegemoet, om niet langer te hoeven lijden, zelfs niet als hij straks wakker werd?

Mijn blik dwaalde van Martins slapende gezicht naar het lege bed naast hem, en bleef rusten op het hoofdkussen, dat zonder de minste vouw of kreukel onbeslapen leek.

Een gedachte welde in me op die ik niet wilde of mocht toestaan.

Dat kon zo zijn, maar van die overweging trok deze gedachte zich weinig aan, die deed juist aan gebiedsuitbreiding en verdrong alle andere gedachten zo ver naar de achtergrond dat ze aan de horizon verdwenen.

Ik staarde naar het lege kussen naast Martins hoofd, en het kussen keek op zijn beurt mij aan. Wat wisten we van elkaar, en wat wilden we van elkaar? En wie van ons tweeën durfde het aan en zette de eerste stap, en dwong daarmee de ander tot handelen? Het kussen wist wat er speelde en dat het er nu op aankwam. Wie nam het initiatief, het hoofdkussen of ik?

Ik kon moeilijk Yolanda bellen, of Ronald, om te vragen wat ze vonden dat me te doen stond.

Het was maar een kleine moeite, een klein gebaar, het kussen oppakken en liefdevol op Martins gezicht leggen opdat hij uit zijn lijden werd verlost.

Het ging nu tussen het hoofdkussen en mij. Wie van ons twee zou ingrijpen.

Het kussen lag me aan te kijken, 'Doe jij het dan. Toe dan.'

Maar mijn hoofd schudde lichtjes van nee.

Nee, fluisterde ik, het is aan een ander hier in huis om een dergelijke stap te overwegen, en niet aan mij. Ik trek mijn handen ervan af. Het is aan jou misschien. Niet aan mij.

Maar dat, zelf tot handelen overgaan, durfde het kussen niet aan en het bleef roerloos liggen waar het lag en verschoof niet en staarde, mijn blik mijdend, naar het plafond. Zo verstreken de ogenblikken waarop we, het kussen en ik, in een opwelling van barmhartigheid iets voor Martin konden betekenen. Ook de vogels hielden zich erbuiten.

Het was niet aan ons om de verlosser uit te hangen. En ik gebood het kussen zich koest te houden en stil op zijn plek te blijven liggen.

Een halfuurtje later vloog de deur open en plofte een van Martins dochters, uit school gekomen, naast hem op bed. Beneden gekomen vielen me de paastakken op. Ze stonden in een vaas en deden het uitstekend.

Nadat ik door Anneke was bijgepraat over de stand van zaken – straks, tegen zessen, kwam de huisarts weer – vertrok ik naar Den Haag. Martin zat naast me in de auto en reed een stukje met me mee.

Er waren minder dan vijf dagen te gaan.

—

In de loop van zondagochtend belde Anneke. Het liep tegen halfelf, zag ik op de wekker op het nachtkastje. We lagen nog in bed. Ik was in één klap klaarwakker.

'En?' vroeg ik toen het telefoongesprek was beëindigd.

'Anneke weet hoe belangrijk Martin voor me was, en vice versa. Ze denkt dat het fijn is voor Martin en mij als ik afscheid kom nemen. Ik kan zo langskomen, kort, tien minuten, hooguit een kwartiertje. Langer gaat niet, dat trekt Martin niet, dat kan hij niet meer aan. Ik heb gezegd dat ik het gebaar ongelofelijk op prijs stel.'

Ik kon iets van haar verdriet aan haar zien, en het grote verdriet raden.

'Wat doen we met de kinderen?' zei ik. 'Die zijn alle vier thuis.'

'We vragen of ze mee willen, maar als ze liever thuisblijven is dat ook goed.'

'Als ze meegaan,' zei ik, 'moeten we iets bedenken waar ze zolang kunnen blijven. Ze mee naar Martin nemen gaat echt niet, hoe dol hij op zich ook op de jongens is.'

'Weet je iets in Amsterdam, bij Martin in de buurt?'

Een van Martins favoriete eetcafés schoot me te binnen, café Toussaint bij hem om de hoek, in de Bosboom Toussaintstraat.

Ik schoof het bed uit. 'Jongens,' riep ik onder aan de trap, 'wassen en aankleden, we gaan zo naar Amsterdam.'

'Wat gaan we daar doen, pap?'

'Dat vertel ik jullie zo,' riep ik in het trapgat. 'Kleed je eerst aan en kom naar beneden, we vertrekken zo gauw mogelijk.'

'Gaat het niet goed met Martin?'

'Ik vertel het jullie zo in de auto,' riep ik en verdween de badkamer in.

'Martin heeft me veel geschreven,' zei Yolanda in de auto ter hoogte van landgoed De Horsten. 'Mails. Ik heb er niet één van weggedaan.'

'Is dat zo?' zei ik. 'Dat is nieuw voor me.'

Ik kende Martin dik dertig jaar, maar betwijfelde of je een ander tot in de diepste kern kon doorgronden.

'Jij hebt Martin lang en goed gekend,' zei Yolanda. 'En toch... Je kent het klassieke verhaal van het topje en de ijsberg.'

We passeerden Schiphol. Diverse vogels kozen het luchtruim, om niet op hun schreden terug te keren.

'Soms,' zei ik, 'heb je aan het topje van de ijsberg dat boven water uitsteekt genoeg om te bevroeden wat er onder de zeespiegel schuilt. Of je kunt het afleiden uit een vin boven de golven, of aan een periscoop.'

'Daar zul je het ook mee moeten doen, schat,' zei Yolanda.

We betraden de Toussaint, een drukbezocht buurtcafé dat zo vroeg op de zondagmiddag nog rustig was. Ik had er geregeld met Martin vertoefd.

'Pap,' vroeg Sebastiaan terwijl hij een hoofdgerecht op de kaart aanwees, 'mogen we wat eten?'

Zijn drie broers vielen hem bij. Het liep tegen twaalf uur: de jongens hadden zich in de kleren geschoten en nog niet ontbeten.

'Ik open een rekening op mijn naam,' zei ik, 'dan kunnen jullie vrijelijk bestellen. En daar,' – ik wees naar een plank aan de muur – 'liggen spelletjes. Bordspellen, dam- en schaakstukken, een spel kaarten. Jullie redden je wel, hè?'

'Sterkte, mam, pap,' zei Maurits, die Martin als zijn peetoom beschouwde.

'Tot straks,' zei Yolanda en gaf de jongens een kus.

Daarmee zat het gemakkelijke deel van de dag erop.

'Loop maar door, hoor,' zei Anneke tegen Yolanda. 'De slaapkamer is eenhoog.'

We betraden de kamer. Martin sliep. Hoewel ik hem vrijdagnamiddag nog had gezien, schrok ik hoe hard hij achteruit was gegaan.

Niet voor het eerst deze week zag ik het hoofdkussen naast Martin; maar het kussen hield zich op de vlakte: dat verblikte of verbloosde niet.

Yolanda liep, daartoe uitgenodigd door Anneke, op hem toe. Toen ze naast zijn bed stond, deed hij zijn ogen open. Ik had afstand gehouden – Yolanda nam afscheid; dat had ik vrijdagavond al gedaan – en zag Martin een fractie van een seconde schrikken.

Wie was dat naast zijn bed? Maar hij herkende Yolanda vrijwel onmiddellijk – 'O, jij bent het, schat' – en keek haar aan met een blik waarin ondanks hoe hij eraan toe was, iets gelukzaligs lag. Het was Yolanda, wist hij, en het was goed zo. Hij was in goede handen.

Yolanda bukte en sprak op zachte, rustige toon wat woordjes tegen hem. Af en toe deed Martin zijn ogen open en over zijn gezicht trok iets wat veel weg had van een glimlach.

'Het is goed dat je gekomen bent,' zei Anneke.

'Ik ben je heel dankbaar dat ik móсht komen,' zei Yolanda, 'om afscheid van hem te nemen.'

'Je komst doet hem goed,' zei Anneke. 'Dat zie ik aan hem.'

Zo bleven we met elkaar verenigd in de kamer. We waren met z'n vieren, hoewel een van ons binnenkort op reis ging; de koffers waren gepakt en wachtten in de gang. Ik vroeg me af waar Tootsie was; ik had de hond na binnenkomst in huis nog niet gezien. Misschien lieten Martins dochters haar uit, in een zondags Amsterdams plantsoen of park en kwamen ze zo terug.

'Zou je me willen helpen, Yolanda?' zei Anneke.

'Ja, natuurlijk. Waarmee?'

'Martin moet een drankje innemen, met een lepel, maar daarvoor moet hij rechtop zitten en even zo blijven zitten om zich niet te verslikken, tot hij het heeft doorgeslikt. Het klinkt eenvoudig, maar je zult merken, dat is het niet. Misschien kun jij me erbij helpen? Dan tillen we hem samen overeind en als jij hem dan ondersteunt, geef ik Martin met de lepel het drankje. Zal dat gaan, denk je?'

Anneke maakte Martin voorzichtig wakker en daarna trokken ze hem behoedzaam overeind. Ik sprong bij om een helpende hand te bieden. Al was Martin niet zwaar meer maar juist licht, toch had Anneke gelijk en bleek Martin overeind krijgen nog niet zo'n eenvoudige opgave.

Martin kwam iets omhoog. Ik propte vlug het kussen in zijn

rug om hem steun te geven en we hielpen hem nog iets verder rechtop, zodat hij het drankje kon doorslikken zonder zich te verslikken met een hoestbui tot gevolg, al die tijd zijn hoofd ondersteunend.

Maar hoe voorzichtig, ja liefdevol we dat ook deden, een pijnloze handeling was het niet.

Een kreet maakte zich uit Martin los die je ver buiten de slaapkamer moest kunnen horen en waarvan ik ter plekke wist dat ik die nooit meer zou vergeten; die zou me tot mijn eigen afscheidsuur vergezellen.

De kreet bleef in de kamer hangen, ook toen Martin zijn medicijn had doorgeslikt en terug op zijn rug in bed lag.

'Zullen wij naar beneden gaan, Bart?' zei Anneke na een poosje. 'Dan kan Yolanda afscheid nemen.'

'Ik schrik ervan,' zei ik toen we in de woonkamer waren, 'hoe Martin achteruitholt.'

'De dokter is vanochtend geweest,' zei Anneke. 'Hij komt vanmiddag terug.'

Het was stil in huis, en het bleef stil. Af en toe reed een auto door de straat of passeerde een buurtbewoner die een hond uitliet; daar bleef het bij.

Een deur ging boven open; dat moest de slaapkamerdeur zijn. Yolanda kwam de trap af.

'Willen jullie wat drinken?' zei Anneke. 'Koffie, thee, of iets anders?'

'Nee,' zei Yolanda, 'we zouden maar even langskomen, het afscheid heeft al veel langer geduurd... Dank je voor je aanbod, maar we moesten zo maar eens op Den Haag aan.'

'Je kunt gerust langer blijven,' zei Anneke. 'Martin reageert zo goed op je, met een rust... Vind je het erg om langer te blijven? Mij doe je er ook een plezier mee.'

Yolanda belde de jongens dat het wat later werd en dat ze nog wat te drinken mochten bestellen.

'Vraag of ze alles opschrijven,' hoorde ik Yolanda zeggen, 'dan rekenen we straks af als we jullie komen ophalen.'

Ten slotte, zo'n anderhalf uur later, stapten we op. Annekes zus zou zo komen; het was nu aan anderen om Martin voor het laatst te zien.

Toen we de jongens ophaalden in café Toussaint zaten ze achter in de zaak aan een ruime eettafel.

'Pap,' zei Sebastiaan nadat we de jongens in summiere bewoordingen hadden ingelicht over de situatie van Martin, 'we hadden zó'n honger.'

'Dat wist ik,' zei ik, 'dat hadden jullie gezegd. En van mama en mij mochten jullie toch een hoofdgerecht bestellen?'

'We zijn net klaar,' zei Sebas en wees naar de stapel lege borden en schalen op tafel, 'met ons tweede hoofdgerecht.'

Yolanda en ik keken elkaar aan en voor het eerst vandaag kon er iets van een glimlach vanaf.

De jongens vroegen opnieuw hoe het met Martin was. Tot onze spijt konden we de stand van zaken niet mooier maken dan-ie was: hopeloos. De jongens zwegen. Hier en daar aan tafel werd iets weggeslikt, hoewel de borden toch al een tijdje leeg waren.

We vroegen de jongens of ze nog iets wilden drinken. Er was urenlang geen onvertogen woord tussen de broers gevallen; ze hadden beslist iets extra's verdiend.

'Mogen we een toetje?'

60

DE VOLGENDE DAG, MAANDAG, GING TEGEN HALFTWAALF DE telefoon.

Ronald.

'Waar bel je vandaan?'

'Ik ben in Amsterdam, bij Anneke en Martin. Wat jij vrijdag deed doe ik vandaag, afscheid nemen.'

'En, hoe is de situatie?'

'Verschrikkelijk.'

'Daar was ik al bang voor. We waren er gisteren, Yolanda en ik...'

'Dat hoorde ik van Anneke.'

'... en Martin moest een lepel van een of ander medicinaal

drankje innemen... Je wil het niet weten, Ronald. Sinds gistermiddag begrijp ik wat de uitdrukking "door merg en been" behelst. Wees blij dat je er niet bij was, er is je een hoop bespaard gebleven.'

'Daar bel ik je over. Het valt niet mee hier. Het is zwaar, erg zwaar. Ik herkende Martin bij wijze van spreken niet terug. Vandaar dat ik je wilde vragen of je iets dringends te doen hebt vandaag, afspraken die je moet nakomen. Of dat je je wellicht kunt vrijmaken. Ik zou het erg op prijs stellen als je hierheen komt, want met z'n tweeën... Dat zou ik erg waarderen, je komst. Zou dat lukken, denk je?'

'Wat vindt Anneke ervan? Ik ben de afgelopen dagen twee keer langs geweest om afscheid te nemen, en een derde keer...'

'Ik heb het er met haar over gehad. Geen probleem. Je bent welkom.'

'Oké, de jongste twee, Splinter en Storm... Ik bel Yolanda of zij... Dat zal wel lukken. Dan kom ik er zo aan.'

Toen ik tegen halfeen aanbelde deed Ronald open. Anneke was boven bij Martin.

'Hoe is 't?'

'Nog erger dan toen ik je belde. Hij holt achteruit. Gelukkig valt hij steeds dieper en langduriger in slaap. Dat is het belangrijkste nu, dat hij niet onrustig wordt.'

Na een poosje kwam Anneke kortstondig beneden.

'Martin is wakker. Hij vraagt om zijn moeder. Hij wil zijn moeder zien.'

'Oké,' zeiden we. 'En wat vind jij?'

'Het is Martins wens, dus daar geven we gehoor aan. Daarbij is er geen probleem met zijn moeder.'

'Nee,' zei ik, 'dat is er met zijn vader, begreep ik van Martin.'

'Willen jullie bellen?' zei Anneke. 'Dan ga ik terug naar Martin.'

'Bel jij, Bart?' zei Ronald. 'Jij hebt Martins ouders gesproken toen ze naar een voorstelling van ons kwamen.'

Ik toetste het nummer in en liet de telefoon langdurig overgaan. Er werd niet opgenomen in huize Bril.

'Je zou denken,' zei ik, 'dat iemand de telefoon in de gaten houdt, als je zoon op sterven ligt.'

Ik probeerde het opnieuw en opnieuw, en opnieuw. Zonder resultaat.

'Wacht maar even,' zei Ronald. 'We proberen het straks nog een keer.'

Twintig minuten later toetste Ronald het nummer in.

Hij kreeg iemand aan de lijn.

'En?' zei ik toen hij ophing.

'Het was Martins moeder. Althans, even. Ze moest zo huilen dat haar man het gesprek van haar overnam.'

'En?' herhaalde ik.

'Ze komen eraan, ze stappen nu in de auto. Ze moeten van buiten de Randstad komen, dus het kan een uurtje duren voordat ze hier zijn.'

'Dat is dan geregeld,' zei ik, in alle consternatie Ronalds gebruik van de meervoudsvorm 'ze' over het hoofd ziend.

'Dat is helaas niet alles,' zei Ronald. 'Martins moeder is zo overstuur, die kan niet autorijden, en zeker niet dat hele stuk. Martins vader rijdt en brengt haar hiernaartoe.'

'Maar dat betekent... Martins vader over de vloer. En Martin wil zijn vader per se niet zien.'

'Begrijp je,' zei Ronald, 'waarom ik blij ben dat je er bent?'

We brachten Anneke van de nieuw ontstane situatie op de hoogte.

'Wat er ook gebeurt, Martins vader mag niet naar boven.

Straks wordt Martin er onrustig van en... Die man mag niet bij Martin. Martins moeder? Prima, dat is Martins wens, maar hij...'

'Maak je geen zorgen,' zei ik. 'Hij komt niet eens bij Martin in de buurt. Daar zorgen we voor.'

Drie kwartier later ging de voordeurbel. Ronald deed open en noodde Martins ouders om verder te komen. Anneke kwam op het geluid van de bel naar beneden. Even later liep Martins moeder achter Anneke aan de trap op. In de woonkamer bleef het stil. Er viel genoeg te zeggen, maar geen van ons voelde daartoe de behoefte, ook Martins vader niet.

Na een poosje kwam Anneke beneden. 'Ik laat ze heel even alleen. Martin is wakker. Hij reageerde goed op haar aanwezigheid. Laat ze maar even. Maken jullie koffie? En als jullie wat te eten willen, ga je gang. Ik heb niet de tijd om als gastvrouw... Dat begrijpen jullie, toch? Goed, dan ga ik weer naar boven. Zie jullie zo.'

We hoorden haar voetstappen de trap opgaan. Daarna werd het opnieuw stil in de voorkamer. De vaas met paastakken zag ik niet.

Ronald en ik zaten op een stoel. Martins vader had plaatsgenomen op de bank tegenover ons.

'Ik heb Martin al even niet meer gezien,' verbrak hij de stilte.

'Ik begreep zoiets van uw zoon,' zei ik.

'Ik ben wél zijn vader, hè.'

Zonder elkaar aan te hoeven kijken, wisten Ronald en ik dat dit zinnetje weinig goeds voorspelde en waarschijnlijk tot ingrijpen zou leiden.

'Niemand die dat betwist, meneer Bril,' zei Ronald vriendelijk doch beslist. 'Maar uw zoon heeft specifiek om zijn moeder gevraagd. En niet om u, hoe vervelend dat ook klinkt. Dat is de afspraak die met Anneke is gemaakt, en daar houden we ons aan.'

'Ik ben zijn vader, en als ik mijn zoon wil zien, dan zie ik mijn zoon.'

'Meneer Bril,' zei ik, 'u weet wat er is afgesproken. Daar houden we ons aan. Het gaat niet om u, het gaat om Martin. Die mag niet onrustig worden, exact wat Ronald zegt, met het risico dat hij onrustig inslaapt. Daar draait alles om, om zijn rust. Om Martin.'

Het werd opnieuw stil in de voorkamer. Legde Martins vader zich zonder slag of stoot neer bij de door ons geschetste gang van zaken? Dat leek me sterk.

We hoorden de slaapkamerdeur boven opengaan en Martins moeder verscheen op de trap.

'Rien,' zei ze. 'Martin vraagt naar je.'

Martins vader kwam van de bank overeind, wierp ons een blik toe die niet van veel sympathie voor Ronald en mij getuigde en liep de trap op.

Nee, zouden we later van Anneke vernemen, Martin had niet om zijn vader gevraagd. Martins moeder had gezegd: 'Jongen, wil je je vader zien? Hij zit hier beneden en wil je zo graag even gedag zeggen.' Martin had niet om zijn vader gevraagd, natuurlijk niet, maar kreeg hem ongevraagd alsnog op zijn dak.

'Godverdomme, Ronald,' zei ik. 'Dit loopt uit de hand, ik voel het aan alles.'

'Ik vrees het ook, maar er is nog niks misgegaan.'

We luisterden of we iets konden horen, maar van boven klonk geen geluid.

'Je weet,' zei Ronald, 'ik was ooit nachtportier in een ziekenhuis. Volgde ik een cursus omgaan met lastige patiënten en familieleden. Ik heb zo'n gevoel dat die cursus vanmiddag zijn vruchten gaat afwerpen. Laten we onze kalmte bewaren. Wie weet loopt het met een sisser af.'

Dat deed het niet.

Na een kleine tien minuten vingen we geluiden op van de overloop. We stonden op en Ronald liep naar de trap.

'Wil je komen?' zei Anneke.

Martins ouders kwamen de trap af en namen plaats op de bank in de voorkamer. Martins moeder huilde en depte haar gezicht met een zakdoek. Ik had met haar te doen.

Toen Ronald naar beneden kwam, liep ik naar hem toe.

'Het is niet helemaal goed gegaan,' fluisterde hij. 'Martins vader. Martin is onrustig. Anneke heeft de dokter gebeld, die komt er zo aan. Hij moet eruit, Martins vader, de deur uit. De rust dient terug te keren in huis, en snel. Het is nu aan jou en mij. Zo kan het niet langer.'

We liepen de voorkamer in. Het bezoekuur was definitief verstreken. Maar drong dat tot alle aanwezigen in voldoende mate door? Argwanend staarde Martins vader ons aan. Hij zat; Martins moeder niet: die had de boodschap op voorhand begrepen, was van de bank opgestaan en bevond zich dichter bij de voordeur dan bij de bank, alsof ze geen echtpaar vormden.

'Meneer Bril,' zei ik, 'u heeft beiden afscheid kunnen nemen, en daarmee...'

'Ik blijf hier zitten.'

'Meneer Bril,' zei ik. 'Sorry dat ik het zeg, maar nogmaals...'

'Ik blijf hier zitten,' herhaalde Martins vader met nauwverholen woede. Maar in weerwil van zijn woorden kwam hij van de bank en liep op me af. 'Ik ben zijn vader, ja?'

Ik keek naar Ronald, die naast me kwam staan. Zo stonden we oog in oog met Martins vader, die een stap naar voren zette. Tegen onze wil raakten we verwikkeld in een showdown.

'Meneer Bril,' zei Ronald rustig en beheerst, 'we hebben een heldere afspraak gemaakt. Het is nu in Martins belang dat er rust komt in huis. De dokter is onderweg, die komt er zo aan. Ik wil u vriendelijk doch dringend verzoeken om...'

'Ik blijf hier godverdomme net zo lang zitten tot...'

'Meneer Bril, nogmaals... In het belang van uw zoon...'

'... tot hij dood is.'

Martins vader deed een stap naar voren en kwam vlak voor ons staan. Ik voelde zijn adem langs mijn gezicht gaan. Daarop keek hij naar Ronald, en van Ronald naar mij; alsof hij zijn kansen taxeerde mocht het op een handgemeen uitdraaien.

Ik liep over van begrip voor hem, maar lustte hem tegelijkertijd rauw. Het ging om Martin, en om niets en niemand anders. Nog afgezien van het feit dat we voor Anneke moesten opkomen.

Opnieuw schoot zijn blik heen en weer, van Ronald naar mij, en van mij naar Ronald. Hij maakte de balans op. Nee, hij kon ons niet hebben, die twee kutschrijvertjes die hem de weg naar boven, naar zijn zoon versperden. Een van ons had hij aangekund, maar niet ons allebei. Een inschatting waar ik hem in stilte mee feliciteerde. Was het erop aangekomen, had ik niet voor mezelf ingestaan.

'Meneer Bril,' zei Ronald op kalme toon, 'ik vraag het u voor de laatste keer, heel beleefd, wilt u in het belang van uw zoon onze afspraak nakomen en...'

'Toe Rien,' kwam Martins moeder tussenbeide, 'de jongens hebben gelijk. We hebben afscheid genomen, jij ook, en... Laten we gaan.'

Met die woorden deed ze de voordeur open. Martins vader wilde zich schrap zetten en niet toegeven, maar bedacht zich toen. Hij keerde zich van ons af. Zijn rug verplaatste zich twee voetstappen in de richting van de voordeur en de straat, en een derde pas volgde. Hij was nu bijna bij de drempel. Ronald en ik volgden hem, alsof we hem openlijk schaduwden.

'Toe Rien, kom nu maar.'

Martins moeder stond al op de stoep. Een voorbeeld dat hij

leek te zullen volgen. Toch hield hij zijn pas in, keek om en zag dat we dicht achter hem waren.

Hij liep de stoep op. Daar bleef het bij. Ik ging in de deuropening staan en maakte me breed om duidelijk te maken dat een rentree er niet in zat. Martins moeder was een paar passen doorgelopen, in de verwachting dat haar man haar naar de auto zou volgen, maar merkte nu, omkijkend, dat hij dat niet deed.

'Toe Rien, toe.'

Ik schikte iets in om ruimte te maken voor Ronald, die naast me in de deuropening kwam staan.

Misschien was dat het beslissende laatste zetje, want Martins vader keek van ons naar zijn echtgenote en liep naar haar toe, haalde haar in en liep zonder iets te zeggen voor haar uit naar de hoek van de straat.

We deden de voordeur dicht.

'Die komt er niet meer in,' zei ik.

'Godsamme,' zei Ronald.

We gunden onszelf een korte pauze om op adem te komen.

Tegen zessen kwam Anneke naar beneden. Martin was rustiger geworden.

'Jongens, gaan jullie maar, hoor. Bedankt voor alles. We redden het wel zo. En jullie moeten ook eens op huis aan. Willen jullie Martin gedag zeggen?'

We liepen nog één keer de trap op. Opnieuw betrad ik de slaapkamer en nam plaats op de stoel naast het bed alsof er sinds gistermiddag niets was voorgevallen of veranderd. Dat was er wel. Martin had zijn polshorloge niet meer om. Wat te billijken viel. Martin deed niet meer aan tijd, bijna volledig onthaast als hij nu was. De laatste uren waren ingegaan: nog eventjes en hij was voorgoed aan onze tijd voorbij en reisde door een ruimte en tijd die niets met onze aardse dimensies van doen hadden.

Op het nachtkastje lag zijn horloge. Het uurwerk gaf nog steeds de juiste tijd aan, zonder haperen, en het leek alsof het horloge van Martin afscheid had genomen in plaats van andersom en nu afwachtte welke nieuwe eigenaar zich zou aandienen om voor hem of haar de tijd bij te houden. Het horloge en Martin waren na alle gedeelde jaren definitief uit elkaar. Zelfs het nachtkastje aan Martins kant van het bed leek in gedachten half en half elders.

Voor het raam wuifden enkele dunne boomtakken, lentegroen: een jaargetijde dat Martin zo waardeerde. Kennelijk was die sympathie wederzijds.

Ik wist niet wat er in Ronald omging en het was ook niet het moment om hem ernaar te vragen. We keken elkaar niet aan: het was zo al erg genoeg.

Ik knikte ten afscheid naar het kussen; maar het kussen gaf geen sjoege en ik verlegde mijn aandacht naar Martin. Hij lag er, met gesloten ogen, kalm en rustig bij. Wat vanmiddag was voorgevallen, had alsnog niet plaatsgevonden.

'We gaan elkaar zien, vriend,' zei ik bijna onhoorbaar. 'We gaan elkaar zien.'

Martin zei niets; hij kon niets meer zeggen. Ik hoopte maar dat hij me horen zou. Luider praten durfde ik niet uit angst hem te zullen wekken. Achter me hoorde ik een gerucht: Ronald verliet de slaapkamer. We moesten gaan.

'Bedankt voor alles,' fluisterde ik. 'Bedankt.'

Ik stond op uit de stoel naast het bed – 'Dag grote vriend' – en wierp een laatste blik op wat er van Martin over was.

Het horloge was uitgefladderd.

Stilletjes verliet ik de kamer en liet de deur achter me op een kier.

Ronald trok de voordeur dicht. We stonden op de stoep. Ook in Martins straat was het rustig, alsof de straat in afwachting was van de ontknoping die spoedig volgen zou.

'Nou,' zei Ronald, 'dat was het voor vandaag. Dan zullen we maar eens gaan, hè.'

'Ronald, we moeten even bijkomen. En wat eten. Eerder gaan we niet in de auto, onverantwoord.'

We liepen naar café Toussaint. Als het zo doorging werden we er vaste klant. Zoetjesaan kenden we de meeste serveersters, en de serveersters kenden ons.

'Hoe is 't met Martin?' vroeg een van hen. 'We hebben hem al even niet meer hier gezien. En toen we hem nog wel zagen... Wat denken jullie; gaan we het nog beleven dat Martin hier over de vloer komt?'

We aten wat, al hadden we geen van beiden trek. En we praatten bij; maar niet lang.

'We bellen,' zei ik toen we bij onze auto's waren, die niet ver van elkaar stonden geparkeerd.

'Zeker,' zei Ronald. 'We bellen.'

Dat aangekondigde telefoontje vond veel eerder plaats dan we hadden vermoed toen we in Amsterdam afscheid namen.

Ik had net geparkeerd in mijn straat en de motor uitgezet toen mijn mobiel oplichtte, die naast me op de passagiersstoel lag.

Ronald.

'Dat is snel, jongen,' zei ik.

'Jij wil niet weten waarom ik je bel.'

Ik dacht een tel aan Martin. Maar dat kon het niet zijn, dat was te snel.

'Ik zit nog in mijn auto, jongen. Vertel, what's up?'

'Ik word net gebeld door Anneke.'

'En?'

'Wat denk je?' zei Ronald. 'Martins vader is teruggekomen.'

'Wát zeg je?'

'Een uurtje na ons vertrek kwam de oude heer Bril terug en maakte zijn opwachting bij Annekes voordeur.'

'Dat meen je niet.'

'Toch wel,' zei Ronald. 'Ja, je gelooft het niet, maar... Daar was-ie weer, hoor, terug van weggeweest. Ze hadden een hapje gegeten, Martins vader en moeder, net als wij, en daarna waren ze teruggekomen.'

'Het is toch ook niet te geloven, hè?'

'Hou je vast, Bartus. Dat is nog niet alles.'

'Op dat punt kan ik je geruststellen, Ronald. Ik heb mijn veiligheidsgordel nog om.'

'Hou 'm nog maar even om. Wat denk je dat zich voor de deur heeft afgespeeld? Hij belde aan. Je begrijpt, Anneke deed niet open, ze keek wel uit. Na herhaald en langdurig vergeefs te hebben aangebeld, begon de heer Bril op de deur te bonzen, en toen ook dat niet hielp, riep hij door de brievenbus dat er moest worden opengedaan en dat hij naar zijn zoon wilde.

'Deze had ik niet zien aankomen, Ronald.'

'Daarop heeft Anneke een oudere broer van Martin gebeld. Die heeft op zijn beurt zijn vader gebeld en net zo lang op hem ingepraat tot de heer Bril toegaf en van de voordeur wegging. Hoe vind je die?'

'En Anneke,' zei ik, 'en Martin?'

'De rust is weergekeerd in huize Bril, begreep ik van Anneke. Nou, we mogen aannemen dat we van verdere acties op dit gebied verschoond zullen blijven.'

'Zou je hem niet?' zei ik, terwijl ik ongewild aan mijn eigen vader dacht.

'Je kunt het hem niet eens kwalijk nemen,' zei Ronald. 'Vergeet niet, hij staat op het punt zijn zoon te verliezen.'

61

TWEE DAGEN LATER, OP WOENSDAGAVOND, OM TIEN OVER halfzeven, ging de telefoon. Ik nam vrijwel nooit op, maar dit keer wist ik dat ik het apparaat niet straffeloos kon negeren. Ik had een vermoeden wat de boodschap kon zijn, en van wie.

'Bart,' zei Ronald, 'Anneke belde zojuist. Ik ben bang dat we onze vriend kwijt zijn. Hij is ingeslapen.'

Ik had het bericht van mijlenver zien aankomen en toch kwam de klap hard aan.

'Bart,' zei Ronald, 'voor Martin is dit het beste. Je hebt hem zien lijden. Martin is beter af zo. Zo moet je het zien.'

Ik liep naar Yolanda en vertelde haar het nieuws. De jongens kwamen van hun kamers en we brachten hen op de hoogte van

Martins overlijden. Ze voelden zich zeer met hem verbonden en het kostte de nodige moeite hen te troosten.

Ik trok de ijskastdeur open en pakte de magnumfles champagne die ik van Martin had meegekregen toen ik bij hem op bezoek was en hij nog in zijn mand lag. 'Neem mee. Yolanda houdt toch ook van champagne? Nou dan. Meenemen. Ik hoef het niet meer.'

We hieven de glazen en proostten op hem.

Maar de champagne smaakte niet.

—

Op een dinsdagochtend in de meivakantie reden Yolanda en ik met de kinderen naar begraafplaats Zorgvlied in Amsterdam. Twee weken daarvoor was Martin in besloten kring ter aarde besteld. Onze jongens waren zozeer op hem gesteld geweest dat ze graag zelf afscheid van hem wilden nemen.

'Ligt Martin daar nou echt?' wilde Storm oog in oog met Martins graf weten, alsof hij het maar half geloofde en er niet vreemd van had opgekeken als Martin nog gewoon in zijn snelle Volvo zat en ergens rondreed.

Toen liepen we door naar Herman, een eindje verderop.

Bij Herman oogde alles als vanouds. Een lege wijnfles en een Heineken-blikje vrolijkten zijn laatste rustplaats op; en boven hem waakte nog altijd een levensgrote engel. Over Herman hoefden we ons geen zorgen te maken. Die redde zich wel.

'Jongens,' zei ik tegen Splinter en Storm – Sebastiaan en Maurits waren met Yolanda al op de terugweg –, 'nooit bang zijn voor de dood. Want de dood is een loopjongen. De loopjongen van een handelaar in lompen en oud ijzer.'

Splinter en Storm knikten begrijpend, al betwijfelde ik of de strekking van wat ik betoogde ten volle tot hen doordrong.

Toen we na een poosje weer in de buurt kwamen van Martin, liep iemand haastig bij zijn graf vandaan. Een jonge vrouw, zwartgekleed en met een Sophia Lorenachtige zonnebril op, die een zijpad in liep en bleef talmen bij een ander graf, in de hoop of verwachting dat wij op weg waren naar de uitgang. Dan was de kust veilig.

Ze rookte.

Iets in haar houding verried dat ze haar pas had ingehouden bij het graf van een haar onbekende, al deed ze alsof ze geboeid naar de zerk keek en het opschrift wilde ontcijferen.

Toen we dichterbij kwamen, verdween ze met vlugge passen tussen de graven en het groen.

Ik twijfelde. Had ik het juist gezien en kwam ze bij Martin vandaan?

Er lag een filtersigaret op Martins graf en er waren drie wierookstokjes in de aarde gestoken, die een geur verspreidden die onder het bladerdak van de bomen bleef hangen.

'Wie was dat?' vroeg Splinter wijzend in de richting waarin de jonge vrouw was verdwenen.

'O, niks,' zei ik onhandig. 'Dat is niks.'

'Nee pap,' drong de dertienjarige in Splinter aan, 'wie was dat, die mevrouw?'

'Splint,' zei ik, 'dat zijn grotemensendingen. Grotemensenzaken, je weet wel.'

Dat wist Splinter niet, maar hij besloot om het erbij te laten zitten. Daar zou hij later, op een geschikter moment, op terugkomen zag ik hem resoluut beslissen, op 'grotemensendingen'.

—

'Meneer Bril?' zei Stijn. 'Dat is onze populairste dode hier momenteel.'

We stonden in de ontvangstruimte achter de ingang van

Zorgvlied. Stijn was student en werkte twee dagen per week op de begraafplaats om wat bij te verdienen. Ik hoorde ervan op, van wat Stijn vertelde, al wist ik hoe geliefd Martins columns waren en hoe geliefd hijzelf was.

'Sinds meneer Bril hier ligt,' vervolgde Stijn, 'is er een ware toeloop ontstaan. Ze blíjven komen, de mensen. Er zijn zelfs zoveel belangstellenden dat we een speciaal plattegrondje hebben gemaakt waar exact op staat waar het graf van de heer Bril zich bevindt, zodat bezoekers niet nodeloos hoeven te zoeken en te dwalen.'

Ik vouwde de plattegrond open die op de receptiebalie lag.

'Het graf van meneer Brood,' vertelde Stijn, 'staat er natuurlijk ook op, op het kaartje. Herman Brood is sinds zijn overlijden, acht jaar geleden, nooit uit onze Top Drie van populairste doden weg geweest, nooit. Het was steevast hij en Annie M.G. Schmidt. Die twee zaten er altijd bij, een kwestie van stuivertje wisselen.

Tot Martin Bril hier vorige maand kwam. Sindsdien staat hij met stip op Eén. Want dat blijft hij nog wel even, meneer Bril, de onbetwiste Nummer Eén.

Tussen u en mij, we zijn erg blij met zijn komst. De voorbije jaren mochten we rekenen op enige belangstelling uit het criminele circuit, na afrekeningen. Met alles wat daarbij hoort, bodyguards op de begraafplaats... Eerlijk gezegd, iedereen is hier van harte welkom, begrijpt u, maar...'

Ik zei dat ik begreep wat hij bedoelde.

'In dit verband gesproken,' zei Stijn met enige aarzeling. 'Mag ik u een gekke vraag stellen misschien? Nu twee van uw vrienden op Zorgvlied begraven liggen, en u hier zo regelmatig langskomt... Ik hoop niet dat u het ongepast vindt dat ik het vraag, het klinkt misschien wat ongemakkelijk, in dat geval bij voorbaat mijn excuus, maar... Wat ik bedoel te zeggen is, heeft u weleens overwogen om ooit zelf hier... Uw komst zou zeker...'

'... in goeie aarde vallen?' vulde ik aan.

Hij glimlachte. Wij begrepen elkaar.

'Of ligt dat gevoelig, en zit u erg aan Den Haag gebakken?'

Na Zorgvlied moest ik terug naar Den Haag. En ik reed weg, in de late namiddag, via allerlei Brilloze straten uit een Martin Brilloos Amsterdam.

Terwijl Schiphol vanuit de verte naderde voelde ik me, hoe ongefundeerd ook, schuldig; alsof ik mijn dierbare vriend op de een of andere manier in de steek liet. Ik liet de zijramen zakken en veroorzaakte zo een koude wind in de cabine; een zo onstuimige wind dat het opkomende schuldgevoel zich eenvoudig liet wegblazen, alsof het om spinrag ging. Je hoefde niet altijd naar zee om iets van jezelf te verliezen.

Ik stuurde mijn auto de linkerrijbaan op en drukte het gaspedaal diep in, tot op de bodem, en schoot vooruit, ongeveer zoals Martin placht te doen en waar ik hem geregeld trots over had horen vertellen. Je moest in het leven je voet bij het gaspedaal houden, besefte ik eens te meer, en niet zozeer bij de rem. Uitrusten deed je na je dood: daar kreeg je dan alle gelegenheid toe.

Al waren Herman en Martin er niet meer, toch wist ik hen in mijn directe omgeving.

Korte tijd later was ik aan Schiphol voorbij, aan de opstijgende en dalende verkeerstoestellen en aan de lichten van de luchthaven. Het was nog niet helemaal donker; er schitterden wat laatste restjes blauw in de lucht. Maar lang zou het niet meer duren, dat blauw.

Terwijl ik Hoofddorp en Nieuw-Vennep voorbijreed werd het snel donkerder, en kort daarop donker.

In de jaren die volgden moesten Yolanda en ik vaak in Amsterdam zijn en zochten we Martin en Herman regelmatig op begraafplaats Zorgvlied op. Maar in al die jaren, hoe vaak ik ook bij hem langsging, verplaatste Martins graf zich niet.

Op een middag liep ik naar mijn kamer, zette me aan de schrijftafel, pakte pen en papier en vouwde een vogel van woorden, blies er lucht in, opende het raam en liet hem gaan, een geloste duif: een tafereel dat ik me van mijn jeugd herinnerde, als we duiven losten die na een logge start voorbij en over de voelsprieten op de daken vlogen zonder een antenne te raken.

Maar dit was geen duif of spreeuw, lijster, merel, vink of mus. Lastig uit te maken wat het wel was: met mijn heengaan zou geen groot vogelaar te betreuren zijn.

Even waande ik me in een kamer op de vijfde verdieping van een hotel in Den Bosch. Martin was er al. Ronald moest nog komen. Het zweefvliegtuig was bijna af.

Het was een wijze vogel die wegvloog en het middagblauw tegemoet wiekte, steeds hoger; maar niet zo hoog dat hij te dicht in de buurt van de zon kwam en zijn vleugels schroeide. Daar ging-ie, een stipje nog en nauwelijks waarneembaar met het blote oog; en toen was-ie weg, uit zicht, de ijlere luchtlagen in, zonder ooit nog te hoeven landen, de dans ontsprongen.

Ik sloot het raam en ging aan het werk.

62

'WAT,' ZEI FREEK, 'IS DE SPANNINGSBOOG?'

Ik zat bij Freek aan de keukentafel. Carré was een zoete herinnering. Remco, Jan en ik stonden aan de vooravond van een nieuwe theatertournee. Dat wilden we nog één keer doen, tot besluit. 'Dan is de cirkel rond,' had Remco gezegd.

Het was een maand na Martins dood. Meermaals had Martin te kennen gegeven graag met ons mee te willen.

'Zou je het wel doen?' klonk het in mijn omgeving. 'Trek je dat, om zo kort na Martins overlijden on the road te gaan?'

'No worries,' had ik gezegd. 'Zo'n tournee is een probaat middel om de zinnen te verzetten. Een welkome afleiding.'

Freek had aangeboden *Tot zoens* te regisseren.

'Spanningsboog?' zei ik.

'Is dat nieuw voor je?' zei Freek droogjes. 'Dat is een gangbare term in het theater, hoor. En niet alleen in het theater. Hoe krijg je het publiek na aanvang op het puntje van hun stoel en hoe hou je ze daar, hoe trek je je publiek door de voorstelling heen.'

'Daar hebben wij nooit aan gedaan,' zei ik.

'Dan zou ik er maar eens gauw mee beginnen,' zei Freek. 'De spanningsboog. Dus jullie hebben geen idee over wat of hoe... Dat treft. Ik wel. Remco is er niet. Die is niet komen opdagen. Dat is jullie spanningsboog. "Komt-ie of komt-ie niet?" God mag weten waar-ie uithangt; Remco doet niet aan mobiele telefoons en is onbereikbaar: thuis wordt ook niet opgenomen. Of thuis neemt juist wel op, maar daar weten ze niet beter dan dat Remco met een taxi naar het station is gebracht. Desgevraagd geeft de taxicentrale te kennen dat de heer Campert omstreeks halfdrie 's middags voor de ingang van het Centraal Station is afgezet. Waar is Remco Campert? Moet de politie gewaarschuwd, moet er een zoekactie op touw worden gezet? Zulke overwegingen schieten door jullie heen. Totdat Jan het zat is.

Als de voorstelling begint, licht het podium op, maar dat blijft leeg. Wel hoort het publiek jullie koortsachtig overleggen in de coulissen. Wat te doen? Jan raakt geërgerd.

"Zo'n moeite is het toch niet om op tijd te komen? Dat kan Remco toch ook, net als wij, ook al is hij tachtig? Kóm nou, zeg."

Jij probeert de boel te sussen. "Jan, moet je luisteren, Remco is een dagje ouder, dan kan het gebeuren dat je een keertje te laat komt..."

Jan ijsbeert in de coulissen,' vervolgt Freek. 'Die wordt het spuugzat. Jij doet een wanhopige poging Jan te kalmeren. Alles verstaanbaar voor het publiek in de zaal. "Jan, Remco is de jongste niet meer..."

"Nee, niks ervan. Wat dénkt-ie wel niet. Ik heb schoon genoeg van dat divagedrag. Hij is Diana Ross niet! Hij moet niet denken dat we hem nodig hebben. Zonder hem kunnen we het ook af. Beter misschien zelfs, wie-zal-het-zeggen. Ik weet niet wat jij doet, Bart, maar ik ga beginnen. De zaal wacht. Dan maar zonder Remco."

En met die woorden beent Jan alsnog de bühne op en vertelt de zaal dat Remco er niet is. "Die is tot onze spijt niet komen opdagen. Bart en ik hopen op diens komst, maar wij beginnen vast. We merken het wel." Dat duurt een uur, Jan en jij. Jullie spelen zonder pauze door naar de finale.

Tussentijds, als Jan solo bezig is, steek jij je hoofd af en toe om het gordijn. De zaal ziet jou, maar Jan niet. Dus jij moet Jans aandacht trekken, tot hilariteit van het publiek. Zo leuk dat je dat best een paar keer kunt doen. Jij je kop om het gordijn en Jan die van niets weet. Altijd prijs.

En dan, na dik een uur, kijk je opnieuw om het gordijn en roept Jan.

"Hè? Wat? Wat is er, Bart? Ik ben bezig, ja? Wat is er nu weer?"

Je kijkt verheugd, maar je zegt nog niks. Het verlossende woord laat nog even op zich wachten.

"Is-ie er, Remco?" vraagt Jan, smekend bijna.

En dan zeg jij...'

'Sinterklaas is aangekomen.'

'Zoiets,' zei Freek. 'Dat zoeken jullie zelf maar uit, daar ga ik niet over. En dan verschijnt Remco ten tonele, onder een ovationeel applaus. Hij leeft nog.'

'De spanningsboog,' zei ik.

'Denk je dat je je twee kompanen zover kunt krijgen dat ze meegaan in deze opzet?'

'Ik vermoed van wel, Freek.'

'Dat hopen we dan maar.'

Zo zou het gaan, avond na avond, voor uitverkochte zalen. Remco was er niet, terwijl Remco in werkelijkheid keurig vijf minuten voor aanvang plaatsnam in een voor hem klaargezette fauteuil in de coulissen om maar niets te hoeven missen.

Af en toe maakte Martin zijn opwachting, maar hij hoefde geen stoel. Martin bleef liever staan, zodat hij indien gewenst snel weg kon. Het einde van de voorstelling haalde hij nooit.

'Een kéértje?!' viel Jan uit. 'Een kéértje?! Vorige week vrijdag in Alblasserdam was Remco ook al te laat, en de dag erna in Valkenswaard wéér! Om de haverklap. Schandalig! Het geeft geen pas. Eigenlijk valt er niet meer met hem te werken. We kunnen niet van hem op aan. Volgend seizoen, mochten we de tournee verlengen, gooien we Remco eruit. Subiet. Dit kan zo niet langer. Waar zijn we nu... in Heerhugowaard? Dat is bijna te lopen vanuit Amsterdam, zelfs voor Remco als hij een beetje bijtijds van huis vertrekt. Maar dát komt niet bij meneer op, om op tijd van huis te vertrekken, stel je voor. Dit is toch geen doen zo? Nee, kóm nou, zeg... En ik heb het weleens eerder met Remco beleefd, deze ergernissen, een paar jaar geleden, in de Stadsschouwburg van Groningen. Ik sta op het podium, kolkende zaal, de beurt is aan Remco, ik kondig hem aan en draai me om... Geen Remco. Nee. Remco weg. De heer Campert schitterde door afwezigheid. Voor een dampende Stadsschouwburg, zevenhonderdvijftig man. Het kunnen er zelfs een paar meer geweest zijn. We kwamen stoelen tekort. Remco kwijt. Toen ben ik hem gaan zoeken in het schouwburgcomplex. De ene na de andere deur trok ik open. Daar wemelde het van. Aan deuren geen gebrek in de Stadsschouwburg. Kleedkamerdeuren, solistenkamers, koorkamers, directievertrekken, gangkasten, bezemkasten, kelderruimtes, de orkestbak... Wat denk je, Bart? Ik trek de *stagedoor* van Het Kruithuis open, dat is een kleinere zaal onder hetzelfde dak... Stond-ie op de bühne, verdwaald, in het volle licht van de schijnwerpers.

Was-ie beland in een moderne herbewerking van een stuk van Shakespeare. Stond-ie, de heer Campert, in Shakespeare, in zijn gekreukte zondagse pak. Uren durend stuk. *De getemde feeks*, of weet-ik-veel-wat. *Hamlet. Macbeth.* Iets bloederigs. Ik plukte hem zó die Shakespeare uit, wat dácht je. "Meekomen jij!"'

Het leek alsof niet Jan over Remco foeterde, maar of ik mezelf tegen Martin hoorde uitvaren vanwege diens no show; maar misschien ging ik meer tekeer tegen de dreigende leegte en de afgrond die zich opende.

Zo waren Remco en Martin ondanks hun afwezigheid in zekere zin toch van de partij en zagen vanuit de coulissen op ons toe.

—

Op Martins vijfde sterfdag laat Yolanda in haar eentje Bril uit.

'Wat mij overkomt,' zegt ze bij binnenkomst, terwijl Bril naar de etensbak stuift die in de keuken op haar wacht, 'je gelooft 't bijna niet.'

Ze trekt haar jas uit en legt hem over de rugleuning van de stoel.

'Ik loop door het bos, diep in gedachten aan Martin, komt de buurvrouw van een paar portieken verderop aangelopen, met haar herdershond aan de lijn. Je weet, Bril is als de dood voor herders sinds-ie als pup door een herdershond is aangevallen en gebeten, dus ik trek haar terug, zodat zij kunnen passeren... Zegt die vrouw: "U kunt Bril nu rustig loslaten, hoor". Terwijl ik net zo aan Martin moest denken. Hoe vind je die?'

Ze neemt haar jas op om hem aan de kapstok in de gang op te hangen.

'"U kunt Bril loslaten, hoor." Nou, van zijn kant doet Martin dat niet, me loslaten.'

63

MARTIN RUSTTE AL GERUIME TIJD ONDER DE GROND – ZO langdurig zelfs dat hij inmiddels enigszins op adem gekomen moest zijn – toen me een uitnodiging bereikte van een openluchtpoëziefestival in Lelystad.

Ik had er vaker opgetreden. Zo had ik er eens Simon Vinkenoog vervangen, die wegens ziekte op het laatste moment in Amsterdam was achtergebleven.

Het publiek dat voor Simon kwam wist mogelijk niet van zijn verhindering en het leek me toepasselijk om met een gedicht van Simon te openen: dan was hij toch ter plekke. Ik grasduinde door zijn oeuvre en viste er twee regels uit die noch de dichter noch de mens Simon Vinkenoog tekortdeden.

'Je leven een vuurwerk
of niet'

We wisten niet hoe ziek hij was. Enige tijd later zou Simon overlijden.

Op deze editie van 'Sunsation' sloten Joost Zwagerman en ik het festival af. Terwijl ik optrad luisterde Joost aandachtig en leek elk woord te wegen. Toen mijn set klaar was en ik het podium verliet, liep Joost de bühne op en gaf me in het voorbijgaan een vriendelijk tikje op mijn schouder.

Ik liep niet door naar de tent waar de artiesten werden opgevangen, maar luisterde op mijn beurt naar Joost. Hij trad op in spijkerpak en verkeerde fysiek in ons midden, maar leek tegelijkertijd in gedachten ver aan de grenzen van de Flevopolder voorbij. In een van zijn gedichten belde hij God op en kreeg hem ook daadwerkelijk aan de lijn, waarop een gesprek volgde. Het applaus dat na het gedicht opklaterde leek Joost haast als hinderlijk te beleven. Zijn geest vertoefde elders.

Na afloop liepen we alsnog naar de artiestentent, waar we konden eten en drinken. We gingen aan tafel zitten en werden weer van vlees en bloed.

Joost stak in een uitstekend humeur.

'Ze slaapt nog,' antwoordde Joost op Yolanda's vraag of Maaike, zijn levenspartner, er ook was. 'Gisteravond kwamen we zo laat aan in het hotel, dat...'

In de tent stond een mobiele keuken opgesteld waar je koffie en gebakken eieren met of zonder spek of een omelet kon bestellen.

'Joost, het is bijna halfnegen,' zei ik, 'jij hebt vast niet ontbeten in het hotel voordat je hierheen kwam, zo vroeg gaat de keuken niet open. Heb je zin in een uitsmijter?'

Dat hoefde ik geen twee keer te zeggen. Joost rammelde. Met één uitsmijter was Joosts honger bij lange na niet gestild. Ik bleef lopen.

Joost vertelde honderduit over zijn plannen: een roman die op stapel stond, een gedichtenbundel die eraan kwam. Hij had er zijn handen vol aan.

Dat was nog niet alles.

'Weet je,' zei hij meer tegen Yolanda dan tegen mij, 'zo fantastisch... Ik word opnieuw vader. Maaike is zwanger, we weten het nog maar net. Mooi, hè?'

Ik stond op en haalde koffie en een derde uitsmijter voor Joost en mij.

Zo vol van wat er te gebeuren stond was Joost, dat zijn geestdrift zich lastig beteugelen liet. En waarom zou je ook? Het was een genoegen zijn spraakwaterval te beluisteren: hij was zijn gezelschap meer dan waard. Al fluisterde een stemmetje in mijn achterhoofd dat Joost misschien een tikkeltje te geestdriftig was; iets wat Yolanda ook was opgevallen toen we er op de terugreis naar Den Haag over te spreken kwamen. Zat daar geen keerzijde aan?

'Joost,' zei Yolanda dik anderhalf uur later, 'ik wil me nergens mee bemoeien, maar... Wil jij zo langzamerhand niet eens terug naar jullie hotel, naar Maaike? Die wordt vast zo wakker, als ze het al niet is en...'

Joost raadpleegde zijn horloge, liet de restanten van zijn uitsmijter voor wat ze waren en nam afscheid.

Tweeënhalve maand later zou Joost zich van het leven beroven.

Hij kreeg postuum een zoon.

Voor de radio las ik een week na zijn dood een gedicht van hem voor, dat ik omwille van de luisteraars inkortte.

'Mijn lief, wees alsjeblieft
heel lief voor mij, nu God
mij denkelijk heeft uitgewist

Mijn lief vertrouw ook nu op mij
ik ben niet weg
God ademt mij
Mijn lief, wees alsjeblieft heel lief
voor mij. Misschien heeft God
zich in mijn dood vergist'

Niet God had zich in zijn dood vergist, maar Joost zelf.

—

Laat in de middag wandel ik met Bril naar de steiger. Overmorgen vliegen de jongens terug naar Nederland. Terwijl ik aan het naderende afscheid denk, zie ik ze in de verte zwemmen, op weg naar een van de verafgelegen eilanden. Daar gaan de vier. Storm roeit met de proviand vooruit. Vroeger had ik ze teruggefloten: 'Jongens, niet zo ver! Straks raakt een van jullie in de problemen, kramp, of bevangen door de kou, en wat dan?'

Die tijd ligt achter ons. Daar zwemmen ze, hun toekomst tegemoet.

Van mijn ouders leerde ik terdege hoe het vooral niet moest, opvoeden: dat moest ik hen beiden nageven.

Wat mij bij de opvoeding van onze kinderen had geholpen, was dat ik in sommige opzichten ondanks het klimmen der jaren zelf een kind was gebleven.

'Pap,' zeiden de jongens weleens, 'jij was niet zozeer onze vader, maar onze vijfde broer.'

Daar zwemmen ze; ze zijn al haast uit zicht. Al zal ik tot na mijn dood hun vader blijven, toch ben ik bijna vader-af.

Bril en ik kunnen niet over water lopen en we keren om en lopen terug naar huis. Het werd tijd om dat kunststukje onder de knie te krijgen, over water lopen, en te ontdekken waar je dan uitkwam.

64

VAN DE ENE OP DE ANDERE DAG DAALT DE TEMPERATUUR met bijna twintig graden. De heuvels vergrijzen en het wordt merkbaar eerder donker.

Het groen dunt snel uit. Tussen de kalende stammen laat het water steeds meer van zichzelf zien; alsof het meer een hoge borst opzet en vast voornemens is ons met een bezoekje te vereren.

’s Nacht onweert het. Het meer wordt bijgevuld.

De volgende ochtend gaan we zwemmen, maar nog voordat we bij onze steiger zijn horen we een luide plons. Splinter is het koude water ingedoken.

‘Ik word één met de vissen!’ roept hij enthousiast een eindje uit de oever vandaan.

Daar twijfel ik niet aan: dat zal hem, Splinter kennende, zeker lukken. En dat weten de vissen ook.

'Zullen we een eindje wandelen, pap,' stellen de jongens 's middags voor, 'de bossen in? Nu kan het nog. Morgen vliegen we terug naar huis. Nee, mama blijft liever bij Bril.'

Na een uur stevig doorlopen zijn we diep in het bos. Als we besluiten om te draaien en op huis aan te gaan, lijkt het landschap het daarmee eens.

Verderop schiet een eekhoorn een dennenboom in en terwijl we langs de stam omhoogkijken, komt een dennenappel naar beneden gezeild, die Storm op een haar na mist. Daar blijft het niet bij. Om de haverklap suist een dennenappel omlaag die we moeten ontwijken. De boom bekogelt ons, of de eekhoorn. Te zeggen dat Zweden het op ons heeft gemunt, zou overdreven zijn; maar de gedachte komt even bij me op. Wil het bos soms van ons af?

Maar dit gaat mij aan, zeg ik tegen mezelf, en niet de jongens: die gaan vrijuit.

Ben ik hier ongewenst? Dan is het wel heel erg treurig met me gesteld. Zo dichtbevolkt is Zweden niet.

'Valt je niks op aan het huis?' vraagt Yolanda als we terug zijn.

'Wat zou me moeten opvallen?'

'Lisa vertelde toch dat het huis is opgetild omdat het verzakte? Het lijkt of die balken alweer wijken. Met een beetje pech moet het huis binnenkort opnieuw worden versterkt.'

Ondanks de wandeling heb ik het koud gekregen. Het kwik daalt zo snel dat je je kunt voorstellen dat het spoedig zal sneeuwen.

'Het zijn onze laatste uren hier,' zegt Sebas terwijl hij door de tuin ijsbeert. 'De dag gaat voorbij, en ik wil niet dat vandaag voorbijgaat.'

Op vrijdagmiddag vertrekken de jongens van het station van Sösdala. Al stopt de trein stipt op tijd bij het perron, toch komt hij te vroeg. We omhelzen elkaar. Vanwege de donkere coupéramen zijn de jongens eenmaal binnen nauwelijks te onderscheiden. Wie is wie, en wie zit waar? Op goed geluk zwaaien we hen uit.

Het treinstel leeft wat-je-noemt met ons mee. Bij het verlaten van het station knipperen bij wijze van afscheidsgroet de achterlichten aan en uit.

'Dit kon weleens de laatste keer zijn,' zegt Yolanda, 'dat ze mee waren op vakantie. Daar komt een keer een eind aan.'

De rode achterlichten verdwijnen om een bocht uit het zicht.

'Vermoedelijk heb je gelijk,' zeg ik. 'De laatste gezinszomer. Onze taak zit er zo goed als op. We eindigen zoals we ooit begonnen, met elkaar. Jij en ik. Zonder Bril.'

Scherp afgetekend zie ik voor me hoe we op een kwade dag ontmanteld zullen worden; maar dat spreek ik niet uit.

Het begint te regenen. We steken de lege straat voor het station over en lopen de supermarkt in om iets omhanden te hebben. Nu we met z'n tweeën zijn, hebben we niet veel nodig.

Een uurtje later – we zijn terug in het vakantiehuis – krijgen we een sms'je van de jongens. 'Zijn nog in Zweden.'

Een halfuurtje later zijn ze dat niet meer. Uit het raam starend lijkt het of ik aan zee ben, maar dan met kalende bomen en takken tussen het water en mij in, in plaats van rul en hard zand.

We eten het restje taart dat van gisteren over is, al valt er weinig te vieren.

Tegen zeven uur wordt het ongewoon vroeg avond; het donker doet de dag dicht. Voor het eerst deze vakantie eten we binnen. Op de veranda is het te koud. We brengen het grootste deel van de avond in stilzwijgen door, terwijl de herfst om het huis waait, en gaan tegen elven naar bed.

65

DE VOLGENDE OCHTEND BELLEN DE JONGENS. OF WE volgend jaar zomer weer naar Zweden op vakantie gaan. Wat zijn de plannen?

'Dat ligt wel in de bedoeling.'

Het waait hard buiten; een terrasstoel vliegt door de tuin.

'Dan gaan we graag weer mee,' kondigen ze alvast aan.

Ik leef op van hun telefoontje. Volgend jaar zal ik weer even vader zijn.

Hoe het met Bril is, willen de jongens weten.

Bril is opgeleefd, vertel ik ze, dankzij een dubbele dosis pijnstillers, en lijkt een tweede jeugd te beleven. Ze komt makkelijker overeind en wil weer uit in plaats van de hele dag op haar zij te blijven liggen. Af en toe huppelt ze zelfs een stukje door het bos en pakt zelf takken op, waar ze dan trots mee voor ons uit loopt.

Dit voorjaar hadden we Brils elfde verjaardag gevierd.

'Een hond als Bril wordt doorgaans niet ouder dan een jaar of tien,' had Yolanda gezegd. 'Maar moet je Bril zien. Weliswaar op haar laatste beentjes, maar... Ik ga nog net niet voor haar zingen.'

'Onze drugshond,' zei ik. 'Hoe lang zit ze nu aan de tramadol? Ik mocht willen dat ik de middelen zo soepeltjes voorgeschreven kreeg. Wat een leven ging ik dan tegemoet.'

Yolanda had de verjaardagskluif uit de kast gehaald, die Bril dankbaar aanvaardde. Ze stiefelde de tuin in om het cadeau te begraven. De wintervoorraad.

'Waar is je bot gebleven, Bril?' had ik haar gevraagd toen ze korte tijd later de keuken in liep. Maar dat ging ze me mooi niet aan mijn neus hangen. Niet alles wat begraven was, hoefde te worden opgegraven; dat wist Bril als geen ander. Na tien jaar moest de tuin vol verstopte kluiven en botten liggen.

Bril, intussen, ligt te slapen op de mat voor de slaapkamerdeur. Het loopt tegen elven; ik moest zo maar eens met haar uit. Kreeg je zoals Bril een tweede leven in de schoot geworpen, dan was het zaak er ook gebruik van te maken.

—

's Avonds krijg ik een sms'je van Ronald. Hoe het gaat, in Zweden. En wanneer ik terugkom; dat we elkaar te lang niet hebben gesproken.

Toen Martin wegviel besloten Ronald en ik om samen in het theater verder te gaan, al was het maar vanwege some unfinished business. 'Trio Giphart & Chabot' zouden we heten, zodat Martin ook van de partij was.

'Jongens,' had George gezegd, 'ik moet foto's van jullie hebben, publiciteitsmateriaal, voor de theaterbrochures. Volgende week gaan die naar de drukker. Lukt het om die foto's maandag op mijn bureau te laten landen?'

'Lijkt het je wat,' zei ik tegen Ronald, 'om de fotoshoot op de Maasvlakte te doen? Kraakinstallaties, een raffinaderij, de Rotterdamse skyline, containers, terminals, depots, koelvriesopslag...'

'Ik heb genoeg, hoor,' zei de fotograaf aan het eind van de middag. 'Voor het affiche, de persfoto, jullie decor... Keus te over.'

'Is dat niet iets voor ons?' zei Ronald toen we langs een brandweeropleidingsinstituut reden. Hij sloeg links af naar de ingang, met de fotograaf in ons kielzog, en reed het terrein op. Een oefenterrein met autowrakken, uitgebrande huizen, een verongelukte en op zijn kant liggende tankwagen, een half afgebrand flatgebouw, twee opslagtanks en een scheepswrak.

'Het is bij vijven, iedereen is weg,' zei de beheerder van het complex. 'Ik wilde juist afsluiten. Hoe lang hebben jullie nodig, toch geen uren, hoop ik?'

'Jongens!' riep de fotograaf na ons bij een paar autowrakken te hebben gefotografeerd. 'Daar bij die heli, dat wordt 'm!'

Geduldig poseerden we in en om de uitgebrande helikopter.

'Het affiche,' zei de fotograaf enthousiast. 'Jullie in dat uitgebrande wrak, je-weet-niet-wat-je-ziet.'

Na afloop besloten we wat te drinken in een cafetaria voor truckers en werklieden, in de schaduw van de vuurtoren. De fotograaf ging niet mee, die wilde thuis het geschoten materiaal bekijken.

We zaten aan de koffie toen het scherm van Ronalds iPhone oplichtte en hij pakte zijn mobiel en las het bericht, en de stroom berichten die daarop volgde.

'Er is zojuist een vliegtuig neergeschoten,' zei Ronald, 'boven Oekraïne. Een verkeerstoestel. Van Malaysia Airways, met honderden Nederlandse passagiers aan boord. De MH-17.'

Hij trok wit weg.

'Voel je je niet goed, Ronaldo?'

'Ik vrees dat ik via via twee mensen ken die aan boord waren van dat toestel. Sorry, ik moet even bellen.'

'En?' zei ik toen hij zijn telefoon had neergelegd.

'Ze waren aan boord, alle twee.'

'Overlevenden?'

'Het toestel is neergehaald terwijl het op grote hoogte vloog, dus overlevenden... Nou nee.'

'Die foto's van ons,' zei ik, 'naast de uitgebrande helikopter... Zullen we die maar niet gebruiken?'

Terwijl Ronald belde, staarde ik uit het raam. Het afgebrande theater in Huizen, de brand bij het theater in Delft, en nu dit. Was het geen teken dat we moesten stoppen?

Ronald wenkte de ober en vroeg de rekening.

Een halfjaar later zetten we in Heerlen met Paul onze theatervoorstelling in elkaar.

'Een schrijver,' zei Ronald tijdens de repetities, 'is zo vergeten in ons land. Sporthelden niet, maar schrijvers... Als een geliefd schrijver overlijdt wordt zijn werk na tien jaar niet meer gelezen en vijftien jaar later is ook zijn naam vergeten.'

Daar viel niet zoveel tegen in te brengen.

'En dichters natuurlijk. Binnen de kortste keren vergeten. Jij moet ook op je tellen passen, Bart.'

Hij knipoogde.

'Maar dat laten we Martin niet overkomen. Die houden we in leven, zolang we kunnen. Door tijdens alle optredens iets van of over Martin te doen. Heb jij een Brilstukje dat geschikt is voor onze show?'

Dat had ik. Niet één fragment, maar twee.

'Heb je ze bij de hand?' zei Ronald.

'Het zijn twee korte scènes. Ik heb ze wat aangepast zodat ze beter bekken.'

'Laat horen dan.'

'Grote liefde,' begon ik, 'is een hond nemen als de kinderen het huis uit zijn. En dan ontdekken dat zo'n hond eigenlijk nóg leuker is dan een kind. Hij heeft geen zakgeld nodig. Hij wordt wel ouder, de hond, maar niet wijzer. Hij houdt onvoorwaardelijk van zijn bazen. En bovendien heeft hij een radar voor conflicten.

Zo hebben wij een hond in huis die al weet dat het niet helemaal lekker zit tussen mijn vrouw en mij nog voordat wij dat zelf weten. De hond sluipt dan met hangende staart naar de bank, kijkt nog twee keer theatraal om, en kruipt eronder.

"Hé," zeg ik dan, "we hebben ruzie."

"O ja?" zegt mijn vrouw dan. "Verrek, je hebt gelijk, de hond ligt onder de bank."

En om de hond dan niet teleur te stellen – stel je voor dat zijn instinct ontregeld zou raken –, gaan we dan maar eens even flink ruziemaken.'

'Niks meer aan doen,' zei Ronald. 'Die zit in de voorstelling. En het tweede fragment?'

'Soms zit ik,' las ik voor, 'met mijn vrouw een uur in de tuin op ons bankje. Dan hou ik haar hand vast, of beter gezegd: haar groene vingers. Soms denk ik aan andere vingers, lange vingers, die heerlijke koekjes; of aan de buurvrouw, die geen groene vingers heeft, maar die wel onlangs grotere borsten heeft besteld.

"Waar denk je aan?" vraagt mijn vrouw dan.

"O, aan Voltaire," antwoord ik dan; want ook in huiselijke kring is het natuurlijk plezierig om erudiet voor de dag te komen.

"Ja ja," mompelt mijn vrouw dan, "het zal wel."

Het zijn zulke momenten die een huwelijk glans geven, vind ik persoonlijk; en dus schurk ik mij lekker tegen haar aan, iets waar zij niet altijd van gediend is, maar nu even wel; en samen staren we naar de horizon, nieuwe tegenslagen blijmoedig tegemoetziend.'

Ronald knikte instemmend. 'Die houden we erin,' zei hij. 'Als opmaat naar de finale.'

Elke avond, als Martins woorden opklonken, werd ook de weerbarstigste ziel in de zaal tot ontroerens toe geraakt.

We waren nog niet zo lang on the road toen we in theaters terugkwamen waar we in voorgaande seizoenen met Martin hadden opgetreden.

'Zie je dat?' zei Ronald weleens. 'Daar zit-ie, hoor, Martin. In zijn eigen kleedkamer. Terug van weggeweest. Hij is alleen zijn blauwe krat en kledingzak vergeten.'

'Ronaldo,' zei ik, 'straks gaan we het nog beleven dat Martin gewoon weer op de bühne staat en met ons meedoet.'

'Sterker,' zei Ronald, 'dat als we het tijdens de show over hem hebben, Martin zich ermee gaat bemoeien. "Nee nee, dames en heren, dat zeggen de jongens nou wel, maar zo is het niet gegaan."'

In schouwburg De Lawei in Drachten zag ik Martin niet alleen in zijn kleedkamer zitten, maar knikte hij ook bevestigend toen ik om de hoek keek en vroeg of alles naar wens was.

Ja, alles was in orde, las ik in zijn blik; en mocht dat onverhoopt niet het geval zijn, dan hoorde ik het als een van de eersten. Als we hem maar genoeg rust gunden, zou hij op een dag, als hij de tijd rijp achtte, vanzelf zijn opwachting maken. En zo geschiedde. Zijn aanwezigheid zou zich niet tot de kleedkamers beperken. Vanuit het schemerdonker van de coulissen volgde hij wat Ronald en ik uitspookten; niet alleen het eerste seizoen dat we door het land trokken, ook het tweede, derde en vierde jaar: het slotseizoen. Soms zelfs kon je menen dat je een vleug opving van Martins sigarettenrook die uit de krochten van het theater opkringelde. Een geur die me aantrok en waarvan ik het spoor wilde volgen. Zo werd ik gaandeweg nog minder van het hier en nu dan ik van huis uit al was.

Meestal was Martin uit het schemerduister van de coulissen verdwenen en uit het theater vertrokken als Ronald en ik, terwijl het applaus opdroogde, de bühne afliepen. Tijd voor de nazit gunde hij zichzelf niet. Hij had nog altijd haast.

66

HET EINDE VAN ONZE TOURNEE KWAM TOCH NOG SNELLER dan verwacht. Na het slotapplaus liepen Ronald en ik stilzwijgend van het toneel. Het was voorbij. De teksten die we hadden gebezigd konden de tas in. Vanaf nu waren ze van papier.

Ik voorvoelde dat ik niet meer in het theater zou terugkeren.

We kleedden ons om – Ronald als gewoonlijk vlotter dan ik –, pakten onze kleding en spullen in en liepen door de gangen naar de foyer om het glas te heffen op de goede afloop. Daarna namen we afscheid van Paul, onze technicus die ons vanaf het prilste begin met Martin had vergezeld. Vanavond in het theater in Steenwijk kwam na bijna veertien jaar touren een einde aan ons bondgenootschap.

'Dag Paul,' zeiden we. 'Bedankt voor alles.'

'Dag jongens,' zei Paul. 'Het was me een genoegen.'

Hij groette de theatermedewerkers met wie hij de hele dag had gewerkt en begaf zich op weg naar de uitgang. Alle rekwisieten waren ingeladen en gingen bij hem thuis in de opslag, in de hoop op betere tijden.

'We gaan elkaar zien!' riep Paul ons van verre toe. De automatische schuifdeuren gingen al voor hem opzij.

'We houden contact!' riepen wij – terwijl de deuren dichtschoven – door de op dit late uur vrijwel verlaten foyer. De laatste bezoekers waren allang naar huis.

Dat was Paul. Nu wij nog, Ronald en ik.

De barkeeper schikte en herschikte wat glaswerk en flessen, en gaf een zinloos gebaar zo nog enige zin. De boel was grondig schoongemaakt, wat hem betrof had het lang genoeg geduurd. Hij wilde ook weleens op huis aan. Straks, zodra we weg waren, onze technicus achterna, zou hij de lichten uitdoen, de zaak afsluiten en op slot draaien. Hadden we nog lang werk?

'Heren, als u het niet erg vindt...'

We liepen over van begrip.

Buiten begon het zachtjes te regenen. Toch maakten we geen van beiden haast om in de auto te stappen. We waren op zoek naar een laatste woord, een laatste groet. We hadden een hoop beleefd samen, meer dan ons lief was, en wisten ons daardoor onlosmakelijk met elkaar verbonden. Maar hoe het verder moest of zou gaan wisten we niet; vandaar onze aarzeling bij het afscheid. Wat waren de juiste woorden?

Wanneer zouden we elkaar terugzien? Dat kon best eens een poosje duren.

'Als ik er straks niet meer ben, Ronaldo,' zei ik, 'let je dan een beetje op me?'

'Dat zal ik zeker doen, Bartus,' zei Ronald en ik had geen reden om aan zijn woorden te twijfelen.

We omhelsden elkaar langer dan gebruikelijk.

'Ik hoop,' zei Ronald, 'dat dit niet de laatste keer is geweest.'

'Dat hoop ik ook,' zei ik.

Opzij van ons, op eenhoog, ging het licht uit en kort daarna doofden de lichten op de begane grond.

'Kom,' zei Ronald ten slotte, 'ik moet gaan. En jij ook.'

Het begon harder te regenen, alsof de regen ons afscheid – nu we ons zo weifelend toonden – wilde bespoedigen. Ronald deed het portier van zijn Volvo open en nam plaats achter het stuur. We waren een hoop kwijtgeraakt onderweg.

'Een schrijver is zo vergeten,' zei Ronald. 'Maar Martin... Wat er ook gebeurt...'

'... we houden hem in leven,' vulde ik aan.

'Dat wil zeggen, we doen wat we kunnen.'

Op last van de regendruppels maakten de bladeren aan de bomen een kleine buiging, waarmee wat hen betreft de zaak beklonken was.

'Afgesproken?'

Ik herinnerde me hoe ik eens in een provinciestad belandde waar ik ooit met Herman en Jules had opgetreden. Toen ik langs het theater kwam had ik de verleiding niet kunnen weerstaan en was naar binnen gelopen. Op de toneelvloer waren de voorbereidingen in volle gang: er stond die avond een musical geprogrammeerd. Terwijl zijn collega's stug doorwerkten vroeg de toneelmeester wat hij voor me kon betekenen.

'Brood, Deelder en Chabot? Nee, dat kan ik me niet herinneren. Dat moet voor mijn tijd zijn geweest. Wanneer was dat dan? Twintig jaar geleden? Dat verklaart een hoop. Ik werk hier pas negen jaar en mijn collega's nog korter. Ik heb er nooit iemand over gehoord. Ik hoop niet dat u al te zeer teleurgesteld bent? Er komt hier zoveel voorbij, daar is geen bijhouden aan, het spijt me zeer.'

Hij keek om, naar de toneelvloer. 'Als u het niet erg vindt... Ik moet door, ik kan mijn collega's niet laten wachten. Leuk u te hebben ontmoet. En u weet, u bent altijd welkom, hè. Mocht u in de buurt zijn, de deur staat voor u open, loop gerust binnen.'

De regen zette door; die had er zin in.

'Afgesproken,' zei ik.

Dat zou nog niet meevallen, Bril-aan-de-beademing, en bleek zelfs een veel grotere klus dan gedacht.

'Die Martin Bril, hè,' zou een boekhandelaar in het oosten van het land me jaren later vertellen. 'Ik heb bijna twee meter boeken van hem in de winkel. Ik dacht: die ben ik zo kwijt. Wat denk je? Aan de straatstenen niet, geen hond die ernaar vraagt. En zo lang is-ie nog niet dood, toch? Nee, ik overweeg die twee meter naar het antiquariaat te verhuizen. Misschien hebben ze er daar nog wat aan.'

Het herinnerde me aan het antwoordapparaat thuis, dat nog altijd aan onze vaste telefoonaansluiting zat aangesloten. 'Zullen we die vaste telefoon niet eens opzeggen?' had Yolanda meermaals geopperd. 'We gebruiken hem nooit.'

'Klopt,' had ik gezegd. 'Maar op het antwoordapparaat staat Martins stem nog, de laatste keer dat hij me belde. Levendig, vol goeie moed. Zijn stem schalde door het huis. Dat bandje wilde ik graag behouden. Zo kan ik blijven horen hoe hij me belde.'

Ik kon Martins stem naar believen in de woonkamer laten klinken. 'Bart! Opnemen! Bril hier, de hoofdstad! Wat zit je te doen, waarom neem je niet op?! Koffie zetten, plaatjes draaien? Ik tel tot drie!'

'Begrijp ik, schat,' zei Yolanda. 'Alleen luister je het nooit af.'

Nee, moest ik toegeven. Maar dat het kón, Martins stem enthousiast laten rondgaan en hoe hij mijn naam riep, ongeduldig, daar was het me om te doen.

Ronald schraapte zijn keel – 'Bartus?' – en we waren terug in Steenwijk. De voorstelling met Ronald was de beste waar ik ooit aan meewerkte. Over dit programma kwam ik niet meer heen: vanaf nu kon het alleen maar minder worden. Wat me noopte blijvend uit het theater te vertrekken. Dertig jaar lang had ik van theater naar schouwburg gereisd; vanavond kwam daar een eind aan en sloten de gordijnen. Ik was niet verslaafd aan applaus. De behoefte aan aandacht en waardering lag achter me, samen met het Bekende Nederlanderschap. De spotlights konden uit.

'We blijven elkaar zien, hè?' zei Ronald.

'We blijven elkaar zien,' zei ik.

De motor startte en haast onwillig schoof Ronalds auto vooruit over de slingerende oprijlaan van het theater vandaan – bijna buiten gehoorsafstand nu – en toeterde twee keer kort na elkaar. Toen draaide Ronald met een scherpe bocht naar rechts de openbare weg op. Opnieuw toeterde hij twee keer kort, knipperde met zijn koplampen en was weg.

Ik zwaaide hem lang na.

Pas toen een buitendeur van het theater toesloeg liet ik mijn arm zakken. Zwaaide ik Ronald nog langer uit, dan kwamen er nog praatjes van in Steenwijk.

Op mijn beurt stapte ik in de auto en trok het portier dicht. De kledingzak met theaterplunje en de tas met toneelbenodigdheden en teksten lagen in de kofferbak. Die konden eenmaal thuis de zolder op. Ik startte en zette de ruitenwissers aan; die gingen overuren maken. Er was geen weg terug, die was afgesneden.

Achter me regende Steenwijk dicht. Ik ging de schaduw tegemoet, en de schaduwen.

Onderweg richting de Randstad, naar have en goed, lichtte mijn mobiel op de stoelzitting naast me herhaaldelijk op. Ronald, om me te melden dat hij thuis was en, gewoontegetrouw, met de vraag waar ik uithing. Maar het regende heviger nu en ik nam niet op. Ook wij waren voorbij.

—

Tegen middernacht laat ik Bril uit. Het wemelt van de sterren; alsof de Melkweg bij je op schoot wil.

De herfst krijgt handen en voeten. Het bos wordt nog kaler en het meer glipt tussen de bomen vandaan en komt op het vakantiehuis aan. Op een ochtend zal het water, als het de kolder in de kop krijgt, door het struikgewas heen sijpelen en het grasveld om het huis veranderen in een doorwaadbare plaats.

'Pap,' had Sebas ooit gezegd toen we mijn verjaardag aan zee vierden en een herfststorm opstak, 'wat wil je nog meer? De zee zingt je toe.'

Van die intentie, me toezingen, kun je het meer niet beschuldigen.

Als ik 's nachts wakker word wijst de wekker negen voor halfdrie aan. Via een kier tussen het rolgordijn en het raamkozijn vonkt een sprankje licht, van een ster lichtjaren ver hiervandaan. Het belicht een plekje op het slaapkamerbehang boven mijn kussen; en ik hef mijn hand en vang het beetje licht op dat zo lang onderweg was. Zo dicht was ik nog nooit bij de sterren, en het is maar de vraag of we elkaar na vannacht ooit nog zo dicht zullen naderen. Tenzij ik een grens oversteek en hun wereld betreed. Het heelal als ballenbak voor grote mensen. Het uur nadert dat ik kan worden opgehaald.

67

'HET GAAT DE LAATSTE DAGEN ZO GOED MET BRIL,' ZEGT Yolanda aan het ontbijt, 'dat we misschien terug kunnen naar één pil per dag.'

Dat bood perspectief. Als er tramadol overschoot omdat Bril de pijnstilling niet nodig had, viel er iets voor te zeggen dat de restvoorraad mij ten deel zou vallen. Ik was er klaar voor, voor langdurige verdoving.

'Proberen we dat,' zeg ik. 'Bevalt het niet, schroeven we de dosis weer op.'

'Maar goed dat we haar niet hebben laten inslapen.'

Bril laten inslapen? Daar was toch nooit sprake van geweest? Stel je voor, zeg. Nee, dat konden we nooit een seconde serieus hebben overwogen.

Op woensdagmiddag, op weg naar Hässleholm, passeren we de grafheuvel, een paar kilometer van ons huis vandaan. We hoeven niet te stoppen, maar kunnen doorrijden. De doden doen hun middagdutje en wensen niet te worden gestoord.

Eenmaal terug in Hässleholm verliest het stadje nogal wat van zijn charme, zo zonder de jongens. Pas nu valt me op hoeveel winkelruimte leegstaat en op hoeveel etalageruiten het plakkaat 'Opheffingsuitverkoop' prijkt. Opnieuw eten we bij pizzeria Casablanca, waardoor de jongens nog afweziger lijken dan ze al zijn. Het regent novembergrijs. De eigenaar van de platenzaak aan de overkant haalt het uithangbord voor zijn winkel binnen. Het is zes uur, hij gaat sluiten. We hebben de pizza op, maar blijven zitten. Stilaan wordt het schemerig. Er knipperen geen lichtreclames aan: de straat doet niet aan neonreclame. De etalages blijven tot morgenochtend ongezien. Verderop in de winkelstraat, op een bovenverdieping, gaat een raam open. Ik denk aan de levens waar ik nooit aan toegekomen ben, of die ik mezelf nooit heb toegestaan. En aan degenen die ik op mijn levenspad noodgedwongen moest achterlaten. Ik verlang naar een regenachtige avond in New York, een stad waar ik te lang geleden natregende.

Na een poosje zit ik niet meer tegenover Yolanda, maar hebben de jongens bij hun moeder aan tafel plaatsgenomen. Ik houd me op in de buurt van het terras en maak minder deel uit van het hier en nu dan het hier en nu zelf.

Een halfuurtje later lopen we terug naar de auto. Het regent dwingender en de wind doet een greep in mijn haar, dat er niet beter van gaat zitten. Alle kleur loopt uit de straten.

'Wat hebben we hier nog te zoeken?' zegt Yolanda.

Ik start de motor, die hapert maar alsnog aanslaat.

'Voor je wegrijdt...' zegt Yolanda.

'Ja?'

'... zou ik de ruitenwissers aanzetten. Dan zie je wat.'

Ik zet de ruitenwissers aan. We zien wat.

'Ik hou van je,' zegt Yolanda. 'Dat je het weet. Altijd gedaan. Vanaf Dag Eén. En dat heb ik al vaker gezegd.'

Ondanks de regen besluiten we na thuiskomst te gaan zwemmen. Of we nou nat worden, of nat worden.

Bril drentelt met ons mee, ze heeft ons vanmiddag gemist en is eerder in het water dan wij.

Bril zwemt niet zozeer, valt me opnieuw op, maar peddelt met haar vier poten zonder haar koppie en lijf te bewegen zodat je, als je door je oogharen tuurt, een tel in de veronderstelling kunt verkeren dat ze over het water loopt. Wat dat huzarenstukje betreft, is Bril een heel eind verder dan ik.

's Avonds lezen we. Dat wil zeggen, Yolanda leest. Ik laat een boek van Jules dat ik uit Den Haag meenam door mijn handen gaan. Ik wil Jules lezen, graag zelfs, maar Jules zelf staat dwingender voor me dan de door hem aan het papier toevertrouwde tekst.

De voorlaatste keer dat ik Jules ontmoette was, waar anders, in Rotterdam.

Om drie over twee 's middags, drie minuten na het afgesproken tijdstip, belde ik bij Jules aan. Er werd niet opengedaan. Dat was geen reden tot grote zorg. Vroeg of laat kwam Jules ongetwijfeld boven water: Jules kwam altijd boven water. Ik liet de voordeurbel wat langer overgaan. De zon scheen en het was Rotterdams druk op straat en op het terras van café Ari. Ik voelde me senang. Rotterdam lag me wel. Ik paste er goed in mijn vel.

Ik belde een derde keer aan, nog langduriger dan de eerste twee keer bij elkaar, bij het opdringerige af. Ik was toch niet voor niks naar Rotterdam afgereisd? Nee, dat kon ik me niet voorstellen en ik belde een vierde keer aan. Was Jules nog vast in slaap?

Door de ramen kon ik de kasten met Jules' jazzplaten zien.

Enkele duizenden langspeelplaten waarvan er zo op het oog niet één ontbrak. Wel had een stuk van het plafond losgelaten, met stucwerk en al. Het hing op halfzeven en wilde nieuwsgierig geworden verder de kamer in.

'Broeder Bartholomeus,' klonk het achter me.

Ik draaide me om. Jules keek me geamuseerd aan. Hij had me verrast: die slag was hem.

'Ik zat in café Ari,' zei Jules. 'Ik zag je langslopen.'

'Hoe is het met je, jongen?'

'Uitstekelbaars.'

Jules zag er patent uit en stak in een fraai zomerkostuum. Hij leek hooguit in zijn gezicht iets ouder geworden en magerder van gestalte.

'Heb je al gegeten?'

Nee, dat had Jules niet. Wel een gin-tonic genuttigd bij Ari. Twee gin-tonics, nu Jules zijn gangen naging.

'Zullen we ergens lunchen?' stelde ik voor.

Wat dacht ik van de Witte de Withstraat, daar wemelde het van de eethuizen en de cafés.

De laatste keer dat ik in die straat was geweest had Jules zijn hond bij zich, die we uitlieten. Maar Bix was al een poos niet meer onder ons.

We liepen langs het Chabot Museum.

'Zie je dat?' zei Jules. 'Dat hebben ze al voor je klaargezet. Nou ik nog.'

'Zullen we doorlopen, Jules? Ik voel me ter plekke verstijven.'

De Witte de With kende ik nog als een wat stille straat, maar met die rust was het gedaan. Ik kreeg het steeds meer naar mijn zin.

'Waar wil je zitten?' zei Jules. We keken naar de talloze terrassen. 'Keus te over, uit alle hoeken en windstreken.'

Tot dan toe waren we louter aangestaard door voorbijgangers. Geen wonder, Jules was, mede dankzij zijn opvallende kledij en vlindervormige zonnebril, een niet te missen verschijning. Maar net voordat we wilden plaatsnemen werd hij aangesproken. Een groep van vijf vlot geklede vrouwen deed een dagje Rotterdam en wilde van Jules graag weten welke bezienswaardigheid hij hun van harte kon aanbevelen.

'De watertaxi,' zei Jules.

Daarin kon ik hem bijvallen. Toen ik eens bij mijn manager Marijke op verjaarsvisite was, kwam een stadsbus aanrijden die bij de havenoever de lichte helling naar beneden nam, om tot mijn niet geringe verbazing te water te gaan, de Maas op. Een gewone ongewone stadsbus op de golvende rivier. Rotterdam stond alom bekend als een nuchtere stad, maar voor een wondertje op zijn tijd draaiden ze hier hun hand niet om.

De woordvoerder van de groep bedankte Jules en vroeg of we met hen mee wilden. We waren meer dan welkom: met hen op stap, dat zou me wat worden.

'Sorry dames,' zei Jules. 'We hebben een hoop te doen.'

'Ja, broeder Bartholomeus,' zei Jules nadat de groep in de menigte was opgegaan, 'het is niet elke dag feest.'

'We worden een dagje ouder, hè.'

'Jongen,' zei Jules, 'op een dag dient zich
onherroepelijk de vraag aan
al dan niet over te gaan
tot de aanschaf
van een nieuwe ijskast.'

We hadden elkaar een poos niet gesproken, maar dat gat in de tijd speelde geen rol. We waren weer samen als vanouds. Daar kwam niets tussen, ook niet met behulp van een breekijzer of koevoet.

Na de lunch wandelden we door de stad. Nu en dan wees Jules naar een huis of een kantoorgebouw en viste een herinnering op van wat hij bij of in die-en-die woning zoal had beleefd.

'Waarom schrijf je dat niet op, jongen?' zei ik.

'Ik zit liever achter mijn drumkit,' zei Jules, 'dan aan de schrijftafel.'

We werden om de haverklap herkend, maar zelden aangesproken. Dat was vroeger anders. Als ik met Jules in Rotterdam over straat ging werden we bij voortduring aangeklampt of kregen iets te drinken aangeboden. Auto's toeterden als Jules voorbijliep.

Nu leek het publiek verrast ons te zien. Leefde Jules dan nog? Ja, vanzelfsprekend, er had hun geen bericht van het tegendeel bereikt; en daar ging-ie, een levende legende. Maar toch.

Onze aanwezigheid, in levenden lijve, deed eerder afbreuk aan het beeld dat men van ons had dan dat het ons ondersteunde. Wat deden we hier nog? 'Kijk aan, wie hebben we daar? Wat leuk jullie tegen het lijf te lopen,' klonk het herhaaldelijk om ons heen. Maar het had er de schijn van dat we onszelf hadden overleefd.

De tijd naderde dat we onze biezen moesten pakken; dat moment kwam met rasse schreden dichterbij.

Ik vroeg me af of Jules het ook zo zag. Maar ik sprak dit alles niet uit en zo bleef het hangen in het domein van het onuitgesprokene.

Jules was 'af' en een icoon geworden, ontstegen aan vlees en bloed en uit het hier en nu gedwarreld. Dat hij hier nog rondliep, sterfelijk, deed iets af aan het beeld dat men van Jules had.

Jules en ik leefden in de tussentijd. We waren door de toekomst ingehaald, en voorbijgelopen.

Ik herinnerde me hoe we deelnamen aan het *Groot Dictee der Nederlandse Taal* en in de pauze uit een venster van de Eerste Kamer over een winterse Hofvijver staarden, en naar de Lange Vijverberg, waar de straatlantaarns waren aangegaan. Als je je ogen toekneep kon je aan de overkant van het water Louis Couperus zien wandelen, met hoed en wandelstok. Hij liep alsof hij geen stok nodig had. Op enige afstand van hem reed een lege koets, die waarschijnlijk op weg was naar de Koninklijke Stallen.

'Jij en ik,' had ik gezegd, 'wij gaan mee tot aan de dood.'

'Nee hoor,' had Jules opgemerkt. 'Na de dood gaan we gewoon verder.'

Tegen zessen waren we terug bij café Ari en namen plaats op het terras.

Op de hoek voor het café stond een standbeeld van Jules als een uithangbord op de stoep. Ik haalde een gin-tonic aan de bar. 'Zuinig met de tonic, Bart, denk erom!' Na een tweede gin-tonic nam ik afscheid; het liep tegen zevenen, ik moest eens op huis aan. Ik wilde naar binnen lopen om af te rekenen, maar Jules hield me tegen. 'Jij hebt vanmiddag al... Nu is het mijn beurt.'

'Nee, Jules,' zei ik, 'er staat nog een oude post open, van een knap tijdje geleden, toen jij naar Den Haag kwam en we in een toko belandden.'

'Kom je binnenkort weer?' zei Jules toen ik buiten kwam.

Dat zou ik zeker doen, beloofde ik.

'Voor ons Periodiek Overleg?'

Maar dat Periodiek Overleg zou lang op zich laten wachten, in beslag genomen als we werden door de daagse beslommeringen van het leven.

Pas twee jaar later, tijdens een niet zo winterkoude decembermaand, zagen we elkaar terug vanwege een fotoshoot voor onze uitgeverij in het Rijksmuseum. De Bezige Bij vierde haar vijfenzeventigjarig bestaan en was daarmee net zo jong als Jules. We liepen de bibliotheek in waar de shoot plaatsvond, zagen Jules' partner en Jules, en Yolanda liep naar Annemarie en ik naar Jules.

Hij was in goed gezelschap. Naast hem stond Jan Cremer.

Zonder dat er een woord aan te pas kwam omhelsden we elkaar.

'Het gaat goed met je zoon, hè,' zei Jules. 'Die Splinter is genomineerd voor Best Geklede Man van het Jaar, toch?'

'Sterker, Jules, hij is het vorige maand geworden, Best Geklede Man.'

'Hm,' zei Jules. 'Die prijs heb ik twee keer gekregen, en een oeuvreprijs. Dus hij heb nog even te gaan.'

Ik vroeg hem hoe het thuis ging.

'Niks te klagen,' zei Jules. 'Annemarie is meegekomen, je kunt het haar straks zelf vragen. Alleen, je weet dat ik ben verhuisd, toch? Dat heeft er nogal ingehakt. Ik kwam tot niks meer. Alleen al mijn jazzplaten...'

Jules' blik dwaalde af, alsof hij niet de bibliotheek van het Rijks voor zich zag maar zijn omvangrijke jazzplatencollectie.

'En Ari?'

'Ze is een tijdje terug getrouwd, dat weet je, hè. Goeie gozer. Ja. Een goeie gozer, echt. Een Rotterdammer, hè.'

Een medewerker van de uitgeverij kwam ons halen: we gingen op de foto. Toen ik op de mij toebedeelde en met een zwart kruis gemarkeerde plek stond, naast Ronald, kreeg ik een knietje in mijn rug; en ik keek om. Jules grijnsde me toe. Hij stond op een trap en torende boven ons uit. Hij was terecht op een voetstuk geplaatst en klaar om te worden vereeuwigd.

Na de sessie, terwijl de aanwezigen de museumzaal verlieten, liepen we naar Annemarie en Yolanda. De partners waren niet uitgenodigd voor het jubileumfeest en waren al helemaal niet welkom bij de fotosessie in het Rijks, maar daar hadden beide dames mooi schijt aan. Aan die twee had je wat.

Als een van de laatsten verlieten we de bibliotheekzaal. Een suppoost drentelde nerveus achter ons aan. Die moeite kon hij zich besparen; we waren niet van plan een schilderijtje van de muur te tillen. Op weg naar de uitgang kwamen we door een zaal met manshoge portretten van keizers en generaals. Napoleon de Derde hing er ook tussen.

'Moe je kijken, Bart,' zei Jules. 'Door hun strakke broekies ken je precies zien wie er links- of rechtsdragend was.'

We kwamen bij Napoleon Bonaparte zelf.

'Alleen bij hem zie je niks,' zei Jules.

'Dat komt, Jules,' zei ik, 'Napoleon was links- én rechtsdragend.'

Jules keek me een tel aan: we konden zo weer op tournee. Waarom deden we dat niet, op herhaling gaan en de theaters onveilig maken? Wat lette ons?

Toen we het Rijks verlieten waren we de enige wachtenden voor het gebouw. Onder de overkapping gaf het gelige licht van de straatlantaarns het tafereel een glans die een vorige eeuw opriep.

Je diende op eigen gelegenheid naar het Rijks te komen, maar voor het vervoer naar de uitgeverij, een paar straten verderop, had De Bij een koets geregeld.

'Ja, dág,' zei Jules. 'Kom, zeg. Daar gaat ik niet op staan te wachten. Kom op, Annemarie, we lopen dat stukkie wel.'

'Nee Jules,' zei Annemarie, 'Yolanda is aan haar rug geopereerd. We wachten op de koets.'

Toen de koets arriveerde viel-ie niet tegen. Het was een fors rijtuig, zwart, met twee paarden voor de bok, waarin zeker tien personen konden plaatsnemen.

'Attenooie,' zei Jules. 'Dat is je reinste lijkkoets.'

'Jij blij, Jules,' zei ik, 'dat we op 'm hebben gewacht.'

De koets reed ons voorbij, keerde verderop waar de straat wat breder werd en hield halt voor de stoep.

'Goddomme,' zei Jules terwijl hij me aanstootte, 'daar kenne we gestrekt in.'

De palfrenier klom van de bok, klapte een trapje uit en hield de achterdeur van de koets uitnodigend voor ons open. Annemarie en Yolanda gingen ons voor.

'Na jou, Jules,' zei ik.

De koets zette zich in beweging, in een laag tempo, zoals ik dat van de koetsen in Den Haag kende en van de rijtoer op Prinsjesdag. Ik probeerde niet aan het begrip 'begrafenistred' te denken. We passeerden de verlichte ijsbaan op het Museumplein, die er op dit avondlijke uur verlaten bij lag. De koets zwenkte en reed het fietspad op: in het gras van het plein zouden de wielen wegzinken. Zo afwijkend was de aanblik die we boden – een klein gezelschap in een lijkkoets onderweg naar Joost-mag-weten-wat – dat fietsers die ons in het donker nietsvermoedend tegemoetkwamen zich rotschrokken en hun rijwiel over een lage stenen rand heen het gras op schoot.

Ten slotte draaide de koets de Van Miereveldstraat in en kwam tot stilstand voor de gevel van het uitgevershuis. De rit zat erop. Van mij had de tocht best langer mogen duren, de stad uit, onbekende verten tegemoet, maar ik wist niet of alle inzittenden er zo over dachten.

Bij binnenkomst, in de vestibule, was de receptiebalie tot Gin Bar omgetoverd, waar je Jules' gin kon krijgen, 'Hard Gin', die vanwege Jules' vijfenzeventigste verjaardag recent op de markt was gebracht.

'Moet je proeven,' zei Jules tegen Yolanda. 'Maar rustig met de tonic, hè. Jij niet, Bart. Jij mot nog rijden.'

We liepen de trap op en bleven wegens de grote drukte op de overloop van de eerste etage staan. We spraken deze en gene, zonder van onze plaats te komen, en ten slotte spraken we elkaar.

'Kan ik wat te drinken voor je halen, Jules?' vroeg Yolanda.

Dat kon. Jules' eigen gin graag, 'met een vleugje tonic. Een vléúgje, meer niet. En zónder groente erin.'

'Ze rotten d'r van alles in, in je glas,' zei Jules, 'als je effe niet oplet. Groenvoer, soepgroente, blaadjes sla, andijvie of spinazie... Je zóú ze toch?!'

'We hebben een hoop meegemaakt, Jules,' zei ik na een poosje.

Hij leunde op het blad van de partytafel en staarde over zijn glas heen naar de muur.

'Nee Bartholomeus,' zei Jules ten slotte. 'We hebben álles meegemaakt.'

Ver na middernacht wilden Annemarie en Jules vertrekken. Hij trok zijn chique winterjas aan en we omhelsden elkaar. Hij maakte een fitte indruk, maar voelde broos aan; zo broos als Herman toen ik hem een week voor zijn dood in de armen sloot.

Daar ging-ie, Jules, richting het trappenhuis. Bij de bovenste trede gekomen zette hij zijn hoed op. Ik zag zijn zwarte haar onder de rand van de hoed uit komen en het viel me op hoe mager zijn nek was.

Voor hem daalde Annemarie de trap af. Jules volgde de knik in het trappenhuis, een bocht naar links, een laatste glimp van Jules' hoed en gehandschoende handen, en weg was-ie. Het zou de laatste keer blijken dat we elkaar hadden gesproken.

Vijf dagen later werd ik 's ochtends vroeg gebeld door de redacteur van een televisieprogramma en vernam dat Jules de vorige avond in een Rotterdams ziekenhuis was overleden.

Ik had de telefoon nog niet neergelegd of Sebastiaan stapte de kamer in. 'Pap, heb je het gehoord? Ja? Ik dacht: ik kom meteen naar je toe.'

Hij was niet de enige. De gelederen sloten zich. Nog voor twaalven waren Yolanda en de jongens thuis, ook Maurits en Splinter, die uit Amsterdam moesten komen. 'We dachten: papa kan een steuntje in de rug wel gebruiken.'

We haalden herinneringen aan Jules op.

'Wisten jullie, jongens, dat Jules getuige was bij ons huwelijk? We kregen zes kristallen champagneglazen van hem, en twee flessen champagne, *Krug*. De glazen hebben we, dik dertig jaar later, nog.'

Daarop haalde een van de jongens bij de slijter om de hoek een fles champagne, die niet langer dan strikt noodzakelijk de vriezer inging.

'Op Jules,' zei ik. 'Die was wie hij was, echter dan echt.'

'Op Jules!' klonk het in koor.

Bril keek op. Ik kon me vergissen, best mogelijk, maar ik meende dat ook zij enige notie had van wat er speelde.

68

DE ZWEDEN ZIJN AL WEKEN NAAR HUIS EN OP YOLANDA EN mij na gaat geen zwemmer het water in. Er vaart geen boot op het meer, ook die ene visser niet die tot voor kort elke ochtend voor dag en dauw met zijn gebutste roeiboot het water opging om tegen het middaguur met zijn vangst huiswaarts te keren.

Ook nu het een stuk kouder is en het in rap tempo nog kouder wordt, zwemmen we twee keer per dag. 's Ochtends staan we vroeg op, lopen naar de steiger en zwemmen, de kou verbijtend. Het meer is van ons, en wij zijn van het meer. 's Avonds belonen we onszelf, eenmaal op de kant, met een shot wodka.

Twee shots wodka.

'Dat doen de Russen ook,' weet Yolanda.

'Vandaar,' zeg ik, 'dat het zo goed gaat met dat land.'

—

Het was geen winterse dag, de oudejaarsdag dat we Jules uitzwaaiden. Lee Towers droeg geen jas en de meeste andere gasten evenmin.

Jules werd in kleine kring uitgeleide gedaan en tegen tweeën wachtten de genodigden voor de ingang van crematorium Hofwijk in Rotterdam-Overschie, de wijk waar Jules ter wereld was gekomen, op de komst van de lijkwagen.

Dat was, hoe-kan-het-ook-anders, een Citroën Snoek.

Een Snoek stationcar. Jules' kist werd uit de auto getild en het crematoriumgebouw in gedragen. Een jazzband met enkele van de beste saxofonisten van ons land – Benjamin Herman, Boris van der Lek, Hans Dulfer – speelde de harten warm.

Yolanda en ik namen plaats op de vierde rij. Ik had goed zicht op Jules' kist.

De jazzband speelde door. Op het scherm achter de kist verscheen Jules in talloze portretten. Beetje bij beetje werd Jules nieuw leven ingeblazen: met wat geluk liep je hem overmorgen in de Rotterdamse binnenstad gewoon weer tegen het lijf.

De Grote Drie van de Nederlandse optreedpoëzie, Simon, Johnny en Jules, die me welkom heetten toen ik mijn eerste wankele schreden op de podia zette, waren nu allen overleden. Voortaan kwam het op mij aan. Ik vroeg me af of ik voldoende op die taak berekend was.

Ik dacht aan Herman en Martin. Vrijwel al mijn vrienden-van-het-eerste-uur was ik kwijt. Het werd steeds stiller om me heen, ook al speelde de band jazzy door. Een koude wind stak op vanbinnen. En terwijl ik op de bank in de zaal zat en de jazz alomtegenwoordig was, trad ik buiten mijn lichaam en vertoefde korte tijd elders.

Annemarie sloot de bijeenkomst treffend af. 'Ik heb Jules graag met jullie allen ge-Deelderd.'

Toen schuifelden we rij voor rij langs de kist naar buiten. De genodigden voor ons bogen het hoofd uit respect voor Jules en liepen met trage pas de zaal uit.

Nu waren Yolanda en ik aan de beurt.

Ik zei iets zonder het hardop uit te spreken, maar Jules verstond me uitstekend, daar mankeerde niets aan. De zon bukte en kon net onder de deurpost door de zaal in. Toen we een kwartslag naar rechts draaiden, richting de uitgang, tikte ik met de knokkels van mijn hand zachtjes tegen de korte zijkant van de kist, Jules' voeteneind.

Klopp-klopp.

Terwijl we naar buiten liepen, het winterzonlicht in, vroeg ik me af wat die twee korte klopjes betekenden. Ik wist het antwoord nog voordat Yolanda en ik de zaal goed en wel verlaten hadden.

'Jules, opstaan,' had ik bedoeld. 'Wakker worden.'

Buiten scheen de zon nog uitbundiger dan voor aanvang van Jules' uitvaart. Ik zag een hoed die naar Jules' hoofd wilde, een knik in een trappenhuis, en een horloge op een nachtkastje dat wanhopig naar een pols zocht.

We praatten kort met enkele genodigden en stapten de auto in om naar Rotterdam te rijden, naar De Doelen, waar ik parkeerde voor de artiesteningang aan de achterkant van de schouwburg. Op de begane grond bliezen Benjamin, Boris en Hans vurig door voor de vele honderden Rotterdammers die afscheid wilden nemen van Jules.

Ten slotte, het was na zessen, het eerste oudejaarsvuurwerk ging de lucht in, gaf Ari me het woord.

'Jules,' zei ik,
een man o-
genschijnlijk klein van gestalte
maar in werkelijkheid

vele malen groter
dan d'Euromast

Want dat was-ie, Jules, dat is-ie en dat blijft-ie: vele malen groter dan de Euromast. Tot in de eeuwen der eeuwen... Punt.'

Ik liep het podium af en wenste Annemarie en Ari sterkte. Even later verlieten Yolanda en ik De Doelen via de artiesteningang, waar mijn auto wachtte.

Het mistte.

En niet zo'n beetje ook. De avondhemel viel niet te zien.

De mist sliertte en zwierde om en tussen de hoge Rotterdamse gebouwen door, en riep zo de woorden van Johnny van Doorn in gedachte: 'De geest moet waaien.'

Ook op de terugweg naar Den Haag mistte het, zodat je aan het bestaan van zoiets als 'het platteland' kon twijfelen; en niet alleen aan het bestaan van het platteland.

Ik hing van herinneringen aan elkaar.

Toen we Den Haag naderden zagen we dankzij de zeewind die de mist ontrafelde, het vuurwerk boven de stad uiteenspatten; en de stad inrijdend hoorden we luide knallen. De kans dat ik spoedig naar Rotterdam zou terugkeren achtte ik klein. Een nieuw jaar bonsde hardhandig aan de poort en wenste te worden opengedaan en binnengelaten. We reden tussen twee kalenderjaren in.

Kort na twaalven gingen Yolanda en de jongens de straat op om onze buren een gelukkig nieuwjaar te wensen. Opeens was Jules vorig jaar overleden en had zijn uitvaart vorig jaar plaatsgevonden, luttele uren eerder.

'Kom je mee?' riep Yolanda. 'De jongens zijn al buiten.'

'Ja, ik kom eraan!' riep ik terug.

Maar in plaats van de straat op te gaan, liep ik de achtertuin in.

Het knetterde boven Den Haag en lichtfonteinen waaierden uit over de stad.

'Jules,' zei ik, 'wakker worden. Opstaan.'

We mochten dan alles hebben meegemaakt, álles, volgens Jules, toch was het nog niet gedaan. We gingen nog niet naar huis. Nog lange niet.

'Wakker worden, Jules,' mompelde ik, maar zo zachtjes dat Yolanda en de jongens het in alle vuurwerkkabaal nooit zouden kunnen horen, zelfs niet als ze in de achtertuin waren.

'We gaan elkaar zien, Jules,' zei ik. 'Aan de overkant. Het kan even duren, maar... We gaan elkaar zien. En dán zul je eens wat beleven.'

Dat weersprak Jules niet.

69

HET WORDT VRIJDAG; ONZE LAATSTE ZWEEDSE AVOND. Yolanda belt met de jongens, die hun leven in Nederland allang weer hebben opgepakt.

We ruimen het vakantiehuis op en zoeken onze spullen bij elkaar. Tegen halftien is bijna alles ingepakt en in de auto gezet. Tegen elven maken we de open haard uit en gaan naar bed.

Om zeven over halfdrie schrik ik wakker.

'Wat was dat?' hoor ik zeggen.

Yolanda zit rechtop naast me in bed.

'Hoorde je dat niet?'

'Nee,' zeg ik. 'Wat hoorde je?'

'Ga jij kijken, of zal ik het doen?'

Ik schuif uit bed, loop de slaapkamer uit en open de deur naar de veranda. Het is aardedonker. De maan laat zich niet zien. Waar is die opeens bang voor?

Het bos krijgt tanden. Ik knip de buitenverlichting aan.

De schommelbank schommelt niet.

'En?' vraagt Yolanda als ik bij haar in bed schuif nadat ik de verandadeur, die we 's nachts meestal openlieten, op slot heb gedaan.

'Niets,' zeg ik. 'Niks aan de hand.'

Yolanda lijkt gerustgesteld. 'Het geluid dat ik hoorde hield op toen je de veranda op liep.'

Ik probeer nergens van wakker te liggen, maar het lukt me niet.

Zonder enig gerucht te veroorzaken kom ik opnieuw uit bed en schuifel de slaapkamer uit. Bril slaapt en kijkt niet op. Ik loop de veranda op, maar laat de buitenverlichting uit. Als ik naar de lucht staar, valt het niet moeilijk te raden wat Gods lievelingskleur is.

Door het natte gras loop ik naar de schommelbank, ga zitten, breng hem in beweging en kijk opnieuw omhoog.

De wolken zijn wegbezuinigd. En wat zeggen de sterren? Niets. Die zoeken het hogerop vannacht.

Ik trek de verandadeur niet in het slot. Bril slaapt. Een voorbeeld dat ik dien te volgen, een paar uur rust is geen overbodige luxe, en ik stap over haar heen de slaapkamer in.

Zweden trekt langzaam de gordijnen dicht.

—

In alle vroegte lopen we voor het laatst naar het meer. Yolanda duikt nog één keer het koude water in. De auto is ingeladen; Bril ligt op de achterbank. Over een paar minuten trekken we de deur van het vakantiehuis na een maand achter ons dicht. De sleutels, hebben we met Lisa afgesproken, kunnen we op de keukentafel achterlaten.

'Dag meer,' zeg ik.

'Dag water,' hoor ik Yolanda zeggen.

Ik zet een laatste tas in de kofferbak van de auto als ik Yolanda hoor roepen.

'Bart!' klinkt het vanachter het huis en vrijwel direct daarna komt ze de hoek om.

'Vertel,' zeg ik, 'wat is er aan de hand?'

Terwijl ik het zeg, weet ik half en half wat eraan scheelt.

'De schommelbank gaat heen en weer, terwijl het niet waait. Vind je dat niet raar?'

'Dat lijkt me stug,' zeg ik. 'Weet je het heel zeker?'

We lopen naar de achterkant van het huis. De schommelbank is uitgeschommeld en hangt stil.

'Ik zou toch zweren dat hij zo-even...'

'Schat,' zeg ik, 'het is een oerdegelijke bank. Er komt een knap stevige wind aan te pas om die in beweging te krijgen. Je moet je hebben vergist.'

'Weet je,' zegt Yolanda weifelend, 'ik vond het heerlijk hier en ik verlang er nu al naar om hier volgend jaar terug te komen, maar... Ik vind het ook niet erg om naar huis te gaan.'

—

'Viel je het niet op,' zegt Yolanda ter hoogte van Kopenhagen, 'bij het afscheid nemen van ons verblijf, dat jij "Dag meer" zei, en ik "Dag water"?'

De tomtom meldt dat we bij de volgende splitsing rechts dienen aan te houden.

'"Dag meer",' herhaal ik, 'en "Dag water".'

'Wat zegt dat over ons?' zegt Yolanda.

70

UREN LATER PASSEREN WE DE DEENS-DUITSE GRENS EN KOMEN in de buurt van Flensburg.

'Nog even,' zeg ik, 'en we zijn terug bij het Grenz Motel, waar de reis begon.'

'Het zal mij benieuwen,' zegt Yolanda, 'of de receptie dit keer wel geopend is. Wat denk jij?'

Als we bij het motel komen, zien we geen mens. De straat en het motel kunnen doorgaan voor een door alles en iedereen vergeten of in de steek gelaten uithoek in niemandsland.

Aan de voordeur van het receptiekantoor hangt een handgeschreven briefje met in hanenpoten de mededeling dat de sleutel van onze kamer, Zimmer 22, op het achterterrein, in het slot steekt. Met onze neus tegen de ruit gedrukt turen we het ontbijtzaaltje naast de receptie in. Er staan wat tafels met stoelen eromheen alsof ze zo uit de kartonnen verpakking komen; en dat is het dan. De bar glinstert leeg op in het laatste binnenvallende zonlicht. De eettafels zijn niet gedekt en er prijkt geen plastic bloemstuk of plantje op het tafelblad.

'Schat,' zegt Yolanda, 'ik durf er heel wat om te verwedden dat hier nog nooit een motelgast ontbeten heeft, wat jij?'

Opnieuw volgen we het grindpad tot het overgaat in gras.

'Weet je,' zegt Yolanda, 'dat is dezelfde kamer die we vorige maand hadden.'

Er staan geen andere geparkeerde auto's; we zijn de enige gasten. Het vakantieseizoen zit erop: ook in de omgeving van de Duits-Deense grens gaat men alweer enkele weken naar werk of school.

Het grasveld voor de rij kamers eindigt bij een barrage van hoog struikgewas en bosschages. Daarachter loopt een autoweg, en daarachter een spoorlijn. 's Nachts rammelen de goederentreinen voorbij. Lange treinen, herinner ik me van onze overnachting op de heenreis; het gedaver en gedender hield vaak minutenlang aan.

'Vind je het niet merkwaardig?' zegt Yolanda. 'Toen het zo druk was vorige maand... en nu is er geen kip en is die receptie nog steeds gesloten.'

'Ik zal het je sterker vertellen,' zeg ik. 'Die receptie is nog nooit open geweest en zal ook niet opengaan. Dit motel heeft helemaal geen receptie.'

'Als je het mij vraagt,' zegt Yolanda, 'doen ze hier heel andere dingen dan een motel runnen. Deze grensstreek heeft zo zijn eigen besognes. Dit motel lijkt wel een cover-up.'

We eten in Hendrik's Hus: een *diner* een paar kilometer verderop op het industrieterrein, tussen een wirwar aan bedrijven, benzinestations, een autowasserij, een Deense supermarkt en diverse fastfoodvestigingen, en keren vroeg in de avond terug naar het motel: morgen wacht de terugreis naar Den Haag, en vooral rond Hamburg waart het filespook rond.

Kort na middernacht kom ik uit bed en kijk door een kier tussen het raam en de luxaflex naar buiten. Het is geen daglichtachtig licht, dat niet, maar het is buiten veel lichter dan verwacht. Dankzij een huizenhoge reclamezuil, het hoogste object in de omgeving, waarop, aan de top, reclameborden met 'Grenz-motel' zijn geplaatst die door schijnwerpers worden belicht. De naam van het hotel licht fel op, als om het wezen van het bedrijf – een motel in de buurt van de grens – extra te benadrukken.

Ik trek de luxaflex iets naar achter zodat ik beter zicht heb.

Het is alsof de reclamezuil me op iets attent wil maken; iets wat me tot nu toe niet voldoende duidelijk is, maar duidelijkheid behoeft.

Welke boodschap lees ik in het licht?

Dat het lijkt of het leven dat ik als een cape heb omgehangen gekregen me ondanks alle omzwervingen nog niet wil laten gaan. Toch is het moment van onthechting en loslaten niet ver. Nog ben ik op doorreis, maar niet zo heel veel langer meer. De grens nadert, weldra veren de slagbomen open.

Niet dat ik de grens hoef op te zoeken. De grens komt naar me toe.

En eenmaal bij die grens aangekomen merk je vanzelf hoe deze over te steken; daar komt geen bordje 'Volg de aanwijzingen' aan te pas; en geen douanier of grensbeambte noch een andere vertegenwoordiger van een hogere autoriteit wacht je op of wenst je te controleren op de geldigheid van paspoort of reisdocumenten. Ook ontbreekt een grenskantoor.

Na het passeren van de slagbomen vervolg je je weg. En ook al voltrekt zich na de grensoverschrijding een wezenlijke verandering aan en in jezelf – je ontstoffelijkt – toch blijft de weg de weg; eentje die je desgewenst opnieuw kunt afleggen, in tegengestelde richting, terug de door de levenden bewoonde wereld in.

De oversteek zelf maak je alleen: je bent alleen op pad en er wachten geen dode zielen om je welkom te heten of op te vangen en verder te begeleiden, niemandsland in.

Zo zal het gaan, stel ik me voor: de aarde is wegens familieomstandigheden gesloten en de zon en de maan trekken hun handen van je af en doen een stap naar achter, dieper de Melkweg in. Alleen reis je verder, de witte plekken op een je onbekende routekaart tegemoet. Er waait geen wind. De wind zit thuis. Je bent op de goede weg. De lucht ligt in talloze tinten blauw naar alle kanten open, zonder aan de begrenzing van een horizon te doen.

In de verte ontwaar ik steden waarvan ik het bestaan tot voor kort niet vermoedde, lichtjaren hiervandaan. Terwijl ik verder loop begint het te sneeuwen – een vriendelijk gebaar van hogerhand –, met kalme vlokken, die geen haast hebben. Voetje voor voetje schuift de wereld dicht. Van een afstandje kijk ik naar mezelf en naar hoe ik in het voorbijgaan, voorbijging. Mijn haar groeit niet en blijft kort.

Ik leefde om het leven heen.

Hoogste tijd om naar huis te gaan.

—

Terug in Nederland stoppen we bij een benzinestation even voor Groningen. Het is warm, erg warm: zomerse temperaturen die we in Zweden waren ontwend.

'Het zal aan mij liggen,' zegt Yolanda, 'maar ik heb het ijskoud.'

Ze steekt me haar handen toe, en ik neem ze in mijn handen om ze warm te wrijven.

Als we in Den Haag uitstappen, vouwt de warmte zich om ons heen en ontfermt zich over ons. Er ligt geen afgevallen herfstblad op de stoep, niet één. Cabrio's rijden rond met open dak en een stoet fietsers fietst richting het Scheveningse strand. Een aangename bries strooit wat fijn zand door de straat. Ik kan de zilte zeelucht ruiken. We hebben de herfst in Zweden achter ons gelaten en zijn nu onverwachts terug in de zomer. De betekenis van het stuivertje-wisselen van de seizoenen ontgaat me niet.

Ik heb nog even.

'Zullen we naar Scheveningen rijden?' stel ik voor als we de auto hebben uitgepakt en Bril is uitgelaten.

Dat doen we.

De zee ligt er nog.

71

'WAAROM,' HAD YOLANDA GEVRAAGD TOEN WE TIJDENS EEN weekendje weg overnachtten in de buurt van Bastenaken, 'wil je uitgerekend hier, diep in de Ardennen worden begraven, een mijl op zeven vanuit Den Haag?'

Ik had me die dag niet lekker gevoeld en de beantwoording van haar vraag liet even op zich wachten.

'En dan ook nog tegen de zijmuur van een oude boerderij, pal langs de weg die Roumont in voert, een gehucht. Nooit geweten dat je iets met Roumont had. We hebben hier ooit één keer, jaren en jaren geleden, met het gezin kerst gevierd.'

Nee, dat was de reden niet, dat kerstfeest toen. Ik wilde om een andere reden op deze specifieke plek de grond in. Anderhalve meter boven een graf dat zich daar bevond – met genoeg ruimte voor een tweede graf ernaast – zat een stenen oog in de witgepleisterde muur gemetseld. Waarom wist ik niet, maar ik voelde dat het oog meer behelsde dan louter steen, pleister- en metselwerk.

Toegegeven, een en ander viel aan degenen die mij dierbaar waren lastig uit te leggen, laat staan aan derden.

Yolanda doorgrondde me tot op de bodem en had een vermoeden van wat er voorbij die bodem lag en wachtte. In hoeverre was ik op de hoogte van wat er in haar omging?

'Ik vraag me af of je me wel alles vertelt,' zei ze. 'Ik vermoed van niet.'

Haar twijfel viel te billijken. Er waren dagen dat ik meer tegen mijn hond sprak dan tegen Yolanda of de kinderen.

—

De vogels werden wakker.

Ik lag op de plek die ik aangegeven had, en dat beviel me uitstekend. Ik had de cowboylaarzen aan die ik op tournee had gekocht: een laatste liefdevol gebaar van Yolanda. Ik staarde door de laag aarde en de deksteen heen naar de zonnebloemen die ze voor me had meegenomen en die ze ondersteboven in de houder boven mijn grafsteen had opgehangen, opzij van het in de muur gemetselde oog, zodat ik in het geel kon kijken, het licht: nog zo'n geste waar ik haar diep dankbaar voor was.

Later, toen het eerste licht allang niet meer het eerste licht was, kwam Bril – die ruim drie jaar eerder dan ik was overleden – op haar dooie gemak aangeslenterd, ogenschijnlijk moe en der dagen zat, zoals ze vaker langs sjokte, een en al gewoontedier, terwijl ze toch verreweg het grootste deel van het etmaal slapend doorbracht, oogjes toe.

De schaarse inwoners van Roumont waren thuis, terug van hun werk op het land, maar nog niet naar bed. Achter de kleine vensters brandde licht.

Bril liep naar waar ik rustte en snuffelde aan mijn zerk: geen steen zo dood of er kierde een restje leven in. Rook ze iets wat haar vaag bekend voorkwam en haar aan thuis herinnerde, vroeger, aan Yolanda en de kinderen; en aan Den Haag, hier honderden kilometers vandaan? Toen schudde ze zich uit, stoffig geworden van alle gescharrel, en kwam bij me liggen. Bril had geen haast. Straks, als haar koppie ernaar stond, zou ze zich oprichten om haar weg te vervolgen. Maar zover was het nu nog niet; de nacht was jong, tijd te over.

Toegegeven, dat Bril naar me toe slenterde, aan het gras en het mos snuffelde, zich uitschudde en bij me kwam liggen, kon te danken zijn aan mijn verbeelding. Je fantasie kon een loopje met je nemen, daar had ik bij leven en welzijn vaker last van gehad. Je kon niet weten wat je hond, na te zijn ingeslapen, zich op de hals haalde. Hoe het ook zij, Bril en ik wisten elkaar altijd te vinden.

Eens in het halfjaar kwamen Yolanda en de jongens me bezoeken; en Yolanda zelf kwam zelfs nog vaker, om de twee maanden. Door hen vergeten werd ik allerminst. Ik zag ze dan van verre naderen, nog voor ze goed en wel in beeld verschenen. Ze stapten uit de auto die verderop in de berm was geparkeerd en kwamen op me toegelopen. Splinter huppelde. Yolanda stapte als laatste uit. Ze reed in mijn auto, die ze goed onderhield. De lak glansde.

Ik kon me de keer niet heugen dat ze geen zonnebloemen bij zich hadden; een geste die ik telkens weer waardeerde.

Na een poosje vertrokken ze dan. Als het winterkoud was wandelden ze naar de auto terug omdat een van hen vernikkelde; als het warm was, in juli of augustus, omdat een van hen niet langer tegen de hitte kon. Maar hoe de weersomstandigheden ook waren, ze beknibbelden nooit op de bij me doorgebrachte tijd en legden evenals Bril nooit een spoortje haast aan de dag.

Wat ze niet zagen was dat het oog in de muur met ze meedraaide, hun bewegingen volgde en hen nakeek.

Vanwaar ik lag kon ik het geruis van de Atlantische Oceaan horen, en de hartenklop van de Indische en Stille Oceaan, zonder daarvoor mijn best te hoeven doen.

Ik keek hen lang na, mijn geliefden, lang nadat zij en de auto, die nu Yolanda's auto was, uit het zicht waren verdwenen; en ik wenste vurig dat ze veilig naar Den Haag zouden terugkeren. Ik zag ze tussen de heuvels en hellingen van de Ardennen gaan; en ik staarde voorbij de valleien, de bossen en het platteland, ver voorbij Brussel, Antwerpen en Gent, naar overzeese kusten, en daar dan weer aan voorbij: zo langdurig dat de aarde haar omwenteling haast ongemerkt had voortgezet en het licht begon af te nemen.

Dan draaide ik me van mijn zij terug op mijn rug en bleef zo liggen, een houding die ik als het moest jaren kon volhouden, decennialang desnoods.

We hadden alle tijd. Het wachten was op het aanbreken van de jongste dag, en die jongste dag kon best nog een poosje op zich laten wachten.

Dank aan de Bende van Drie: Francien, Suzanne, Katrijn.

Dank aan Suzanne Holtzer: 'Je hebt genoeg meegemaakt. Schrijf dat nou eerst maar eens op.'

Aan de Bijen Pascalle 'Zetduiveltje' Veltstra, Soesja Schijven, Jessie Kuup, Eveline Goes, die immer bereikbaar waren, ook buiten kantooruren.

Aan Aafke van Hoof, die traditiegetrouw een paar Suurbierachtige tackles inzette om me de tribune in te krijgen.

Aan Ronaldo Giphart, kompas en rots-in-de-branding ineen, who lived to tell the tale.

Aan Anton Corbijn voor het onvolprezen schilderen, fotograferen en opluisteren van het buitenwerk, weer of geen weer.

Aan Aard Bakker: na veertig jaar zoeken vonden we dé letter. En aan Davy van der Elsken: stille kracht achter de buitenboel.

Aan Yolanda en Sebastiaan voor het nauwgezet inspecteren van de omgeploegde akkers.

En als altijd speciale dank aan mijn gezin: Yolanda, Sebastiaan, Maurits, Splinter en Storm, for being there.

MIJN VADERS HAND

Lang is Bart Chabot alleen gekend als schrijver, als biograaf van Herman Brood en van tv. Maar wat gaat er in hem schuil? Pas wanneer hij in het ziekenhuis belandt en de dood in de ogen kijkt, stelt hij zichzelf, na lang uitstel, de vraag. In *Mijn vaders hand* graaft Bart Chabot voor het eerst naar zijn Haagse wortels en doorwroet hij zijn jeugd. Op nietsontziende en aangrijpende wijze verhaalt hij over een rijk doch getroebleerd leven. *Mijn vaders hand* is een indringende en zeer persoonlijke roman. En dat alles in een meedogenloze, nuchtere stijl die niet gespeend is van enige humor.

'Bart Chabot schreef een hartverscheurend mooie autobiografische roman over zijn pijnlijke jongensjaren. *Mijn vaders hand* roert tot tranen toe.' ★★★★★ *De Telegraaf*

'Een meedogenloos, ijzersterk boek. Geweldig mooi geschreven.' Matthijs van Nieuwkerk

'Een overtuigende autobiografie van de onbestendige wereld in Chabots hoofd.' *Vrij Nederland*

'Je kijkt de jongen die de auteur was bij wijze van spreken in de ogen, je wilt bijna roepen: kijk uit!' *Het Parool*

BROOD

De biografie

Iedereen weet wie Herman Brood was, maar er zijn maar weinig mensen die hem echt hebben gekend. Een van die uitverkorenen is Bart Chabot. Hij maakte hem jarenlang van nabij mee – thuis, op straat, onderweg, in het theater – en schreef vier boeken over zijn vriend, die samen een meeslepend verslag vormen van de avonturen van Nederlands enige echte rock-'n-rollheld. De hoogtepunten uit die boeken zijn in 2011 samengebracht in één kloeke bundel onder de titel *Up On The Hilton Roof*. Nu verschijnt de virtuoze levensbeschrijving opnieuw als *Brood – De biografie*. In dit levendige monument voor een fenomeen komen alle gedaantes van Herman Brood aan bod: de muzikant, de kunstenaar, de dichter, de performer, maar ook de zoon, de echtgenoot, de vader en het ongrijpbare kind dat weigerde volwassen te worden.

Brood is een ooggetuigenverslag, een biografie, een schelmenroman, maar vooral een ontroerend en hilarisch portret van een volstrekt unieke, creatieve en scherpzinnige geest die doorging tot hij niet meer door kon gaan en die twintig jaar na zijn dood nog steeds onsterfelijk is.

'Uniek in de internationale popliteratuur.' *de Volkskrant*

'Niets blijft ons bespaard, behalve de verveling. Geweldig boek. Rock-'n-roll!!' *NRC Handelsblad*

'Ik verbaas me niet alleen over het leven van Herman Brood, maar ook over het observatievermogen van Bart Chabot, die Brood onvermoeibaar op al zijn avonturen is gevolgd, en daar nauwgezet, opgewekt en laconiek verslag van heeft gedaan in vier biografische delen. Dit mogen destilleren tot *Brood* was een onvergetelijke trip door een bizar universum.' Rob van Essen – Libris Literatuurprijs 2019